기독교문서선교회 (Christian Literature Center: 약칭 CLC)는 1941년 영국 콜체스터에서 켄 아담스에 의해 시작되었으며 국제 본부는 미국 필라델피아에 있습니다.
국제 CLC는 약 650여 명의 선교사들이 59개 나라에서 180개의 서점을 운영하며 이동 도서 차량 40대를 이용하여 문서 보급에 힘쓰고 있으며 이메일 주문을 통해 130여 국으로 책을 공급하고 있는 국제적 문서선교 기관입니다.

추천사 1

김 순 환 박사
서울신학대학교 예배학 교수

지적 전통, 규범과 가치, 그리고 과학적 확신들에 대한 토대마저도 근본적으로 재고하거나 이의를 제기하는 오늘의 포스트모더니즘 상황에서 기독교 예배 역시 그 거센 도전을 비껴가기 어려운 현실이다. 왜냐하면 예배는 동시대의 세상 속 언어와 상징, 문화의 양식, 소통 매개 등을 통해 하나님께 영광을 돌리는 표현의 틀이기 때문이다.

그래서 만일 이것들이 과거의 전통만을 고집하여 이 시대를 사는 회중의 상황을 염두에 둔 적절한 대응을 게을리하거나, 변화의 모색을 주저할 경우 예배는 더 이상 회중의 진정한 참여를 기대할 수 없게 될 것이다.

역사적으로 교회는 예배의 형식이나 스타일을 시대의 변화에 따라 바꾸어 가는 데에는 대체로 미온적이거나 거부하는 경향이 있었다. 예배의 변화가, 곧 진리의 변질과 훼손을 가져올 것이라는 잘못된 우려와 두려움이 그 이면에 있었기 때문이다. 하지만 이는 하나님의 아들이 세상에 오셔서 사람들 속에 거하시며 그들과 함께 삶을 나누며 소통하는 가운데 마침내 십자가와 부활을 정점으로 구원의 역사를 완성하신 성육신 사건의 원리에 비추어 볼 때, 기우나 오해라고 본다. 오히려 교회 삶의 중심인 예배야말로 당대의 표현 양식에 적극적이어야 할 뿐이다.

이런 점에 비추어 볼 때 오늘의 예배학이 가져야 할 두 가지 큰 관심은 전통의 유산과 현대적 상황 모두임이 분명하다. 전통은 복음과 그것을 담아낸 예배가 역사 속 각 상황 안에서 구현되는 과정의 지혜, 원리, 및 전략들을 보여주지만, 현대는 그 복음이 적절히 표현되고 적용되도록 고민하게 만드는 현실이다. 문화, 예술, 사상, 및 인식의 포스트모던 현상에서 여전히 불변적 복음이 상황 속에 녹아

들어가기 위해 이 전통은 더 말할 나위 없이 소중한 것이지만, 동시에 그런 환경에 대해 열린 시각과 포용성으로 대하는 자세 또한 필요한 일이다.

이러한 때에 제임스 화이트(James F. White) 박사의 『기독교 예배학 개론』(Introduction to Christian Worship) 제4판이 김상구 박사님, 배영민 박사님, 안덕원 박사님, 최승근 박사님의 각고의 노력 끝에 완역, 출간된 것은 자못 의미가 크다. 화이트 박사의 『기독교 예배학 개론』은 예배학 총론이라 불러도 될 만큼 예배학의 주요 각론들을 다루고 있고, 예배학에 처음 입문하는 사람들에게 도움이 될 수 있는 깊이와 내용을 함께 갖춘 책으로 손색이 없다. 더구나 변화하는 시대를 반영하여 포용적 자세를 가지고 여러 부분에서 증보된 이번 개정판은 예배에 관한 관심과 이해가 절실한 한국의 목회 현장과 신학계에 다시 한번 시의적절한 길라잡이가 될 것이다.

제임스 화이트 박사의 예배학 연구 경향은 그가 보여준 전통에 대한 남다른 관심으로 인해 간혹 예전 복고주의자로 인식되어 그런 각도에서만 그를 소개하는 경우들도 있다. 하지만 개신교 예배 전반의 탈역사성, 탈형식성 경향을 반성하고 소중한 예전적 전통과 전승들의 가치를 새롭게 부각하고자 한 그의 기여는 눈여겨볼 필요가 있다. 이는 포스트모던 시대의 기독교 예배가 자칫 잃어버리기 쉬운 좌표의 재설정을 위해서도 긴요하다. 더구나 그가 본서 서문에서 "개신교 예배학의 열린 태도와 변화의 필요"에 주목한 점은 일부의 오해와 달리 과거와 현대, 아니 미래를 향해 개방과 포용의 자세를 갖는 그의 학문적 지평을 확인해 주고 있다.

본서가 전통에 대한 깊은 연구에 기초하면서 예배의 현대적 변화의 필요성을 간과하지 않고 있는 점, 또 예배학을 규범적이기보다는 서술적 입장에서 보고자 노력하면서 그 미래에 대해서도 열린 관점을 장려하고 있는 점 등은, 전통 회귀적 학풍의 독자이든 현대성 지향의 학풍의 독자이든 모두를 품는 긍정적 도전이 될 것이라고 생각된다. 모쪼록 본서가 예배신학에 관심을 갖는 많은 신학도, 목회자들, 그리고 여타 독자들에게 이론과 실제 모두의 훌륭한 길라잡이가 될 것이라 생각되어 적극 추천하는 바이다.

추천사 2

최 진 봉 박사
장로회신학대학교 예배설교학 교수

『기독교 예배학 개론』 제4판의 등장으로 이제 예배에 대한 이야기들은 그 전과 후로 나뉘게 되었다. 4차 산업혁명의 문명사적 대전환이 코로나19의 팬데믹으로 인해 우리 일상에 확연해지면서 예배에 대한 경험과 이해 역시 그 전과 후로 격변했다. 그리고 예배학 개론서의 대표적 고전인 본서가 '기술과 가상공간'(제3장)의 내용을 추가하게 됨으로써 우리는 더 이상 예배학의 새로운 세대의 물결을 거스를 수 없게 되었다. 특별히 본서의 편집위원인 안덕원 교수가 추가한 '글로벌 상황에서의 기독교예배'(제11장)는 비서구권 교회들 가운데 하나인 한국 교회의 독자들과 신학교의 교실에 본서가 지닌 의의가 무엇인지를 한마디로 표현하고 있다. 앞선 개정판들과 달리 본서는 낯선 이방인처럼 취급되던 한국에서 예배하는 우리를 세계사적 맥락 안에 끌어들이고 있다.

『기독교 예배학 개론』 제4판은 초판과 개정판들이 보여준 탁월성, 곧 예배의 역사적 통시성과 문화적 공시성 간의 긴장과 균형을 견고히 유지하고 있다. 거기에 보다 정밀해진 구분들과 명료한 정의들, 보다 확장된 해석과 풍성한 자료들을 제공한다. 그리고 우리의 기대를 저버리지 않고 독자들에게 미래를 향해 열려 있는 대화로 초대하고 있다는 점에서 그 교육적 활용 가치는 이전과 비교할 필요가 없다. 본서가 예배학 교과서로 새롭게 읽혀지고 교수되어야 하는 이유는 다섯 가지다.

첫째, 풍성함과 다양성이다.

앞선 개정판들에서와 같이 본서의 내용들은 풍부한 역사적 문헌과 다양한 자료에 기반하기에 예배학적 지식과 관점에 있어 지엽적이거나 편향적이지 않다.

독자는 각 장의 주제와 관련한 참고 자료나 문헌들을 이전보다 풍성히 소개받을 수 있다.

둘째, 특수성과 포괄성의 균형이다.

본서는 예배의 다양성과 일치성 간의 상호관계를 건강하게 연결하는 안목을 준다. 저자는 예배를 역사적 경험으로 보면서 그것이 속한 지역적, 문화적, 시대적 특수성을 편견이나 가치판단 없이 객관적으로 기술하려 한다. 그와 동시에 기독교 예배라는 공통되고 일치된 예배의 고유성을 간과하지 않는다.

셋째, 서술성과 규범성이다.

이는 본서가 초판과 앞선 개정판들에서 견지해온 학술적 탁월함이다. 학문으로서 예배학의 과제는 역사적 경험을 공정히 기술하고 그것을 보편적 기준의 빛 하에서 평가하고 현재의 과제와 미래적 도전을 전망하는 데 있다. 그런 점에서 금번 『기독교 예배학 개론』 제4판은 또 다시 예배학 교과서계의 고전으로 인정되기에 의심의 여지가 없다.

넷째, 비평적 수용성과 개방성이다.

이는 저자인 제임스 화이트를 뒤이어 본서의 일부 내용과 추가되는 장을 집필한 편집위원들에게서 발견되는 반가운 부분이다. 이들이 안내하는 예배에 대한 새로운 감각과 응답, 실천적 전망들은 안전하고 신뢰할 만하다. 왜냐하면 그들의 개방성과 수용성은 교회의 오랜 경험과 전통에 깃든 기독교 예배의 정신에서 출원하고 있기 때문이다. 그렇기에 마지막으로 본서는 통전적이고 통섭적이다. 『기독교 예배학 개론』 제4판은 과거-현재-미래, 이론과 현장, 개별성과 규범성, 역사와 문화, 개인과 공동체, 서구권과 비서구권 예배 간의 거리와 단절을 화해시키면서 우리의 호기심과 상상력을 자극하여 기독교 예배가 가진 심오하고 드넓은 세계로 이끌어준다. 이러한 특별한 은총을 예배학 교실에서 학생들과 함께 나누어 가질 수 있도록 본서를 번역해 주신 김상구, 배영민, 안덕원, 최승근 박사님의 노고에 깊은 감사를 표한다.

기독교 예배학 개론

Introduction to Christian Worship The 4th Edition
Written by James F. White
Translated by Sang-Goo Kim, Young-Min Bae, Seungkeun Choi, Doek-Weon Ahn

Copyright © 2023 by Abingdon Press
Originally published in English under the title as
Introduction to Christian Worship (4th Ed.) by Abingdon Press,
Translated and used by the permission of Abingdon Press
P. O. Box 801, 201 Eighth Avenue South,
Nashvillle, TN 37202-0801, USA
All rights reserved.

Translated and printed by permission of Abingdon Press (UMPH)
This Korean edition published in arrangement with Abingdon Press (UMPH) through Riggins Rights Management.
All rights reserved.
Korean Edition Copyright © 2024 by Christian Literature Center, Seoul, Korea.

기독교 예배학 개론

2017년 03월 31일 초판 발행
2024년 10월 10일 개정판 발행

지 은 이 | 제임스 F. 화이트
책임편집 | 에드워드 필립스
옮 긴 이 | 김상구, 배영민, 안덕원, 최승근

펴 낸 곳 | (사)기독교문서선교회
등   록 | 제16-25호(1980. 1. 18.)
주   소 | 서울특별시 동대문구 천호대로71길 39
전   화 | 02-586-8761~3(본사) 031-942-8761(영업부)
팩   스 | 02-523-0131(본사) 031-942-8763(영업부)
이 메 일 | clckor@gmail.com
홈페이지 | www.clcbook.com
송금계좌 | 기업은행 073-000308-04-020 (사)기독교문서선교회

ISBN 978-89-341-2746-8 (93230)

이 한국어판 저작권은 Riggins Rights Management 에이전시를 통해 Abingdon Press (UMPH)와 독점 계약한 (사)기독교문서선교회가 소유합니다. 신저작권법에 의하여 한국 내에서 보호받는 저작물이므로 무단 전재와 무단 복제를 금합니다.

· 4th Edition ·

기독교 예배학 개론

INTRODUCTION TO CHRISTIAN WORSHIP

제임스 F. 화이트 지음 / 에드워드 필립스 책임편집

김상구·배영민·안덕원·최승근 옮김

CLC

목차

추천사 1 **김순환 박사** | 서울신학대학교 예배학 교수   1
추천사 2 **최진봉 박사** | 장로회신학대학교 예배설교학 교수   3

본서의 편집에 참여한 이들   12
편집자 서문   14
역자 서문   20

제1장
"기독교 예배"란 무엇을 의미하는가? ▪ 23

1. 기독교 예배의 현상   25
2. 기독교 예배의 정의들   32
3. 기독교 예배의 핵심 단어들   39
4. 표현에서의 다양성   46
5. 기능에서의 일관성   58

제2장
시간의 언어 ▪ 68

1. 기독교적 시간의 형성   71
2. 교회력의 신학   98
3. 교회력의 기능   103

제3장
공간의 언어 ▪ 119

1. 예배 공간의 기능	122
2. 예배 건축의 역사	133
3. 기술과 가상공간	148
4. 예배 예술	150

제4장
예배음악의 소리 ▪ 159

1. 그리스도인들은 왜 노래하는가?	160
2. 예배음악의 형식과 기능	166

제5장
매일공중기도 ▪ 185

1. 매일공중기도의 역사	187
2. 매일공중기도의 신학	208
3. 매일공중기도의 실제적이고 목회적인 측면	212

제6장
말씀 예배 ▪ 216

1. 말씀 예배의 역사	217
2. 말씀 예배의 신학	236
3. 말씀 예배의 실제적이고 목회적인 측면	241

제7장
감지할 수 있게 된 하나님의 사랑 ▪ 247

1. 성례전에 대한 성찰의 역사	249
2. 성례전에 대한 새로운 이해	270
3. 성례전성	278

제8장
기독교 입회 ▪ 284

1. 기독교 입회의 역사	285
2. 기독교 입회의 신학	303
3. 기독교 입회의 실제적이고 목회적인 측면	317

제9장
성찬 ▪ 323

1. 성찬 실행의 역사	324
2. 종교개혁부터 현재까지의 성찬	342
3. 성찬의 신학	348
4. 성찬의 실제적이고 목회적인 측면	364

제10장
특별한 때를 위한 예식들 ▪ 369

1. 화해	372
2. 병자에 대한 사역	377
3. 기독교 결혼	385
4. 안수식	400
5. 통과 의례와 전환 의례들	407
6. 죽은 자의 돌봄	413

제11장
글로벌 상황에서의 기독교 예배:
제임스 F. 화이트의 통찰을 바탕으로 ▪ 426

1. 서술적 연구(Descriptive Approach)로의 전환	427
2. 전통을 다차원적으로 해석하기	429
3. 토착화의 수용	431
4. 개인적 헌신의 유지와 선용	432
5. 실천적 예배신학에의 참여	433
6. 기술의 발전을 수용하기	435
7. 글로벌 예배: 열린 접근 방식	436
참고 문헌	438
사진 모음	448

본서의 편집에 참여한 이들

L. 에드워드 필립스(L. Edward Phillips) 박사
- 책 전체의 책임 편집자이자 제1장, 제2장, 제5장, 제8장, 제9장 편집 담당
- 조지아주 애틀랜타 소재 에모리대학교 산하 캔들러신학대학원의 역사신학 및 기독교 예배학 부교수
- 인디애나주 사우스벤드 소재 노틀담대학교에서 제임스 F. 화이트(James F. White)를 사사

안덕원(Deok-Weon Ahn) 박사
- 제11장 저자
- 서울 소재 횃불트리니티신학대학원대학교의 실천신학 교수
- 뉴저지주 매디슨 소재 드류대학교에서 제임스 F. 화이트를 사사

안토니오 에두아르도 알론소(Antonio Eduardo Alonso) 박사
- 제7장 편집 담당
- 조지아주 애틀랜타 소재 에모리대학교 산하 캔들러신학대학원의 신학과 문화 분야의 아퀴나스 조교수 및 가톨릭학 연구 책임자

토드 E. 존슨(Todd E Johnson) 박사
- 제1장, 제3장, 제8장 편집 담당
- (전) 캘리포니아주 패서디나 소재 풀러신학대학원의 예배학 교수 및 예배-신학-예술 브렘센터 신학 원장

- 인디애나주 사우스벤드 소재 노틀담대학교에서 제임스 F. 화이트를 사사

R. 니콜라스 피터슨(R. Nicholas Peterson) 박사
- 제6장 편집 담당
- 인디애나주 인디애나폴리스 소재 크리스천신학대학원의 설교 예배학 조교수 및 흑인 설교학과 신성한 수사학 박사 프로그램 부원장

캐런 웨스터필드-터커(Karen Westerfield-Tucker) 박사
- 제1장, 제3장, 제4장, 제10장 편집 담당
- 매사추세츠주 보스턴 소재 보스턴대학교 신학대학원 예배학 교수
- 인디애나주 사우스벤드 소재 노틀담대학교에서 제임스 F. 화이트를 사사

칼리아 J. 윌리엄스(Khalia J. Williams) 박사
- 고문 편집자
- 조지아주 애틀랜타 소재 에모리대학교 산하 캔들러신학대학원의 예배와 영성형성 부학장, 예배 실천학 부교수, 침례교학 연구 공동 책임자

편집자 서문

L. 에드워드 필립스(L. Edward Phillips) 박사
에모리대학교 캔들러신학대학원

    1980년에 제임스 화이트가 『기독교 예배학 개론』의 초판을 발간했을 때, 시중에 그런 종류의 책은 한 권도 없었다. 왜냐하면, 이 책이 개신교 학자가 저술한 입문 교과서로서 범위 면에서는 에큐메니컬하며, 기독교 예전의 역사적 발전에 기초하여 예배를 기획하고 인도하는 일에 규범적인 지침을 제공했기 때문이다. 1990년도의 개정판 서문에서 화이트는 자신의 『기독교 예배학 개론』이 "미국 신학교, 로마가톨릭과 개신교, 심지어 동방정교회와 은사주의 교회에서도 가장 널리 사용되는 예배학 교과서가 되었다"라고 언급했다. 또 다른 10년이 지난 2001년도 개정판에서 그는 "본서를 포르투갈어, 한국어, 일본어, 그리고 중국어로 번역하는 작업이 완성되거나, 제작 단계에 있다"고 말했다. 거의 20년의 세월이 지나면서, 화이트의 『기독교 예배학 개론』은 전 세계적으로 예배학 표준 입문 교과서가 되었다.

    새로운 개정판이 나올 때마다, 화이트는 늘어나는 독자층을 지원하기 위해서 『기독교 예배학 개론』을 확장했다. 1990년에는 로마가톨릭 독자들의 비판을 수용하기 위해서 "선포된 말씀"의 장을 각각 매일기도와 말씀 예배에 관한 두 개의 장으로 나누었다. 2001년에 발간된 제3판은 예전의 다양성과 사회정의에 대한 더 많은 자료와 더불어, 예배음악에 대해 완전히 새로운 장을 추가하면서 또다시 확장되었다.

제3판의 출간 이후 20년 이상이 흘렀다. 이 기간에, 교회에는 상당한 변화가 있었다. 미국의 로마가톨릭, 루터교, 그리고 장로교는 모두 개정된 예식서들을 발간했다. 이러한 공식적 출판에 더하여, 컴퓨터를 이용한 의사소통의 기술적 폭발은 예배에 더 많은 변화를 일으켰다. 이것은 아마도 15세기 인쇄기의 발명보다 훨씬 큰 변화를 일으켰다고 할 수 있을 것이다. 2020년도의 코로나19 팬데믹은 교회들로 하여금 몇 년 전에는 거의 상상조차 할 수 없었던 예배 실험을 고려하지 않을 수 없게 만들었고, 우리는 그 기간에 이러한 기술 발전이 끼친 영향을 목격했다. 물론 이것은 이천년대에 있었던 발전의 일부일 따름이다.

학술 연구로서 예배 분야가 세계적으로, 문화적으로, 에큐메니컬하게 계속 확장되었다는 것도 중요하다. 『기독교 예배학 개론』의 각 판본에서 화이트는 차세대 학자들의 의견과 관점을 더 많이 포용하고자 했다. 화이트 자신이 개신교 신학교에서 예배학을 학문 분야로 확립시킨 선구자였다. 화이트가 초판에서 언급했던 것처럼, 교수로서 경력을 시작했을 때 그에게는 주류 개신교 동료가 거의 없었다. 오늘날, 화이트의 박사 학위 제자들, 그가 논문을 지도하고 다른 방식으로 조언한 사람들은 전 세계의 학교에서 에큐메니컬한 범위를 넘어 가르치고 있다. 그중 두 사람의 예를 들겠다. 그중 한 사람은 본 개정판의 기고자인 안덕원(Deok-Weon Ahn) 교수로 한국의 복음주의 학교에서 가르치고 있다. 화이트가 제2판에서 언급한 그랜트 화이트(Grant White)는 스웨덴의 동방정교 학교 중 하나인 상트이그나티오스대학교에서 가르친다.

2004년, 화이트는 72세의 나이로 소천했다. 이것은 『기독교 예배학 개론』 개정판의 종료를 의미했다. 그러나 이것이 『기독교 예배학 개론』의 끝을 의미하는 것은 아니었다. 이는 이 책이 점점 시대에 뒤처지는데도 불구하고, 계속해서 널리 사용하고 있기 때문이다. 만약 화이트가 노년까지 건강하게 살았다면, 틀림없이 그는 자신이 할 수 있는 한 10년마다 『기독교 예배학 개론』의 개정판 발간을 계속했을 것이다. 정기적으로 새로운 개정판을 발간했던 화이트의 업적을 기리기 위해서, 아빙돈출판사는 2013년에 새로운 개정에 관한 대화를 시작하였다.

아빙돈의 콘스탄스 스텔라(Constance Stella)와 많은 논의 후에 나는 『기독교 예배학 개론』 제4판의 편집장이 되어 달라는 요청을 받았다. 이것은 화이트의 제자들(이런 비유가 괜찮다면 화이트의 자녀들)과 다음 세대 예배학자(비유를 이어가자면, 손자 세대들) 중에서 선발된 다양한 객원 편집자 그룹이 참여하는 프로젝트였다. 이런 객원 편집자들은 자신들의 전문 분야 내용들을 업데이트시키면서 다양한 장들을 수정하였다. 새 개정판을 2020년에 완성하겠다는 우리의 첫 계획은 코로나19 팬데믹으로 인해 중단되었지만, 화이트의 『기독교 예배학 개론』의 네 번째 개정판이 마침내 출간되게 되었다.

화이트는 세 명의 객원 편집자들 - 캐런 웨스터필드 터커(Karen Westerfield Tucker), 토드 존슨(Todd Johnson), 그리고 안덕원(Deok-Weon Ahn) - 의 박사논문 지도교수였다.

웨스터필드 터커는 연합감리교회의 안수받은 목사(elder로 안수받는 것은 한국 교회의 장로가 아닌 목사안수를 의미할 때가 많다 - 역자주)로 보스턴대학교 신학대학원의 예배학 교수이다. 그녀는 개정 작업에 더해 건축(제3장), 음악(제4장), 그리고 특별한 때를 위한 예식(제10장)에 관한 장에 대해서는 일부 완전히 새로운 부분을 덧붙이는 수고를 했다. 또한, 제1장의 개정도 그녀가 한 것이다.

복음주의언약교회에서 안수받은 존슨은 전 풀러신학대학원의 예배-신학-예술 브렘센터의 원장이었고, 현재는 워싱턴주 시애틀의 제일언약교회에서 담임목사로 시무한다. 그는 제1장의 개정과 건축에 대한 장(제3장) 및 기독교 입회(제8장)에 새로운 자료를 추가하는 작업을 했다.

안덕원은 대한민국 서울에 있는 복음주의 신학대학원인 횃불트리니티신학대학원대학교의 실천신학 교수이다. 안 교수는 세계적인 맥락에서 예배를 가르치기 위한 화이트의 역사적, 서술적 방법의 중요성에 대해 완전히 새로운 장을 저술했다(제11장). 제3판에서, 화이트는 죽음과 부활의 소망에 관련되는 예식들을 논의하는 것으로 끝을 맺었다. 안 교수의 글은 오늘날 예배에 대한 화이트의 가르침이 발견하는 새로운 삶을 가리키고 있다.

다음에 나오는 세 명의 객원 편집자들은 3세대 예배학자에 속한다. 가톨릭 평신도인 토니 알론소(Tony Alonso)는 조지아주 애틀랜타에 있는 에모리대학교의 캔들러신학대학원에서 신학과 문화 아퀴나스 조교수와 가톨릭학 연구 책임자로 있다. 알폰소 교수는 성례전 신학에 관한 장을 개정했다(제7장).

크리스천 교회(사도 교회)와 미국 침례교회에서 안수받은 목사인 칼리아 윌리엄스(Khalia Williams)는 캔들러신학대학원의 예배 및 영성 형성 부학장, 예배 실천학 부교수, 침례교학 연구 공동 책임자이다. 윌리엄스 교수는 갱신된 전기(傳記)를 기고했고, 전체 프로젝트에 대한 자문 위원을 맡았다.

흑인감리감독교회의 목사인 니콜라스 피터슨(Nicholas Peterson)은 인디애나주 인디애나폴리스 크리스천신학대학원의 설교와 예배학 조교수이다. 그는 "말씀의 예배"에 대한 장을 개정했다(6장).

이와 더불어, 우리는 화이트 특유의 의견을 최대한 유지하면서도 최근의 학문을 고려하여 그의 『기독교 예배학 개론』을 개정하였다. 이전의 여러 개정판을 읽은 독자들은 역사적 발전과 저명한 인물들, 혹은 그가 좋아하지 않았던 구체적인 현재의 관행들에 대한 화이트의 엄격한 평가 중 일부 내용이(전부는 아니다!) 부드럽게 표현되었다는 점을 눈치챌 것이다. 독자들은 역사적 학문이 크게 발전했던 초기 기독교 예배에 대한 설명에서도 상당히 많은 개정이 이루어졌음을 알 수 있을 것이다.

나는 때때로 학생들에게 우리가 초기 교회에 관해서 50년 전에 알았던 것보다 오늘날 "아는 것"이 더 적다고 말한다. 이렇게 말하는 것은 화이트를 포함한 학자들이 1980년대에 확립된 사실로 간주했던 것이 최근의 역사 연구로 도전을 받아 오고 있는 것을 의미한다.

말은 그렇게 해도, 20세기 중반의 역사 재건 작업은, 미심쩍은 부분이 있기는 하지만, 개신교와 로마가톨릭의 21세기 관행들에 계속 영향을 미치고 있다. 본 개정판에서는, 현재의 공식적인 예식과 관행을 이해하는 데 도움이 되도록 예배 발전의 역사에 관한 오래된 설명이 충분히 보존되도록 했다. 더욱이, 현대 예배 운동의 관점을 더 많이 포함하기 위해서 각 장을 개정했으며, 그 역사는 이전에 화이트의 제자였던 스위 홍 림(Swee Hong Lim)과 레스터 루스(Lsester Ruth)에 의해서 훨씬 완전하게 검토되었다.[1]

다른 변화들도 주목할 가치가 있다. 이전 판본들에서, 화이트는 사람, 장소, 이름, 날짜, 그리고 용어에 **굵은 글씨체**를 사용했으나, 내 학생들은 이것이 자료를 학습하는 데 도움이 되지 않는 기능이라고 생각했다. 텍스트를 더 "가르치기 쉽게" 만들기 위해, 본 개정판에서는 굵은 글씨체를 교사와 예배 기획자가 알아야 할 기술적 용어와 중요한 문서들에만 한정시켰다. 예를 들어, **연도(連禱)**나 **『공동기도서』**처럼 말이다. 독자를 돕기 위해 각 장의 끝에 이러한 기술적 용어 목록을 첨부했다.

몇몇 경우에서는, 화이트가 굵은 글씨체를 사용했던 단어와 표현 중의 일부는 독자가 알아볼 수 있도록 필기체(Italic)로 표시했다. 이와 함께 몇몇 주요 개념들도 필기체로 표시했다.

마지막으로, 20세기의 예전 역사와 신학에 대한 "고전적" 문헌 중 일부를 유지하면서 "추가 독서" 목록을 업데이트했다.

전반적으로, 이번 제4판에서는 화이트가 초판에서 교사에 대해 다음과 같이 말한 것을 담고자 노력했다.

1　사실상 적절한 제목을 가진 그들의 책 *Loving' on Jesus: A Concise History of Contemporary Worship* (Nashville, TN: Abingdon Press, 2017)은 화이트의 『기독교 예배학 개론』의 자매서로 저술된 것이다.

"나는 그들[그의 동료 예배 교사들]이 기독교 예배를 해석하는 더 나은 방법을 찾을 때까지, 본서가 그들의 가르침에 도움이 되길 바란다."

피터 롬바르드(Peter Lombard)와 마찬가지로 "누가 이것을 훨씬 더 잘 설명할 수 있는 사람이 있다면 나는 그를 질투하지 않겠다"고 말할 수 있다. 요컨대, 화이트와 롬바르드 두 사람 모두가 닮고자 했던 겸손함을 염두에 두고서, 우리는 현재의 독자를 위해 "훨씬 잘 설명"하려고 노력해왔다.

나는 노틀담대학교에서 짐(Jim, 그리고 나는 이제 그의 친구들이 그를 부르는 이름을 사용할 것이다)에게 지도받은 1세대 박사 과정 학생 중 한 사람인 것이 자랑스럽다. 짐과 나는 모두 우리가 안수받은 연합감리교회를 사랑했다. 수년에 걸쳐서, 짐은 예배에 대한 내 생각과 가르침에 계속해서 큰 영향을 끼쳐왔다.

팬데믹으로 인한 지연에도 불구하고 이 프로젝트에 계속 헌신했던 편집자들에게 깊은 감사를 드린다. 2017년 이 프로젝트를 시작할 때 조언해 준 돈 샐리어스(Don E. Saliers)에게 감사하다. 그리고 마지막으로 나의 아내 사라 웹 필립스(Sara Webb Phillips)에게 감사를 표한다. 그녀 역시 연합감리교회의 안수받은 목사이고 나의 첫 번째이자, 가장 중요한 대화 파트너이다. 흥미롭게도, 사라는 수년간 인디애나주 사우스 벤드에 있는 연합감리교회의 브로드웨이 기독교 교구의 목사로 섬겼다.

짐은 노틀담에서 가르쳤던 수년 동안 이 도심에 있는 작은 교회에 적극적으로 참여했었다. 브로드웨이 기독교 교구는 여러 가지 면에서 실험실이었다. 『연합감리교 찬송가집』(1989)과 『예배서』는 공식 출판 수년 전에 그곳에서 테스트를 거쳤다. 이 작은 연합감리교회는 짐이 소천하고 며칠 후에 그의 추모식이 열린 곳이다. 나는 본 개정판의 편집자가 된 것을 영광으로 생각하고, 아빙돈출판사가 이 프로젝트를 맡은 것을 높이 평가한다. 그리고 내 학생들에게도 그것을 맡길 수 있게 되기를 기대한다.

역자 서문

안 덕 원 박사
횃불트리니티신학대학원대학교 실천신학 교수

　제임스 화이트(James F. White) 박사가 저술한 『기독교 예배학 개론』은 명저라는 수식으로는 아쉬움이 남는다. 전 세계의 다양한 예배공동체들을 아우르며 수십 년 동안 예배학의 기준으로 굳건하게 자리 잡고 있으니, 이제는 우리 시대 예배학의 "고전"으로 불러도 큰 무리가 없을 듯하다. 이 책은 예배학의 중요한 주제들을 역사적, 신학적, 예전적으로 촘촘하게 망라하고 있다. 방대한 역사적 사료를 섭렵하여 선별해 낸 자료의 높은 신뢰도와 객관적인 서술을 통해 확보한 보편성, 그리고 완고함과 협소함을 벗어나 다양한 전통들에 대해 존중하는 자세에 이르기까지, 화이트 박사는 후학들에게 예배학의 "이정표"를 제시해 주었다. 눈길을 걷던 이의 자취는 멀리 사라졌으나 발자국이 남듯, 화이트 박사는 떠났으나 그의 유산이 고스란히 남아있다.

　화이트 박사의 제자들과 어쩌면 필연적으로 화이트 박사로부터 학문적 영향을 받은 이들이 모여 2001년에 나온 『기독교 예배학 개론』 3판을 개정하여 4판을 출판했는데, 아마 역사적으로 유사한 사례를 찾기 어려울 것이다. 그의 저작이 여전히 탁월하다는 사실과, 그가 후학들에게 미친 큰 영향이 웅변적으로 드러난다. 편집의 책임을 맡은 에드워드 필립스(L. Edward Phillips) 박사가 밝혔듯이, 『기독교 예배학 개론』 4판은 원저자의 의도를 충분히 살리면서 표현과 내용에서 시대와 문화의 변화를 담고자 기획되었다. 편집에 참여한 모든 이들이 각자의 전문성을 가지고 표현을 정밀하게 다듬었고 내용에도 유의미한 보완이 있었다.

　이 책을 읽는 독자들은 풍부한 정보를 통해 기독교 예배에 대해 깊고 넓은 이해를 도모할 수 있을 것이다. 생경한 용어가 적지 않아 어느 정도 집중이 요구되지만, 주옥같은 자료들을 곱씹으며 찬찬히 따라가면 대가가 소개하는 예배의 본질에 가까이 다가서게 될 것이다. 거룩한 독서와 풍성한 상상력을 통해 역사의 강물에서 길어 올린 예배자들의 웅숭깊은 고백의 진수를 맛볼 수 있기를 바란다. 언어의 한계를 뛰어넘어 저자의 학문적 열정과 특정 전통을 절대화하지 않는 서술적 연구의 자세, 다른 생각을 존중하는 겸손과 포용과 환대의 정신을 배울 수 있기를 기대한다.

　훌륭한 저서를 한국의 독자들에게 번역하여 소개할 수 있음이 큰 기쁨이다. 이 책의 번역을 위해 3판의 번역을 꼼꼼히 살펴 보완하였으며 용어와 인명의 사용에도 주의를 기울였다. 원작의 취지를 살리기 위해 되도록 직역에 충실하였으나 가독성을 고려하여 의역하거나 한국 교회의 상황을 염두에 두고 수정한 부분이 있음을 밝힌다. 낯선 용어들의 경우 '역자주'를 통해 간단한 설명을 제공하였다. 예배와 관련된 이미지를 책 말미에 포함하였는데 특별히 한국 교회의 자료를 추가하였다.

　『기독교 예배학 개론』 4판의 편집과 번역에 참여할 수 있는 기회를 주신 하나님께 감사드리며, 번역서의 출판을 위해 수고를 아끼지 않은 분들에게 감사의 인사를 전한다. 3판을 번역하고, 4판의 수정 보완을 위해 헌신하신 백석대학교의 김상구 교수님과 배영민 박사님께 감사드린다. 햇불트리니티신학대학원대학교 최빛나 전도사님이 전체적인 탈고에 도움을 주었다. 이미지의 사용을 흔쾌히 허락해주신 정시춘 박사님과 박종현 목사님께 감사의 인사를 전한다. 추가된 내용의 번역, 전문용어의 정확한 정리와 번역의 검토를 위해 장로회신학대학교의 최승근 교수님이 애써주셨다. 복된 동역에 깊이 감사드린다. 기독교문서선교회(CLC) 박영호 목사님을 비롯한 관계자 여러분의 출판을 위한 노고에도 고마운 마음을 전한다.

마지막으로 개인적 소회를 남긴다. 스승의 흔적을 마주하고 살펴보는 일은 감격과 아쉬움이 교차하는 특별한 경험이다. 학생들이 발표할 소논문을 읽기 위해 몇 시간 전부터 미리 와서 기다리던 모습, 수업에서의 상세하고 막힘없는 설명과 학생들의 평범한 질문을 비범하게 만들어 준 장면, 투병 중에도 온 힘을 다해 제자들을 살폈던 기억이 떠올랐다. 교회와 예배와 학문에 대한 열정에 더하여 화이트 박사의 제자들을 향한 관심과 애정도 참 남달랐다. 소명의 길을 신실하게 걸어간 이의 여정이 귀하고 아름답다. 모쪼록 이 책이 화이트 박사의 유산을 계승하고 나누는 일에, 나아가 영과 진리로 드리는 예배의 회복을 위해 미력하나마 도움이 될 수 있기를 간절히 소망한다.

2024년 8월 양재동 연구실에서

제1장

"기독교 예배"란 무엇을 의미하는가?

L. 에드워드 필립스 | 캔들러신학대학원 역사 신학 및 기독교 예배학 부교수
토드 E. 존슨 | 풀러신학대학원 예배학 교수
캐런 웨스터필드-터커 | 보스턴대학교 신학대학원 예배학 교수

"기독교 예배"를 제대로 설명하기 위해서는 먼저 이 용어가 의미하는 바가 정확히 무엇인지를 정의를 내려야한다. 정의를 내리는 것은 결코 쉬운 일이 아니다. 사실 "예배"는 분명하게 정의하기에는 너무나 어려운 단어이다.

인간의 다른 활동들, 특별히 자주 반복되는 활동과 예배를 구분 짓게 하는 것은 무엇인가?
왜 예배가 일상의 잡다한 일이나, 습관적인 행동과는 다른 형태의 활동인가?
좀 더 정확하게 말해서, 예배는 기독교공동체 자체의 반복적인 다른 활동과는 무엇이 다른가?
예를 들어, 기독교 교육, 혹은 자선활동이 예배와 다른 점은 무엇인가?
현대 예배는 예배인가, 전도인가? 아니면 둘 다인가?
일단 "예배"가 무엇을 뜻하는지 결정했다면, 그러한 예배가 "기독교적"이라는 것을 어떻게 확신할 수 있는가?

우리 문화에는 다양한 형태의 예배가 있다.
이중 "기독교적" 예배의 분명한 특성이 있는가?
그렇다면 기독교공동체가 드리는 예배는 항상 "기독교적"인가?

이 질문들 가운데 어느 것도 간단히 해결할 수 있는 것은 아니지만, 당연히 연구해야 할 필요가 있다. 그리고 단순히 이론적인 흥미만으로 가볍게 다뤄져서는 안 되는 문제들이기도 하다. 기독교 예배의 특성을 규정하는 것은 기독교 예배를 기획하거나, 준비하거나, 혹은 인도할 책임이 있는 사람에게는 매우 중요하고 실제적인 도구다.

새로운 형태의 예배가 계속해서 출현하기 때문에 예배 사역을 책임지고 있는 사람들에게 이러한 기본적인 분석은 이전보다 더 중요해졌다. 이런 사람들은 예배 리더십을 통해 기독교공동체를 섬기면서 계속해서 무언가를 결정해야 한다. 좀 더 실제적인 결정을 내리기 위해서는, 이론적인 기초들이 더욱 필요하다.

국기에 대한 충성을 맹세하는 것과 같은 특별한 행위가 기독교 예배에 적합한가?
또는 적합하지 않은 행동인가?
다른 행위들 예를 들어, 교회가 관례상 예배에 포함시키지 않았던 자녀의 입양을 축하하는 것과 같은 행위를 교회 예배 생활에 포함시켜야 하는가?
그렇지 않다면, 그런 행위는 기독교 예배에 적합하지 않은 것인가?

"기독교 예배"에 대한 기본적인 정의를 내려야만, 우리는 이러한 실제적인 문제들에 대처할 수 있게 된다.

본서에서는 세 가지 방법을 사용하여 "기독교 예배"가 정확하게 무엇을 의미하는지를 살펴보고자 한다.

첫째, 내가 점점 더 가장 적절한 방식이라고 느끼게 되었던 것으로서 그리스도인들이 예배를 위해 함께 모일 때 무엇을 하는지 주의 깊게 설명하려는 현상학적 접근이다. 비록 이 방법이 가장 단순하고 쉬운 방식으로 보일 수도 있지만, 그리스도인들이 예배할 때 반복해서 사용하는 구조들(structures)이나 예식들(services)이 갖는 의미들을 이해하려면 주의 깊은 관찰은 필수적이다. 따라서 본서의 대부분은 실제적인 구조나 예식의 발전과 신학, 적용을 서술하는 데 집중할 것이다.

둘째, 좀 더 중요한 추상적 개념들의 정의를 탐구하는 방법이 도움이 된다. 이것은 기독교 사상가들이 기독교 예배의 본질을 설명하기 위해 사용했던 방법이다.

셋째, 그리스도인들이 예배하면서 경험하는 것을 (다양한 언어들로) 표현하기 위해서 가장 자주 선택하는 핵심 단어 중 일부를 조사하는 것이다.

이 세 가지 방법은 우리 자신이 "기독교 예배"를 말할 때 과연 어떤 의미로 그 말을 하고 있는지에 대해 숙고해 보도록 만들 것이다. 여기에 덧붙여서, 우리는 기독교 예배가 다양성과 일관성 둘 다 갖도록 하는 일부 요소들에 대해서도 고려해야 한다.

1. 기독교 예배의 현상

기독교 예배를 정의하기 위한 가장 좋은 방법은 그리스도인들이 행하는 예배의 외적이고 가시적인 형태를 묘사하는 것이다. 이 접근법은 그리스도인들이 함께 모일 때 무엇을 하는지 파악하려고 노력하는 외부 관찰자의 입장에서 이해하기 위해 기독교 예배의 전체적인 현상을 살피는 것이다.

기독교 예배는 **의례**(ritual)라고 알려진 인간 행동의 광범위한 범주에 속해있고, **의례학**(ritual studies)이라는 학문 분야의 연구 대상이다. "의례"라는 용어는 다양한 방식으로 사용되고, "예배"라는 용어만큼 분명하게 정의하는 게 어려울 수 있다. 하지만, 그 용어는 특정적이고 지속적인 특성을 가진 것처럼 보이는 인간 활동에 적용된다.

의례는 다음과 같이 정의할 수 있다.

① 의례는 행위이며, 구체화된 활동을 의미한다.
② 의례는 본질상 반복적이다.
③ 의례는 사회적인 활동이고, 일부 공동체적인 기능을 한다.

게일 램쇼(Gail Ramshaw)는 의례를 "반복적, 공동체적, 상징적으로 정의된 행위"라고 간결하게 설명한다."[1] 이처럼 인류학자와 사회학자, 심리학자는 의례에 큰 관심을 둔다. 다양한 종류의 의례는 모든 공동체의 결속력을 위해서 필요하다. 그것이 국경일 경축이거나, 새 고속도로의 개통이거나, 혹은 대학 미식축구의 주말리그이거나, 의례는 공동체적이고 인식할 수 있는 행사를 거행하기 위해서 중요한 역할을 한다. 가족 의례에는 생일잔치, 기념일, 손주들의 방문이 포함된다. **의례화**(ritualization)의 과정을 통해서, 평범한 매일의 활동들(식사, 모임, 방문, 만들기)이 특별한 사건으로 기념되고, 다른 활동들과 구별된다.[2]

많은 서방 사회에서는 분명한 목적을 가지고 반복되는 사회적 행위인 기독교 예배가 아마도 가장 흔한 형태의 의례일 것이다. 우리는 예배를

---

[1] Gail Ramshaw, *Christian Worship: 100,000 Sundays of Symbols and Rituals* (Minneapolis, MIN: Fortress Press, 2009). p. 33.
[2] 사회과학자들에 의해 사용되는 "의례"와 "의례화"의 다양한 방식에 대한 간략한 설명에 대해서는 Barry Stephenson, *Ritual: A Very Short Introduction* (New York, NY: Oxford University Press, 2015), chapter 1, "Ritualization," pp. 5-19를 보라.

전체적으로 분석할 수 있는데, 이는 기독교 예배가 각기 다른 문화와 역사적 시대를 거쳐 왔음에도 불구하고, 매우 안정적이고 지속적인 형태를 유지해 왔기 때문이다. 우리는 이러한 것들을 구조들(한 해 동안의 예배를 계획하는 연중 일정표와 같은 것)이나 **예식들**(성찬식과 같은 것)로 기술할 것이다.

예배가 끊임없이 변화되어 왔음에도 불구하고, 이러한 것들은 놀라울 정도로 지속성을 갖고 있음을 보여준다. 기독교 예배를 묘사하는 한 방법은 단순히 이런 주요한 구조들과 예식들의 목록을 작성하는 것이다. 앞으로 본서의 많은 분량을 통해서 이러한 것들에 대해 자세히 다룰 것이기 때문에 여기서는 이쯤에서 그치겠다.

오늘날, 예배학자들은 본질적인 구조들과 의식들을 통틀어서 **오도**(ordo: 예배의 규범적인 순서, 또는 예배의 전통과 형식에 내재된 규범 - 역자주)라고 표현하는데, 이 용어는 러시아정교회 신학자인 알렉산더 슈메만(Alexander Schmemann)으로부터 비롯되었다. 루터교 신학자인 고든 래스롭(Gordon W. Lathrop)은 자신이 주일과 주간, 말씀과 성찬 예배, 찬양과 기원, 가르침과 세례, 그리고 해(year)와 파스카(Pascha)/부활절로 구성되어 있다고 식별하는 이 **오도**를 예배의 "핵심적인 기독교 패턴"(core Christian pattern)으로 묘사한다.[3]

연합감리교 신학자인 돈 샐리어스(Don E. Saliers)는 "시간의 시험을 견뎌온" 기본구조들의 "규범"(canon)에 대해 말하는 것을 선호한다.[4] 그는 그 목록에 목회 직분을 추가한다.

기독교 예배의 심층적인 오도에 관한 식별은 『세례, 성찬, 직제』(*Baptism, Eucharist* and M*Inistry*[Faith and Order Paper No. 111])[5]와 같은 출간을 통해

---

[3] Gordon W. Lathrop, *Holy Things: A Liturgical Theology* (Minneapolis: Fortress Press, 1994), pp. 35-79.
[4] Don E. Saliers, *Worship as Theology* (Nashville: Abingdon Press, 1994), p. 166.
[5] 1982년에 발간된 이 중요한 에큐메니컬 자료는 https://www.oikoumene.org/sites/

서 풍부하고 다양한 교회공동체 전반에 걸쳐 친교를 회복하고자 하는 세계교회협의회(World Council of Churches)의 지속적인 노력에 많은 도움이 되었다.

역사적으로 가장 중요한 항목들을 확인하는 데 유용하기는 하지만, 이런 범주들의 문제는 오도나 규범이 제한적이고, 아마도 폐쇄적일 수 있음을 시사한다는 것이다. 이 방법은, 수 세기 동안 존재해 왔고(고전 14:6-9) 바울 자신도 뛰어났으며(18절), 주후 1세기 중반에 가장 성행했을 수 있는 기독교 예배 형식이었던 무아경 예배(ecstatic worship)를 무시하는 것이다. 19세기 초에 시작하여 오늘날까지 계속해서, 전 세계적으로 오순절교회들이 폭발적으로 성장한 것은 무아경 예배 형식의 회복력을 보여준다.

기독교 예배에 대한 설명을 오도로 한정시킨다면, 기독교가 유럽을 넘어 아프리카, 아시아, 그리고 아메리카로 확장됨에 따라 예배의 새로운 기능을 개발하고 이를 충족시키기 위해서 새로운 형식들을 만들어내는 최근 수 세기의 풍성함을 간과하게 된다. 혹은, 그 점에서는, 컴퓨터를 이용한 의사소통 방식의 등장을 받아들이면서 오도에 대한 편협한 접근 방식이 기독교 예배에 대한 우리의 이해를 복잡하게 만들 수도 있다.

우리는 이러한 점들에 유의하면서, 슈메만과 래스롭, 샐리어스가 한 제안, 즉 기독교 예배를 정의하는 수단으로서 예배의 영속적인 구조들과 예식들의 주된 구성 요소들의 목록을 작성하라는 제안을 즉시 행할 것이다. 신약성경에서조차 시간의 주간 구조(weekly structure)에 대한 암시가 나타난다. 이 구조는 곧 기독교공동체가 그리스도의 죽음과 부활을 기억하고 기념하거나, 여러 지역의 순교자들을 추도하는 것과 같은 행사를 위한 다양한 연간 달력들로 정교하게 발전되었다. 그리고 결국에는 공동기도와 개인기도를 위한 일과표들이 고안되었다. 시간을 하루, 일주일, 일년 단위로 계획하는 것은 기독교 예배에 있어서 여전히 중요하다.

---

default/files/Document/FO1982-111-en.pdf에 있다.

제2장에서 이에 대해 자세히 살펴볼 것이다. 하지만, 우리가 현재의 목적을 위해 기독교 예배에 대해서 말할 수 있는 한 가지 사실은 바로 기독교 예배는 그 목적들을 성취하기 위해 시간의 구조화에 크게 의존하는 형태의 예배라는 점이다.

예배를 위해 시간을 마련하는 일이 필요한 것처럼 그리스도인들은 예배를 안전하게 드릴 수 있는 공간을 마련하는 것이 편리하다는 것을 알게 되었다. 오랜 세월 동안 다양한 문화 속에서 여러 형태가 시도되어 왔지만, 공간과 비품에 대한 필요는 놀라울 정도로 일관된 것이었다. 이에 대해서는 제3장에서 다룰 것이다.

이에 덧붙여, 초기 교회 시대부터 그리스도인들은 음악 자체와 서정적인 신앙고백인 노래 가사를 통해 음악을 중요한 예배 수단으로 여겼다. 음악은 제4장에서 다룰 주제이다.

고대부터 오늘날에 이르기까지, 그리스도인들은 몇 가지 기본적인 의식들을 행해왔다.

첫째, 매일공중기도이다.

매일기도의 범주 안에는 다양한 형식들이 있고, 제5장에서 그중 일부를 다룰 것이다.

둘째, 말씀 예배이다.

이 형태의 예배는 성경을 읽고 설교하는 데 초점을 맞추기 때문에 종종 "말씀 예배"라고 부른다. 이것은 개신교인들에게는 설교 예배로서 익숙하고, 또한 성찬(Eucharist)이나 주의 만찬(Lord's Supper)의 전반부도 담당한다. 제6장에서 이 유형의 다양한 형태를 연구할 것이다. 말씀 예배는 다소 안정적인 순서를 제시하고, 또한 많은 그리스도인이 기독교 예배가 무엇인가에 대한 주요 경험을 하는 곳이기도 하다.

역사를 통틀어, 그리스도인들은 교회의 본질적인 표시로서 특정 의례 행위를 선호해 왔다. 이러한 다양한 전통들 가운데 주된 것은 "성례전"(sacraments) 혹은 "규례"(ordinances, 법례로도 번역하며 성경에서 지키라고 명령한 예전을 의미한다 - 역자주)라고 불려왔다. 제7장은 이러한 성례전/성례를 전반적으로 검토할 것이고, 가시적인 표지와 행위를 통해 하나님께서 일하시고 이에 사람들이 응답하는 것이 무엇을 의미하는지를 다룰 것이다.

사실상 모든 기독교공동체는 공동체에 속한 구성원들과 외부인들을 구분하는 몇몇 수단을 가지고 있다. 예배의 형태라는 관점에서, 이러한 구분은 다양한 기독교 입회 예식에서 나타난다. 이러한 의식들 가운데 가장 널리 알려진 것이 세례이다. 그러나 교리문답, 견진(입교), 첫 번째 성찬, 그리고 다양한 형식의 세례 언약 갱신, 확증, 또는 재확증, 그리고 일부 교단의 헌아식은 새 그리스도인들을 교회로 받아들이는 과정에서 중요한 부분을 차지한다. 기독교공동체들은 한 사람을 그리스도인으로 만들기 위한 자신들의 신학과 실제에 대해 계속해서 재고하고 있다. 제8장에서 이에 대해 논하고자 한다.

신약 시대부터 그리스도인들은 바울이 "주의 만찬"이라고 칭한 것(고전 11:20)을 기념하기 위해 모인 것을 증언했다. 많은 그리스도인에게 주의 만찬은 기독교 예배의 전형적인 형태이다. 주의 만찬을 외형적인 형태로 기념하는 것을 거부하는 그리스도인들은 얼마 되지 않는다. 많은 교회는 주의 만찬을 매주, 심지어는 매일 경험한다. 제9장에서는 주의 만찬의 여러 형태와 의미를 다룰 것이다.

셋째, 세례와 주의 만찬에 더하여, 거의 모든 기독교 예배공동체에는 어떠한 형태로든 공통되게 다양한 비정기 예식이나 목회적인 예식이 있다.

이런 예식들 가운데 일부는 인생 여정의 여러 단계를 나타내는데, 이에는 반복적인 것도 있고 그렇지 않은 것도 있다. 예를 들어, 용서와 화해를 위한 예식들이나 치유를 위한 예식들, 병자와 죽어가는 자를 치유하고 축복하는 예식들이 그러하다. 다른 것들은 결혼식, 성직 수임식, 종교적 서원식이나 위임식, 장례식과 같이 일생에 한 번만 하는 통과의례이다.

이러한 예식 중 대부분은 특별한 경우에만 요구된다. 인생의 많은 단계에서 겪는 경험들은 그리스도인이든 아니든 모든 이에게 해당한다. 이러한 여정들이나 통과의례 중 일부를 기념하는 특별한 예식들은 기독교 예배의 영구적인 형태들로 발전되었다. 제10장에서 이러한 예식들을 탐구하겠다.

넷째, 기독교 예배는 그 기원이었던 중동을 뛰어넘어 인간이 거주하는 모든 대륙으로 퍼져온 세계적인 현상이다.

제11장은 기독교가 세상의 여러 문화와 관련을 맺으면서 생겨난 관행의 풍성한 다양성을 살펴볼 것이다. 우리는 예배를 전반적으로 설명할 방법이 실제로는 없다는 점을 알게 될 것이다. 예배에는 항상 독특한 언어, 역사, 예술, 음악 및 기타 문화적 관습을 가진 실제적이고 구체적인 공동체가 있다.

물론 이러한 기본적인 구조들과 의식들이 기독교 예배가 갖는 모든 가능성을 포함하지는 못하지만, 대다수의 예배를 묘사하는 것임에는 분명하다. 다양한 기도회, 종교 음악회, 부흥회, 9일 기도, 광범위한 경건 예식도 생각해 볼 수도 있다. 그러나 대부분 그리스도인에게 있어서, 이러한 모든 것은 우리가 위에서 언급했던 항목들에 보조적인 것들이고, 어느 정도는 없어도 되는 것들이다. 따라서 본서에서는 기본적인 구조들과 예식들을 우선으로 논할 것이고, 나머지는 가끔 언급하도록 하겠다.

따라서 "기독교 예배는 무엇인가?"

이에 대한 우리의 첫 번째 답은 단순히 기독교 예배가 취하고 있는 기본 형태들의 목록을 작성하고 설명하며, 그것이 기독교 예배를 가장 잘 정의하는 방법이라고 말하는 것이다. 그러나 이와 더불어 다른 접근법들도 살펴보아야 한다.

2. 기독교 예배의 정의들

기독교 사상가들이 기독교 예배에 대해서 다양한 방식들로 말한 것을 살펴보는 목적은 관행들을 비교하려는 것이 아니라, 예배에 대한 성찰을 진작시키기 위함이다. 사도 바울은 로마서에서 이를 보여준다.

> 그러므로 형제들아 내가 하나님의 모든 자비하심으로 너희를 권하노니 너희 몸을 하나님이 기뻐하시는 거룩한 산 제물로 드리라 이는 너희가 드릴 영적 예배니라(롬 12:1, 개역개정).

바울은 계속해서 이러한 구체화된 "영적 예배"가 성도들의 삶에서 무엇을 의미할 수 있는지를 성찰한다. "사랑에는 거짓이 없나니, 환난 중에 참으며, 성도들의 쓸 것을 공급하며, 너희를 박해하는 자를 축복하라, 아무에게도 악을 악으로 갚지 말고, 모든 사람과 화목하라, 악에게 지지 말고 선으로 악을 이기라" 등이다.[6]

이 권면에서, 바울은 독자들에게 그들의 삶을 위한 예배의 실제적인 의미를 고찰하도록 독려한다.

용어의 의미를 이해하는 가장 좋은 방법은 단순히 정의만 하는 것이 아니라, 실제 사용하는 용어를 관찰하는 것이다. 그래서 본서에서는 몇몇 개신교, 정교회, 오순절교회와 로마가톨릭의 사상가들이 어떻게 그 용어를 사용하는지 엿보고자 한다. 이 용어의 다양한 용법 중 그 어느 것도 다른 용법을 배제하지 않는다. 그 용법들은 자주 중복된다. 그러나 각각의 용법은 새로운 통찰력과 관점을 더하면서 다른 용법을 보완한다. "우리가 의미하는 바를 말하고, 말하는 것을 의미하고자" 하는 이러한 노력은 기독교 예배에 대한 우리의 이해가 성숙되고 깊어짐에 따라 계속해서 수정

---

6 로마서 12:9-21로부터 발췌.

해 나가야 하는 것이다.

기독교 예배에 대해 잘 알려진 정의 중 하나는, 1544년에 토르가우 성(Torgau Castle)의 개신교 예배를 위해 최초로 지어진 교회의 헌당 예배에서 선포된 마르틴 루터(Martin Luther)의 설교에서 찾을 수 있다. 그는 기독교 예배에 대해서 다음과 같이 진술한다.

> 우리의 사랑하는 주님께서 친히 (Lord Himself) 그분의 거룩한 말씀을 통해 우리에게 말씀하시고(rede), 우리가 이에 대한 응답으로 기도와 찬송으로 그분께 말씀드리는(reden) 것 외에 다른 어떤 것도 하지 말 것이다.[7]

루터는 『대요리문답』(Large Catechism)에서도 비슷하게 말하는데, 거기서 그는 사람들이 예배의 자리에 "모여서 하나님의 말씀을 듣고 그 말씀에 대해 논하고, 그다음 노래와 기도로 하나님을 찬양한다"라고 말한다.[8] 따라서 예배는 성령님의 능력 주심에 의한 계시와 응답이라는 이중성을 가진다.

존 칼빈(John Calvin)은 예배에 존재하는 우상숭배와 미신에 관해 많은 부정적인 말을 했다. 그러니 "하나님께서는 우리에게 그리스도께서 현존하심을 보여주시기 위해 절대 지루하지 않은 몇 가지 예식들을 주셨다."[9] 기독교 예배의 궁극적인 목적은 하나님과의 연합이다.

다시 말하자면, "우리는 종교적인 활동을 통해서 하나님의 존전에까지 올려진다. 우리로 하나님과 연합될 수(conjungant) 있도록 하기 위함이 아니라면 말씀의 설교, 성례전, 성회, 그리고 교회라는 전체 외형적인 체제의

---

7 Peter Brunner, *Worship in the Name of Jesus* (St. Louis: Concordia, 1968), p. 123에서 재인용. (WA 49, 588, 15-18).
8 *Institutes of the Christian Religion* (Philadelphia: Westminster Press, 1960), p. 1192.
9 시편 24:7에 대한 주석, *Commentatries* 31:248. 이 구절은 존 윗트블릿(John Witvliet) 덕분이다.

목적은 무엇이겠는가."[10]

성공회 대주교인 토마스 크랜머(Thomas Cranmer)는 예배 예식들의 목적은 "하나님의 광영 혹은 영광을 진술하고, 사람들을 가장 완벽하고 경건한 삶으로 낮추는 것"[11]이라고 이해했다. 그렇다면, 예배는 하나님의 영광과 인간의 정직으로 향하게 된다. 예배와 사회정의를 연결하는 현대신학들은 크랜머와 의견을 같이한다.

러시아정교회 신학자 조지 플로로브스키(George Florovsky)도 계시와 응답이라는 이중성에 다음과 같이 공감한다.

> 기독교 예배는 그리스도의 구속행위 속에서 절정을 이룬 하나님의 부르심과 하나님의 '놀라운 역사'에 대한 인간의[sic] 응답이다.[12]

플로로브스키는 하나님의 부르심에 대한 이러한 응답의 공동체적인 본질을 강조하려고 애를 쓴다.

> 그리스도인은 본질적으로 공동체적인 존재이다. 왜냐하면, 그리스도인이 된다는 것은 공동체, 즉 교회 안에 존재한다는 것을 의미하기 때문이다.

예배자들 자신들과 마찬가지로 하나님께서 예배에서 활동하시는 곳도 바로 이 공동체이다. 과거에서와 우리 가운데서 일하시는 하나님께 대한 응답으로서 "기독교 예배는 무엇보다도, 그리고 본질적으로 찬양과 경배의 행위이다. 이 행위는 또한 하나님의 포용하시고 구속하시는 사랑에 대

---

10 *The Book of Concord* (Philadelphia: Westminster Press, 1960), p. 1192.
11 "Of Ceremonies," *The First and Second Prayer Books of Edward* VI (London: Dent, 1964), p. 326. 철자를 현대화함.
12 George Florovsky, "Worship and Every-Day Life: An Eastern Orthodox View," *Studia Liturgica* 2 (December 1963), p. 268.

해 감사의 마음으로 인정하는 것을 함축한다.[13]

또 다른 정교회 신학자인 니코스 닛시오티스(Nokos A. Nissiotis)는 이러한 견해를 뒷받침한다. 그는 예배 안에서의 삼위일체 하나님의 임재와 행위를 강조하면서, 다음과 같이 진술한다.

> 무엇보다도 예배는 인간이 [sic] 주도하는 행위가 아니라, 그분의 성령을 통해 그리스도 안에서 구속하시는 하나님의 행위이다.[14]

닛시오티스는, 인간이 인정할 수밖에 없는 "하나님과 그분 행위의 절대적인 우선성"을 강조한다. 그리스도의 몸인 교회는 성령의 능력으로 삼위일체 하나님으로부터의, 그리고 삼위일체 하나님을 향하는 행위로서 기뻐하시는 예배를 드릴 수 있다.

오순절(Pentecostal)교회의 예배인도자들은 신-인(divine-human)의 상호작용으로서 예배의 정서적이고, 친밀한 특성을 강조하는 경향이 있다. 은사주의-오순절교회 운동인 빈야드(Vineyard)를 창시한 존 윔버(John Wimber)는 예배를 "찬양과 기도라는 기본적인 수단을 통한 하나님과의 소통이고, 말씀의 가르침과 설교, 예언과 권면 등을 통한 하나님으로부터의 소통이다. 우리는 하나님을 높이고, 그분을 찬양한다. 그리고 그 결과, 우리에게 말씀하시는 그분의 임재 안으로 이끌려 들어가는 것"으로 묘사한다. 그는 예배를 "하나님을 향한 경외심, 복종, 존경의 표현"으로서 "하나님께 아낌없이 드리는 사랑의 행위"라고 정의한다.[15]

---

13 Florovsky, "Worship and Ever-Day Life," p. 269.
14 Nikos A. Nissiotis, "Worship, Eucharist, and 'Intercommunion': An Orthodox Reflection," *Studia Liturgica* 2 (September 1963): p. 201.
15 John Wimber, "Why We Worship & the Phases of Worship."은 https://sites.google.com/site/vineyarditalia/about/why-we-worship (accessed January 29, 2023)에서 찾을 수 있다. 윔버는 구체적으로 시편 95:1-2와 96장 1-3을 언급한다.

멜바 코스텐(Melva Costen)은 찬양과 능력주심(empowerment)을 미국 흑인 그리스도인들의 예배 특징으로 정의한다. 그녀는 다음과 같이 진술한다.

> 예배는 찬양과 능력주심(empowerment)으로 볼 수 있다. 왜냐하면, 예배는 신앙공동체가 '생명나무에 대한 권리'를 주장하고, 세상에서 사랑과 정의의 대리인으로서 행동할 수 있게 해 주기 때문이다. 능력주심은 공동예배에서 '실현된 종말론'으로서 자유를 경험하고 느끼는 것을 의미하지만, 이에 국한되지는 않는다⋯이러한 종말론적인 순간에서는, 투쟁과 고난 중에서도 희미한 희망의 빛이 보인다.[16]

로마가톨릭계에서는 일반적으로 예배를 "하나님을 영화롭게 하고 인간을 성화시키는 것"으로 묘사해 왔다. 이 표현은 교회음악에 관한 교황 비오 10세의 획기적인 1903년 『자의교서』(*motu proprio* [a papal decree])에서 유래된 것이다. 그 교서에서 그는 예배를 "하나님의 영광과 신자의 성화와 교화"를 위한 것이라고 진술했다.[17] 교황 비오 12세는 예배에 대한 그의 1947년 회칙인 『메디아토르 데이』(*Mediator Dei* – 하나님의 중재자)에서 이 표현을 반복했다. 같은 정의가 1963년 제2차 바티칸 공의회의 『거룩한 전례에 관한 헌장』(*Constitution on the Sacred Liturgy*)에서 빈번하게 나타난다. 그리고 "이 헌장의 20여 곳 이상에서 예배에 대한 이전의 정의를 정정하고, 먼저 인간의 [*sic*] 성화를 말한 다음에, 하나님의 영광을 말한다.[18]

이런 뒤바뀐 순서는 다음과 같은 질문을 하게 한다.

16　Melva Wilson Costen, *African American Christian Worship* (Nashville: Abingdon Press, 2007), p. 107.
17　*Tra le sollecitudini*, in *The New Liturgy*, ed. Kevin Seasoltz, O.S.B. (New York: Herder & Herder, 1966), p. 4.
18　Godfrey Diekmann, O.S.B., *Personal Prayer and the Liturgy* (London: Geoffrey Chapman, 1969), p. 57.

하나님을 영화롭게 하는 것, 혹은 인간을 성화시키는 것 중에 어떤 것이 우선하는가?

예배에 관한 많은 논쟁은 특별히 교회음악인들에게 관련된 이 질문 위주로 이루어진다.

때때로 회중의 인도자들은 예배 준비에서 또 다른 긴장을 표현할 수도 있다.

예배는 비록 사람들에게는 익숙하지 않거나 이해하기 어려운 형태를 가졌을지라도, 우리가 가진 최고의 재능과 예술을 하나님에게 드리는 것이어야만 하는가?

아니면 비록 예술적으로는 그리 인상 깊지 않더라도, 누구나 이해할 수 있는 익숙한 언어와 방식으로 드려져야 하는가?

하지만, 이런 식으로 긴장을 가하는 것은 "최고의 재능", 혹은 "예술적으로는 덜 인상적"이라는 것이 무엇을 의미하는지에 대한 의문이 생기게 한다. 이러한 것은 논쟁의 여지가 있거나, 혹은 엘리트주의적인 가치관이 내재된 개념들이다.

다행스럽게도, 이것은 잘못된 양자택일이다. 영화롭게 함과 성화는 영원히 함께한다. 이레니우스(Irenaeus)는 하나님의 영광은 온전히 살아있는 인간이라고 말한다. 거룩하게 된 인간보다 더 하나님을 영화롭게 하는 것은 없다. 하나님께 영광을 돌리고자 하는 열망보다 인간을 더 거룩하게 할 가능성이 있는 것은 없다. 하나님을 영화롭게 하는 것과 인간의 성화는 기독교 예배를 특징짓는다. 둘 사이에 있는 긴장은 무의미한 것이다. 인간은 자신들이 이해할 수 있는 용어로 들어야 하며, 진실한 형태로 자신들의 예배를 표현해야만 한다. 말로 잘 표현할 수 있는 능력과 진실성은 예배의 양면이다.

기독교 예배를 **파스카 신비**(paschal mystery)를 실행하는 것으로 설명하는 것 역시 많은 교회에서 일반적이 되었다. 이 용어는 1948년 사망한 독일 베네딕트 수도회의 수사인 오도 카젤(Dom Odo Casel)의 저술들로 인해 널리 알려지게 되었다. 이 용어의 어원은 교회만큼 오래된 것이다. 파스카 신비는 우리의 예배에 임재하고 활동하시는 부활하신 그리스도이다. 이런 의미에서 "신비"(Mystery)는 인간이 이해할 수 없는, 그때까지 숨겨져 있던 하나님의 자기-계시(self-disclosure)이다. "파스카"의 요소는 그리스도의 삶, 사역, 수난, 죽음, 부활, 승천에 있어서 그리스도의 중심적인 구속 행위이다. 우리는 기독교공동체가 예배의 자리에서 공유하는 그리스도의 구속 행위로서 파스카 신비를 설명할 수 있다.

카젤은 그리스도인들이 예배를 통해 "우리 자신의 거룩한 역사"를 살아가는 방식을 논한다. 교회가 구원사의 사건들을 기념할 때, "그리스도는 그분의 **에클레시아**(ecclesia)인 교회를 통해 친히 임재하시고 활동하시며, 교회는 그리스도와 함께 활동한다."[19] 그리하여 그리스도의 바로 이러한 행위가 구원할 수 있는 모든 능력과 함께 또다시 현존하게 된다. 그리스도가 과거에 행하셨던 것을 예배자가 현재에도 경험하고 적용할 수 있도록 예배자에게 다시금 주어진다. 이것이 주님과 더불어 살아가는 한 방식이다. 교회는 예배하는 회중이 이러한 사건들을 재연함으로써 그리스도가 행하셨던 것을 제시한다. 그리하여 예배자는 자신의 구원을 위한 그런 사건들을 다시 경험할 수 있게 된다.

이러한 각각의 정의들은 기독교 예배에 대해 개인적으로 이해하려는 여정 가운데 있는 독자들에게는 단지 중간역에 지나지 않는다. 우리는 기독교 예배를 정의하는 것을 계속해서 경험하고 성찰하면서, 예배에 대한 다른 정의들을 발견하고 더 깊이 이해하는 일에 열려 있어야만 한다.

---

19 Odo Casel, O.S.B., *The Mystery of Christian Worship* (Westminster, Md.: Newman Press, 1962), p. 141.

3. 기독교 예배의 핵심 단어들

"기독교 예배"가 뜻하는 바를 명확하게 하는 또 다른 유용한 방법은 기독교공동체가 예배에 대해서 진술할 때 선택했던 몇 가지 핵심 단어들을 살펴보는 것이다. 이런 단어들은 원래 그 기원이 세속적이었으나, 기독교공동체가 예배 속에서 경험한 것을 표현하는 가장 적절한 수단으로 선택되었다.

과거와 현재에 사용되는 이런 단어들은 매우 다양하다. 각 단어와 언어는 다른 것들을 보완해주는 의미를 더해 준다. 예배와 관련하여 가장 널리 사용되는 서방의 몇몇 단어들을 간단히 조사해 보면 그 용어들이 표현되는 실태를 파악할 수 있다.

영어는 아마도 독일어 단어인 **곧테스딘스트**(*Gottesdienst*)를 부러워할 것 같다. 영어로 이 단어를 정확하게 표현하려면 7개의 단어가 필요하다. 바로 "하나님의 봉사와 하나님을 향한 우리의 봉사"(God's service and our service to God)이다. "Gott"(하나님)는 영어로 "God"으로 번역되고, 두 언어에서 둘 다 비슷하게 발음된다. 그러나 영어에 같은 어원이 없는 **딘스트**(*dienst*)는 생소하다. 독일을 여행하는 사람들은 이 단어가 주유소를 의미한다는 사실을 알게 될 것이다. 이 단어와 가장 가까운 영어 단어는 "Service"(서비스)이다. 재미있는 사실은 우리가 이 단어를 주유소를 가리킬 때 사용하는 것처럼 이 단어를 예배에서도 일반적으로 사용한다는 것이다. "서비스"는 다른 이들을 위해 무언가를 하는 것을 의미한다. 비서업무, 산림청, 또는 출장연회 서비스를 말할 때처럼 말이다.

서비스란 말은 통상적으로 개인의 이익을 위해 제공되는 일이기는 하지만, 대중을 위해 제공되는 일을 나타낸다. 궁극적으로 이 단어는 원래 다른 이들을 섬겨야만 했던 노예를 의미하는 라틴어 단어 **세르부스**(*servus*)에서 유래한다. 봉사나 의무를 뜻하는 라틴어 단어 **오피키움**(*officium*)에서 유래한 **office**(성무일과)라는 단어 역시 예배를 의미할 때 사용된다. 곧테스딘스트(*Gottesdienst*)는 "자신을 비워 종의 형체를 가지신" 하나님(빌 2:7)과 그런 하나님을 향한 우리의 봉사를 반영한다.

이 개념과 현대 영어 단어인 **리터지**(liturgy, 예전)가 전하는 개념 사이에는 근소한 차이만 있을 뿐이다. 격식을 매우 갖춘 종교의식과 너무나도 자주 혼동되는 "리터지"는 서비스처럼 세속적인 기원을 갖는다. 이 단어는 일(에르곤[*érgon*])과 사람들(라오스[*laós*])의 합성인 헬라어 **레이투르기아**(*leitourgía*)에서 유래한다. 고대 그리스에서 리터지는 도시나 국가의 유익을 위해 수행되는 공적인 일이었다. 원칙적으로는 세금을 내는 것과 같은 것이었지만, 그것은 세금뿐만 아니라 기부로 하는 봉사도 포함될 수 있었다. 바울은 로마의 다스리는 자들을 문자 그대로 "하나님의 일꾼"(liturgists [*letourgoí*] of God)(롬 13:6), 자기 자신을 "이방인을 위한 그리스도 예수의 일꾼"(liturgist [*leitourgòn*])(롬 15:16. 직역)이라고 표현한다.

따라서 리터지는 다른 이들의 이익을 위해 사람들이 수행하는 일이다. 다시 말해서, 제사장적인 기독교공동체 전체가 공유하는 만인제사장직의 정수이다. 예배가 "예전적"(liturgical)이라는 것은, 예배자들이 함께 예배할 때 모두가 능동적으로 참여하게 고안되었다는 것을 의미한다. 이것은 회중이 예배에 온전히 능동적으로 참여하기만 한다면, 퀘이커 예배와 로마가톨릭 미사에 똑같이 적용될 수 있다. 그러나 회중이 단지 수동적인 청중으로 머무는 예배는 이 단어로 묘사될 수 없다. 동방정교회에서 "리터지"는 성찬이라는 특정 의미로 사용되는 단어이다. 그러나 서방교회의 그리스도인들은 참여적인 특징을 가진 모든 형태의 공적 예배를 말할 때 "예전적"이라는 용어를 사용한다.

그러므로 서비스라는 개념은 예배를 이해하는 데 있어 중요하다. 라틴어와 로망스어 계통 언어(로망스제어, 라틴에서 유래한 포르투갈, 스페인, 프랑스, 이탈리아, 루마니아어를 칭한다-역자주)에서 공통된 단어의 배후에 다른 개념이 나타나는데, 이 단어는 영어의 **컬트**(cult)에서 드러난다. 영어에서 컬트는 기괴하거나 일시적인 유행을 암시하는 경향이 있지만, 프랑스어와 이탈리아어와 같은 언어에서는 귀하게 여김을 받는 기능이 있다. 이 단어의 기원은 라틴어 **코레레**(*colere*)로서, "경작하다"(to cultivate)는 뜻을 지닌 농업 용어이다. 프랑스어 **르 뀔뜨**(*le culte*)와 이탈리아어 **일 쿨토**(*il culto*)는 모두 예배를 일컫는 통상적인 용어로 이 라틴어 **코레레**(*colere*)를 보존하고 있다. 이 단어는 풍성한 의미를 담고 있는 용어이고, 심지어 영어의 "worship"보다도 더 풍부한 의미를 갖는다. 그 이유는 농부와 땅, 또는 농부와 동물들 사이의 상호책임을 묘사하기 때문이다.

만약, 내가 닭에게 모이나 물을 주지 않게 되면, 나는 닭으로부터 달걀을 얻지 못할 것이다. 내가 정원의 잡초를 뽑지 않으면, 그 정원에서 채소를 얻지 못할 것이다. 이처럼 농부와 땅, 또는 동물은 상호의존적인 관계를 맺는다. 농부는 땅이나 동물을 평생토록 돌보고 보살펴야 하는 관계 속에 있는데, 이는 특히 수세대에 걸쳐 같은 땅에서 가업으로 농업에 종사한 이들에게는 거의 전부라고 할 수 있는 매우 중요한 관계이다. 정확히 같은 정도는 아니지만, 그 둘은 주고받는 관계로서 서로 결속되어 있다. 안타깝게도 로망스어 계통 언어와는 달리, 영어에는 경작하다와 예배를 명백하게 연결하는 단어가 없다.

우리는 종종 다른 언어들의 단어들이 영어 동의어들보다 더욱 풍성한 의미를 내포하고 있음을 발견하게 되는데, 이탈리아어 **도메니카**(*domenica*, 주의 날-일요일), **파스카**(*Pasqua*, 유월절-부활절), 또는 **크리스마**(*crisma*, 그리스도-기름 붓다)등을 그 예로 들 수 있다.

영어 단어 워십(worship) 역시 그 어원이 세속적이다. 워십은 고대 영어 단어인 **워쓰십**(*weorthscipe*)에서 유래한다. 이는 문자적으로 *weorth* (worthy: 가치 있는)와 *-scipe*(ship: 신분)의 합성어로서 어떤 이의 가치를 인정하고 존경을 표한다는 의미를 지닌다. 영국에서 이 단어는 시장들(lord mayors)을 부를 때도 사용했고, 지금도 사용하고 있다. 1549년 이래, 영국성공회(Church of England)의 결혼 예식은 "나는 나의 몸으로 당신을 워십하겠습니다"(with my body I thee worship)라는 멋진 서약을 포함시켜왔다. 이것은 자신의 몸을 다해 다른 존재를 존경하거나 존중하겠다는 뜻이다. 안타깝게도, 이런 솔직한 표현은 우리를 불편하게 만들기 때문에 미국 결혼식에서는 사라졌다. "숭배하다"(revere), "경모하다"(venerate), "찬미하다"(adore)와 같은 영어 단어들은 궁극적으로 두려워하다, 사랑하다, 기도하다를 뜻하는 라틴어 단어들에서 파생된 것이다.

신약성경은 예배에 대해서 다양한 용어들을 사용하지만, 단어들 대부분은 다른 의미도 담고 있다. 보다 일반적으로 사용되는 용어 중 하나는 **라트레이아**(*latreía*)로서 대개 서비스(service), 또는 예배로 번역된다. 이 단어는 로마서 9:4과 히브리서 9:1, 6에서처럼 유대교의 성전 예배를 뜻하거나, 요한복음 16:2에서처럼 모든 종교적인 의무를 의미할 수 있다. 로마서 12:1에서는 단순하게 "예배"로 번역되는데, 빌립보서 3:3에서도 의미가 비슷하다.

절하기 위해 엎드림이라는 명시적인 신체적 동작을 내포하는 **프로스쿠네인**(*proskuneín*)이라는 단어에서 중요한 통찰력을 얻을 수 있다. 사탄에게 시험을 받는 장면에서 예수님은 사탄에게 "기록되었으되 '주 너의 하나님께 경배하고(*proskuneín*) 다만 그를 섬기라(*latreúseis*)'"(마 4:10; 눅 4:8)라고 말씀하신다.

또 다른 유명한 구절(요 4:23)에서 예수님은 사마리아 여인에게 "아버지께 참되게 예배하는 자들은 영과 진리로 예배할 때가 오나니 곧 이때라"고 말씀하신다. **프로스쿠네인**(*Proskuneín*)은 이 구절 전체에서 다양한 형태로 반복적으로 사용되고, 우리에게 덜 친숙한 구절(계 5:14)에서는 24명의 장로가 "엎드려 경배했다"[*prosekúnesan*]라고 표현된다. 따라서 이 동사는 예배가 가진 신체적 본질을 강조하는 단어이다.

흥미로운 단어들인 **투시아**(*thusía*)와 **프로스포라**(*prosphorá*)는 둘 다 제물(sacrifice)과 공물(offering)로 번역된다. 투시아는 이방인의 제사("귀신에게 하는"[to demons], 고전 10:20)와 기독교 예배 ("산 제물"[living sacrifice], 롬 12:1, 또는 "찬송의 제사"[praise of praise], 히 13:15)에 모두 사용되기는 했지만 신약성경과 초기 교부들에게도 중요한 용어였다. **프로스포라**는 문자적으로 ~에게 바치거나 부담하는 행위이다. 이 단어는 『클레멘스 1서』에서 이삭을 바치는 아브라함의 행위, 성직자의 봉헌행위, 또는 "우리를 위한 희생제물이 되신 대제사장이신"(36:1) 그리스도의 제물 되심 등과 관련하여 자주 사용되었다. 히브리서 10:10은 "예수 그리스도의 몸을 단번에 드리심"이라고 말한다. 이 두 단어 모두, 논쟁의 여지는 있지만, 기독교 성찬 신학의 발전에 있어 중요한 역할을 한다.

신약성경 문헌에 그리 자주 나오지는 않지만, **트레스케이아**(*threskeía*)는 종교적 의식이나 컬트를 뜻한다(행 26:5; 골 2:18; 약 1:26에서처럼). **세베인**(*Sébein*)은 경배하다를 의미한다(마 15:9; 막 7:7; 행 18:3, 19:27). 사도행전에서 이 동사는 하나님을 경외하는 자들과 회당 예배에 참석하는 이방인들을 지칭할 때도 사용된다(13:50, 16:14, 17:4, 17, 18:7). **호모로게인**(*Homologein*)은 신약성경에서 예배를 묘사할 때 사용된 또 다른 중요한 용어이다. 이 단어에는, 죄를 고백하다(요일 1:9 "만약 우리가 우리 죄를 고백하면"), 공개적으로 선포하거나 천명하다(롬 10:9 "만일 네가 네 입으로 예수를 주로 시인하면"), 또는 하나님을 찬양하다(히 13:15 "그 이름을 증언하는 입술의 열매니라") 등 다양한 의미가 있다.

다른 언어들로부터 온 이러한 용어들은 영어 단어 "worship"의 1차원적인 이미지를 확대시킬 수 있다. 성경적 용어에 더하여, 다양한 언어들에서 예배에 사용되고, 비슷한 의미의 단어들을 살펴봄으로써 더 폭넓은 이해를 할 수 있다. 스페인어의 **알라바들**(*alabadle*, *alabar*의 명령형, "찬양하다"), 또는 한국어의 **예배**(*yebae* "교회예배")가 그런 예이다. 이 모든 용어는 다른 이들이 다양한 때와 장소에서 경험한 것을 통찰하는 데 있어 귀한 도움을 준다. 예배와 관련된 몇몇 영어 단어들은 어느 정도 명확히 할 필요가 있다.

우리는 두 종류의 예배, 즉 공동예배(common worship)와 개인예배(personal devotions)를 분명히 구분할 필요가 있다. **공적 예배**(public worship)로도 알려진 **공동예배**(common worship)에서 가장 분명한 것은, 그리스도인들이 함께 모여 드리는 예배, 그리스도인들의 집회라는 점이다. 함께 만나고 모인다는 것은 매우 중요하다. 유대교 용어인 "회당"(synagogue [함께 모임]) 역시 그리스도인들의 집회를 표현할 때 가끔 사용되었다(약 2:2). 그러나 그리스도인들의 집회를 표현하는 가장 중요한 용어는 세상으로부터 부름을 받은 자들이라는 뜻을 가진 교회, **에클레시아**(*ekklesia*)이다. 집회, 집합, 모임, 소집, 또는 회합을 의미하는 이 단어는 신약성경에서 지역 교회나 보편 교회를 말할 때 반복적으로 사용된다.

공동예배에서 가장 간과되기 쉬운 한 가지 측면은 예배는 흩어졌던 그리스도인들이 한 장소에 모이는 것으로 시작하여 예배하는 교회가 된다는 점이다. 우리는 대개 모이는 행위를 단지 기계적인 필요에 의한 것으로만 여기지만, 그리스도의 이름으로 모이는 것은 그 자체로 공동예배의 중요한 부분이다. 우리는 하나님을 만나고, **그리고**(*and*) 우리 이웃을 만나기 위해 모인다. 이러한 집회들은 반드시 규모가 클 필요는 없다. 이는 예수님께서 친히 내 이름으로 "두세 사람이 모인 곳"에 계실 것이라고 약속하셨기 때문이다(마 18:20).

이와는 반대로 **개인예배**(personal devotions)는 항상 그렇진 않지만, 대개 그리스도의 몸 된 다른 지체들과 함께하지 않는 곳에서 이뤄진다. 개인예배가 다른 그리스도인들의 예배와 연관이 없다는 말은 아니다. 사실 개인예배와 공동예배는 모두 그리스도의 몸인 보편 교회의 예배를 공유하기 때문에 완전히 연결되어 있다. 그러나 개인예배는 비록 일반적인 구조를 따르고 있기는 하지만, 각 개인은 속도와 내용을 임의대로 결정할 수 있다. 반면에 공동예배를 가능케 하려면, 구조, 언어, 행동에 대한 합의가 있어야 하고, 그렇지 않으면 혼란스럽게 될 것이다. 각 개인이 규율을 정하는 개인예배에서는 이러한 기본 원칙이 불필요하다("Devotion[헌신, 기도, 예배]"은 서약(vow)을 의미하는 라틴어에서 유래되었다).

공동예배와 개인예배의 관계는 중요하다. 본서의 주제가 공동예배이기 때문에 개인예배에 대해서는 거의 다루지 않겠지만, 공동예배와 개인예배가 상호의존적이라는 사실은 분명하다. 성공회 신학자인 에블린 언더힐(Evelyn Underhill)은 다음과 같이 말한다.

> 실제로는 하나가 다른 하나를 앞서고자 하는 일반적인 경향이 있지만, [공동]예배와 개인예배는 서로 보완하고, 강화하고, 점검해야 한다. 이렇게 될 때에만 우리 그리스도인들은 정상적이고 균형 잡힌 온전한 헌신의 삶을 살 수 있다 … 어느 누구도, 가장 위대한 성인일지라도 이것이 보여주고 요구하는 모든 것을 완전히 이해하거나, 이러한 균형 잡힌 풍성한 응답에 완전히 이를 수는 없다. 그러한 응답은 교회 전체의 일이어야 한다. 그 안에서 무한한 다양성을 가진 각 영혼들은 각자의 역할을 하고, 그 부분을 그리스도의 몸 된 교회의 생명 전체를 위하여 하는 것이다.[20]

공동예배는 개인예배의 특성으로 보완될 필요가 있다. 그리고 개인예배는 공동예배와의 균형이 필요하다.

최근에 널리 사용되는 단어는 **축하**(celebration, 거행)이다. 이것은 세속적인 상황에서 빈번하게 사용되고, 일종의 모호함이 담겨 있는 단어로 발전된 것으로 보인다. 그래서 무엇을 축하하고 있는지 알 수 있도록 구체적인 대상을 언급하지 않는 한, 이 단어는 그 축하를 오히려 무의미하게 만들어 버린다. 만약 어떤 이가 성찬식이나 성탄절 예배의 거행(celebration)에 대해서 말한다면, 그 내용은 명확하다. 전체 공동체가 예배를 거행하기(celebrate) 때문에, 인도자는 진행자(celebrant)가 아니라 **집례자**(presider)로 불려야 한다. 그러나 집례자를 언급할 때 여전히 진행자라는 용어를 사용하는 것을 본다.

---

20 Evelyn Underhill, *Worship* (London: Nisbet & Co., 1936), pp. 84-85.

의례(Ritual)는 각기 다른 사람에게 각기 다른 것을 의미하기 때문에 사용하기 까다로운 단어이다. 많은 사람에게 의례는 무의미하고 (따라서 "무의미한 의례"), 목적 없이 반복되는 쳇바퀴를 의미한다. 예배학자들은 예식서(book of rites)라는 뜻으로 이 용어를 사용한다. 로마가톨릭교도에게 "의례"라는 말은 세례식, 결혼식, 장례식 등에 대한 사목지침서(manual of pastoral office)를 가리킨다. 감리교 전통에서 "의례"는 1848년 이래로 성찬식, pastoral office(사목), 예배 규칙서 등을 포함한 교회의 공식 예배 예식들에 사용된다.

예식(Rites, 혹은 의식)은 예배에서 실제로 말로 하거나 노래로 하는 단어들을 뜻하지만, 때로는 예배의 모든 측면에도 사용된다. 이 용어는 특유의 방식으로 예배하는 동방-예식 가톨릭(Eastern-rite Catholics) 같은 집단에서 사용될 수도 있다. 예식(rites)은 예배에서 행해지는 행위나 **의식절차**(ceremonial)와는 다르다. 의식절차는 일반적으로 **예식규정집**(rubrics)으로 된 예배서나, 또는 예배 수행 지침에 표시된다. **예식규정집**은 빨간색을 뜻하는 라틴어 단어에서 유래되었는데, 그 이름이 말하는 것처럼 흔히 붉은색으로 인쇄된다. 또 다른 주요 요소는 각 예배의 양식(pattern)인데, (예배의) **오도**(ordo), 곧 **순서**(order)를 뜻한다. 순서, 의식, 그리고 예식규정집 – 양식과 어법과 지침들 – 은 대부분의 예식서의 기본 요소들이다.

4. 표현에서의 다양성

지금까지 기독교 예배를 일반적인 용어들로 표현할 수 있도록 하는 공통 요인들에 대해서 살펴봤다. 기독교 예배에는 충분한 기초적인 통일성이 확실히 있다. 그래서 우리는 예배에 대한 많은 일반적인 진술을 할 수 있고, 전부는 아니더라도 그것을 대부분의 기독교 예배 형식에 적용할 수 있다. 하지만, 기독교 예배의 또 하나의 중요한 점인 문화적, 역사적 다양성을 고려함으로써, 예배의 일관성에 대한 보편적 진술들의 균형을 맞추어야 한다.

이미 살펴본 것처럼 일관성은 매우 중요하며 다양성도 마찬가지다. 기독교 예배는 일관성과 다양성의 흥미로운 혼합체로, 아주 넓은 관점으로 볼 때, 이천 년 동안 거의 같은 구조와 예식들을 볼 수 있다. 그럼에도 세계 각지의 사람들, 그리고 심지어 같은 도시의 다른 지역에 있는 사람들도, 그들만의 독특한 방식으로 예배하는 것을 볼 수 있다.

최근에는 문화적, 민족적 요인들이 기독교 예배를 이해하는 데 매우 중요하다는 사실을 더 잘 알게 되었다. 우리가 기독교 예배와 정의(justice) 사이의 연관성에 큰 관심을 기울이게 된 것도 그 때문이다. 어떤 의미에서 이 일은 전혀 새로운 게 아니다. 주전 수 세기 전에 아모스 선지자는 공의와 정의가 무시되는 "성회"를 비난했다(암 5:21-24). 신약성경에서, 성 바울도 마찬가지로 주의 만찬에서 행해지는 불의한 관행 때문에 고린도 교회를 비난했다.

> 그런즉 너희가 함께 모여서 주의 만찬을 먹을 수 없으니, 이는 먹을 때에 각각 자기의 만찬을 먼저 갖다 먹으므로 어떤 사람은 시장하고 어떤 사람은 취함이라(고전 11: 20-21).

바울에게 이것은 개인적인 도덕성이 아니라 정의의 문제이다. 고린도 교회의 부유한 그리스도인들은 공동체의 노동자 계급이 도착하기를 기다리지 않고 식사를 시작했다.

19세기 성공회 신학자 프레데릭 데니슨 모리스(Frederick Denison Maurice)는 예배와 정의에 관한 우리의 생각을 발전시켰다. 그리고 20세기의 퍼시 디어머(Percy Dearmer), 윌리엄 템플(William Temple), 월터 라우센부쉬(Walter Rauschcenbusch), 그리고 버질 미셀(Virgil Michel)도 마찬가지였다. 그러나 성, 나이, 인종 또는 다른 인간적 차이로 인해 예배하는 많은 이를 소외시키는 불의한 예배 형태에 많은 그리스도인이 민감하게 반응하게 된 것은 최근 들어서다. 그 결과, 여성이 드러나지 않게 하는 경향이 있었던 예식서와 찬송가의 언어들을 바꾸고, 장애인들을 배려하지 않았던 건물들을 고치고, 전에는 교회 안에서 자유로이 섬길 수도 없었던 이들도 새로운 역할을 할 수 있도록 하는 노력이 이어졌다.

예배에서 정의를 구체적으로 표현하고자 하는 관심은 많은 형태로 나타난다. 그러나 이 모든 노력은 예배자들 개개인의 가치를 강조하는 공통된 목표를 공유한다. 나이, 성, 장애, 인종, 또는 언어적 배경 때문에 누군가가 무시되거나 열등한 존재로 취급당하는 곳에서, 이러한 불의가 인식되고 완화되는 중이다. 그러나 차별적인 행위들을 인식하게 되고, 그 행위를 시정하기 위한 가장 공정한 방법들을 찾는 것은 그 과정이 더디다. 그 결과 기독교 예배는 세계적인 공동체를 반영하려고 시도할수록 더욱더 복잡해지고 다양해진다. 따라서 우리가 일관성에 대해 말했던 것이 여전히 유효하긴 하지만, 그러한 일관성을 문화적으로 표현하는 방식들은 오늘날 더욱 다양해지고 있다.

예배에 모든 사람을 포함하려는 이러한 움직임과 세계 교회의 문화적, 민족적 다양성을 중시하려는 노력은 밀접하게 연관되어 있다. 여기에는 기독교 예배에서 다른 사람들의 은사에 대한 존중을 장려하는 것도 포함된다. 이러한 과정을 전문적인 용어로 **토착화**(inculturation)라고 하는데, 그 본질은 다양성을 하나님이 인간에게 주신 선물로 인정하고, 그러한 것을 예배 형식에 기꺼이 통합시키고자 하는 것이다. 그러나 토착화 과정은 예배가 지역공동체의 문화적 관습 및 예술과 맺는 관계의 한 측면일 뿐이다. 세계루터교연맹(World Lutheran Federation)이 발전시킨 예배 문화에 대한 나이로비 성명(Nairobi Statement on Worship Culture[1996])은 예배가 문화와 교차하는 네 가지 방식에 대한 간결한 유형을 제공한다.

기독교 예배는 적어도 다음의 네 가지 면에서 문화와 역동적인 관계를 맺는다. 첫째, 기독교 예배는 문화를 초월한다(transcultural). 즉 다시 말하면, 문화를 초월하여 누구에게나, 어디에서나, 같은 내용을 가진다. 둘째, 기독교 예배는 상황에 적합해야(contextual) 한다. 이것은 그 지역의 자연과 문화적 상황에 맞는 형태를 가져야 한다는 말이다. 셋째, 기독교 예배는 반 문화적인(counter-cultural) 특성을 가지고 주어진 문화 속에서 복음과 반대되는 것에 대해 도전해야만 한다. 넷째, 기독교 예배는 다양한 문화를 수용함으로써(cross-cultural) 각기 다른 지역 문화 사이에 교류를 가능케 해야 한다.[21]

예를 들어, 음악은 문화적 표현의 다양성을 나타내는 하나의 지표이다. 20세기 중반 이래로, 새로운 찬송가들은 점점 더 문화적 다양성을 반영하려는 경향이 있었다. 그러나 찬송가 편집자들은 토착 음악 전통들을 피상적으로 도용하는 것을 피해야 할 필요성을 점점 더 인식하게 되었다. 나이로비 성명이 주시하듯이, 예배와 문화에 대한 충실한 기독교적 접근법에는 세심한 분별력이 필요하다.

기독교 예배에서 다양성은 새로운 게 아니지만 그것을 긍정적으로 바라보는 것은 최근에 이뤄진 중요한 발전이다. 가장 오래된 예전 문서들에서도, 신학적 원리에서든 인간의 필요에서든 똑같은 사실이 다양한 방식으로 서술된 것을 볼 수 있다. 이러한 차이는 사람들과 장소들의 다양성을 반영한다. 서로 다른 예배 예식서들은 같은 목적지로 여행하는 유사한 경로들을 제시하지만, 스타일과 세부 사항에서는 다르다. 마치 다른 지역들의 각기 다른 민족들이 모든 민족과 국가가 가지고 있는 모국어의 특수성과 같은 그런 영역들에서 구별되는 것처럼 말이다. 따라서 예배가 지역

---

21 "Nairobi Statement on Worship and Culture," World Lutheran Federation (1996), https://worship.calvin.edu/resource-library/nairobi-statement-on-worhip-and-culture-full-text (accessed, January 29, 2023)에서 찾을 수 있다.

적인 것은 너무나도 당연하다. 그리고 초기 교회부터 16세기 종교개혁까지의 유럽과 중동에서 볼 수 있듯이, 그 지역의 예식이 널리 사용된 소수의 도시가 기독교 예배 역사에서 특히 중요했다.

세계에서 가장 널리 사용되는 두 개의 예전으로부터 똑같은 기능을 가진 두 구절을 비교해 보자.

첫 번째는 로마가톨릭교회 라틴(트리엔트 공의회) 미사에 있는 구절이고 성찬기도의 서두에서 발견된다.

> 우리가 언제 어디서나, 거룩한 아버지이신 주님, 전능하시고 영원한 하나님이신 당신께 우리 주 그리스도를 통하여 감사를 드리는 것이 참으로 마땅하고 합당하며 옳은 일이며 우리의 도리입니다.

두 번째는 요한 크리소스토무스의 동방정교회의 거룩한 예전(Eastern Orthodox Divine Liturgy of St. John Chrysostom)에서 병행되는 구절이다.

> 당신이 통치하시는 모든 곳에서 당신을 노래하고, 당신을 송축하고, 당신을 찬양하고, 당신께 감사드리고, 당신을 예배하는 것이 마땅합니다. 이는 당신과, 당신의 독생자, 그리고 당신의 성령은, 형용할 수 없고, 헤아릴 수 없으며, 보이지 않고, 이해할 수 없고, 영원히 존재하시고, 언제나 동일하신 하나님이시기 때문입니다.

두 구절은 모두 같은 내용을 말하고 있지만 문체와 분위기는 사뭇 다르다. 첫 번째 구절의 언어는 로마법정의 법리적인 수사법과 같고, 두 번째 것은 비잔틴 황제들의 궁정에서 사용되는 화려한 언어와 같다. 의심할 여지 없이 우리는 지금 각기 특정한 역사적, 문화적 상황들 속에서 나타난 서로 다른 두 가지 표현 방식들을 다루고 있다.

예배학자들은 고대의 다양한 성찬 예전들을 뚜렷이 다른 예전 계보(liturgical families)로 분류해 왔다. 인간의 가족들처럼, 각 계보는 공통된 특징들을 갖고 있다. 어떤 것들은 마가의 이름을 딴 알렉산드리아 계보에 속하는데, 중보기도를 성찬기도의 도입부 중간에 위치시킨다.

[도표 1. 유럽과 중동의 예전 중심들]

로마 예식(the Roman rite)과 같은 다른 것들은 성찬 제정사를 시작할 때 "예수께서는 수난 전날"(who the day before he suffered)이라는 특색 있는 표현을 사용한다. 반면 요한 크리소스토무스의 이름을 딴 것과 같은 다른 예전 계보들은 "주님께서는 잡히시던 날 밤에"(on the night on which He was delivered up)라는 표현을 택한다. 우리가 닮은 얼굴을 보고 누군가의 자녀들이나 형제자매를 알아볼 수 있듯이, 사용되는 특정한 본문으로 그것이 비롯된 예전 계보를 식별할 수 있게 된다.

52 기독교 예배학 개론

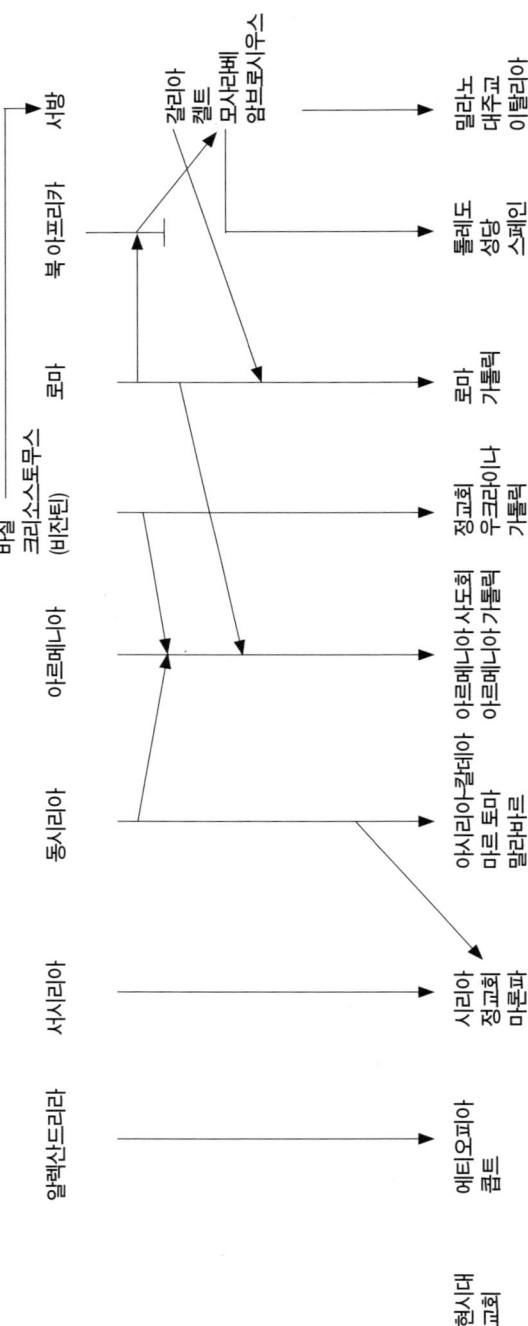

[도표 2. 전통적인 예전 계보들]

교회사 초기부터 종교개혁까지, 지중해 지역과 북유럽의 다양한 민족들과 지역들의 기독교 예배에는 그들만의 언어적 특징들이 있었다. 그 가운데 일부 특징은 사라졌는데, 일반적으로 16세기 연판 인쇄술이 그 원인이다. 그러나 특히 동방정교회에서, 그리고 지역적으로는 떨어져 있지만 이탈리아의 밀라노나 스페인의 톨레도처럼 로마가톨릭교회 내에서, 또는 동방전례 가톨릭교회(Eastern rite Catholic churches)의 경우에는 폭넓은 다양성이 여전히 남아 있다. 우리는 이런 상이한 의식들 속에서 교회의 진정한 포용성과 보편성을 분명하게 인식할 수 있다. 기이하고 기묘한 잔존들로 보이는 것들이, 실제로는 각기 다른 사람들과 지역들이 하나님을 찬양하는 일에 자신들만의 독특한 특성을 더한 것이라고 할 수 있다.

예전 역사가들은 고대 세계의 다양한 지역들의 **전통적인 예전 계보들**을 확인하는 것이 일반적이다. 각각의 예전 계보는 동일한 예배 예식과 동일한 유형의 예식서를 사용하지만, 문체와 표현에서는 독특한 특성들을 보여준다. 그 관계들은 도표 2에서 볼 수 있다.

이 계보들을 빠르게 열거하려면 지중해 지역을 시계 반대 방향으로 돌아보는 것이 제일 쉽다. 예전 계보들의 차이를 구별하는 문제에 대해서는 제9장에서 보다 자세하게 다루도록 하겠다. 우리가 알고 있는 고대 북아프리카의 예전들은 더 이상 존재하지 않게 되었다. 현존하는 첫 번째 예전 계보는 이집트의 알렉산드리아를 중심으로 하며, 가장 유명한 예는 마가 예전으로 오늘날 이집트와 에티오피아에서 콥트 교회와 에티오피아 교회의 예전으로 남아 있다.

서시리아(Western Syria)는 예루살렘 교회와 안디옥 교회의 중심지들을 포함한다. 이 도시들에서 사용되었던 예식들을 합친 것으로 추정되는 예전은 예루살렘 교회의 첫 번째 주교였던 야고보라는 전통적인 이름을 간직하고 있다. **아르메니아**(Armenia) 예전 양식은 초기의 많은 특징을 보존하고 있고, 아마도 기본적으로는 이 서시리아 계보로부터 유래하고, 또한 그에 속한 것이라고 여겨질 수 있다.

에데사(Edessa)를 중심으로 하는 동시리아(Eastern Syria) 예전 계보는 가장 독특한 예전 계보의 초기 중심지였다. 그중 가장 대표적인 예는 성 아다이와 마리(St. Addai and Mari)의 이름을 딴 예식이다. 소아시아의 가이샤라는 성 바질(St. Basil)의 고향이었다. 그의 이름을 붙인 예전은 (이보다 앞선 알렉산드리아 판본과 더불어) 서시리아 양식에서 유래한다. 소위 비잔틴(Byzantine) 예전, 혹은 4세기 콘스탄티노플의 총대주교였던 요한 **크리소스토무스 예전**(Liturgy of St. John Chrisostom) 또한 서시리아 배경에서 유래된 것이다. 그 예전은 콘스탄티노플로부터 비잔틴 제국 대부분과 러시아 전역으로 퍼졌다. 한때 베드로의 예식으로 알려졌던 **로마 예식**(Roman rite)만이 좀 더 광범위하게 사용된다. 이 예식은 로마가톨릭교회의 지배적인 의식이다. 광범위하고 신비스러운 **비-로마 서방**(Non-Roman Western) 예전 계보는 나머지를 포함하는데, 그 가계에는 4개의 분파들, 즉 **밀라노**(Milanese) 혹은 **암브로시우스**(Ambrosian) 분파, **모사라베**(Mozarabics) 분파, **켈트**(Celtic) 분파, 그리고 **갈리아**(Gallican) 분파가 있다.

이따금 예식들의 다양성을 억제하고 표준화하고자 하는 시도를 했음에도 불구하고, 정교회와 로마가톨릭교회 내에서 이러한 다양성이 오늘날까지 지속되고 있는 것은 민족적, 국가적 차이가 강하기 때문이다. 이러한 다양성은 자신들에게 자연스럽고 중요한 표현들과 사고 방식을 보존하고자 하는 인간의 능력을 보여준다.

다양성은 그 시작부터 개신교 예배의 특징이었다. 대부분의 개신교 예배는 **9개의 개신교 예배 전통들**(nine Protestant liturgical traditions)로 나눠질 수 있다. 비록 어떤 개신교 전통들은 예배서로 쉽게 정의될 수 있긴 하지만, 로마가톨릭교와 정교회의 예전 계보들처럼 성찬 예식서들을 토대로 개신교 예배를 구분하는 것은 쉽지 않다. 퀘이커교와 같은 일부 그룹들은 출판된 예식서를 갖고 있지 않다. 그러나 우리는 분명한 예배 전통들, 즉 여러 세대를 걸쳐 전해 내려온 예배에 대한 관습들이나 전제들에 대해 말할 수 있다. 이는 각 전통에는 충분한 일관성을 가진 어떤 주요한 특징들이 있기 때문이고, 그러한 특징들로 인해 우리는 각 전통을 하나의 독특한 전통으로 구별할 수 있는 것이다.[22]

이러한 전통들은 지리적으로 상당히 중복되기 때문에, 이를 지리적으로 구분 짓는 것은 쉽지 않다. 청교도 신자들과 성공회 신자들, 그리고 퀘이커교도들은 비록 서로 좋아하지는 않았을지라도 17세기에 영국에 함께 거주했다.

도표 3은 9개의 개신교 전통을 보여준다. 도표의 가로는 과거 중세 교회의 예배 양식들을 보존하거나(우측), 거부하는(좌측) 것과 관련된 움직임을 보여준다. 좌측 세로 행에 있는 그룹들은 중세후기 예배와의 좀 더 급진적인 결별을 나타낸다. 연속성을 유지한다는 의미에서 좀 더 보수적인 개혁 그룹들은 우측에 있다. 중도 그룹들은 중앙에 있다. 가로줄들은 그 후의 변화를 보여준다.

비텐베르크(Wittenberg)에서 시작되었던 **루터교**(*Luthern*) 예배는 16세기에 독일과 스칸디나비아의 여러 나라에서 번성했고, 그 이후 전 세계로 퍼져 나갔다.

개혁교회(*Reformed*) 예배는 스위스(취리히와 제네바)와 프랑스(스트라스부르[Strasbourg])에서 시작되었지만, 곧 네덜란드, 프랑스, 스코틀랜드, 헝가리, 그리고 영국 전역으로 확산되었다.

재세례파(*Anabaptists*)는 1520년대에 스위스에서 시작되었다.

그 이름처럼 잉글랜드국교회(the national church of England)의 예배였던 **성공회**(*Anglican*) 예배는, 국교회에서 필요로 하는 많은 정치적인 절충안을 반영했다. **청교도**([*Puritan*]와 분리파) 전통은 성경에 나타난 하나님의 계시에 반하는 것으로 여겨지는 절충안들에 저항했다.

---

[22] 이 논제의 상세한 설명에 대해서는 James F. White, *Protestant Worship: Traditions in Transition* (Louisville: Westminster John Knox, 1989)를 보라.

17세기의 **퀘이커** 운동은 가장 급진적인 전통이었다. 설교나 찬양, 성경 말씀의 도움 없이 침묵 속에서 하나님을 기다리는 퀘이커교도들의 예배는 과거의 어떤 예배 형식과도 철저히 단절된 것이었다. 18세기 **감리교**(*Methodism*)는 고대 시대와 개혁 운동 시대로부터 많은 요소를 결합했는데, 특히 성공회와 청교도 전통으로부터 많은 것을 가져왔다.

미국의 민주적인 실험은 또 다른 전통을 탄생시켰는데 특히 개척자(변경) 캠프모임과 도시에서 부흥을 일으킨 제2차 대각성 운동(Second Great Awakening)에서 교회에 다니지 않는 이들을 위한 예배의 형태를 발전시킨 것이었다. 이러한 미국 전통은 텔레비전을 통한 복음 전도와 20세기 후반의 "구도자 교회"(Seeker Church) 운동의 등장으로 20세기에도 계속되었다. 20세기 초반에는 **오순절**(*Pentecostal*) 전통이 탄생했다. 전 세계적으로 오순절 전통과 그 풍성한 예배 형태는 21세기 초에 가장 빠르게 성장하고 있는 기독교의 유형이다.

금세기 초까지, 대화형 컴퓨터를 이용한 의사소통 형식의 발전은 예배에 있어 새로운 발전을 가져왔다. 점점 더 많은 그리스도인은 컴퓨터를 이용한 "가상환경"에서 "온라인" 예배를 드린다. 이러한 최근 변화에 대해서 옹호자도 비평가도 있다. 하지만 위에서 열거된 많은 역사적 전통에 대해서도 똑같이 말할 수 있다. 아마 우리는 이러한 관행이 계속 진화하면서 또 다른 독특한 예전 전통의 발전을 목격하고 있을지도 모르겠다.

여러 전통이 공존하게 되면서, 사람들은 자신들에게 가장 자연스러운 예배 표현 형식을 추구할 수 있게 되었다. 18세기 영국에서 『**공동기도서**』(*Book of Common Prayer*)를 따르는 예배가 너무 부자연스럽다고 느낀 사람들은 즉흥성을 가진 청교도 전통에 끌렸고, 그런 예배가 너무 사제 중심적이라고 여긴 이들은 퀘이커 예배 속에서 다른 종류의 자유를 찾을 수 있었다. 어떤 사람들은 초기 감리교도들 가운데 있었던 열정적이고 열렬한 찬송과 성례전의 삶에 끌렸다. 각기 다른 사람들은 자신들에게 가장 적합해 보이는 전통을 선택함으로써, 자신들의 다양한 표현 방법에 부응할 수

제1장 "기독교 예배"란 무엇을 의미하는가? 57

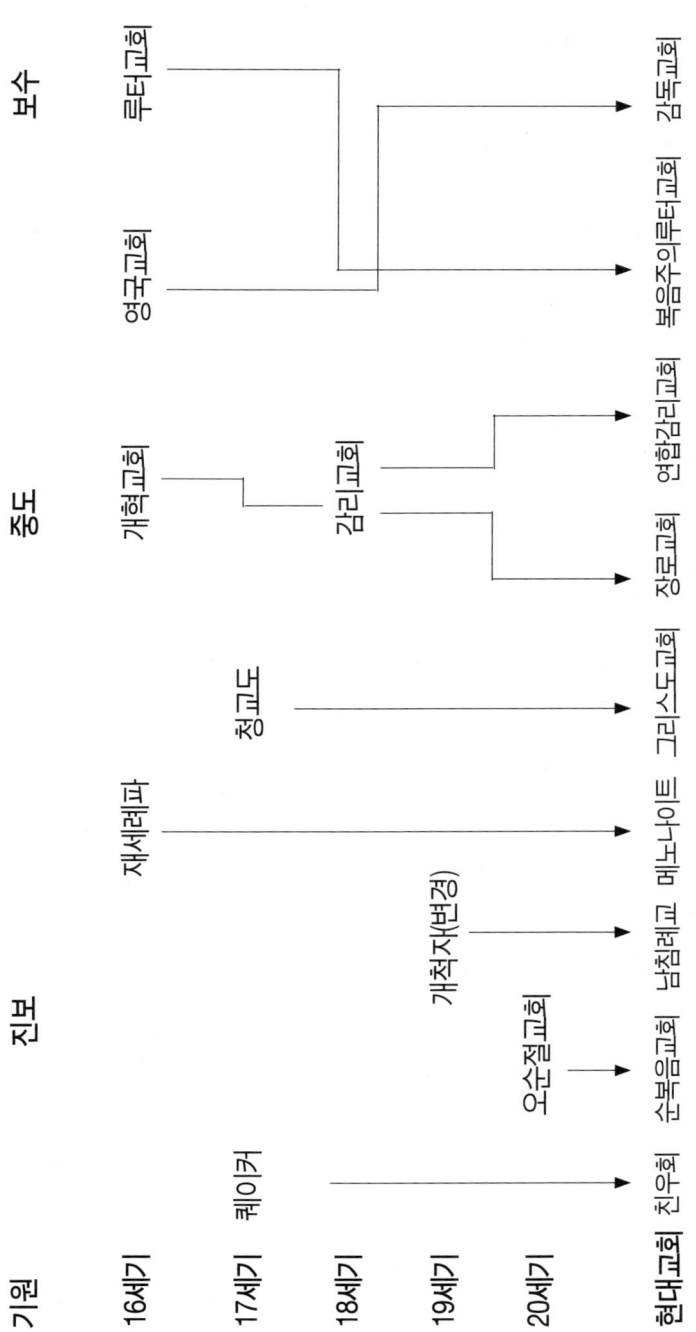

[도표 3. 16세기부터 현재까지 개신교 예배 전통]

있었다. 하지만 동시에, 각 전통은 여러 세대에 걸쳐 존재하는 놀라울 정도의 일관성을 갖고 있다.

5. 기능에서의 일관성

기독교 예배 연구의 많은 부분은 일부 교회가 사용하는 다양한 예식서들을 중심으로 이루어진다. 특정한 형태의 예식서들은 많은 예전 계보와 전통들 속에서 반복적으로 나타나는데, 이는 예배에서 필요로 하는 것들이 너무나 비슷하기 때문이다. 예배와 예식서를 동일시하는 것은 솔깃한 일이기는 하지만 사실상 위험하다. 실제로 예식서들은 거의 다는 아니더라도 예배에서 꽤 많이 사용된다. 그리고 예식서를 증거자료로 해서 예배를 연구하고 분석하는 일이 가장 쉽다. 그러나 예배의 많은 부분은, 연구하기 어려운 주제인 **즉흥성**(*spontaneity*)에 기반을 둔다.

다양한 유형의 예배에는 예식서에 나오는 말과 행위에 대한 고정된 공식들과 인쇄된 예식서에서는 찾을 수 없는 성령의 일하심에 따라 변화되는 즉흥성이 모두 포함되어 있다. 물론 그 비율은 다르지만 말이다. 많은 개신교 전통은 **즉석의**(*extemporaneous*) 또는 (라틴어를 사용하는) 즉흥적인 기도를 선호했다. 이것은 일반적으로 예식서에 있는 표준 본문을 따르지 않는 기도를 가리킨다. 그러나 그것이 반드시 완전히 즉흥적인 기도를 의미하는 것은 아니다. 예를 들어, 익숙한 개요를 따르거나, 회중의 기도 제목을 포함하는 목회기도는 여전히 즉석 기도라고 불릴 수 있다.

은사 운동(charismatic movement)이 전통적인 오순절교회들과 많은 미국 흑인 교회들을 포함한 사람들에게까지 미쳤을 때, 즉흥적인 외침은 예배의 중요한 부분이었다. 전통적으로 "프로그램이 없는" 유형의 집회인 퀘이커 예배는 즉흥성 그 자체이다. 즉흥성이 최선의 열매를 맺으려면 절제된 자유가 필요하다는 사실을 예증하기는 하지만 말이다. 즉흥성은 단순히 개인적인 성찰이나 연설을 마음대로 하도록 내버려 두는 것이 아니라, 함께 모인 공동체의 유익을 위하여 개개인이 가진 다양한 은사들을 사용하는 것이다.

바울은 사랑에 대한 장(고전 13) 직후에 즉흥적인 예배에 대해서 가르친다. 그에 따르면, 즉흥적인 예배의 목적은 교회를 바로 세우는 것이다(고전 14:26). 그리스도인들이 받은 은사들은 혼자 간직하지 말고 공동체 안에서 공유하라고 주어진 것들이다.

초기 기독교 예배에는 어느 정도의 즉흥성이 있었던 것 같다. 그러나 4세기 후반에 대부분이 사라졌던 것 같고, 일부 개혁교회 전통들 안에서 다시 나타났다. 20세기의 오순절 예배는 즉흥적인 예배의 예상치 못한 가능성을 강조해 왔다. 일부 교회에서 예식서나 주보가 없다고 해서 그 예배가 반드시 즉흥성이 있다고 말할 수는 없다. 많은 회중에게 있어서, 반복은 구조화된 예배를 확고히 정착시켰고, 그러한 예배 속에서 예측성은 강화되었다. 반면에, 예식서를 사용하는 전통들도 특히 중보기도와 같은 즉흥성을 가진 요소들이 많아지도록 했다.

본서가 즉흥성에 대해 거의 다루지 않는 이유는, 즉흥성이 중요하지 않아서가 아니다. 예배에서의 즉흥성에 대한 증거가 아주 순간적이어서, 그에 대해 상술하는 것이 너무나도 어렵기 때문이다. 그러나 예배와 예식서가 결코 같은 뜻을 의미하지 않는다는 사실은 분명히 해야 한다. 예식서는 단지 기준이 되는 공식들만을 제공한다. 그런 공식들과, 즉흥성만이 제공할 수 있는 기록되지 않고 계획되지 않은 요소들 사이의 건강한 균형이 반드시 있어야 한다. 그럼에도 불구하고, 표준화된 예전서보다 즉석 예배와 기도가 특징인 예배 전통조차도 여전히 식별할 수 있는 예전 양식과 행위를 보여준다.[23]

---

[23] 미국의 현대 개신교 교회의 예배 패턴에 관한 설명을 위해서 L. Edward Philips, *The Purpose, Pattern, and Chraracter of Worship* (Nashville: Abingdon Press, 2020) 또는 한국어 번역본 『기독교 예배학: 예배의 목적, 패턴, 성격』(서울: CLC, 2024)을 보라.

이 점을 명심하면서, 예식서가 기독교 예배의 일관성에 대해 우리에게 무엇을 말할 수 있는지 살펴보자. 사실상 모든 예배는 성경을 사용하고 성경 자체에는 예배의 목적들에 대해 기록된 부분들이 많다. 공적 예배에서 실제로 성경을 읽지 않는 퀘이커교 예배는 이 진술이 말하는 바에서 예외일 수 있다. 하지만, 이 부분은 많은 퀘이커교도가 성경 교육을 받음으로써 만회된다. 대부분의 개신교들과 로마가톨릭교도들은 찬송가도 사용한다. 이에 더해, 로마가톨릭의 예배와 개신교의 몇몇 전통들은 자주 또는 항상 예식서를 사용한다. 간략하게 말하면, 대부분의 기독교 전통에서 한 권 이상의 예식서들이 예배에서 필수품으로 간주된다.

우리가 연구할 책들은 예식서들이고, 그들은 기독교 예배의 일관성을 생생하게 보여준다. 비록 서로 다르기는 하지만, 그 내용은 놀라울 정도로 유사하다. 각각의 계보들과 전통들의 차이에도 불구하고, 예식서들에는 공통의 필요들이 있고 그 필요를 채우기 위해 비슷한 방법들을 적용한다는 사실이 잘 드러난다.

초기 교회에서는, 하나의 예배 속에서 예배를 인도하는 여러 사역자에 의해 다양한 예식서들이 사용되었다. 평신도와 성직자는 모두 자신들이 맡아야 했던 사역들을 알고 있었다. 그들은 예배에서 자신들이 담당해야 할 고유한 역할들을 수행할 수 있게 하는 특정 내용들을 담은 예식서들을 사용했다. 모든 내용을 한 권의 책에 담고, 성직자의 손에만 쥐어 주는 생각은 서방의 중세 시대에 발전한 것이다. 현재 많은 교회에서 한 권의 책이라는 사고 방식은 낭독자, 해설자, 찬양인도자, 기도인도자, 그리고 사제나 목회자들을 위한 다양한 책들을 만드는 방향으로 바뀌어 가고 있다. 결과적으로, 예배를 인도하는 데 있어서 적절한 예식서들이 있다면 많은 사람이 나눠서 할 수 있는 다양한 사역에서의 역할들이 생겨나게 된다.

인쇄술의 발명은 예전 표준화의 가능성이라는, 이전에는 알지 못했던 상황을 초래했다. 16세기 초까지만 해도, 유럽교구들과 수도회에서 사용되던 필사본 미사 예식서가 대략 200종이었다. 개신교도들뿐만이 아니라 로마가톨릭교도들도 예전의 획일화가 진행되고 있다고 확신하게 되었다. 그래서 1549년에 출간된 첫 번째 성공회 기도서는 "지금부터 왕국의 모든 곳에서 오직 하나만을 사용해야 한다"라고 포고했다. 사실상 동일한 일이 로마가톨릭에서도 일어났다. 비록 소수의 교구들과 수도회들이 예외로 취급되기는 했지만, 그들은 미사 예식서를 철저하게 표준화시켰다.[24]

오늘날 개신교와 로마가톨릭교는 모두 예배의 표준화가 잘못된 목표라고 이해한다. 16세기에는 해방시키는 것으로 보였던 것이 20세기와 21세기에는 억압하는 것으로 보일 수 있다. 오늘날 많은 교회는 모든 예식서들을 성직자의 전유물로 만들고자 했던 중세의 성직자화와 성직자를 위한 것이든, 평신도를 위한 것이든 상관없이 모든 예식서를 획일화하고자 했던 16세기의 표준화 작업들을 원 상태로 되돌리고자 노력한다.

다양한 문화에서 다양한 사역을 해야 하는 우리는 예식서에 대해 훨씬 더 다원적인 접근 방식을 해야 한다. 이미 우리는 동일한 교단의 예식서나 예식서들이 선택할 수 있는 여러 예식을 제공한다는 사실을 통해 예전의 다원성을 알고 있다. 따라서 예전 자료의 수는 늘고 있다. 그 수가 너무 많아서 본서에서는 대표적인 것들만 언급하도록 하겠다.

역사적으로, 가톨릭교회에서 시간의 구조에 대한 세부사항을 제공하는 책은 『교회력』(*calendar*)이었다. 교회력이 간결하다고 해서 그 중요성이 간과되어서는 안 된다. 교회력은 매일공중기도와 성찬에 있어서 날마다, 절기마다 바뀌는 요소들을 결정한다. 이와 어느 정도 유사한 것이 『순교록』(*martyrology*)으로 순교자들과 다른 성인들의 업적을 그들의 기일에 맞추어 정리한 책이다.

---

24 트리엔트 공의회가 발표한 개정판은 1568년의 『로마 성무일도서』(*Roman Breviary*)와, 1570년의 『로마 미사경본』(*Roman Missal*)이다. 이후의 작업을 통해서 1584년 『로마 순교록』(*Roman Martyrology*), 1596년 『로마 주교전례서』(*Roman Pntifical*), 1600년 『사제용 각종 의식서』(*Ceremonial episcoporum*), 1614년 『로마 의례』(*Roman Ritual*)가 발간되었다.

매일공중기도를 중심으로 하는 예배들에는 책 모음 전체가 필요하고, 특히 수도원 예배에서 발전된 예배들이 그러했다. 여러 유형의 예식서는 원래 각기 다른 사람들이 자신들의 개별적인 기능을 수행할 수 있도록 했다. 시편과 성가들을 다양한 방법과 판본들로 구성한 『시편서』(*psalter*)가 가장 중요했다. 어떤 것들은 주간별로 시편들을 암송할 수 있도록, 또는 절기에 맞게, 또는 성무일과의 각 시과를 위해 구성되었다. 음악적인 부분은 **교송집**(antiphonary)과 **찬송가**(hymnal)에 나타난다. **성서정과**(lectionary)는 결국 성경낭독을 위한 성경 구절들을 포함시켰다.[25]

이러한 것이 복잡하게 들리는 것은 실제로도 복잡했기 때문이다. 그러나 각 사람은 적절한 예식서에 있는 특정한 부분에만 정통하면 됐다. 수 세기가 걸리기는 했지만, 시간이 흐르면서 이 모든 것이 달라졌다. 그 후 이 모든 예식서들의 전체 장서들을 모아서 단 한 권의 책인 『성무일도서』(*breviary*)로 만들고자 했던 시도가 성공을 거두기 시작했다. 13세기에 등장한 프란시스코 수도회(Franciscan)와 도미니크 수도회(Dominican)로 인해 『성무일도서』가 널리 사용되게 되었다. 홀로 장거리 여행을 계속해야 했던 두 수도회의 수도사들은 이 책을 사용함으로써 모든 매일예배들을 다 드릴 수 있었다.

그러나 『성무일도서』는 사역의 다양성과 공동체로서의 예배에 있어서 엄청난 손실이 되었다. 1568년에 출간된 『로마가톨릭성무일도서』를 대체했던 1971년 『시과전례』(*Liturgy of the Hours*)는 평신도와 성직자 모두에게 이러한 예식들을 되돌려주고자 하는 것이었다.

---

25   이러한 것들과 함께 사용될 다른 책들에는 다음과 같은 것들이 있다. 『순교자 수난기』([the *passtional*]: 순교자들의 수난), 『설교-서』([the *homily-book*]: 교부들의 성경강해 발췌), 『설화』([the *legenda*]: 성인들의 삶에 관한 이야기), 응창 성가([responsary]: 성구낭독 후 응답과 함께), **본기도 모음**([*collactar*]: 그날의 본기도를 포함함), 그리고 오도([*ordo*]: 고유한 날과 시간에 맞추어 하나로 모으는 방법을 보여줌).

한편 종교개혁은 『성무일도서』를 루터의 두 개의 성무일과, 또는 1549년 성공회의 『공동기도서』(Book of Common Prayer)에 있는 성무일과들로 더욱더 압축시켰다. 『시편서』, 『교회력』, 성서정과, 그리고 아침과 저녁기도는 다른 유형의 예배와 공간을 함께 사용했다. 이러한 움직임들은 교회 신도 좌석에 앉은 사람에게 모든 형태의 예배를 할 수 있도록 했지만, 예배 선택의 폭을 급격하게 줄이는 결과도 초래했다.

입회와 통과의례들을 위한 예식서들의 역사는 상당히 다르다. 그중 많은 것이, 원래 성찬과 다른 성례전들을 거행하기 위한 사제들의 예식서인 『성례집』(sacramentary)에 있었다. 그것은 다양한 경우와 절기에 사용되는 모든 해당 기도를 포함하고 있다.

예를 들어, 가장 오래된 책들에는 세례와 견진은 부활절 철야에 행했고, 성직 수임식은 사순절 기간에 하는 경향이 있었다. 시간이 지나면서, 세례와 다른 의식들이 성례집에서 떨어져 나갔고, 교회는 다양한 직무를 위한 별도의 예식서들을 발전시켰다.

기독교 예배의 일관성이 가장 분명하게 나타나는 곳은 바로 의례와 관련된 목회 사역이다. 예를 들어, 미국감리교 신자들의 표준 결혼 예식에는 14세기 영국 가톨릭교도들이 했던 것과 거의 같은 서약이 있다. 목회 사역자가 다루는 출생, 결혼, 병, 죽음은 기본적인 인간의 필요로 기독교나 타 신앙공동체 모두에 공통된다. 우리는 모두 살아가면서 주변 사람들과 일에 하나님의 축복을 간구할 필요성을 경험한다.

주교와 관계된 의식들의 역사도 이와 유사하다. 성직 수임식을 위한 기도는 원래 성례집들(sacramentaries)과 『제식규정서』([ordines]: 명령 모음집, 단수는 ordo)에 있었다. 이에 더하여, 예배당, 제단, 용기들, 제의, 종, 묘지 등과 같은 것들을 축복하거나 성별하는 예식들도 있었다. 마지막으로, 중죄를 범한 사람에 대한 파문, 교회로부터 멀어졌던 사람들을 위한 화해, 성유의 축복, 행렬과 같은 각종 예식들도 실렸다.

개신교 예식서에서 성직수임식과 같이 주교와 관련된 자료들 중 일부는 **예배규칙서**(ordinal)로 나타난다. 많은 예식서는 견신례와 교회학교 교사 임명식 또는 정초식처럼 다양한 사람과 사물을 승인하고 축복하고 성별하는 의식들을 싣고 있다.

주의 만찬(Lord's Supper)이나 성만찬(Holy Communion)으로 알려진 성찬(Eucharist)을 다룬 예식서 모음집도 중요하다. 이 책들 가운데 가장 중요한 것은 앞에서 언급했던 『성례집』(*sacramentary*), 혹은 『미사경본』(*missal*)으로서, 사제들이 다양한 절기와 행사에 따라 적절하게 사용할 수 있는 기도문들을 담고 있다. 그러나 성찬에는 집례 사제의 사역 외에 다른 사역들도 있다. 성서정과(lectionary)는 낭독자, 차부제, 혹은 부제에게 미사 중에 낭독되어야 하는 성구의 시작과 끝을 적은 목록을 제공했었지만, 결국에는 성구 전부를 수록하게 되었다.[26] 음악가들은 성찬식에서 노래로 불러야 하는 부분에서 **층계송**(graduale)을 사용하였다.

우리가 예식규정집(rubrics)이라고 부르는 것이 초기에는 다양한 **제식규정서**(*ordines*)에 기록되었는데, 오늘날에는 성찬 예식뿐 아니라, 주교예전서, 혹은 의례 안에서 볼 수 있는 예식들도 다루었다. 『성무일도서』, 예식서(ritual), 그리고 주교예전서의 경우처럼, 여기서도 유사한 힘이 작용했다. 중세 후기까지, 성구들, 음악 부분들, 그리고 예식규정들이 모두 하나의 예배서인 『미사경본』(*missal*)에 포함됨으로써 한 사제가 혼자서도 미사를 "드릴 수(say)" 있게 되었다. 10세기 말 이래로, 『미사경본』은 여러 가지 원인으로 인해 이미 일어났던 성직자의 예배 독점을 단순히 반복했을 따름이었다. 몇몇 교구들이나 수도회들은 예외로, 『미사경본』은 16세기에 표준화되었다. 1570년에 발간된 『로마예전 미사경본』(*Missale Romanum*)은 1960년대에 제2차 바티칸 공의회 개정판들이 출간되기까지 400년 동

---

26 이 책들은 때로 구약성경과 신약성경의 서신서를 포함하는 『서간 교독문』(*epistolarium*)과 복음서를 위한 『복음서 교독문』(*evangelarium*)으로 분리되었다.

안 거의 아무런 변화 없이(새로운 축일들을 제외하고) 사용되었다. 성구(lections)는 또 다시 격하되어 『성서정과』(lectionary)라는 책으로 분리되었고, 『성서정과』에 따라 정해진 복음서는 별도의 **복음서 모음집**(Gospel Book)에 실려 있다.

가톨릭 『미사경본』의 내용은 개신교 개혁자들에게도 마찬가지로 중요했다. 그들 중 대부분은 자신들만의 성찬식 순서를 만들어 예식서에 통합시켰는데, 때때로 교회력의 절기에 해당하는 본기도와 성구들도 함께 실었다. 미국 개척자(변경) 전통과 감리교도조차도 더 이상 축소시킬 수 없을 정도로 최소한의 고정된 성찬 예식을 보존하고 있다. 『미사경본』의 내용은 기독교의 다른 내용과 마찬가지로 보편적이고, 일관성에 관한 매력적인 연구 주제를 제공한다.

이러한 서방 기독교 전통의 다양한 예배서의 목록(우리는 여기에 동방정교회 그리스도인들이 사용했던 많은 책을 더하려는 시도는 하지 않을 것이다!)은 기독교 예배의 개론서에는 너무 많아 보일 수도 있다. 하지만, 주목해야 할 중요한 점은 몇몇 예배서 내용이 우리가 찾고 있는 기독교 예배의 정수에 대한 증거로 보인다는 점이다.

유럽의 개신교 개혁자들은 로마가톨릭에서 이미 잘 진행 중이던 이해와 표준화 과정의 논리적인 목적을 달성할 따름이었다. 종교개혁자들 가운데 일부는 『교회력』, 『성무일도서』, 『예식서』(ritual), 『행렬전례서』, 『주교예전서』, 그리고 『미사경본』을 축약해 한 권의 책에 통합시켰다. 수 세기 동안, 다양한 개신교 『순교록』들이 경건한 독서를 위해 널리 사용되었다. 성직자들과 회중들은 같은 책들을 사용했다.

그 결과, 성공회의 『공동기도서』(Book of Common Prayer), 개혁교회의 『공동예식서』(Book of Common Order), 존 웨슬리의 『주일예배서』(Sunday Services), 또는 다양한 다른 예식서들이건 간에, 기독교 예배의 본질에 관한 합의에 있어서 놀라울 정도의 유사성을 보인다. 최신의 예식서는 지금까지 우리가 그 점진적인 발전들을 살펴본 예식서들과 동일한 기능(형식 면에 있어서는 좀 더 새로울 수 있지만)을 한다. 그리고 오늘날 인터넷에서 예식서의 내용을 쉽게 이용할 수 있게 되면서 회중들과 그 교회 전통의 공식 예전 문서와의 새로운 관계가 다시금 나타나고 있다. 인쇄기의 발명으로 인해 지리적 지역을 넘어서 예전의 공식적인 표준화가 가능해 진 것과 마찬가지로, 인터넷은 새롭고 오래된 예전 자료를 쉽게 수정하고 공유할 수 있게 해 준다.

물론 같은 유형의 예식서들 사이에도 차이점들이 나타난다. **전례학**(liturgiology)은 예식들에 대한 비교연구를 하는 학문으로 알려져 있는데, 지난 100년 사이에 고도로 전문화된 학문이 되었다. 그러나 여전히 남아 있는 놀라운 사실은 서로 다른 시대와 장소에서 기록된 이러한 책들 – 인간의 깊은 필요가 예배에 반영되고 예배를 통해서 다루어지는 – 사이에 놀라울 정도의 일관성이 있다는 점이다. 여기서 예배란 시간, 기도, 성례전, 음악, 리더십, 그리고 결혼식과 장례식처럼 인생의 중요한 사건을 이루는 의식들을 말한다.

기독교 예배의 현상과 정의들, 핵심 단어들에 대한 이러한 간략한 연구와 더불어 예배에서의 이러한 다양성과 일관성에 대한 토의가 기독교 예배란 무엇을 뜻하는가를 고찰하는 데 있어 도움이 되기를 바란다. 예배에 관한 책들을 더 많이 읽고, 예배를 보다 많이 경험하며 고찰을 계속한다면 이러한 이해가 확장되는 데 도움이 될 것이다.

제1장 용어들

antiphonary : 교송집
Book of Common Prayer : 『공동기도서』
breviary : 『성무일도서』
calendar : 교회력
celebration : 경축, 축하
ceremonial : 의식절차
common worship : 공동예배
cult : 예배
Gospel Book : 복음서 모음집
graduale : 층계송
hymnal : 찬송가
incultueration : 토착화
lectionary : 성서정과
liturgiology : 전례학
liturgy : 예배, 예전
Liturgy of St. John Chrysostom : 성 요한 크리소스토무스의 예전

martyrology : 순교록
missal : 미사경본
office : 성무일과
order : 순서, 규칙
ordinal : 예배규칙서
ordo (order를 보라) : 오도
paschal mystery : 파스카 신비
personal devotions : 개인예배
presider : 집례자
psalter : 시편서
public worship : 공적 예배
rite : 의식, 예식
ritual studies (ritual을 보라) : 의례학
Roman Rite : 로마 예식
rubrics : 예식규정집
sacramentary : 성례집

제2장

시간의 언어

L. 에드워드 필립스 | 캔들러신학대학원 역사 신학 및 기독교 예배학 부교수

시간은 우리의 일상에서 너무나도 기본적인 한 측면이기 때문에, 우리는 보통 그것을 추상적으로 생각하지 않는다. 일반적으로 우리는 시간 - 날, 주간, 해 - 이 자명하다고 생각한다. 만약 누가 "지금 몇 시인가?"라고 묻는다면, 우리는 시계나 손목시계, 혹은 휴대폰을 찾아볼지 모른다. 그러나 누가 "시간이란 무엇인가?"라고 묻는다면, 우리는 쉽게 대답할 수 없을 것이다. 심지어 물리학자, 철학자, 그리고 신학자들조차도 그 질문에 대답하는 데 어려움을 겪는다!

당연히 모든 사람은 낮과 밤의 주기와 계절이 바뀌는 것을 경험한다. 그러나 우리가 시간을 경험하는 데 영향을 주는 것에는 문화적 요인도 있다. 현대 서구 문화에서 시간은 관리하거나 통제할 수 있는 것이라고 생각하는 경향이 있다. 우리가 시간을 엄수하는 것에 가치를 두는 것은 시계에 쉽게 접근할 수 있기 때문이다. 현대 기술에 영향을 덜 받는 전통 문화들은 자연에 더 많이 의존한다. 그것은 태양, 달, 그리고 별의 움직임과 성장기와 몬순철(우기)을 인지하고 있는 것처럼 말이다. 그러나 서로 다른 고대 전통 문화는 시간에 대한 근본적인 이해가 서로 달랐다.

시간은 어떤 목적지를 향해 흘러가는 흐름인가, 아니면 본질적으로 영원히 회전하는 끝없는 수레바퀴인가? 그렇다면 펼쳐진 나선형에 더 가까운가, 어쩌면 둘 다인가?

예수님 시대의 유대 문화는 시간을 이해하고 계산하는 아주 독특한 방식이 있었다. 오늘날 그리스도인들이 **교회력**(liturgical year [혹은 Christian year, 혹은 church year; 우리는 이러한 용어들을 보통 혼용할 것이다])이라고 부르는 것의 기원은 이 독특한 성경 신학 및 세상을 위한 하나님 계획의 전개로서 시간의 관행과 밀접한 관련이 있다. 시간의 신학과 관행은 기독교 자체와 기독교 예배에 관해서 우리에게 많은 것을 알려준다. 또한, 기독교는 시간을 중요하게 여기는 종교라는 점을 말해주기도 한다.

역사란 바로 하나님이 알려지는 곳이다. 시간이 존재하지 않는다면, 우리는 기독교의 하나님에 대해 아무것도 알 수 없다. 왜냐하면, 하나님은 역사적 시간에서 실재한 사건을 통해서 드러나고, 보통 사람들의 일상이 달력에 따라 결정되는 것과 마찬가지로 하나님께서도 그런 동일한 달력에서 일어나는 사건들을 통해 자신의 신성과 뜻이 드러나도록 하시기 때문이다.

하나님께서 자신을 드러내심은 정치적 사건과 같은 동일한 시간의 흐름 안에서 일어난다. 예를 들면, "유대 왕 헤롯의 때에"(눅 1:5), 혹은 "이것은 … 구레뇨가 수리아의 총독이 되었을 때"(눅 2:2) 등이다.

시간을 실재가 아닌 것으로, 혹은 대수롭지 않게 여기는 종교를 만나게 될 때, 시간이 기독교 신앙에 얼마나 중요한 의미를 가지고 있는지 새삼 깨닫게 된다. 기독교는 막연한 구원이 아니라, 정해진 시간과 장소에서 하나님의 구체적인 활동을 통하여 성취된 구원에 대해서 말한다. 그것은 바로 절정의 사건들과 시간의 대단원을 이야기한다. 기독교에 있어서 삶의 궁극적인 의미는 우주적이고, 영원한 진술에 의해서가 아니라, 하나님의 구체적인 활동에 의해서 드러난다. 때가 차매 하나님께서는 인간의 역사 속으로 들어오셔서 인간의 육신을 취하시고, 치유하시고, 가르치시고, 죄인들과 함께 식사하신다. 그 모든 것에는 다음과 같은 구체적인 시간과 공간적인 배경이 있다.

> 예루살렘에 수전절이 이르니 때는 겨울이라 예수께서 성전 안 솔로몬 행각에서 거니시니(요 10:22-23).

그리고 자신의 일을 다 행하심에, 예수님께서는 그 특별한 해의 **유월절**(Passover) 축일에 관련되는 특정한 날에 죽으셨다. 그리고 사흘 만에 살아나셨다. 이러한 구원사 이야기는 우리가 살고 있는 동일한 시간, 즉 달력에 의해서 정해지는 바로 그 시간의 모든 부분이다.

기독교 예배는, 나머지 생활들과 마찬가지로 요일, 주간, 연간이라는 리듬으로 반복되는 구조로 되어 있다. 기독교 예배는 결코 시간을 벗어나려 하지 않고, 오히려 시간을 그 필수적인 구조로 사용한다. 우리의 현재는 우리를 과거에 행하셨고, 미래에 행하실 하나님의 활동과 관련시키곤 한다.

우리가 예배에서 경험하는 것처럼, 구원은 시간 안에서 일어나는 사건에 근거한 실재이다. 그리고 이런 사건을 통해서 하나님께서는 우리에게 자신을 드러내신다. 시간에 대한 예전적 관행은 그리스도인들로 하여금 구원의 근거가 되는 바로 그 행동들을 다시 기념하고 경험할 수 있게 해 준다.

시간은 또한 우리 일상에서 의사소통의 언어이고, 서로 다른 문화권에서 현저하게 다른 의미를 가진다. 예를 들어, 일부 문화에서는 약속 시간에 늦는 것은 중요한 사람에 대한 존경의 징표이다. 왜냐하면, 이렇게 함으로써 그 또는 그녀가 아주 바쁜 사람이라는 것을 증명해 보일 수 있기 때문이다. 기독교는 예배의 자리에서 시간의 언어를 말함으로써, 의미 전달자로서 인간의 시간에 대한 타고난 감각을 기반으로 한다. 더욱이 우리의 시간 관행은, 세상에 있어서 하나님의 계시와 활동으로서 시간에 대한 우리의 경험에 근본적으로 영향을 미칠 것이다.

기독교 예배의 구조가 시간의 사용을 통해서 어떻게 표현되는가를 이해하기 위해서는 시간에 근거해서 예배를 구조화했던 과거 그리스도인의 경험과 그렇게 하는 신학적인 근거, 그리고 시간이 현재의 관행에 어떻게 작용하는지를 살펴보아야 한다. 이러한 역사적, 신학적, 목회적 차원을 연구함으로써, 우리는 시간이 어떻게 그처럼 많은 기독교 예배의 토대를 제공하는지를 이해할 수 있다.

1. 기독교적 시간의 형성

우리가 시간을 사용하는 방식은 우리가 인생에서 무엇을 가장 중요하게 생각하는지를 나타내 주는 좋은 지표가 된다. 그것이 돈을 버는 것이건, 정치적인 활동이건, 혹은 가족 행사이건 우리는 자신에게 가장 중요한 일과 사람들에 최우선적으로 시간을 할애한다. 우리가 시간을 사용하는 것은 우리에게 중요한 것이 무엇인가를 보여줄 뿐 아니라, 우리의 삶에 누가, 혹은 무엇이 가장 중요한가를 나타내준다. 그러므로 시간은 우리의 우선순위를 확실하게 표현한다. 우리는 이 제한된 자원을 분배하는 방식을 통해서 우리가 가장 중요하게 생각하는 것이 무엇인지 드러낸다.

이것은 교회에도 마찬가지다. 교회도 시간을 사용하는 방식을 통해 교회 생활에 무엇이 가장 중요한지를 보여준다. 여기서도 역시 시간의 사용은 신앙과 행함의 우선순위를 드러내 준다.

"그리스도인들은 무엇을 믿는가?"

이에 대해 대답하는 방식 한 가지는, "그들이 시간을 어떻게 지키는가를 보라!"가 될 수 있다.

과거에 그리스도인들은 시간을 어떻게 지켰는가?

신약성경은 초반부터 **카이로스**(*kairós*)라는 시간 개념으로 가득 차 있다. 카이로스란 다음과 같이 하나님께서 새로운 차원의 실재를 성취하셨던 적기를 말한다.

이르시되 때가 찼고 하나님의 나라가 가까이 왔으니 회개하고 복음을 믿으라 하시니라 (막 1:15).

그럼에도 신약성경 자체 안에서 이미 어떤 일들이 일어났던 과거 시간을 되돌아보고, 회고하는 경향을 볼 수 있다. 누가가 교회의 첫 번째 역사인 사도행전을 저술할 때까지는 **종말론적인 희망**(*eschatological hope*), 다시 말하자면, 마지막 때가 가까웠다는 믿음이 발전되고 있었던 것으로 보인다. 심지어 첫 1세기가 끝나기도 전에, 기억하는 것이 예상하는 것과 거의 같은 정도로 중요했다.

2, 3, 4세기 그리스도인들이 시간을 구조화한 방식을 통해 초기 교회 신앙의 우선순위를 알 수 있다. 그것은 어떤 공의회에 의해 체계화되거나 계획된 것이 아니었다. 왜냐하면, 교회가 로마 제국 전체와 그 너머로 퍼져나갔기 때문에 그런 모임이 불가능했기 때문이다. 오히려, 초기 그리스도인들의 시간에 대한 관행은 "우리에게 일어난 일들"(눅 1:1)에 대한 교회의 자발적인 응답이었다.

같은 유형의 응답과 기억의 지속은 다른 사람들이 "처음부터 말씀의 목격자 되고 일꾼 된 자들이 전하여 준 그대로"의 내력을 따를 수 있도록(눅 1:2) 복음서의 저술을 촉진했다. 시간을 예전적으로 구조화하는 것은 "모든 일을 차례대로 쓰려는"(눅 1:3) 복음서 저자들의 노력처럼 그렇게 체계적이지는 않았다. 그러나 그리스도인의 기억을 형성시키는 데는 기록된 복음과 거의 마찬가지로 일관적인 영향을 끼쳤다. 따라서 그리스도인들에게 부활절은 예수님의 부활에 관한 기록된 이야기에 못지않게, 연례적으로 기념하는 행사가 되었다.

첫 4세기 교회의 시간 사용이 증언하는 그들의 신앙은 무엇이었는가?

첫째, 그것은 무엇보다도 먼저 예수 그리스도의 부활에 대한 신앙이었다.

둘째, 거룩한 교회에 알려지고, 그곳에서 경험했던 성령님의 임재를 기다리는 신뢰였다.

셋째, 그것은 하나님께서 예수 그리스도로서 인간의 몸을 입고 나타나셨다는 것을 믿는 믿음이었다. 그것은 그리스도인의 신앙을 체계적으로 집대성하는 것은 아닐지 모르지만, 초기 교회의 신앙, 즉 교회가 시간을 어떻게 지켰는지를 드러내 주는 신앙의 핵심을 분명하게 보여준다.

최초의 역사적 증거는 교회력(Cchristian year)이 아니라, 기독교의 주간(week), 특별히 **일요일**(Sunday)에 대한 증언으로 시작된다. 사복음서는 모두 여성 사도들이 주간의 첫날, 다시 말하자면, 창조가 시작되고 하나님께서 "빛과 어둠을 나누셨던"(창 1:1-5) 날 아침에 빈 무덤을 발견했다는 사실을 진술하는 데 세심한 주의를 기울인다.

신약성경에는 적어도 세 곳에서 예배를 위한 구체적인 시간 - 아마도 일요일 - 을 가리키고 있다. 바울은 고린도 교회 교인들에게 주간의 첫째 날에 헌금할 돈을 예비해 두라고 말했다(고전 16:2). 드로아에서는 토요일 자정까지 강론한 후 떡을 뗐으며(아마도 성찬), 일요일에는 날이 새기까지 사람들과 이야기를 나누고 떠나지 아니하였다(행 20:7, 11). 장로 요한은 "주의 날(Lord's day)에 내가 성령에 감동하였다"고 말한다(계 1:10).

"주의 날"은 2세기 초까지는 주간의 첫째 날에 대한 그리스도인의 용어가 되었다. 안디옥의 주교인 **이그나티우스**(Ignatius)는 주후 115년경에 마그네시아(Magnesia)의 교인들에게 보낸 편지에서 "[유대교의 일곱째 날]인 안식일을 지키지 않고, 예수님과 그분의 죽음 덕분에 그들의 삶은 물론 우리의 삶도 빛난 날인 주일을 지키며 살았던 사람들에" 관해서 쓰고 있다.[1]

1　Cyril Richardson, ed., *Early Christian Fathers* (Philadelphia: Westminster Press, 1953), p. 96.

1세기 말에서 2세기 초 어느 때인가에 기록된 것으로 추정되는 교회의 규범(church order)인 『디다케』(*Didache*)는 그리스도인들에게 "주님의 날인 주의 날에 함께 모여, 떡을 떼고 성찬을 지키라"고 장황하게 상기시킨다.[2] 그리고 이교도조차도 "그들[그리스도인들]은 지정된 날에 습관적으로 동트기 전에 만난다"는 사실을 알고 있었다. 그렇지만 이런 말들을 주후 112년경에 기록했던 비티니아의 로마 행정관 **플리니우스**(Pliny)는 아마도 이것이 주의 만찬을 위한 만남을 의미하는 것으로 이해하지는 못했을 것이다.[3]

2세기의 변증가인 순교자 유스티누스(Justin Martyr)는 주후 155년경에 로마에서 쓴 글에서 이교도 청중을 향해 "우리는 일요일에 이 공동 모임을 지킵니다. 왜냐하면, 그날은 하나님이 어둠과 물질을 변화시켜 우주를 만드셨고, 우리 구주 예수 그리스도께서 같은 날에 죽음에서 부활하셨던 첫째 날이기 때문입니다"라고 말했다.[4]

그리스도인들은 곧 새롭게 만들어진 이방인의 용어인 "일요일"을 받아들였으며, 그리스도께서 죽음에서 부활하신 것을 태양이 떠오르는 것에 비유했다. 심지어 오늘날에도 영어와 독일어는 "일요일"(Sunday)이라고 표현한다. 반면에 프랑스어와 이탈리아어는 "주의 날"(Lord's Day)이라고 언급한다. 『바나바 서신』(*Epistle of Barnabas*)은 일요일을 "또 다른 세상의 시작인 제8요일…예수님께서 죽음으로부터 부활하셨던 날"이라고 불렀다.[5] 창조와 새 창조, 그리고 빛이라는 주제들은 기독교가 주일을 부활의 날로서 기념하는 데 있어서 중요한 차원들이다.

---

2 Kirsopp Lake, trans., *The Apostolic Fathers* (Cambridge: Harvard University Press, 1965), 1:331.
3 Henry Bettenson, ed., *Documents of the Christian Church* (New York: Oxford University Press, 1952), p. 6.
4 Richardson, *Early Christian Fathers*, p. 287.
5 Kirsopp Lake, *Apostolic Fathers*, 1:397.

일요일은 그리스도인에게 예배를 드리기 위한 날이었지만, 아직까지는 유대 달력의 안식일(Sabbath)이나 일곱째 날에 필적하는 안식의 날은 아니었다. 그런데 주후 321년 콘스탄티누스 황제가 "모든 판사, 도시민, 그리고 장인은 태양을 공경하는 날에 휴식해야만 한다. 그러나 시골 사람들은 방해받지 않고 농사지어도 좋다"라고 명령함으로써 안식의 날로 정했다.[6]

주간은 초기 교회에 있어서 훨씬 더 많은 본질적 의미를 규정해 주었다. 누가는 "나는 하루에 두 번 금식한다"(18:12)라고 말한 바리새인에 대해 이야기한다. 그러나 『디다케』는 그리스도인들에게 대단히 진지하게 "너희가 금식하는 것이 위선자와 같아서는 안 된다. 그들은 월요일과 목요일에 금식한다. 그러나 너희는 수요일과 금요일에 금식해야만 한다"라고 권한다.[7] 이렇게 금식을 기념하는 이유는 4세기 말의 문서인 (아마도 시리아에서 기록한) 『사도헌장』(Apostolic Constitutions)에 다음과 같이 언명하는 것으로 나타났다.

> 한 주간의 넷째 날에 금식하라 … 그런 후에 유다가 돈 때문에 예수님을 배반하기로 약속했다 … 주님께서 십자가의 죽음을 당하신 날이기 때문에 (금요일)에 금식하라.[8]

일부 초기 그리스도인들은 하나님께서 창조를 마치시고 일곱 번째 날에 쉬셨기 때문에 토요일 역시 "창조 기념일"로서 특별하게 생각했다는 증거가 있다. 하지만, 이 모든 다른 날들보다 일요일이 가장 중요했다.

---

6   Bettenson, *Documents*, p. 27.
7   Richardson, *Early Christian Fathers*, p. 174.
8   James Donaldson, ed., *Ante-Nicene Fathers*, hereafter *ANF*, (New York: Charles Scribner's, 1899), 7:469.

	북아프리카	이집트	예루살렘	시리아	소아시아	로마	밀란
1세기						『클레멘스 1서』	
2세기		알렉산드리아의 클레멘스		이그나티우스 『바나바서』	폴리카르푸스	순교자 유스티누스	
3세기	테르툴리아누스 키프리아누스	오리게네스		『디다스칼리아』		『사도전승』	
4세기		『사도교회 규범』 『히폴리투스 범규집』 사라피온	시릴 예제키니아	『사도헌장』 『에피토메』	바질 크리소스투무스 테오도르 『테스티멘툼 도미니』	히에로니무스	암브로시우스
5세기	아우구스티누스						카시안 (마르세이유)
6세기						베네딕트 그레고리우스 1세	

[도표 4. 기독교 예배에 관한 초기 문서들과 저자들]

일요일은 부활을 매주 기념하는 날로 모든 다른 날들에 우위를 점했다. 초기 교회에서 일요일은 주님의 수난과 죽음을 기념했지만, 무엇보다도 그것은 구주께서 죽음으로부터 부활한 날이었다. 오늘날에도 일요일은 대부분의 연중행사보다 우선한다. 매 일요일은 부활하신 주님에 대한 증언이다. 그날은 새 창조의 시작인 주님의 날이다. 매주 일요일은 주간의 작은 부활절이고, 모든 부활절은 연간의 위대한 일요일이다.

그리스도인들은 하루가 해 질 녘부터 시작하는 유대인들의 개념을 받아들였다("그러므로 저녁이 되며 아침이 되니 첫째 날이라"[창 1:5]). 그래서 새벽까지 계속되어 해 뜰 때에 끝나는 축일 **전야**(eve[성탄절 전야, 부활절 전야, 그리고 할로윈])는 예전의 의미에서 하루의 일부분이 되었다. 그리스도인들은 한 달 단위로 반복하는 주기를 상대적으로 적게 사용하였다. 그러나 성공회는 이전에 한 달을 매일 시편 낭독의 근거로 삼았으며, 일부 개신교인들은 현재도 성찬을 매달 기념한다.

주간과 날이 예수 그리스도를 증언했던 것처럼, **교회력**(Christian year, [liturgical year, or church year])도 주 예수를 기념하는 구조가 되었다. 일요일이 한 주간의 중심이었듯이, 파스카(부활절)**의 날**(the day of Pascha [유대인에게는 유월절, 그리스도인들에게는 부활절을 의미하는])이 1년의 중심이었다. 유월절은 노예로부터 해방된 것을 기념하는 것으로 유대력의 중심이었다. 그리고 그것은 그리스도인들에게도 마찬가지로 중요했다. 바울은 심사숙고하여 **유대인의 무교절**(Feast of Unleavened Bread, 파스카의 또 다른 이름)이라는 용어를 따 왔다.

> 너희는 누룩 없는 자인데 새 덩어리가 되기 위하여 묵은 누룩을 내버리라. 우리의 유월절 양 곧 그리스도께서 희생되셨느니라. 이러므로 우리가 명절을 지키되 묵은 누룩으로도 말고 악하고 악의에 찬 누룩으로도 말고 누룩이 없이 오직 순전함과 진실함의 떡으로 하자(고전 5:7-8).

이 구절은 신약 교회가 부활절을 매년 기념하는 일에 이미 익숙했을 가능성에 대한 주된 증거이다. 유대인들의 해방 기념이 채택되었지만, 그 의미는 예수 그리스도의 십자가에 달리심과 부활로 인해 완전히 바뀌었다. 노예제도와 그로부터의 구속은 유대인의 유월절 축일에서처럼 반복되었지만, 그리스도의 행위를 통한 죄와 죽음으로부터의 해방이라는 새로운 의미에서 행해진 것이었다.

2세기와 3세기에는 교회가 세례, 안수, 기름 부음, 첫 성찬을 통해서 새로운 그리스도인을 만드는 것을 나타내는 예식들로 파스카(Pascha)를 지키는 것에 대한 기록된 증언이 있다. 유월절(Passover)이 홍해를 건너는 여정을 통해서 노예생활로부터의 탈출을 기념하는 것과 마찬가지로, 바울은 세례를 그리스도와 함께 장사지내는 것으로 이해했다.

> 우리가 그의 죽으심과 함하여 세례를 받음으로 그와 함께 장사되었나니… 그리스도를 죽은 자 가운데서 살리심과 같이 우리도 또한 새 생명 가운데서 행하게 하려 함이라 (롬 6:4).

첫 3세기 동안 파스카는 하나의 예배에서 그리스도의 수난, 죽음, 부활을 함께 기념하였다. 테르툴리아누스는 "파스카는 세례를 위한 엄숙한 날 이상의 의미를 가지고 있다. 우리가 주님의 수난 안에서 세례를 받으며, 그때 주님의 수난이 완성되었기 때문이다"라고 말한다.[9]

3세기 초반의 교회 규범으로 일부 역사가들이 히폴리투스(Hippolytus)의 저술이라고 간주하는 『사도전승』(*The Apostolic Tradition*)에서는 "세례 후보자들은 금요일과 토요일에 금식하고, 그런 다음 토요일 밤의 철야기도를 시작했다. 그들은 새벽에, 물 밑에서 세례를 받고 죽은 자 가운데서 그리

---

[9] Tertullian, "On Baptism," trans. S. Thelwall, *ANF*, 3:678.

스도와 함께 살아났다"고 말해준다.[10] 그 텍스트는 세례가 부활절에 시행되었다고 구체적으로 명시하지는 않지만, 특히 일부 지역에서 부활절 철야에 세례를 주는 것이 규범화되었기 때문에 이것이 사실이었다고 추측하는 점은 흥미롭다.

4세기 초에 로마 제국 전역에 있는 교회들은 한 주간의 어느 날이 될 수도 있는 유대교의 유월절과는 달리 파스카/부활절은 항상 일요일에 기념해야 한다는 점에 마침내 합의했다. 하지만 항상 그랬던 것은 아니었다. 매 일요일에 부활을 기념하는 것은 매우 이른 시기(위에서 언급했던 것처럼)에 발전되었던 반면에 일부 기독교공동체는 계속해서 연례 부활절 기념을 유대교의 유월절의 날짜와 결부시켰다.

유대교의 유월절은 음력 체계에 따라 정해졌고, 유월절 식사는 음력으로 니산월(봄[春]) 14일과 15일 사이가 되었다. 이것은 유월절이 주간의 어느 날에도 해당될 수 있다는 것을 의미했다. 4세기 내내, 심지어 그 이후에도 일부 그리스도인들은 이 **콰르토데시만**(Quartodeciman; 라틴어 용어로서 대략 14일주의자를 의미한다. 히브리 달력으로 니산월 14일, 요한복음에 따라 유대인의 유월절이 시작되기 전날에 파스카를 지킨 초기 그리스도인들을 의미한다-역자주) 관행을 계속했다.

2세기 후반에 부활절(Easter)을 일요일에 지키는 사람들과 유대교의 유월절 날짜를 따랐던 콰르토데시만 사이에 오랜 논쟁이 이어졌다. 이 논란의 해결은 일요일의 상징적인 의미를 다음과 같이 명백하게 인식함으로써 해결되었다.

> 주님이 죽음으로부터 부활하신 신비는 주의 날 (Lord' Day) 이외의 어떤 날에도 기념되어서는 안 된다 … 반드시 그날 우리는 파스카 금식을

---

10 Paul E. Bradshaw, "The Apostolic Tradition Reconstructed: A Text for Students," *Joint Liturgical Studies* 91 (Norfolk, U.K: Hymns Ancient and Modern, 2021), p. 23과 각주 27을 보라

끝내야 한다.[11]

    그리하여 부활의 주간 주기와 연간 주기가 서로를 강화했지만, 교회는 달력에 대한 유대교의 관행 일부를 잃게 되었다.

    하지만 파스카에 대한 이러한 유대교의 뿌리가 완전히 사라진 것은 아니었다. 유대교의 음력 월(months)은 초승달에 시작되고, 유월절 축제는 봄의 니산월 중순, 즉 보름달이 뜨는 밤에 해당된다. 교회는 춘분 후 첫 번째 보름달 이후 주간의 첫날(일요일)에 부활절을 기념하기로 결정하는 부활절 공식을 개발하였다.[12]

    그리하여, 부활절의 달력상 날짜를 결정한 기독교의 해결책은 유월절에 대한 유대교의 음력 계산과 어느 정도의 연관을 유지하였다. 게다가 그리스도인들이 7일-한 주간(seven day-week)의 첫째 날인 일요일에 부활절을 기념한다는 사실은 그들 또한 구약의 주간 체계를 유지했다는 점을 보여준다. 로마 제국의 일상생활은 주간들보다는 달력의 달(month)과 장이 열리는 날(market days)을 중심으로 구성되었다.

    유대인들은 표면적으로는 창세기 1장의 창조 이야기에 근거하여 7일-한 주간을 지키는 점에서 지중해 세계에서는 특이한 존재였다. 그 이야기와 일곱 째 날에 안식하라는 하나님의 계명(출 20:8-11; 신 5:12-15)이 없다면 7일-한 주간을 지키거나 매주간의 첫날마다 부활을 기념할 만한 그럴듯한 이유가 없다. 그리스도인들이 유대교의 음력과 유사한 것, 그리고 7일-한 주간 둘 다를 지켰다는 바로 그 사실은 그들이 구약의 하나님과 깊은 관계를 가지고 있었다는 점을 보여준다.

---

11 Eusebius, *The History of the Church*, trans. G. A. Williamson (Baltimore: Penguin Books, 1965), p. 230.
12 양력에서 춘분은 밤과 낮의 길이가 같은 날이다. 춘분(spring equinox)과 추분(winter equinox)이 있다.

4세기 중에 예수님의 수난과 부활에 관한 모든 사건들을 기념하는 고대의 통합적 부활절은 각각 독특한 기념일로 분리되었다(도표 5를 보라). 예수의 삶과 사역의 장소로 시간과 장소가 수렴된 예루살렘에서 처음으로 이러한 확장이 일어난 것으로 보인다.

4세기까지 있었던 로마 제국의 기독교 박해가 전반적으로 끝나자, 예루살렘은 인기 있는 순례지가 되었다. 전 세계로부터 몰려드는 순례자의 무리들을 위해, 그곳의 예루살렘 교회는 예수님의 삶과 수난에 관한 각 사건을 사건이 일어났던 장소에서 각각 기념하기 시작했다. 또한, 그리스도의 마지막 주간에 예루살렘에서 일어났던 모든 사건의 시간과 장소에 대한 증거를 찾기 위해서 성경을 깊이 탐구하게 되었다.

스페인 여성인 에제리아(Egeria; 아마도 수녀)가 연대별로 기록한 여행 일기는 그 기념일들이 주후 383년까지 어떻게 발전해 왔는가에 대해 잘 알 수 있게 해 준다. 그녀는 고향의 친구들에게 자신이 방문했던 모든 장소에 관해서 얘기해 주려고 성지(Holy Land)에서 경험한 것들을 기록했다. 현재 그 기록의 약 삼분의 일이 남아있고, 4세기 후반의 예루살렘이 시간을 지키는 방식을 어떻게 발전시켰는지에 대해서 흥미진진하게 설명해 준다.

에제리아는 지금 우리가 수난주일(Passion Sunday), 혹은 종려주일(Palm Sunday), 혹은 성주간(Holy Week)의 첫날이라고 부르는 것이 "부활 주간(Easter Week),[13] 또는 여기서 그들이 '위대한 주간(Great Week, 동방에서 성주간을 지칭하는 말-역자주)이라고 부르는 것의 시작이었다.… 모든 사람이 그 주교에 앞서서 시편과 교송을 부르면서 행진한다. 그리고 내내 '주님의 이름으로 오시는 이는 복이 있도다'를 반복한다"라고 말해 준다.[14]

---

13 에제리아는 "부활절 전 주간을 부활절 주간"으로 부른다. 오늘날, "부활절 주간"은 부활절부터 시작되는 주가 될 것이고, "성주간"은 부활절 전 주가 될 것이다.
14 *Egeria's Travels*, ed. and trans. John Wilkinson (London: S.P.C.K., 1971), 132-33.

예수님을 배반하기로 작정한 유다가 음모를 꾸미는 구절을 사제(presbyter, 안수받은 성직자로 사제에 해당)가 읽을 때, "사람들이 이것을 들으며 탄식하고 애통해하는" 수요일을 제외하고는 이어지는 삼일에는 소규모의 예배들이 있었다. 목요일에는 모든 사람이 성찬에 참여한 후에 모두가 예수님께서 잡히시기 전 기도하셨던 장소인 "겟세마네(Gethsemane)까지 감독을 모시고 간다." 그리고 금요일에는 회중이 골고다(Golgotha)에 모여서, 십자가 옆을 걸을 때 십자가 파편들을 경배하고 십자가에 입을 맞추었다.[15]

4세기 말까지는 역사화 작업이 마무리되었다. 400년경에 아우구스티누스(Augustine)는 북아프리카의 히포(Hippo)에서 쓴 글에서 공인된 사실로 다음과 같이 진술했다.

> 주님이 십자가에 못 박히시고 무덤에 장사되셨다가 다시 살아나신 날이 언제인지 복음서에 분명히 기록되어 있다. 그리고 교회는 그 동일한 날을 지킬 의무가 있다.[16]

고대에 통합적이던 부활절은 몇 개의 분리된 기념일들로 쪼개졌다. 그것은 **세족식**(Maundy) 혹은 **성목요일**(Holy Thursday), **성금요일**(Good Friday), **성토요일**(Holy Saturday), 그리고 부활절 전야에 있는 **부활절 철야**(Easter Vigil)와, 또한 **수난주일**(Passion) 혹은 **종려주일**(Palm Sunday)과 성주간의 첫 3일(three lesser days)이다.

---

[15] 주후 4세기에, 예루살렘 교회는 예수님이 부활하신 무덤 위에 바실리카를 건축했고, 십자가의 잔해들을 같은 건물단지의 일부로 옮겼다. 그로 인해 성주간에 행렬과 예배를 수행하기 위해 이러한 유물에 접근할 수 있게 되었다. Lester Ruth, Garrie Steenwyk, and John D. Witvliet, *Walking Where Jesus Walked: Worship in Fourth-Century Jerusalem* (Grandd Rapids, Mich.: Win B. Eerdmans Publishing Co., 2010)을 보라.

[16] Augustine, *Letters*, trans. Wilfrid Parsons, *Fathers of the Church* (New York: Fathers of the Church, 1951), 12:283.

우리도 이에 따라 **성주간**(Holy Week)을 수난주일이나 종려주일로 시작하며, 월요일, 화요일(스파이[spy]: 예수님을 배반할 가룟 유다의 의도를 참조하여, 성령 수요일에 형성된 날로서 때때로 '스파이 수요일'이라고 부름-역자주), 수요일, 세족식, 혹은 성목요일, 성금요일, 그리고 성토요일을 지킨다. 영어 용어인 "부활절"(Easter)은 이교도의 봄 축제를 의미하는 영어 고어인 **이스트레**(*eastre*)에서 유래하였다. 하지만 로망스 계통 언어는 아직도 "파스카"(Pascha)의 형태를 사용한다. 부활절 날(Easter Day)은 **부활절 주간**(Easter Week)의 시작이다.

부활절과 밀접한 관련이 있는 두 절기는 사순절과 50일간의 부활절 절기이다.

사순절의 기원은 예전 역사가들 사이에서 논란의 여지가 있다. 사순절은 부활절 철야에 세례를 받기 위해 구별되어 있었던 **세례 예비자들**(catechumens [훈련 중인 개종자])을 위한 마지막 집중 준비기간으로서 시작되었다고 보는 것이 일반적이다.

사순절이 좀 더 일찍 시작됐을 가능성을 보여주는 새로운 증거도 있다. 그것은 이집트에서 행했던 주현절 이후 40일간의 금식(post-Epiphany fast)으로 예수님께서 세례받으신 직후에 광야에서 40일을 보내신 공관복음서의 이야기와 관련되어 있다.[17]

어떻든, 주후 325년에 열린 **니케아 공의회**(*Council of Nicaea*)는 사순절을 처음으로 "40일"로 언급했으며, 부활절 바로 직전에 그것을 두었다. 주후 350년경에 예루살렘의 키릴로스(Cyril) 주교는 이제 곧 세례를 받을 사람들에게 "당신들은 오랜 은혜의 기간과 회개를 위한 40일을 보내야 합니다"라고 말했다.[18]

17　Thomas J. Talley, *The Origins of the Liturgical Year* (New York: Pueblo Publishing Co., 1986), pp. 194-203.

18　William Telfer, trans., *Cyril of Jerusalem and Nemesius of Emesa* (Philadelphia: Westminster Press, 1955), p. 68.

84 기독교 예배학 개론

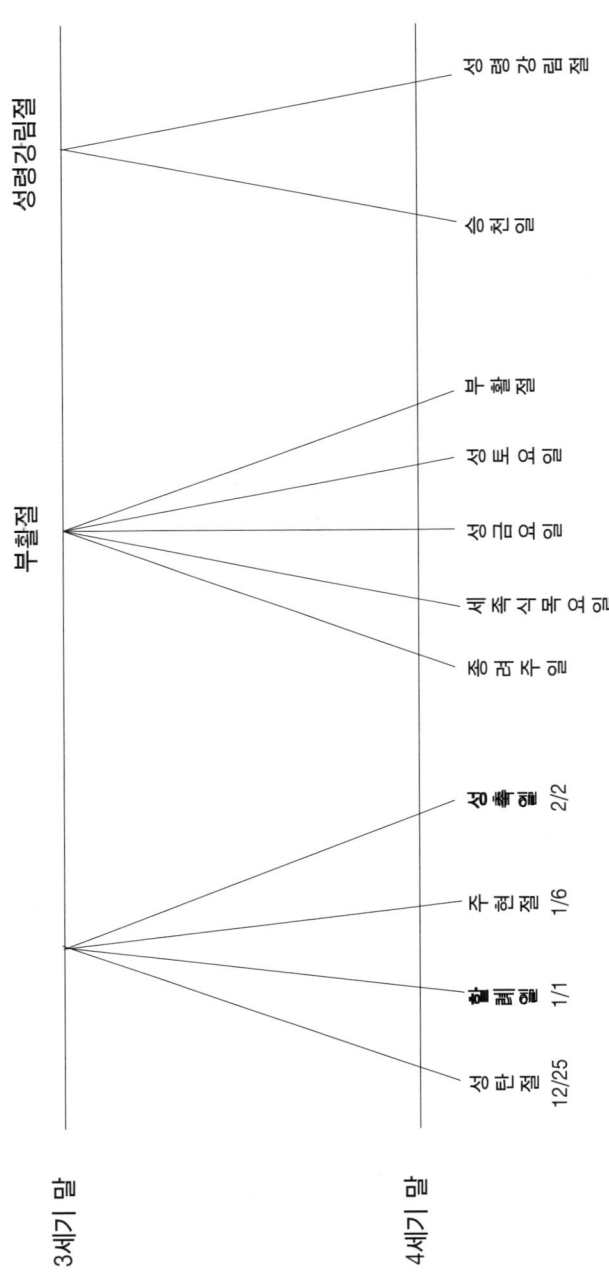

[도표 5. 초기 통합적 기념일의 분리]

아우구스티누스의 시대까지는 "주님의 수난에 가까이 접하는 … 1년의 한 부분"인 사순절은 수세 여부와 관계없이 모든 그리스도인에게 금식과 준비의 시간이 되었다. 사순절은 결국 **재의 수요일**(Ash Wednesday)이라고 알려진 한 날에 시작하게 된다. 이는 그날 이마에 **재를 바르기**(*imposition of ashes*) 때문이었다. 이러한 관행의 기원은 적어도 11세기 후반으로까지 거슬러 올라간다. 사순절 기간에 일요일은 40일에 포함되지 않는데, 이는 오랜 전통에 따라 일요일은 금식일이 아니기 때문이다.

사순절보다 훨씬 중요한 것은 부활절 절기(Easter Season)로 부활절 기념을 성령강림절(Day of Pentecost)까지 연장한 50일이다. 기쁨의 50일(원래 "오순절"이라고 불렸고, 그것은 문자적으로 "50일"이다)은 처음에는 사순절의 40일보다 훨씬 중요했다. 아우구스티누스는 다음과 같이 말한다.

> 주님의 부활 이후에 오는 이날들은 고통의 기간이 아니라, 평화와 기쁨의 기간이다. 그래서 그 기간에는 금식하지 않고, 부활을 상징하는 뜻으로 서서 기도한다. 우리는 모든 일요일에 모든 제단에서 이런 관행을 지키고, 할렐루야를 부른다. 이는 우리가 앞으로 할 일은 하나님을 찬양하는 것 외에는 없다는 것을 나타내기 위함이다.[19]

요약하자면, 부활은 매주의 하루-일요일(Sunday), 매해의 축일-부활절날(Easter Day), 그리고 하나의 절기-부활절 절기(Easter Season)로 기념된다. 초기 교회의 삶과 신앙에 있어서 부활이 그 중심이라는 점은 의심의 여지가 없다.

4세기 교회력에서 가장 의미 있는 발전은 성주간이 정교하게 발전되었다는 점이다. 이 대부분은 주후 349-386년까지 **주교였던 키릴로스**(Cyril of Jerusalem)의 주도하에 예루살렘에서 결정된 것으로 보인다. 위에서 언급했

---

19 Augustine, *Letters*, 12:284-85.

던 에제리아는 키릴로스 주교의 사망 직전에 예루살렘에서 행했던 것을 생생하게 알려준다. 에제리아처럼 성지를 방문했던 사람들은 고국에 돌아가서 자신들이 경험했던 것을 이야기하고, 그것들을 그 지역 교회에서 재현하고자 했다. 결과적으로 예루살렘 교회의 관행 중 일부는 기독교 전반에 걸려 일반화되었고, 교회의 가장 오래되고 귀중한 예전의 일부를 대표한다.

1955년, 비오 12세 하에서 가톨릭교회는 이러한 보다 강력한 역사적 관행의 일부를 되찾았고, 제2차 바티칸 공의회(Vatican II) 이후인 1960년대에 성주간의 예식들은 한층 더 개혁되었다. 사실상, 오늘날 많은 개신교 예배서는 사순절, 성주간, 부활절 날, 그리고 부활절 절기에 대한 초기 기독교의 관행을 보여준다.

4세기의 순례자 에제리아는 자신의 여행기가 21세기의 그리스도인들에게 계속해서 영감을 주고 있는 방식에 틀림없이 놀랄 것이다. 완전히 발전된 종려주일/수난주일 예식에서는 종려가지를 들고 개회 행진을 하고, 복음서로부터 수난 내러티브의 한 부분을 극적으로 낭독(보통 몇몇 낭독자가 있음)하는 것이 포함된다. 로마가톨릭과 성공회 성당에서는 **성유미사**(Chrism mass)로 세족식 목요일을 시작한다. 이 미사에서는 한 해 동안 교구 교회에서 사용될 3종류의 성례유(three sacramental oil), 즉 세례용의 올리브유, 견진을 위한 성유(올리브유나 향유), 병자의 도유(기름 부음)를 위한 올리브유가 성별된다.

부활절 성삼일(Easter triduum, 라틴어로 "3일"을 의미, 3일의 기도 기간)은 세족식 목요일 일몰부터 부활절 일몰까지 진행된다. 이날들은 교회력에 있어서 가장 거룩한 3일이다. 세족식 목요일 저녁은 이 성례전을 이 시간에 주신 그리스도의 선물과 뒤이어 오는 그리스도의 수난 사건을 동시에 기념하는 성찬을 행한다. 종종 **세족식**(*foot washing*)을 행하기도 하며(요 13:3-17), 예배의 끝에는 부활절 전야까지 모든 천, 십자가, 그리고 형상을 치우고, 덮어두는 **교회의 옷을 벗김**(*stripping of the church*)이라는 의식을 행할 수도 있다.

　네덜란드 개혁교회를 제외하고, 전통적으로 성금요일이나 성토요일(Holy Saturday)에는 주의 만찬을 하지 않는다. 고대의 성금요일 예식의 말씀 예배에는 **세계와 인류를 위한 광범위한 중보기도**(*intercessions for the world*), **십자가에 대한 경배**(*veneration of the cross*: 십자가 앞에 무릎을 꿇거나, 십자가에 입 맞추는 관행으로서 4세기 예루살렘에서부터 행해졌다), 질책(reproaches 애 1:12에 근거함)의 노래가 포함된다. 그리고 아마도 세족식 목요일에 성별되었던 떡과 포도주로 성찬을 했을 가능성도 있다.

　17세기 페루로부터 유래한 스페인계 예식인 세 시간(Three Hours)은 예수님께서 마지막으로 하신 가상칠언에 기초한다. 많은 개신교 교회는 성금요일을 기념하는 "가상칠언"(Seven Last words) 예배에 이 예식을 채택했다. **테네브레**(Tenebrae[어둠]) **예배**는 성주간의 마지막 삼일 중 하루, 혹은 사흘 내내 드릴 수도 있다. 이때 성구와 함께 시편, 혹은 수난 내러티브를 읽고, 특별히 큰 촛대에 있는 양초들을 서서히 꺼 나가는 의식도 포함된다.

　부활절 전야(Easter Eve)는 토요일 밤에 어둠 속에서 부활을 기념하기 위해 성도들이 모여드는 **부활절 철야**(Easter Vigil)로 한 해의 절정을 이루게 된다. 새 불을 점화하고, **파스카 양초**(paschal candle)인 특별히 큰 양초에 불을 붙이며, 기뻐하라, 하늘의 권세를(Exsultet: "기쁨"을 의미한다. 이는 이 찬송가가 기뻐하라, 하늘의 권세를"로 시작하기 때문이다)로 알려진 고대 찬송가를 부르고, 또한 9개의 성구 낭독(대부분 구약에서 취한)을 하며, 세례, 혹은 세례 서약, 혹은 둘 다를 위해 물을 축복하고, 부활절 성찬을 기념한다.

　고대에 부활절 다음 주간인 부활절 주간(Easter Week)은 갓 세례를 받은 사람들에게 성례전의 의미에 관해서 교육하는 기간이었다. 4세기 예루살렘의 키릴로스, 암브로시우스, 요한 크리소스토무스, 그리고 몹수에스티아의 테오도르가 교육했던 이러한 교리문답식 강의 모음집(소위 세례 교육([mystagogical catechesis], 신비 교리 교육, 신비 교육 강화)이 여전히 남아있다. 이러한 긷의들은 다양한 기독교 중심지들의 관행과, 또한 그 주교들이 성례전들에 대해서 내린 각기 다른 해석들을 복원하는 데 있어서 대단히 중요한 문서들이다. 부활절 다음 일요일(Sunday)에 새신자들은 완전한 교회의 일원이 되었으며, 가르침을 받은 그리스도의 몸에 속한 지체가 된 표시로 입고 있던 흰옷을 벗었다.

초기 몇 세기 동안 두 번째로 중요했던 것은 또 다른 사건을 기념하는 **오순절**(Day of Pentecost)이었다. 부활절처럼 이것도 원래 유대교의 축일이었다.

> 일곱 안식일 이튿날까지 합하여 오십 일을 계수하여 새 소제를 여호와께 드리되 (레 23:16).

주후 1세기 어느 때인가의 오순절에 유대인들은 시내 산에서 율법을 받은 것을 회상하게 되었다. 사도 바울은 이것을 성령의 강림과 대비하였다.

> 돌에 써서 새긴 죽게 하는 율법 조문의 직분도 영광이 있어… 하물며 영의 직분은 더욱 영광이 있지 아니하겠느냐(고후 3:7-8).

강한 바람과 함께 불의 혀 같은 것이 제자들에게 임하여 각기 다른 방언으로 말하기 시작했던 오순절에 그리스도인들은 교회의 탄생을 기념하였다(행 2:1-41). 사도행전은 성령으로 충만했던 초기 교회의 연대기적인 행적을 기록한 책이다.

오순절은 원래 **예수님의 승천**(Ascension) 기념을 포함했던 통합적인 축일로 시작했다. 테르툴리아누스는 예수님께서 오순절에 하늘로 올라가셨다고 시사했다.[20] 그리고 4세기 전반에 유세비우스(Eusebius)는 "위엄 있고

---

20   Tertullian, "On Baptism," 3:678.

거룩한 오순절(다시 말하자면, 50일)이라는 대축일"에 대해서 "7주간의 기간이 구별되고, 우리 모두의 구원자이신 주님의 승천과 성령님의 강림에 대해서 성경이 입증하는 바로 그 한 날로서 인침 받은 날"이라고 설명한다.[21] 다시 말하면, 거의 첫 4세기 동안 오순절은 그리스도의 승천과 성령의 강림을 동시에 기념하는 날이었다.

그러나 4세기 말까지는 이 둘을 분리하여 기념하게 되었다. 『사도헌장』 (*Apostolic Constitution*)은 부활절 후의 40일이 "주님의 승천을 기념하는 축일"로서 가장 적절한 때라고 서술한다. 과거 사건들의 날짜를 정하기 위해서 또다시 성경의 증언이 역사화되었다. 이 경우에 사도행전 1:3과 그 구절이 언급한 예수님께서 제자들을 가르치셨던 "40일"이 승천하신 날을 시사한다. 이전에는 한 축일만 있었으나, 4세기 후반에는 승천일과 성령강림절 날이라는 두 개의 축일이 있었다. 그리스도께서는 하늘에 계셨으며, 성령님께서는 이 땅의 거룩한 교회에 내주하셨다.

4세기 교회력에 세 번째로 중요한 것은 **주현절**(Epiphany)이었다. 그 기원들은 잘 알려져 있지 않지만, 유대교는 아니며 이집트에서 유래했을 가능성도 있다. 그것은 예수께서 죽음을 당하신 날과 같은 날, 한 때는 4월 6일이라고 믿고 있는 그날에 수태되었을 것이라는 믿음과 관계가 있다. 그래서 예수님의 생일을 1월 6일로 정한 것이다. 주현절은 몇 개의 사실을 의미했는데 그 모든 것은 하나님을 드러내시는 예수 그리스도 사역의 시작과 관계가 있다.

이 축일은 그리스도의 탄생(두 복음서가 이 기사로 시작한다), 동방박사(서방에서), 예수님의 세례(다른 두 복음서는 이 기사로 시작한다), 그리고 요한복음이 말하는 첫 번째 표적인 "예수께서 이 처음 표적을 갈릴리 가나에서 행하여 그 영광을 나타내시매 제자들이 그를 믿으니라"를 참조한 것이다.

---

21   Eusebius, "Life of Constantine the Great," E. C. Richardson, trans., *Nicene and Post-Nicene Fathers*, hereafter *NPNF*, 2nd Series (New York: Christian Literature Co., 1890), 1:557.

이 모든 사건들의 공통된 주제는 예수 그리스도께서 인간에게 하나님을 나타내신다는 것이다. 그래서 초기 교회가 이날을 종종 "신의 현현"(The Theophany)이라고 불렀던 것은 너무나 당연하다. 그리고 일부 동방정교회는 아직도 그렇게 부른다. 제4복음서의 서두는 이 주제로 설정되어 있다.

> 본래 하나님을 본 사람이 없으되 아버지 품 속에 있는 독생하신 하나님이 나타내셨느니라(요 1:18).

일부 교회의 경우 1월 6일이 교회력의 시작일 가능성이 있고, 이날에 복음서 중 하나를 낭독하기 시작함으로써 그것을 상징했다.[22]

아마도 4세기 전반 로마에서 주현절이 나뉜 것으로 보인다. 새로운 축일인 성탄절(Christmas)에 대한 최초의 명시적 언급은 "354년 연대기"(Chronograph of 354)("필로칼루스 달력 [Philocalian Calendar]"으로도 알려짐)라는 로마의 문서이다. 그것은 주후 336년경 그 축일이 어떻게 행해졌는지 보여주고 있으며, 12월 25일을 "**유대 베들레헴에서 그리스도께서 태어나신 날**"(natus Christus in Betleem Iudeae)로 기록한다. 이날은 이교도의 정복되지 않은 태양(Unconquered Sun)이라는 상대적으로 새로운 축일과 경쟁했다.

이는 태양이 동지에 다시 커지기 시작하기 때문이었다(주후 4세기까지는 당시 사용되던 율리우스력 [Julian calendar]이 4일의 차이를 냈다). 서서히 새로운 축일인 성탄절이 주현절 기념행사의 일부를 맡게 되었다. 요한 크리소스토무스는 주후 386년 성탄절에 안디옥의 교인들에게 다음과 같이 말했다. "이날은 … 수년 전이 아니라 지금 우리에게 찾아왔던 [이날은] 너무나 빨리 발전하고 이런 열매를 맺게 되었습니다."[23]

다음 주현절 날에 그는 이렇게 설명했다.

---

22 Talley, *Liturgical Year*, pp. 129-134.
23 John Chrysostom, *Opera Omnia*, vol.2, ed. Bernard de Montfaucon (Paris: Gaume, 1834), p. 418.

이날은 예수 그리스도께서 세례를 받으셨으며, 물의 본질을 거룩하게 하신 날입니다 … 그런데 왜 이날을 주현절이라고 합니까? 왜냐하면, 예수께서 우리에게 드러내 보이신 것은 그분이 태어나신 때가 아니라, 세례를 받으신 때이기 때문입니다. 그날까지는 사람들이 그분을 알지 못했습니다.[24]

그러므로 주현절은 성탄절보다 더 오래된 절기였으며, 의미도 더 깊다. 주현절은 단순히 그리스도의 탄생 기념일이라는 의미보다는 성육신의 목적 전체를 증언한다. 그것은 바로 그분의 탄생과 사역의 시작("나의 아들, 나의 사랑하는 자"라고 선포하셨던 예수님의 세례)으로 그리스도이신 예수님 안에서 하나님을 드러내심이다. 예수님께서 이 나타내심을 성취하셨던 것으로 복음서에서 이야기하는 강력한 표적과 가르침은 주현절 이후의 절기(혹은 비절기 기간, 일상적인 기간[Ordinary Time])에 예루살렘에서의 마지막 사건까지 이어지는 예수님의 사역과 가르침을 기념할 기회를 제공해 준다.

주후 380년 스페인에서 있었던 공의회는 "12월 17일부터 1월 6일 주현절까지 어느 누구도 교회를 빠져서는 안 된다"라고 결정하였다.[25] 이것은 그때까지 성탄절 자체가 아직 알려지지 않았던 스페인에서는 **대림절**(Advent) 절기의 선례가 되었다. 5세기까지는 골 혹은 갈리아(Gaul, 고대 켈트인의 땅으로 지금의 북이탈리아, 프랑스, 벨기에 등을 포함한다—역자주) 지역 일부에서 40일간의 주현절 준비기간이 행해졌다. 로마에서는 결국 성탄절 전 4주간의 대림절을 채택하게 되었다.

성탄절도 부활절과 유사한 과정을 거쳐 여러 개의 기념일로 분리되었다. 예수님은 유대 소년으로 탄생 후 8일에 할례를 받고, 명명 받으신 것으로 보인다. 누가는 "할례할 팔 일이 되매 그 이름을 예수라 하니"(눅 2:21) 라고 기록하고 있다. 따라서 1월 1일은 **예수님의 할례**(Circumcision)

24　Chryisostom, *Opera Omnia*, 2, p. 436.
25　Cited by L. Duchesne, *Christian Worship*, 5th ed. (London: S.P.C.K., 1923), p. 260, n. 3.

와 **예수님의 명명**(Name of Jesus)을 기념하는 축일로 알려졌다.

로마가톨릭은 현재 이것을 **하나님의 어머니, 마리아 대축일**(Solemnity of Mary, Mother of God)로 지키고 있다. 누가복음 2:22-40은 **그리스도의 봉헌**(Presentation in the Temple 혹은 마리아의 정화축일[Purification of Mary], 혹은 **성촉절**[Candlemas])에 대해 이야기한다. 이 사건은 유대교의 율법에 의하면, 예수님의 탄생 40일 후인 2월 2일에 일어났을 것이다.

누가복음 1:26-38에 언급된 **수태고지**(Annunciation)는 성탄절 9개월 전인 3월 25일에 일어났을 것이다. 그때 엘리사벳은 임신 6개월이었으며, **마리아가 엘리사벳을 방문**(Visitation)한 것(39-56절의 기록)은 5월 31일이나, 혹은 세례 요한의 생일로 알려진 6월 24일 직전(수태고지 후 3개월)으로 고정되었다. 세례 요한의 생일은 하지(夏至)이며, 그때부터 그리스도의 탄생까지는 태양이 점점 기운다.

> 그는 흥하여야 하겠고 나는 쇠하여야 하리라(요 3:30).

이 모든 발전들은 누가복음 1-2장의 출생에 관한 기록을 종합한 것이다. 교회력의 전반적인 형태는 유동적인 주기(temporal cycle)라고 부르는 것이 확립되면서 4세기 말에 완료되었다. 이 주기는 기본적으로 예수님의 삶과 오순절에 성령께서 강림하심을 기념한다. 유동적인 주기와 병행하지만, 그렇게 중요하지 않은 것은 **성인들**의 주기(sanctoral cycle)로서 성탄절에 근거한 날들을 제외한 **성인들**의 죽음을 기념하는 고정된 날들이다.

이러한 날들은 초기에 시작되었다. "폴리캅의 순교"(Martyrdom of Polycop)에서는 2세기의 순교자 기념에 대해서 언급한다. 이러한 기념은 각 지역의 믿음의 남녀 영웅들을 기리기 위한 것이다. 테르툴리아누스는 "기념일 날마다, 우리는 죽은 자를 위해 생일 축하로서 제물을 바친다"라고 말한다.²⁶ 결국 사람이 영원으로 탄생하는 것(죽음)이 그/그녀가 시간으로 탄생하는 것보다 애석하게도 예수님의 삶에 근거한 유동적인 주기가 성인들의 주기로 인해서 가려지게 되었다. 그 지역 **성인**들의 목록에 다른 지역의 성인들이 덧붙여지고, **성인**들의 유물들이 이리저리로 옮겨진 후에는 특히 더 그렇게 되었다.

4세기 이후 달력에 몇 가지 주목할 만한 추가 사항이 있었다. 성령강림절 날 다음 주일인 **삼위일체주일**(Trinity Sunday)은 주후 1000년경에 도입되었다. 다른 축일들과 달리 이날은 역사적인 사건과는 무관한 신학적인 교리를 나타낸다. 서방교회에서는 9세기에 11월 1일을 만성절(All Saints Day, 죽은 성인들을 함께 추모하는 날)로 지정했다. 만성절은 이전에는 이른 봄에 있었으나, 갈리아에서 이날을 수확 절기에 기념하는 것을 로마가 주후 835년경에 받아들임으로 이날로 바뀐 것이다. 그때까지 서방교회 전체에서 8월 15일에 **성모승천축일**(Assumption of the Blessed Virgin Mary into heaven) 또한 지켜졌다.

13세기에 삼위일체주일 다음의 목요일을 **성체축일**(Corpus Christi)로 지키게 되었다. 후에 로마가톨릭이 이를 발전시켜 12월 8일(18세기)에 **원죄 없는 잉태**([Immaculate Conception, 무염시태], 동정녀 마리아의 수태를 의미함), **예수님의 성심**([Sacred Heart of Jesus], 19세기), **왕이신 그리스도**([Christ the King], 또는 그리스도의 통치, 20세기)를 의무적으로 준수하게 했다. 다시 한번 살펴보자. 요한 크리소스토무스는 주후 386년에 한 설교에서 **교회력**(liturgical year)을 다음과 같이 잘 요약하고 있다.

> 만약 그리스도께서 육신으로 태어나지 않으셨다면, 세례받지 않으셨을 것입니다. 그것이 바로 신의 현현(주현절)입니다. 그리고 십자가에 못 박히셨기에 (일부 텍스트는 부활 부분이 첨가되어 있음), 부활절이 있으며, 성령을 보

---

26 Tertullian, "De Corona," *ANF*, 3:94.

내셨기에 성령강림절이 있습니다.[27]

4세기에 가장 오래된 세 개의 절기, 즉 주현절, 부활절, 그리고 성령강림절 날에서 각각 관련된 축일들인 성탄절, 성금요일, 승천일, 그리고 성주간의 첫 3일이 분리되었다.

20세기의 예배학자인 그레고리 딕스(Gregory Dix)는 이러한 발전들이 4세기 교회가 "시간과 화해"하게 되었으며, 종말에 대한 열망도 잃어버리게 되었다는 것을 나타낸다고 해석했다.[28] 그러나 시간에 대한 이러한 화해는 불가피한 것이었다. 사람들은 스스로 알고, 보고, 경험하기를 원하며, 이것은 아주 정상적인 인간의 욕구이다. 예배는 우리의 이러한 인간성 위에 구축된다.

그래서 4세기에 일어났던 것은 바로 교회가 그리스도인들이 경험했던 중심적인 실재, 즉 예수님의 현현, 부활, 그리고 성령의 내주하심에 보다 극적인 참여 방식을 발전시킨 것이다. 콘스탄티누스 황제 치하에서 교회가 평화를 누리기 훨씬 이전부터 종말론적인 열정은 약화되었다.

그러나 시간을 거슬러 올라가는 그리스도인의 상상력은 마찬가지로 유익하였으며, 성육신에 대한 그들의 인식을 강화했다. 4세기에 이루어진 이러한 혁신들은 현재도 우리 사이에 생생하게 남아서 그것이 성공했다는 것을 보여준다.

대체로, 교회력은 다음 세기들에서도 거의 변화가 없었던 초기 교회의 삶과 신앙을 잘 반영하고 있다. 교회력을 체계화시키고 깔끔하게 정리하려는 현대의 노력은 결코 만족할 만한 것이 못되었다. 고대 교회력에 긴 공백 기간이 있다는 점은 특히 성령강림절 날 이후에 사실이다. 그러나 그 장점은 그리스도인이 경험한 핵심을 명확하게 이해할 수 있고, 그리스

---

27 Chrysostom, *Opera Omnia*, 1, p. 608.
28 Gregory Dix, *Shape of the Liturgy* (Westminster: Dacre, 1945), p. 305.

도께서 하나님을 밝히 보여주시고, 그리스도가 죽음으로부터 다시 살아나시며, 그리스도가 성령을 보내 거룩한 교회에 내주하게 하셨던 사실을 생생하게 반영하는 그 능력에 있다.

16세기 종교개혁자들은 교회력에 다양한 접근 방식을 시도했다. 마르틴 루터(Martin Luther 1483-1546)는 다음과 같이 시도함으로써 성인들의 날을 없앴다.

> 모든 성인 축일을 완전히 없애며, 주일과 주님과 관계된 축일들만 경축한다. … 우리는 주현절과 할례 일처럼 정화일(Purification[Presentation-그리스도의 봉헌])과 수태 고지일을 그리스도의 축일로 간주한다.[29]

『공동기도서』(Book of Common Prayer)에 있는 성인들의 주기(sanctoral cycle)에 따라 잉글랜드국교회는 만성절(All Saints' Day)에 덧붙여서, 성경에서 언급된 성인들만 기념하기 위한 기도와 낭독을 유지하였다.

스코틀랜드 장로교회는 좀 더 급진적이었다. 1560년에 발간된 『훈련지침서』(Book of Discipline)는 [그들이 사용하는 용어대로] 사도들의 축제일, 순교자들의 축제일, 동정녀들의 축제일, 성탄절, 할례일, 주현절, 정화일 등 축제일들 모두를, 그리고 마리아에 관한 다른 모든 좋아하는 축제일들을 비난했다. 이런 것들은 하나님의 성경에서 명령도, 확신도 주지 않기 때문에 우리는 스코틀랜드에서 이런 것들을 철저하게 폐지해야 한다. 나아가 이런 혐오스러운 것을 고집스럽게 지키는 자와 가르치는 자들은 도시 치안판사로부터 반드시 처벌받아야만 한다고 확언했다."[30]

---

29   "Formula Missae," Bard Thompson, ed., *Liturgies of the Western Church* (Minneapolis: Fortress Press, 1961), p. 109.

30   "Book of Discipline," *John Knox's History of the Reformation in Scotland,* vol. 2 (London: Thomas Nelson and Sons, 1949), p. 281.

85년 후에 『웨스트민스터 예배 모범』(*Westminster Directory*)은 다음과 같이 동일한 정서를 나타낸다.

"통속적으로 거룩한 날들이라고 부르는 축일은 하나님의 말씀에 아무런 근거가 없으므로 계속되어서는 안 된다."**31**

하지만, 『예배 모범』은 태풍과 풍성한 수확과 같은 당대의 사건들을 통해서 나타난 하나님의 심판과 은혜를 인정하는 "공적인 대 금식", 혹은 "공적인 감사"의 날들을 촉구하였다.

언제나 실용주의적이던 존 웨슬리(John Wesley, 1703-1791)는 "현시점에 어떤 가치 있는 결과도 보여주지 못하는 … 성일(holy-days)들 대부분을" 폐지했다.**32** 그의 교회력은 대림절의 4개 주일, 성탄절 날, 성탄절 이후의 15개의 주일까지, 부활절 이전 주일, 성금요일, 부활절 날, 부활절 이후의 5개 주일, 승천일, 승천일 이후 주일, 성령강림주일(Whitsunday), 삼위일체주일, 그리고 삼위일체주일 후의 25개 주일까지를 포함했다. 웨슬리의 일기는 그가 개인적으로는 만성절을 좋아했음을 보여준다. 1791년 웨슬리가 죽은 지 얼마 지나지 않아서 미국 감리교도들은 웨슬리의 교회력과 성서정과 둘 다 포기하였다.

예배에 대한 미학적인 접근 방식이 증가하는 추세가 있었던 1920-30년대에 미국 개신교도들 사이에서 교회력에 대한 새로운 관심이 생겨났다. 보스톤대학교 신학대학원(Boston University School of Theology)의 프레드 윈슬로 아담스(Fred Winslow Adams) 교수는 자신이 왕국절(Kingdomtide)이라고 불렀던 새로운 절기를 제안했다. 왕국절은 원래 연방교회협의회(Federal Council of Churches) 1937년과 1940년에 발간한 『교회력』(*The Christian Year*)에 처음 나타났다.

---

31 *The Westminster Directory* (Bramcote, Notts, U.K.: Grove Books, 1980), p. 32.
32 *John Wesley's Prayer Book* (Akron: OSL Publications, 1991).

미국 장로교인들은 잠시 어느 정도 유사한 시도를 해 보았다. 스코틀랜드인 목사인 알란 맥아더(Allan McArthur)가 1956년 제안했던 "성부 하나님"의 절기를 가을에 지키는 이 시도[33]는 4년간 시험해 본 후 폐지되었다.

제2차 바티칸 공의회 이후 교회력에 대한 심오하고도 새로운 관심이 나타났다. 그리고 그리스도인으로서 우리의 삶이 우리가 시간을 지키는 방식에 의해서 어떻게 구성되며 반영되는가에 대해 깊고도 새로운 평가가 생겨났다. 그 첫 번째 이정표가 새로운 로마력(Roman Calendar)으로서, 로마가톨릭교회들에서 1970년 교회력의 첫날인 1969년 11월 30일부터 발효되었다. 그것은 그리스도인들이 시간을 어떻게 사용하는지에 관한 시도 중 가장 주의 깊게 연구한 결과물이었다. 그 이후 세계의 많은 주요 개신교 교단에서 로마가톨릭의 새로운 개혁 중 많은 것을 채택하거나 조정하여 사용하였다.

대부분의 개신교가 채택하지 않았던 로마가톨릭의 변화 중 하나는 주현절 이후의 주간들과 성령강림절 날 이후의 주간들을 "**연중 시기**"(年中時期, Season of the year), 혹은 **비절기 기간** (Ordinary Time, 일상적인 시간[정장복]이라고도 한다-역자주)으로 취급한 것이다. 그러나 다른 변화들은 널리 받아들였다. 예를 들어, 주현절 이후의 주일을 주님의 **수세주일**(Baptism of the Lord)로, 혹은 교회력의 마지막 주일을 왕이신 **그리스도주일**(Christ the King), 혹은 **그리스도의 통치주일**(Reign of Christ)로 지키는 것이다. 많은 교회가 루터교회가 재의 수요일 전 주일을 **예수님의 산상변모주일**(Transfiguration of the Lord)로 지키는 관행을 채택했다. 그러나 로마가톨릭은 15세기 이후로 8월 6일에 이날을 지켜왔다.

400년 만에 처음으로 전 세계적으로 개신교회와 로마가톨릭이 초교파적인(ecumenical) 달력을 따르고 있다. 로마가톨릭이 오늘날 **대축일들**(solemnities)이라고 부르는 대부분의 대축일에 관해서는 기본적인 의견 일치

---

[33] *The Christian Year and Lectionary Reform* (London: SCM Press, 1958).

를 보았으나, 부수적인 **축제일들**(feasts)에 대해서는 준수하기로 합의한 것이 별로 없으며, **추모일**(memorials)이나 성인들의 날 준수에 관해서는 더더욱 이루어진 합의가 없다. 가장 최근에 만들어진 교회력은 4세기에 완성된 가장 오래된 교회력의 구조와 의미를 회복하려는 세심한 시도의 결과이다. 이 개정된 교회력은 가장 오래된 교회력이 그러했던 것처럼 그리스도인들의 신앙의 우선순위에 대한 초교파적인 증거가 되었다.

2. 교회력의 신학

위에서, 초기 몇 세기 동안 교회가 시간을 어떻게 지켜왔는가를 구체적으로 논의했다. 왜냐하면, 기독교 예배에서 자주 그러하듯이, 만약 교회의 첫 4세기의 경험을 이해한다면, 문제의 핵심을 파악할 수 있기 때문이다. 그래서 그 의미를 조금 살펴보는 것도 가치 있는 일이다.

초기 교회의 교회력은 하나님께서 인간 예수와 성령의 권능을 통해서 세상을 위해 이미 하셨던 일과 계속하시려는 것에 초점을 맞추고 있다. 교회력은 우리의 노력이 무익함을 강조하고 동시에 우리를 위한 하나님의 승리를 기뻐한다.

간단히 말하면, 교회력은 우리가 만들 수 없으나, 단지 받아들일 수만 있는 선물을 끊임없이 기억케 하는 것이다. 파이어스 파쉬(Pius Parsh)는 그것을 "은총의 교회력"(the church's year of grace)이라고 불렀다.[34] 더욱이, 교회력은 예수님의 삶에서 일어난 사건을 재천명함으로써 예수님의 제자들을 위한 교과 과정이 된다.

---

34   Pius Parsch, *The Church's Year of Grace* (Collegeville, Minn.: Liturgical Press, 1964-65), 5 vols.

요약하자면, 은총의 교회력은 예수 그리스도께서 다시 오실 때까지 그분을 선포하며, 그 동안에 교회에 내주하시는 성령님을 증거한다. 교회력은 선포인 동시에 감사이다. 유대교나 기독교의 기도가 우리가 감사해야 할 것을 나열하는 것과 아주 유사하게, 교회력은 하루와 주간의 리듬을 확립하는 창조 자체로부터 시작하여 하나님의 놀라운 행위에 대해 하나님께 선포하고 감사한다.

그리스도인들과 유대인은 추상적인 용어가 아니라, 하나님께서 하신 놀라운 일들을 나열함으로써 하나님을 찬양한다. 그것은 생각하고 감사하는(think/thank) 과정으로서, 그에 의해 우리는 하나님께서 행하신 것을 기억하고 하나님을 영화롭게 한다.

교회력은 기독교 기도의 본질과 하나님과 우리의 관계를 반영한다. 교회력이 갖는 능력 대부분은 반복에서 나온다. 우리가 매년, 매주, 매일, 하나님의 행위로서의 이러한 시간의 주기에 참여하는 것은, 인간이 아닌 하나님의 역사에 집중하도록 함으로써 우리 자신과 우리의 노력에 기초한 영성으로부터 우리를 해방한다.

시간이 어떻게 우리를 하나님께 좀 더 가깝게 다가가게 하는가?

교회력은 구원 역사에서 중요한 과정 모두를 우리 스스로 다시 체험하는 한 수단이다. 우리가 구원이라는 과거의 사건들을 기억할 때 그 사건들은 현재에도 구원하는 능력으로 살아난다. 우리의 기억하는 행위는 원래의 사건을 그 모든 의미와 함께 우리에게 되돌려준다. 그리고 그래서 우리는 계속해서 "주님의 죽음을 그가 오실 때까지 전한다"(고전 11:26). 우리가 예배의 자리에서 그것을 반복함으로써 구원 역사를 다시 체험할 때 이러한 사건들은 우리 개인사의 일부가 된다. 그래서 예수님께서는 매해 성금요일마다 우리의 생각 속에서 다시 죽으신다. 그리고 매해 부활절과 사실상, 매주 주일마다 우리는 부활에 대한 증인이다.

교회력은 그를 통해 하나님께서 우리에게 그분 자신을 주시는 중요하고 신선한 수단(가장 심오한 의미에서)이 된다. 우리가 매해, 매주, 매일예배할 때마다 우리로 하여금 하나님과 좀 더 깊이 만나도록 만든다. 올해는 그리스도께서 세례를 받으신 한 측면을 인지하고, 내년에는 다른 측면을 인지하지만, 우리는 결코 완전히 이해하지는 못한다.

대림절 절기는 과거에 그리스도께서 우리에게 주신 선물에 대한 감사의 시간이자, 동시에 그리스도의 재림을 기대하는 시간이다. 그것은 경고와 약속을 모두 포함한다. 성탄절 날은 예수 그리스도의 탄생을 통한 하나님의 자기 주심을 반복한다. **성탄절** 절기는 주현절을 관통하여 이 기념을 계속한다.

주현절 절기(또한 비절기 기간, 혹은 주현절 이후의 절기)에는 지정된 복음서가 예수 그리스도께서 놀라운 표적과 가르침으로 우리에게 하나님을 나타내 보이시는 다양한 방식을 강조한다. 이러한 것들은 주님의 수세주일(예수님의 아들 되심의 선포와 사역이 시작되는 때)로 시작된다.

주현절 이후의 주일들은 예수님께서 하나님을 드러내심으로써 우리가 그분의 영광을 알게 된 표적과 가르침에 관한 것을 계속해서 낭독한다. (많은 개신교 교회에서) 그 절기는 주현절 이후의 마지막 주일이나, 혹은 예수님께서 다시 한번 "나의 아들, 내 사랑하는 자"로 선포되었던 산상변모주일로 끝난다.

사순절 절기(Season of Lent)에 우리는 예루살렘으로 가시는 예수님의 마지막 여정에 참여하고 그리스도의 수난과 죽음에서 보여주신 희생적인 사랑에 관해 듣는다. **부활절 절기는 부활절 철야와 우리의 빈 무덤기념**으로 시작되고 **성령강림절**에 끝난다. **주님의 승천일**은 예수님의 역사적인 가시성의 끝과 그분의 성례전적인 가시성의 시작을 기념하는 날이다.

오순절 이후의 절기(또는 비절기 기간, 또는 왕국절)는 그리스도께서 영광으로 오실 때까지 새 언약 교회의 긴 과도기간을 알려준다. 구약성경과 신약성경 모두 우리에게 하나님의 계속되는 구원 역사를 상기시킨다. 오순절 이후의 마지막 주일인 그리스도의 통치주일([Reign of Christ], 왕이신 그리스도주일)은 우리로 하여금 그리스도께서 만왕의 왕으로 영광 중에 오실 때 모든 것이 완성된다는 기대를 하게 한다. 또한, 모든 인간의 실패와 업적은 결국 아무 소용이 없게 되는데, 이것이 우리를 가장 위로해 주는 교리이다. 그런 후 그다음 주간에 또 다시 대림절 절기로 들어가며, 한 해가 새롭게 시작된다.

기독론적인 작은 축제일에 선교적인 가치가 있다는 사실을 우리는 이제 막 깨닫기 시작했다. 예수님의 명명, 봉헌, 수태고지, 그리고 마리아의 엘리사벳 방문은 성경적이고 기독론인 기념이다. 그것들은 모두 그리스도의 완전한 인성과 그분이 인간과 동일한 사회적 양식으로 사셨다는 사실에 주의를 환기시킨다. 만성절 역시 기독론적이다. 그것은 성인들의 미덕이 아니라, 하나님의 목적을 성취하시기 위해 모든 시대에 걸쳐서 사람들 가운데 역사하시는 그리스도의 사랑에 있다.

성인들의 기념으로부터 얻는 주된 유익은 그들을 통해서 우리에게 항상 증인을 남겨두시는 그리스도를 인식하는 것이다. 만약 개별적인 성인들을 기념하는 것이 우리로 하여금 이러한 사실을 깨닫게 할 수 있다면, 이러한 경건함도 또한 "가치 있는 목적"을 이룰 수 있다.

실제 교구의 삶에서, 교회력은 당연히 회중들이 그에 따라 살아가는 많은 달력 중 하나일 뿐이다. 다양한 국가적 달력도 있는데, 이것은 예배가 지역에서 토착화되는 과정의 한 측면으로서 교회에서 기념할 가치가 있는 사건을 종종 추가한다. 영국 제도(British Isles)에서는 어머니주일(Mothering Day), 추수감사절(Harvest Festival), 또는 추모주일(Remembrance Day) 같은 날들은 보통 기도와 찬송가로 구별된다. 미국에서는 어머니날(Mother's Day), 독립기념일(Independence Day), 노동절(Labor Day), 그리고 추수감사절(Thanksgiving Day)은 모른 척 그냥 지나가는 일은 거의 없다.

소수민족 집단은 다른 축제일들(성 패트릭 데이[St. Patrick's Day: 아일랜드인의 축제-역자주], 딩구스 데이[Dyngus Day: 부활절이 지난 월요일로 영어권 국가에 사는 폴란드계 후예가 지킴-역자주])을 통해서 자신들의 정체성을 지킨다. 멕시코와 미국의 많은 히스패닉계 그리스도인은 만성절 전날을 **망자의 날**

(Day of the Dead)로 기념한다. 교회의 삶은 또한 학교의 학사일정에 영향을 받는데, 부모들의 휴가 계획 또한 여기에 따라서 세워야 한다. 그리고 회계연도는 거의 무시할 수 없는 교회 삶의 한 현실이다.

영국과 미국의 교회 달력에 있는 일부 날들은 19세기와 20세기의 교회학교 운동(Sunday school movement)으로부터 발전된 것이다. 교회학교 운동은 다음과 같이 주제별로 특정 주일들을 지정했다. 어머니날(Mother's Day), 아버지날(Father's Day), 학생의 날(Student Day), 그리고 선교주일(Mission Sunday)은 모두 교회학교 운동으로부터 성장했거나, 촉발된 것이다. 회중들은 보통 자신들만의 실용적인 특별한 날 달력(Special Day calendar)을 만드는데, 그것은 회중의 삶에 필요한 구조를 제공한다. 많은 지역 교회를 위한 연중행사 중의 하나는 **귀향주일**(Homecoming Sunday)로 이전에 그곳에 살았던 사람들이 돌아와서 함께 예배한 후에 종종 친척들이 묻혀있는 묘지 인근 부지에서 함께 식사한다.

미국의 일부 지역에서 좀 더 일반적인 것은 연례 **부흥회**(revival)로 한 주간 동안 설교 중심의 집회를 하고 종종 성찬으로 마무리한다. 랠리의 날([Rally Day]: 교회학교의 특별한 날)은 교회학교가 새로운 해를 시작했음을 나타낸다. 충성주일(Loyalty Sunday)은 회중들의 사역을 지원하기 위한 헌금을 드릴 것을 서약하는 날이다. 그리고 성탄절 가장행렬(Christmas pageant)은 모든 세대를 아우르는 연례행사이다. 다양한 자선행사를 위한 기금 모금이나 좋은 일들을 추진시키기 위한 주일들을 따로 정하기도 한다. 많은 개신교회는 10월 첫째 주일을 **만국성만찬주일**(World Communion Sunday)로 지킨다.

이 모든 것들은 지역 회중들의 삶에 있어서 중요한 행사들이다. 이 행사들이 사실상 하나님의 행하심보다는 인간의 활동에 더 많은 관심을 기울이는 것이 사실이지만, 세상에 대한 회중들의 사역이라는 측면을 강조하는 면도 있다.

주일예배에 대한 이러한 주제별, "특별한 날"(Special Day) 접근 방식은 우리가 설명했던 역사적인 교회의 유동적인(temporal) 주기와는 아주 다르다. 그리고 때로는 두 체계가 충돌한다. 마치 "어머니 날"이 성령강림절과 겹치는 것처럼 말이다. 아마도 이런 충돌을 타결시키는 데 도움이 되는 방법은 주제별 "특별한 날" 달력과 예수님의 삶과 신약 교회에 근거한 유동적인 주기는 교회력에서 시간을 표시하는 아주 다른 방식이라는 점을 인정하는 것이다. 둘 다 중요할 수 있지만, 그것들은 서로 다른 수준의 중요성으로 인해 작용하는 방식도 서로 다르다.

우리 자신에 초점을 둔 실용적인 달력은 우리 자신을 넘어서 우리를 위한 하나님의 역사를 가리키는 전통적인 교회력과 항상 균형을 이루어야 할 필요가 있다. 궁극적으로 그것이 바로 우리의 사역이 다른 사람들을 위한 것이 될 수 있도록 하는 것이다.

3. 교회력의 기능

모든 기독교 예배는 통상(일반) 예배와 고유 예배라는 두 가지 종류의 예배 행위로 구성되어 있다. **통상**(ordinary) 요소는 예배의 기본구조와 그 안에 있는 목록으로 주기도문, 헌금, 사도신경, 그리고 송영 등과 같이 매 주일 변함없이 행하는 것을 말한다. **고유**(Propers) 요소는 매일 혹은 매주 바뀌는 요소들이다. 예배를 위해 모일 때마다 다른 성경 구절을 읽고 다양한 찬송가를 부르며, 각종 기도를 하고, 그리고 약간은 다른 설교를 듣는다(우리는 그것을 소망한다!).

기독교 예배에서 고유 요소들의 중요성은 다양성과 흥미를 준다는 점이다. 이는 그런 요소들이 교회력의 날들에 따라 다양해지기 때문이다. 비록 일반 부분들이 예배의 기본적인 형식을 예배자들이 암기하는 데 필요한 일관성을 제공하기는 하지만, 고유 순서가 없는 기독교 예배는 매주일 같은 것만 반복하게 됨으로써 지극히 따분하게 된다. 또한, 일반 순서가 제공하는 일관성이 없다면 기독교 예배는 무질서하게 되고 말 것이다.

다양성은 중요한 요소이다. 예수 그리스도에 관한 복음은 너무나 넓고 깊어서 한 종류의 예배나, 심지어 전체 절기조차도 이를 아우를 수 없다. 회중이 예배드리러 모일 때마다 그것은 늘 다른 사건이다. 이전에도 완전히 같은 사람들이 같은 상황에서 예배를 드리려고 모이는 일은 절대 없었으며, 이후에도 그 같은 일은 절대로 없을 것이다.

그러나 매번의 예배가 가지고 있는 독특성은 그것을 능가한다. 지역공동체의 삶은 물론, 국가공동체나 세계공동체의 삶은 매주 똑같지 않다. 기독교 예배는 매일이 다른 경우라는 사실을 확언함으로써 이런 점을 반영한다. 참석하는 회중은 같을지라도 성탄절은 부활절이 아니며, 부활절 다음의 주일은 노동절 전 주일과 같지 않다.

장식되는 꽃은 비슷할지 모르지만, 결혼식과 장례식은 다르다. 주일 저녁예배조차 주일 오전 예배와는 다르다. 왜냐하면, 저녁예배에서는 사람들이 좀 더 편안하게 행동하기 쉽기 때문이다. 모든 예배는 독특하다.

예배가 영원한 복음과 일상 모두에 관계되기 때문에, 다양성은 기독교 예배의 중요한 특징이다. 기독교 예배에 대한 다양성과 관심을 높이기 위해서는 교회력에 신중하고 확고하게 접근하는 것보다 더 좋은 것은 없다. 어떤 예배를 계획할 때 제기해야 할 첫 번째 질문은 "교회력의 어느 절기에 실행되는 예배인가?"이다. 그리고 그 답은 우리의 예배 계획에 최초이자, 최선의 실마리가 되지 않으면 안 된다.

달력(calendar)은 이미 말했듯이 대부분의 기독교 예배의 기초이다. 도표 6에 있는 달력은 현재의 『개정공동성서정과』(*Revised Common Lectionary*)의 달력이다.[35] 다음 설명을 읽으면서 독자들은 아마도 그것을 자주 참조하

---

35 https://lectionary.library.vanderbilt.edu/에서 찾아볼 수 있다 (2023년 2월 10일

고 싶어 할 것이다.

달력은 두 주기를 기초로 한다. 하나는 부활절 날 부활로 절정에 이르고, 나머지 하나는 성탄절 날 성육신에 초점을 두는 것이다. 대림절 절기와 사순절 절기는 준비와 기대의 시간이다. 성탄절과 부활절은 그들이 기념하는 사건들을 기뻐하는 절기이다. 주현절 절기와 오순절 이후의 절기는 의미가 덜 뚜렷하여서 비절기 기간이라고 한다.

교회와 호흡을 맞추려면 몇몇 세부사항들이 필요하다. 대림절, 사순절, 부활절 절기에 있는 주일의 수는 일정하다. 성탄절 절기에는 주일이 한 번, 혹은 두 번 포함된다.

주현절이나 오순절 이후의 주일들(비절기 기간)의 횟수가 다르고, 교회마다 다양한 방도로 이러한 때를 위한 성구를 선택한다. 대부분의 북미 개신교회에서는 주현절 이후 절기([post-Epiphany season], 재의 수요일 직전)의 마지막 주일은 항상 주현절 다음의 마지막 주일(산상변모주일)이다. 이러한 교회들과 로마가톨릭은 대림절 전의 주일을 그리스도의 통치주일이나 혹은 왕이신 그리스도 주일(오순절 다음의 마지막 주일)로 지킨다.

[도표 6. 주일과 특별한 날들]

대림절	성탄절 절기
대림절의 첫 주일부터 대림절의 넷째 주일까지	주님의 탄생(성탄절 날) 성탄절 이후의 첫째 주일 새해 성탄절 다음의 두 번째 주일
주현절 절기(비절기 기간)	
주님의 현현 주현절 다음의 첫 번째 주일(주님의 수세) 주현절 다음의 두 번째 주일부터 주현절 이후의 아홉 번째 주일 주현절 다음의 마지막 주일(산상변모주일)	

접속).

사순절 절기	부활절 절기
재의 수요일 사순절의 첫 번째 주일부터 사순절의 여섯 번째 주일(수난주일 혹은 종려주일) 성주간 성주간의 월요일 성주간의 화요일 성주간의 수요일 성목요일 성금요일 성토요일	주님의 부활 부활절 철야 부활절 날 부활절의 두 번째 주일부터 부활절의 여섯 번째 주일 주님의 승천(부활절의 여섯 번째 목요일) 부활절의 일곱 번째 주일 성령강림절 날
오순절 이후의 절기(비절기 기간)	
삼위일체주일(오순절 이후 첫 번째 주일) 오순절 이후 두 번째 주일부터 26번째 주일까지 그리스도의 통치주일 혹은 왕이신 그리스도주일(오순절 이후 마지막 주일)	
특별한 날들	
주님의 봉헌(2월 2일) 주님의 수태고지(3월 25일) 마리아의 엘리사벳 방문(5월 31일) 성 십자가(9월 14일) 만성절(11월 1일) 추수감사절(미국, 11월 넷째 주 목요일; 캐나다, 10월 둘째 주 월요일)	

주일과 축제일을 고려한다면, 대림절을 제외한 각 절기는 특별한 날로 시작하고, 끝난다는 사실을 기억하는 것이 도움이 될 것이다. 성탄절 절기는 성탄절로부터 주현절까지, 주현절 절기는 주현절부터 산상변모주일까지, 사순절 절기는 재의 수요일부터 성토요일까지, 부활절 절기는 부활절 철야와 부활절 날부터 성령강림주일까지, 그리고 오순절 이후 절기는 삼위일체주일부터 그리스도의 통치주일, 혹은 왕이신 그리스도주일까지 이어진다.

몇몇 날들은 낯설거나 특별한 문제가 있다. 많은 교회에서는 주현절을 성탄절 이후의 첫째 주일과 겸하거나 주님의 수세주일과 함께 지키면서 1월 6일에 경축한다. 주님의 수세주일은 주현절과 밀접한 관련이 있는데도 서방 기독교인들에게는 새로운 축제일이다. 주님의 세례는 1월 6일(주현절) 이후의 첫째 주일(수세주일)이다.

많은 교회에서 수난주일과 종려주일이 각기 다른 주일, 즉 수난절은 사순절의 다섯 번째 주일에, 그리고 종려주일은 부활절 전인 성주간을 시작하는 날에 기념되었다. 그러나 20세기의 예전 개혁 이후로, 이 두 날은 이제 종려주일 성구와 수난 이야기를 모두 읽는 하나의 날로 간주되고 있다.

이 결합된 예배의 효과는 예수님의 예루살렘 입성을 기념하는 종려주일을 경축하는 분위기가 "그를 십자가에 못 박으소서!"라고 외칠 변덕스러운 군중에게 빠르게 관심을 돌린다는 점이다. 낭독은 퍼레이드로부터 시작하여 폭력적인 군중으로 끝난다!

부활절 철야는 보통 부활절 전날 저녁에 경축된다. 승천일은 어떤 경우에는 부활절의 일곱 번째 주일에 기념한다. 성령강림절은 50일째 날과 부활절 절기의 마지막 주일로 초기의 위치를 회복하였고, 그것은 그날이 항상 주일이 되는 것을 의미한다. 더 나아가서, 우리가 위에서 말했던 것처럼 부활절이 달력상으로 매년 다른 날이 되기 때문에, 사순절과 부활절 절기는 부활절 날을 따라서 이동한다.

11월 1일이 주일이 아닐 때, 일부 교회에서는 11월의 첫째 주일에 만성절을 지킨다. 한때 10월 마지막 주일을 종교개혁주일(종교개혁일 후 첫 주일, 10월 31일)이 지금은 많은 교회에서 없어졌다. 대신 이제는 우리의 공통된 유산인 만성절로 기념하는 것이 더 적절해 보인다.

기독론적인 작은 축일을 지켰던 사람들에게는 다른 가능성이 있다. 각 축일에 사용하는 색은 보통 흰색이다. 예수님의 거룩한 이름(Holy Name of Jesus, 1월 1일)은 예수님의 인성과 그분께서 인간 사회와 완전히 동화(눅 2:15-21)되신 것을 상기시킨다. 주님의 봉헌(Presentation of the Lord, 2월 2일)

은 전통적으로 정화일 혹은 성촉절이라고 불렀는데, 매년 사용된 양초를 이날에 축복했기 때문이었다. 그것은 우리 사회의 노인들에 관한 관심을 불러일으킬 수 있다. 왜냐하면, 누가복음에서 이야기하듯이 주님을 최초로 선포했었던 사람들이 나이 든 안나와 시므온이었기 때문이다(눅 2:22-40 참조).

주님의 수태고지 - 일부 국가에서는 성모영보대축일([Lady Day] 3월 25일) - 는 하나님의 뜻을 성취시키는 가장 겸손한 인간의 능력에 대한 관심을 불러일으킨다(눅 1:25-38 참조). 두 여인 간의 대화가 있는 **마리아의 엘리사벳 방문**(Visitation of Mary to Elizabeth: 5월 31일)은 성육신에 대한 관심을 환기시키며, 마리아의 노래(Mary's Song)를 포함한다(눅 1:39-56 참조). 이 노래는 철저한 마리아송가(Magnificat)로서, 본질적으로 기독교의 사회적 신조이다. 거룩한 십자가(Holy Cross: 9월 14일)는 그리스도의 희생에 초점을 맞춘다.

로마가톨릭은 또한 다른 대축일(solemnities)들을 추가적으로 지킨다. 예컨대, 하나님의 어머니 마리아(1월 1일), 마리아의 남편 요셉(3월 19일), 성체축일(Corpus of Christi), 성심(Sacred Heart), 세례요한 탄생(6월 24일), 베드로와 바울과 사도들(6월 29일), 성모 승천(8월 15일), 그리고 원죄 없는 잉태(12월 8일) 등의 축일이다.

달력이 기독교 예배의 기초라면 1층에는 당연히 교회력에서 지정된 **성서정과**, 혹은 성경 낭독 목록인 **성구집**(lections)이 있다. 최근 수십 년 동안 개신교 예배에서 가장 의미 있는 변화 중의 하나는 성서정과를 널리 채택했다는 점이다. 예배에서 설교의 토대로 성서정과를 사용하는 것은 수많은 회중의 예배에 영향을 끼쳤다. 그러나 성서정과의 목적은 설교보다 훨씬 큰 목적을 담당한다. 설사 설교자가 설교 본문으로 성서정과를 사용하지 않기로 결정했을지라도, 성경 낭독은 그 행위 자체로 회중에게 하나님의 말씀을 선포한다. 너무나 자주 성경을 임의로 선택했던 이전의 방식은 사실상 하나님의 말씀의 상당한 부분을 제거해버렸으며, 성경을 설교자 자신의 생각대로 재구성하는 결과를 초래했다.

사회운동가는 예언서의 구절에 편향되고 보수주의자들은 목회서신서의 보다 엄격한 구절에 편향된다. 그렇지만 자신들에게 좋은 구절을 선택하는 데 있어서 양자 모두 사실상 성경을 다시 쓰는 셈이 되었다. 자유주의자들도, 보수주의자들도 똑같이 개인적인 선호도에 따라 하나님의 말씀을 수정하는 죄를 저질렀다.

제2차 바티칸 공의회 이후 시대(Post-Vatican II)에 가장 유용한 결과 중의 하나는 초교파적인(ecumenical) 성서정과를 가지게 된 것이다. 그것은 로마가톨릭이 제2차 바티칸 공의회 이후 시작하여 몇 년간 한 사람의 정직원과 800명의 고문들이 한 작업(개신교, 가톨릭, 그리고 유대교)으로 현재의 형태가 되었다.

그것은 로마가톨릭에서 『미사를 위한 성서정과』(The Lectionary for Mass)라는 이름으로 발간되었고, 기독교 역사상 가장 세심하게 준비된 성서정과이다. 『공동성서정과』(Common Lectionary)는 1983년에 발간되었고, 1992년 『개정공동성서정과』(Revised Common Lectionary)로 대체되었으며, 계속해서 재검토되고, 개정되고 있고, 이제 세계적으로 영어 사용 개신교 교회들에서 사용된다. 가장 뚜렷한 특징은 오순절 이후 절기 동안 매주일 긴 구약 내러티브를 전개하는 것이 가능해졌다는 점이다.

가장 최근의 성서정과는 어떻게 작동하는가?

가톨릭과 개신교 버전 둘 다 3년 주기의 성서정과이다. 해들은 A, B, C 해로 명명된다. 2022년과 같은 C해는 숫자 3으로 균등하게 나눌 수 있는 해이다. 교회력은 일반 달력의 전(前) 해 11월 27일과 12월 3일 사이에 시작한다. 그래서 일반 달력으로 2022년 12월인 대림절은 교회력에서 2023년의 일부이고, A해에 속한다.

로마가톨릭의 제2 바티칸 공의회의 개혁들 이후에, 대부분의 가톨릭과 개신교 교회들의 성서정과는 3개의 성구를 지정한다. 첫 번째는 구약, 두 번째는 보통 서신서, 세 번째는 항상 복음서에서 정한다. 부활절 이후에는 첫 번째 성구를 구약이 아니라, 사도행전에서 낭독한다. 아프리카의 아우구스티누스와 콘스탄티노플의 요한 크리소스토무스 두 사람 다 부활절 절기 동안 자신들의 교회에서 사도행전을 낭독한 것을 증언한다. 이것은 그런 관행이 고대부터 있었음을 보여준다. 때때로 서신서 대신 요한계시록을 읽기도 한다. 3년의 시간 동안 지정된 성서정과로 신약 대부분과 구약의 상당 부분을 읽을 수 있도록 했다.

오순절 이후의 주간들에 있어서, 첫 번째 낭독에는 두 개의 체계가 있다. 한 체계는 구약 이야기나, 다른 구절을 어느 정도 지속적으로 따른다. 예를 들어, A해의 지속적인 체계는 출애굽기 대부분을 낭독한다. 다른 체계는 덜 지속적이고, 대신에 그날의 복음서 낭독과 구약성경 낭독이 주제별로 짝을 이루게 된다. 한편, 두 번째 (서신서) 성구들은 성경에서 볼 수 있는 것처럼 주일부터 주일까지 어느 정도 순서대로 낭독된다(연속읽기 [lectio continua]). 고린도전서 대부분은 3년 주기로 주현절 절기 동안 순서대로 낭독된다.

세 번째 성구(항상 복음서)는, A해는 전적으로 마태복음 낭독을 하고, B해는 마가복음, 그리고 C해는 누가복음 낭독을 한다. 3년 동안 복음서의 일정 부분은 요한복음으로 채워지는데, 공관복음 중 가장 짧은 마가복음을 다루는 B해에 이것이 가장 두드러진다.

이미 지적했듯이, 성서정과는 3년에 걸쳐서 예배에서 회중들에게 많은 성경을 큰 소리로 낭독하는 포괄적인 방식을 제공한다. 3년이 끝난 다음에는 다시 시작하는 시간이다. 두 개의 예외적인 날들인 고난/종려주일, 그리고 성금요일에는 수난 내러티브 전체가 종종, 극적인 방식으로 낭독된다. 부활절 철야에는 9개의 성구들을 읽어야 되는데 그중 일곱 개는 구약이다.

모든 예배를 계획하기 위해서 물어야 할 첫 번째 질문이 "우리는 지금 교회력 상 어디에 있는가?"라면, 두 번째 질문은 "성서정과는 무엇을 제공하는가?" 일 것이다.

낭독은 종종 개회기도, 시편, 찬송가, 합창음악과 기악, 설교, 그리고 사용된 시각 자료에 반영된다. 교회력과 더불어 성서정과를 사용함으로써 몇 달, 혹은 몇 년 전에 예배를 계획할 수 있게 된다. 이것은 미리 준비해야 할 필요성이 절실한 음악가나 미술가들에게 특별히 도움이 된다.

달력과 성서정과에 따라 다른 순서들이 구성되기 때문에, 성서정과가 각 순서들에 끼치는 영향을 조사해야만 한다.

개회기도(opening prayer)는 때때로 그날 주어진 성구의 전반적인 취지를 분명히 설명하고, 낭독될 성구들을 회중에게 환기시킬 수 있다. 로마가톨릭의 『로마가톨릭 미사경본』(*Missal*)은 주일과 특별한 날들의 개회기도(와 대안)를 제공한다. 미국성공회와 영국성공회는 개회기도로 "**본기도**"(collect)라는 고대용어를 보유하고 있는데, 미국성공회는 이를 "전통적인" 언어와 "현대" 언어로 제공한다. "그날의 기도"(Prayer of the Day)는 루터교회, "개회기도"는 연합감리교회의 용어이며, 장로교는 "그날의 기도" 혹은 "개회기도"를 사용한다. 우리가 어떤 용어를 사용하든지 예배 시작 시의 이 첫 번째 기도는 예배는 처음부터 하나님과의 대화라는 점을 나타낸다.

성서정과는 성구들에 대한 응답이나, 혹은 해설로써 시편을 지정한다. 로마가톨릭과 『개정공동성서정과』는 시편들의 목록을 성서정과에 있는 성구들과 관련되도록 신중하게 선택하여 제공한다. 엄밀히 말하면 시편은 성구보다는 응답의 역할을 하지만, 성구들과 짝을 이루도록 세심하게 되어 있다. 사실상 중세 교회는 시편들을 그리스도에 관한 예언, 그리스도께 드리는 기도, 혹은 몇몇 경우에서는 하나님께 드리는 예수님의 기도로 이해하기도 했다(마 27:45 참조, 그 구절에서는 예수님께서 십자가 상에서 시편 22:1을 기도한다). 인간 예수에 대한 시편의 유형학적 연결은 우리 전통에 깊게 뿌리 박혀 있다.

거의 모든 교단 찬송가집에는 절기, 축일, 그리고 특별한 경우에 필요한 적절한 찬송가(hymn)가 실려 있다. 대부분의 찬송가집에는 찬송가에 있는 성경 참조 목록을 열거하는 성경 색인과 주요 주제에 따라 찬송가를 나열하는 주제별 색인도 있다. 찬송가 외에도 성서정과와 교회력이 교회의 합창과 기악음악에 영감을 주었다. 잘 기획된 합창음악은 성구에 대한 음악적 해설을 제공함으로써 말씀 사역과 성공적으로 맞물릴 수 있다. 교회력과 성서정과의 사용은 교회음악가들이 예배 계획을 세우는 데 도움이 될 것이다. 그렇게 함으로 그들은 그날의 예배에 적합한 음악을 지시하고 연습할 시간을 확보할 수 있기 때문이다.

설교(sermon)보다 더 철저하게 성경낭독의 영향을 받는 것은 아무것도 없다. 설교에 성서정과를 광범위하게 사용한 직접적인 결과 몇 개를 살펴보자.

첫째, 그것은 성경적 설교 방법을 개선하기 위해서 주석과 다른 자료의 형태로 몇 개의 최상급 성경 연구 보조 자료의 간행을 가능하게 만들었다.[36]

둘째, 성서정과는 많은 설교자가 원래 할 수 있었던 것보다 성경을 훨씬 더 폭넓게 선택하여 설교할 수 있도록 그들에게 용기를 북돋아 준다. 그렇지만 이것은 한 번에 세 성구 모두를 설교해야 한다는 것을 의미하지는 않는다. 때때로 그 성구들은 서로 간에 잘 관련되어 있지만, 대개 두 번째 성구는 다른 방식으로 행해진다. 그러나 이 본문들 중 어느 하나에 관해서라도 설교하는 것은 친숙하지 않고 도전적인 하나님 말씀의 많은 부분을 연구하고 숙고하도록 설교자들을 격려해 줄 수 있다.

셋째, 교회력과 성구들을 신중하게 따르는 설교자들은 자신들이 기독론에 대해 더 깊게 연구하고 있음을 깨닫게 된다. 우리는 예수 그리스도와 제자가 된다는 것이 무엇을 의미하는지에 관해서 먼저 마음을 정하지 않고는 주님의 수세주일, 산상변모주일, 고난주일 혹은 종려주일, 승천일,

---

36 예를 들어, David L. Bartlett and Barbara Brown Taylor, eds., *Feasting on the Word: Preaching the Revised Common Lectionary,* 12 vols. (Louisville, KY: Westminster John Knox Press, 2013)을 보라.

만성절, 그리스도의 통치 등에 관해서 그냥 설교할 수는 없다.

많은 설교자는 성서정과를 사용해서 설교할 때 자신들의 설교 내용을 향상시킬 수 있다는 데 의견의 일치를 보인다. 그리고 많은 사람이 주어진 구절이 종종 그 회중의 시간과 장소에 너무나 적실하다는 것을 알고는 놀라워한다.

본 개론서에서 보여주기를 바랐던 바대로, 설교와 예배 계획에 성서정과를 사용하는 것은 실천적이고도 신학적 근거가 있다. 그럼에도 불구하고 많은 회중, 특히 자유교회(Free Church), 혹은 초교파적인 배경을 가진 회중들은 다음과 같이 몇 주간 계속되는 주제별로 형성된 시리즈를 중심으로 설교와 특정일에 정해진 기도를 전개시킬 수 있는 것을 선택한다. 예컨대 "산상수훈 설교", "성령의 은사들", "십계명" 같은 것들이다. 이것도 대단히 잘 수행될 수 있고, 심지어 때에 따라서, 성서정과를 전형적으로 따르는 교회에서 유익하게 사용될 수도 있다.

주제별 접근 방식의 장점 중 하나는 설교가 성경적, 신학적, 혹은 사회적 주제를 중심으로 교육 지향적인 설교를 위한 효과적인 양식이 될 수 있다는 점이다. 일부 예배인도자들과 설교자들은 성서정과를 따르는 설교와 주제별 설교 사이를 오간다. 아마도 대림절, 성탄절, 사순절, 그리고 부활절(주요한 기독론적 절기들)에는 성서정과를 따르지만, 주제별 경향을 좀 더 갖는 주현절과 오순절 이후에는 설교 시리즈로 전환된다. 하지만, 회중이 어떤 접근 방식을 취하든지 적절한 준비와 리더십을 위해 계획하는 것은 위에서 제시했던 모든 이유 때문에 여전히 중요하다.

넷째, 성서정과와 교회력에서 비롯된 시각자료(visuals)에 관해서 한마디만 해야겠다. 시각자료들 또한 예배의 일반 요소와 고유 요소를 제공하지만, 언어적인 문서와는 다른 형태이다. 천, 삽화, 그리고 다른 시각자료들을 사용한다면, 매주일마다 예배 환경이 새롭게 느껴질 수 있다. 예를 들어, 투사(projections)가 가능한 곳에서는 원하는 것은 무엇이든 스크린이나 벽에다 투사할 수 있다. 단지 상상력의 한계로 제한되어 있을 뿐이다.

지난 수년간 예배에 관해서 우리가 배워왔던 것 중 일부는 돌이킬 수 없는 것처럼 보인다. 1965년에는 시청각 프로젝터를 사용하는 교회들이 거의 없었지만, 지금은 대부분은 아니지만, 많은 회중이 어떤 형태의 투사 장비를 가지고 모든 종류의 본문, 예술, 그리고 영상에 이것을 사용한다.

복음이 시각적으로 선포될 수 있다면, 이런 일을 해서는 안 될 이유가 어디 있겠는가?

복음에 대한 우리의 인식에 덧붙이는 모든 새로운 차원은 분명히 득이 될 것으로 보인다.[37]

그렇다면 시각자료를 어떻게 사용해야 하는가?

가장 단순한 개념은 그냥 순색(純色)을 사용하는 것이다. 색상은 다양한 문화에서 각기 다른 의미를 나타낸다. 그리고 우리는 이것을 반드시 알아야 한다. 색상은 어떤 경우에도 일반적인 기대를 형성하는 데 도움이 된다. 장례식에는 화려한 색의 옷을 입지 않는다. 전통적으로 자주색과 회색, 그리고 푸른색은 대림절, 사순절처럼 회개의 특징을 가진 절기에 사용된다. 그러나 이때 어떠한 어두운 계열의 색상을 사용할 수도 있다. 흰색은 주님의 수세주일이나, 부활절 절기처럼 기독론적인 의미가 강한 행사나 절기들에 사용되어왔다. 이때 노란색과 황금색의 사용도 가능하다.

붉은색은 (성령강림절이나 혹은 성직 수임식처럼) 성령과 관련된 경우와 순교자를 기념하는 날에만 사용한다. 초록색은 주현절 절기, 혹은 오순절 이후의 절기처럼 특징이 덜 뚜렷한 절기나 비 절기 기간에 사용되었다. 자연에 단조로운 초록색만 있는 것이 아닌 것처럼, 이런 보다 긴 절기에는 단일 색상이나 단일 색조로 침체될 필요가 없다.

---

[37] 17세기의 청교도 전통은 교회 건축, 미술, 그리고 음악에 극단적인 미니멀리스트의 접근 방식을 수용했다. 왜냐하면, 이런 것들은 예배자들이 하나님과 하나님의 말씀에 대해서 정신적으로 집중하는 것을 방해하거나, 심지어 그들을 우상숭배로 이어질 수 있는 감각적 경험을 유발하기 때문이다(예를 들어, 출애굽기 20:4-6과 신명기 5:8-10에 있는 새긴 우상에 대한 성경의 금지). 오늘날, 이러한 미니멀리스트 접근 방식을 고수하는 회중은 거의 없다.

어쨌든 자연은 변화한다. 봄의 섬세한 황록색은 여름에는 더 깊은 색조로, 가을에는 밝은 노랑과 붉은색으로 변한다. 세족식 목요일부터 부활절 철야까지 색깔 있는 천을 사용하지 않는 것은 현저한 대조를 보여준다. 시각자료에서 대조 그 자체는 제일가는 소통 형태 중의 하나이다. 우리는 또한 서로 다른 문화마다 예전 용도에 영향을 미칠 수 있는 색상의 의미에 대한 개념이 있다는 점을 인식해야만 한다.[38]

로마가톨릭과 영국성공회와 같은 많은 전통은 다음과 같이 성직자와 제단용 제의의 색상에 대한 표준 관행을 가지고 있다. 사순절에는 자주색, 부활절에는 흰색, 오순절에는 붉은색 등등이다. 심지어 이런 교회에서도 최근 수십 년간 색조에 대한 취향이 일부 확장되었다. 예를 들어, 수 세기 동안 대림절의 예전색은 자주색이었고, 이것이 대림절을 마치 또 다른 참회의 절기인 것처럼 보이도록 했다. 오늘날 대림절에 선택되는 표준 색상은 푸른색이다! 이런 색상의 변화는 대림절에 대한 우리의 이해가 변화했음을 나타낸다. 그리고 이제 대림절은 그리스도의 탄생을 기념하고, 그분이 영광 중에 다시 오실 것을 예상함으로써 그리스도의 오심을 진지하면서도 간절히 바라는 시간으로 이해된다.

설교단이나, (만약 있다면) 독서대에 늘어뜨린 천, 안수받은 목사가 걸친 스톨, 혹은 목회자의 의복에 사용하는 직물에서 색상과 질감을 가장 효과적으로 사용할 수 있다. 때때로 한 필의 색깔 있는 천을 단순히 거대한 추상적 현수막으로 걸 수도 있다. 현수막은 교회의 거의 모든 곳에나 걸 수 있다. 점점 큰 규모의 현수막으로 바뀌는 추세인데, 길이가 4.5미터 정도가 되는 것도 있다.

대림절 화환(advent wreath), 사순절의 베일, 종려가지, 그리고 부활절 양초 같은 특정한 물체들(objects)은 각기 다른 절기들을 회중들에게 알려준

---

38 Kathy Black, *Worship Across Cultures* (Nashville: Abingdon Press, 1998).

다. 별, 가시 면류관, 불의 혀 등의 상징물 역시 각기 다른 경우를 의미한다. 물체들이 없는 것도 강력한 소통의 한 형태이다. 성주간 동안에 꽃과 초가 없다는 것은 많은 것을 시사한다.

반드시 주의해야 할 점은 이런 색상, 질감, 형상들, 혹은 물체들 중 그 어느 것도 단순히 꾸미거나 장식하기 위한 것이 아니라는 점이다. 만약 그 물체들이 이렇게 사용된다면, 그것들은 사람들이 들인 시간이나 노력에 합당하지 않은 시시한 것들이다. 그러나 복음에 대해 우리가 가지고 있는 인식에 또 하나의 차원을 더하는 데 사용된다면, 그것들은 상당한 노력과 비용을 들일만한 가치가 있다. 단 한 번의 설교를 위해서도 노력을 많이 한다. 마찬가지 방식으로, 복음을 소개하기 위한 어떤 예술적인 작업도 단 한 번만 사용될지 모른다.

예를 들어, 일부 회중들은 시각 예술가를 고용해서 예배 시에 스케치나 그림을 그리게 하는데, 이것은 하나님께 드리는 음악적 봉헌이나 춤을 통한 선포와 아주 흡사하다. 예배 예술을 고안할 때, 다음과 같은 질문 - 그것은 회중들이 예수 그리스도 안에 있는 하나님의 강력한 신비에 대해서 집단적인 상상력을 여는 데 도움이 될까? - 으로 시작하는 것이 가장 좋을 것이다. 만약 그렇다면, 예술은 적절한 목적을 달성하고 있는 것이다.

요약하자면, 그리스도인들은 가능한 모든 수단으로 복음을 선포하도록 부르심을 받았다. 교회력과 이에 근거한 성서정과는 복음 선포를 위한 두 개의 필수적인 자료들이다. 만약 교회의 시간을 지키는 것이 예수님의 삶, 죽음, 그리고 부활에 의해서 삶의 시간적 리듬이 형성되는 신실한 그리스도인을 더 많이 만들 수 있다면, 그런 다음에 이런 훈련이 제공할 수 있는 모든 가능성들을 탐구해보는 것이 가장 가치 있는 일이다.

제2장 용어들

Advent, Season of : 대림절 절기
advent wreath : 대림절 화환
All Saints Day : 만성절
Apostolic Constitutions : 『사도헌장』
Ascension : 승천
Ash Wednesday : 재의 수요일
Assumption of the Blessed Virgin : 성모승천축일
Baptism of the Lord : 주님의 수세주일
calendar : 달력
Candlemas : 성촉절(그리스도의 봉헌을 보라)
catechumens : 세례 예비자
Chrism Mass : 성유(도유) 미사 (예식)
Christ the King : 왕이신 그리스도
Christian year : 교회력
Christmas Day : 성탄절 날
Christmas, Season of : 성탄절 절기
church year : 교회력
collect : 본기도
Corpus Christi : 성체 축일
Day of the Dead : 망자의 날
Didache : 『디다케』
Easter : 부활절
Easter, Season of : 부활절 절기(Easter를 보라)
Easter Triduum : 부활절 성삼일(3일 기도 기간)

Easter Vigil : 부활절 철야
Easter Week : 부활절 주간 (Easter를 보라)
Epiphany, Season of : 주현절 절기 (Epiphany를 보라)
Exsultet : 기뻐하라, 하늘의 권세를
Feast of the Circumcision : 예수님의 할례 축일(예수님의 명명을 보라)
feasts : 축일들
Good Friday : 성금요일
Holy Saturday : 성토요일
Holy Thursday : 성목요일(세족식 목요일을 보라)
Holy Week : 성주간
Homecoming Sunday : 귀향 주일
Immaculate Conception (of Mary) : (마리아의) 원죄없는 잉태, 무염시태
KiIngdomite : 왕국절
lectio continua : 연속 읽기
lectionary : 성서정과
lections : 성구집(성서정과를 보라)
Lent, season of : (사순절 절기)
liturgical year : 교회력
Maundy Thursday : 세족 목요일
memorials : 추모일
mystagogical catechesis : [세례 후 교육], 신비 교리 교육
Name of Jesus : 예수님의 명명식
opening prayer : 개회기도

ordinary : 통상
Ordinary Time : 비절기 기간, 일상적인 시간
Palm Sunday : 종려주일
Pascha : 파스카
paschal candle : 파스카 양초
Passion Sunday : 수난주일 (종려주일을 보라)
Passover : 유월절
Pentecost : 오순절
Presentation in the Temple : 그리스도의 봉헌
propers : 고유한
Purification of Mary : 마리아의 정화축일(주님의 성전 봉헌)
Quartodeciman : 14일파, 부활절을 니산월 14일에 지키자는 기독교 초기 그룹
Rally day : 집회일
Reign of Christ : 그리스도의 통치 (왕이신 그리스도를 보라)
Revival : 부흥회
Roman Calendar : 로마력
Sacred Heart of Jesus : 예수님의 성심

sanctoral cycle : 성자들의 주기 (성탄절에 근거한 날들을 제외한 성자들의 죽음을 기념하는 고정된 날들)
sermon : 설교
solemnities : 대축일들
Solemnity of Mary, Mother of God : 하나님의 어머니, 마리아 대축일
Sunday : 일요일
temporal cycle : 유동적인 주기 (기본적으로 예수님의 삶과 오순절에 성령께서 강림하심을 기념하는 주기)
Tenebrae : 어둠
The Apostolic Tradition of Hippolytus : 히폴리투스의 『사도전승』
Transfiguration of the Lord : 주님의 산상 변모주일
Trinity Sunday : 삼위일체주일
Visitation of Mary to Elizabeth : 마리아의 엘리사벳 방문
week : 주
World Communion Sunday : 세계성찬주일

제3장

공간의 언어

토드 E. 존슨 | 풀러신학대학원 예배학 교수·예배신학-예술브렘센터 신학 원장
캐런 웨스터필드-터커 | 보스턴대학교 신학대학원 예배학 교수

성육신을 기본 교리로 삼는 종교가 예배에서 공간을 진지하게 다룬다는 사실은 놀라운 일이 아니다. 예수 그리스도는 확실히 인간의 시간 속에 들어오셨을 뿐만 아니라, 유대라는 구체적이고 명확한 장소에서 우리 가운데 거하시기도 하셨다. 신약성경은 장소의 이름으로 가득하다. 예컨대, 예수님은 예루살렘, 베다니, 갈릴리 바다. 요단강 등에 계셨다.

나머지 구원 역사에서도 마찬가지이다. 유대인과 그리스도인의 하나님은 올림포스산이나 발할라산에서가 아니라, 사람들 사이에서 일어난 사건으로 알려져 있다. 이 세상의 공간은 공간 자체가 거룩해서가 아니라, 하나님께서 그곳에서 인간을 위해서 행하신 것 때문에 거룩하게 된 것이다. 성경에서 구원 사건은 보통 어떤 평범한 들판, 우물, 또는 마을의 거리에서 일어난다. 오늘날 그러한 장소들은 쇼핑몰과 마찬가지로 친숙한 곳일 것이다. 중요한 것은 장소가 아니라, 사건이다.[1]

---

1   오늘날 사회학자들 사이에서 "공간"에 대한 "장소"의 의미에 관해서 활발한 토론이 있지만, 본서에서는 이 두 단어를 거의 동등하게 사용할 것이다. "장소"는 구체적인 위치점(location point)을 암시하고, "공간"은 구체적인 위치를 중심으로 한 지역과 그지역 내의 사람과 사물의 배열을 암시할 것이다. John Urry의 "The Sociology of Space and Place," in The *Blackwell Companion to Sociology*. edited by Judith R. Blau (Malden, MA: Blackwell Publishers, 2004), pp. 3-15를 보라.

물론, 사건이 일어난 후에는 그 장소도 '어떤 일이 일어났던 장소'라는 의미를 가진 곳으로 중요하게 된다. 야곱은 외딴 곳에서 꿈을 꾸었고, 깨어서 그곳이 천국의 문, 하나님의 집이며 두려운 곳이라고 외쳤다(창 28:17). 그는 꿈을 꾸고 난 후 모든 사람이 그 사건을 알 수 있도록 그곳에 기둥을 세우고, "하나님의 집"이라는 새로운 이름을 붙였다. 우리는 이미 4세기 예루살렘이 그리스도의 삶과 죽음에서 절정의 사건들이 일어났던 시간과 장소를 기념함으로써, 이후의 모든 기독교 예배를 어떻게 형성시켰는지 살펴보았다.

4세기에 예루살렘으로 간 순례자도 삭개오가 예수님을 보려고 올라갔던 뽕나무를 보았다. 한때는 평범한 나무였으나, 그때쯤에는 성지가 되어 있었다. 유럽에도 마침내 여기저기 순례지가 산재하게 되었는데, 그곳은 모두 어떤 사건으로 인해 중요하게 된 장소이다. 이 모든 것은 공간의 언어가 가진 힘에 대한 증거이다. 성육신 사건으로 이루어진 종교는 땅에 굳건히 기반을 두어야 한다. 하나님과 인간은 그곳이 평범한 광야의 덤불처럼 초라한 곳이든, 또는 예루살렘 성전처럼 장엄한 곳이든 특정한 장소에서 만난다.

모든 기독교공동체는 성육하신 분을 예배하기 위한 장소가 필요하다. 장소는 어디든 될 수 있지만, 그곳은 그리스도의 몸이 모일 곳을 알 수 있도록 지정되어야만 한다. 영국 열도의 초기 선교사들은 단순히 장대에 십자가를 세워서 예배드리는 장소로 정했다. 마침내 이런 장소들에 벽을 세우고 지붕을 덮어 비바람을 막을 수 있게 되었고, 이러한 예정된 공간은 예배자들의 편의와 안락함을 위해 구조화되었다.

우리는 공간을 구조화하는 예술을 "건축학"이라고 부른다. 오늘날 우리는 건축에 대한 기독교식의 사용 방식에 너무나 익숙해져 있다. 그래서 많은 언어에서 "교회"라는 단어는 성도의 몸을 나타내는 것과 같은 정도로 교회 건물도 의미한다.

건축물과 그리스도인들이 예배드릴 때 하는 행위와의 관계는 복합적이다. 교회 건축물은 그리스도인들이 예배드리는 방식을 반영할 뿐만 아니라, 예배의 형태를 결정하기도 하며, 또는 예배의 형태를 잘못되게 하는 일도 드물지 않다.

첫째, 건물은 그 안에 모인 사람들에게 예배의 의미를 정의해 준다. 바로크 양식의 교회에서 승리주의에 배치되는 설교를 해보라! 안수받은 성직자 외에 그 누구도 접근해 보지 못한 높은 고딕 양식의 성단소에서 만인제사장직을 강의해 보라!

둘째, 건물은 예배의 형식과 스타일에서 우리에게 열린 가능성들을 말해준다. 우리는 좋은 회중 찬송을 원할 수도 있다. 그러나 음향시설이 모든 소리를 삼켜버려서 아무 소리도 들리지 않는가?

혹은 모두가 장의자에 빽빽하게 끼어 앉아 있어서 회중들이 조금이라도 움직일 생각조차 포기해야만 하는가?

우리는 곧 건축이 기회를 주는 것과 동시에 제한을 가한다는 사실을 깨닫는다. 일부 가능성은 열려 있지만, 나머지는 닫혀있다. 건물이 없다면 예배드리기가 곤란하다. 그러나 또한 건물 때문에 예배드리기가 어려울 경우도 종종 있다.

코로나19 팬데믹으로 인하여 공동체 예배에 적합한 장소로 옥외(예를 들어 공원과 주차장)를 재사용할 뿐 아니라, 기술과 가상공간의 사용에 대한 긍정적인 고려를 유도하게 된 것은 적절한 기독교 예배 공간에 대한 우리의 이해를 넓혀주었다. 이전에는 신학적이고 목회적인 이유로 부적절하다고 일축되었던 인터넷을 통한 온라인 예배는 많은 교회에서 예배와 친교를 위해 공동체를 "대면"(face to face)하게 하는 실행 가능한 유일한 옵션이 되었다. 코로나로 인한 대면 제한 해제 이후에 많은 공동체가 건물 내에서의 대면 예배와 더불어 인터넷을 사용하는 예배 옵션을 계속하는 것이 만족스럽다고 생각했다. 따라서 본 장의 공간에 대한 토론에서 온라인 예배를 적절하게 논의할 것이다.

공간이 구조화되는 방식은 기독교 예배를 너무나 많이 반영하고 형성하기 때문에 우리는 반드시 공간이 왜, 그리고 예배에 있어서 어떻게 그렇게 중요한 언어를 말하는가를 검토해 보아야만 한다. 이 경우에는 이론을 먼저 이해한 후에 역사를 살펴보고, 그리고 교회 건축사에서 실제적인 결론을 내놓는 것이 가장 좋겠다. 끝으로 시각예술의 역할을 논하겠다.

1. 예배 공간의 기능

공간이 구성되는 방식은 기독교 예배에서 일어난 것을 어떻게 반영하는가?

여기에 답하기 위해서는 기독교 예배를 "그리스도의 이름으로 공적으로 말하고 접촉하는 것"으로 묘사하는 것이 유용할 것이다. 다르게 말하면, 우리는 예배에서 하나님을 위해서, 하나님을 향해서, 그리고 하나님의 이름으로 다른 사람들에게 다가가면서 서로에게 말한다는 것이다. 이것이 기독교 예배에서 일어나는 것을 지나치게 단순화한 것이라는 데는 의문의 여지가 없지만, 기독교 예배는 공간을 요구하는 활동이라는 사실을 명확하게 보여준다. 이 중대한 통찰력은 보다 추상적인 정의로는 명확하게 드러나지 않는다.

그렇다면, 예배는 하나님께 의존하지만, 그것은 인간의 말과 인간의 몸이라는 방편을 통해서 일어난다는 사실을 단언함으로 시작하자. 예배에서 하나님은 인간의 말과 몸을 통해서 자기 주심이라는 행위를 하신다. 그리고 우리는 우리의 말과 몸을 통해서 하나님께 우리 자신을 드린다.

하나님은 어떻게 말씀을 통해 자기 주심의 행위를 하시는가?

하나님은 인간의 입을 통해서 우리에게 말씀하신다. 이렇게 사람들에게 전하는 것이 생소한 방법처럼 보이지만, 그것은 우리 대부분이 경험했을 어떤 것보다 훨씬 더 큰 인간에 대한 신뢰를 표현하는 방법이다. 그러나 그것은 성경이 다음과 같이 반복해서 증언하는 것처럼 하나님의 방식이다. 하나님께서는 과묵한 예레미야에게 "내가 내 말을 네 입에 두었노라"(렘 1:9), 혹은 말이 어눌한 모세와 아론에게 "내가 네 입과 그의 입에 함께 있어"(출 4:15)라고 말씀하신다. 하나님께서 인간을 부르셔서 하나님의 말씀을 전하게 하신다는 성경적 믿음에는 의심의 여지가 없다. 효과적인 대중 연설을 위해서는 몇 가지 요구 사항이 있다. 의사소통을 가장 잘 하기 위해서는 대화를 나누고 있는 상대방과 계속 눈을 맞추는 것이 중요하다. 눈 맞춤은 다른 사람에게 사랑을 전하는 방식의 일부이고, 말하기에 있어서 필수불가결한 것이다. 마가는 우리에게 "예수께서 그를 보시고, 사랑하사"(막 10:21)라고 말한다. 본다는 것은 사랑의 일부분이다.

이것은 공간적으로, 말하는 사람과 듣는 사람 사이가 직선이어야 함을 암시한다. 건물 내에서, 연사는 다른 사람들의 머리 때문에 시선을 방해하지 않도록 몇 인치 높은 곳에 있어야 할 필요가 있다. 그러나 연사가 너무 높은 곳에 있으면 오히려 시각적인 장해물이 된다. 기둥과 칸막이, 그리고 다른 장해물도 방해가 되어서는 안 된다. 청중과 연사는 반드시 얼굴을 마주하고 만나야 한다. 얼굴을 맞대고 만나기 위한 최선의 공간은 마치 연사로부터 청중의 정중앙에 있는 사람까지 직선이 있는 것처럼 수평축을 따라서 구성되는 것이다. 이것이 사람들이 하나님의 말씀이 낭독되고 해설되는 것을 듣기 위해서 함께 모이는 회당이나, 그리스도인들이 복음을 듣기 위해서 모인 예배당의 기본 구성이다.

하나님의 자기 주심은 인간 연사로부터 인간 청중에게로 이어지는 수평축을 따라 모인 사람들에게 전해지는 말 속에서 발생한다. 만약 그것이 기독교 예배가 관련된 모든 것이라면 예배 공간을 기획하는 일은 정말로 쉬울 것이다. 그러나 하나님은 하나님의 말씀을 우리 입 속에 둘 뿐만 아니라, 우리의 손도 사용하신다. 그리고 이것이 기독교 예배 공간 구성을 복잡하게 만드는 점이다. 우리는 말씀을 받을 곳뿐만 아니라, 성례전을 행할 곳 역시 준비해야한다.

하나님은 이 두 가지 방법 모두를 통해서 자기 주심을 행하신다. 모든 뛰어난 예배 건축은 이 두 가지 형태의 신성한 활동을 둘 다 제공하기 위한 절충의 결과이다. 교회 건물의 전체 역사는 하나님의 이름으로 말하고, 또한 하나님의 이름으로 접촉하는 것 둘 다를 최선으로 할 수 있도록 공간을 절충해서 배열한 역사이다.

말하는 목소리의 통로가 수평축이라면 죽 뻗은 손의 중심은 수직축에 있다. 인간의 팔은 그렇지 못하지만, 인간의 목소리가 들리는 범위는 인공적으로 확장될 수 있다. 하나님은 우리 인간의 팔을 1야드(91.44센티미터) 정도만 뻗을 수 있도록 작게 만드셨다. 이 육체적인 제한이라는 이미지는 수직축을 중심으로 동심원상에 모인 사람들을 시사한다. 그 수직축에는 아마 성찬대나, 세례반, 또는 세례조, 또는 단순히 한 사람이 있을지도 모른다. 거기서부터 우리는 우리 주위에 있는 공동체에 다가갈 수 있고, 하나님은 우리의 손을 통해서 다가가실 수 있다.

다른 말로 하자면 기독교 예배에는 회당도 필요하며, 다락방도 필요하다. 우리의 목소리를 내고, 또한 우리의 손도 뻗을 수 있는 공간이 필요하다. 그것은 새신자에게 세례를 주거나, 성찬에서 그리스도의 몸을 나누어 주거나, 안수하거나, 결혼하는 남녀의 손을 연합시키거나, 축복하거나 화해시키거나, 관에다 성수를 뿌리는 손일 수 있다. 우리는 하나님께 말할 뿐만 아니라, 또한 하나님을 위해 다른 사람과 접촉한다. 우리는 정말로 그 사람들을 만질 수 있을 만큼 가까이 다가가야 한다. 한 여자가 예수님의 옷자락을 만졌을 때 능력이 그녀에게로 전해졌다. 우리가 다른 사람의 머리, 입술, 혹은 손을 만지면, 능력이 그들에게 전해진다. 그러나 우리의 목소리와 달리 마이크를 사용해도 더 뻗을 수 없는 팔 때문에 우리의 닿을 수 있는 범위는 한정되어 있다. 우리는 하나님의 이름으로 접촉할 수 있는 친밀한 동심원의 공간이 필요하다. 인간의 몸이 그 범위이다.

어떻게 하면 수평축을 따라 구성된 공간을 수직축 둘레에 자리 잡은 공간과 조화시킬 수 있는가?

이러한 문제에는 수직으로 표현되는 하나님과 인간, 수평으로 표현되는 인간 대 인간이라는 예배 자체의 패러다임이 있다. 앞으로 이 양자 사이의 긴장이 역사적으로 해결되었던 각기 다른 방식들을 추적해 볼 것이다.

그러나 사람들이 하나님께 하는 말은 어떻게 되는가?

여기에는 공간이 거의 필요하지 않은 것처럼 보인다. 기도와 찬양은 사람들이 모이는 곳이면 어디서나 할 수 있기 때문이다.

무엇보다도 교회 건물은 사람들이 함께 모이는 장소이다. 퀘이커교도들은 초를 합치면, 불빛이 더 밝아진다고 표현한다. 그리스도인들은 예배를 위해서 모일 수 있는 곳이면 어디서나 하나님과 대화할 수 있다. 대화를 위해서는 특정한 공간이 필요 없다. 교회는 한때 하나님은 높은 곳, 제일 높은 곳에 계신다고 암시하는 경향을 보였다. 아마도 그것은 지붕 꼭대기의 희미하고 후미진 곳이거나 성단소의 끝일 것이다. 오늘날 우리는 하나님께서 멀리 떨어진 거룩한 곳이 아니라, 예배자 가운데 계신다고 믿고 싶어 한다. 일부 예배 건물은 이 사실을 주장하기 위해서 십자가를 회중석 한 가운데 두었다. 집회가 어떤 식으로 구성되더라도, 그리스도의 이름으로 서로 대화하는 데 필요한 것은 동료 예배자에게 접근하는 것뿐이라고 할 수 있다.

물론 우리는 하나님을 만질 수 없다. 그러나 우리 각자는 하나님의 이름으로 다른 사람에게 다가갈 수 있다. 최근에 **평화의 인사**(passing of the peace)라는 순서는 기독교인들이 예배 중에 서로 포옹하거나, 악수함으로써 화해와 사랑의 중요한 상징이 되었다. 그 외에 고백 기도 후에 하나님의 용서하심을 선포하는 것도 또 다른 가능성이다. 이것은 손으로 할 수 있는 행위로 목소리보다 훨씬 낫다(예를 들어, 이마에 십자가의 형상을 그리는 것). 세족식은 가끔 할 수 있는 극적인 행위이다. 그리고 화해의 예배에서,

우리는 용서의 표지로서 우리의 손을 내밀 수 있다. 예배의 이러한 측면을 위해서 필요해 보이는 것은 단지 서로 간의 접근성이다.

하나님의 이름으로 말하고 접촉하는 것을 더 특별하게 할 수 있도록 공간의 구성요소를 나눌 수 있다. 대부분의 기독교 예배에서는 각기 다른 6개의 **예배 공간**(liturgical spaces)과 예배가 3-4개의 **예배 중심**(liturgical centers, 혹은 예전의 중심)이 필요하다. 예배 공간은 예배가 행해지는 곳이고, 예배 중심은 그로부터 예배가 인도되는 가구나 비품을 말한다. 기독교 예배를 위한 물리적인 필수품이 너무나 적고 너무나 간단하다는 게 놀라울 따름이다. 그러나 우리는 그 공간들을 따로 분리해서 마주한 적이 없어서 그것을 개별적으로 인식할 수 없을지도 모른다. 만약 교회 건물을 한 개의 완전한 문장과 비교할 수 있다면, 이제 그 문장을 구성하는 개개의 단어들을 잠시 살펴볼 시간이다.[2]

첫째, 최근에 예배 공간의 핵심으로 **모임 공간**(gathering space)의 중요성을 점점 더 인식하게 되었다. 기독교공동체는 예배하기 위해서 모여야 하며, 함께 모이는 이 행위는 회중이 하는 활동 중에 가장 중요한 단일 활동이다. 초기 교회라는 영웅적 시대에는 모이는 바로 그 행위가 순교로 이어졌다. 어느 시대에도 그리스도의 몸을 형성하는 것은 모든 사람이 참여하는 예배의 첫 번째 행위이다. 그러므로 공동체를 밖의 세상으로부터 잠시 분리하는 공간, 개인이 공동체가 되는 공간에는 당연히 예배 공간의 설계 단계에서부터 세심한 주의를 기울여만 한다.

둘째, 공간의 다른 유형은 **움직임의 공간**(movement space)이다. 기독교 예배에는 움직임이 상당히 많다. 19세기 부흥 운동가들과 오늘날의 은사

---

[2] 좀 더 상세한 설명을 위해서는, James F. White and Susan J. White, *Church Architecture: Building and Renovating for Christian Worship* (Akron: OSL Publications, 1998) 또는 정시춘, 안덕원이 작업한 한국어 번역본 『교회건축과 예배 공간』(서울: 새물결플러스, 2014)을 보라.

주의자들은 사람들을 영적으로 움직이게 하려면 그들을 육체적으로도 움직이게 해야 한다는 사실을 상기시킨다.

그리스도인들은 가만히 있지 못하는 순례자들인 것처럼 보인다. 모이는 사람들은 반드시 자리를 잡아야 하지만, 그렇다고 하더라도 행렬, 결혼식, 장례식, 세례식, 봉헌, 성찬을 받는 것은 예배에서 공동체를 더 움직이게 하며, 더 많은 재배치를 해야 한다. 움직임은 예배에서 빼놓을 수 없는 부분이기 때문에, 통로와 교차통로를 설계할 때 세심한 주의가 필요하다.

셋째, 가장 큰 예배 공간은 보통 **회중 공간**(congregational space)이다. 기본적으로 교회는 사람들의 장소이다. 그리스 신전은 돈을 신전 안에, 사람은 신전 밖에 두었다. 그리스도인들은 세상을 위해서 돈을 밖에서 사용하며, 안에서 사람들을 섬긴다. 전형적인 퀘이커교도들의 예배당은 거의 대부분이 회중 공간이며 그것은 하나님의 임재가 하나님의 백성 가운데서 알려진다는 사실을 나타낸다. 제2차 바티칸 공의회의 『거룩한 전례에 관한 헌장』(*Constitution on the Sacred Liturgy, CSL*)은 "교회의 예배 속에 그리스도께서 임재하신다"는 사실을 나타내는 한 방식으로서 다음과 같은 중요한 구절을 열거한다.

> 마지막으로, 그분은 교회가 기도하고 찬양할 때 임재하신다. 왜냐하면, 예수님께서 두 세 사람이 내 이름으로 모인 곳에는 나도 그들 중에 있느니라(마 18:20)고 약속하셨기 때문이다(제7절).

우리는 그리스도께서 또한 우리 가운데 있는 가난하고 억압받는 자들과 함께 계신다고 덧붙일 수도 있다.

넷째, 다루기가 가장 어려운 예배 공간은 **찬양대 공간**(Choir space), 혹은 가수들과 악기 연주자들을 위한 공간일지 모른다. 예배에서 찬양대나, 또는 찬양에 전념하는 그룹의 역할이 확실하지 않은 곳에서는 특히 더 그렇다. 이런 공간에 악기 연주자들이나 무용가들 역시 수용해야 할지도 모른다. 음악가들의 주된 역할, 혹은 그들에게 주어진 역할들이 이 유형의 공간에 위치와 설계를 결정해야만 한다.

다섯째, 우리는 세례반이나 세례조라는 관점에서 세례를 말하는 데는 익숙하지만, **세례 공간**(baptismal space)이라는 관점으로는 잘 생각하지 못한다. 최악의 경우, 세례는 교회 건물의 후미진 구석의 숨겨진 곳에서 행해지는 사적인 행사였다. 그러나 모든 세례는 전 공동체의 행위이다. 왜냐하면, 세례는 단지 교회에 사람 수가 늘어나는 것 때문이 아니라, 물을 통해서 죽음과 부활을 통과했던 사람들이 그리스도에게 연합되었다는 사실을 증언하기 때문이다.

결혼 예식처럼 세례에서도 전 공동체와 친밀한 가족 집단과 후견인들이 수세자 주위로 모여든다. 공간이라는 면에서 볼 때 세례는 접근이 필요하며, 전 회중의 참여를 방해하지 않는 방식으로 세례후보자들과 세례식 집례자들을 위한 공간이 필요하다. 세례 공간은 동심원으로 된 사람들의 공간이다. 세례반이나 세례조 주위에 우선 세례후보자들과 목회자들, 그리고 가족과 후견인들, 마지막으로 전 회중이 모인다.

여섯째, **성찬대 공간**(Altar-table Space)은 성찬대 자체를 둘러싸고 있다. 일부 전통은 이 지역을 **성소**(sanctuary)라고 부른다. 보통 건물에서 가장 눈에 잘 띄는 곳에 있어서, 우리는 종종 그 역할이 섬기는 것이지, 군림하는 것이 아니라는 사실을 망각한다. 그래서 과도한 높이, 과도한 직접 조명으로 번지르르함, 너무 많은 가구, 울타리, 이 공간을 멀고 고립된 거룩한 곳처럼 보이게 만드는 기타 방식들과 같은 장해물들을 피해야 한다. 너무나 기이한 것은 성찬에 대해 거의 경건함을 표하지 않는 많은 교단에서 이 공간을 사람들이 접근할 수 없는 곳으로 여긴다는 사실이다. 또한 그런 곳의 성찬대는 매주 성찬을 하는 교단들보다 더 높이, 더 먼 곳에 있다.

기독교 예배에 필수적인 3-4개의 예배 중심이 있다. 그곳을 사용하는 방식은 우리 예배에 그리스도께서 임재하신다는 사실을 우리가 어떻게 인식하고 있는지를 다시 한번 나타낸다.

첫째, **세례반**(baptismal font) 또는 **세례조**(baptismal pool)는 물을 담을 용기가 필요하다는 완전히 물질적인 사실에 대한 필요성을 보여준다. 그곳은 복도에 있는 우묵한 곳(남아있는 것 중 가장 초기의 세례 건물이 보여주는 것처럼)이나, 또는 기둥 위에 있는 세례 대야가 될 수도 있다. 많은 교회 설계에서는 물을 담을 수 있어야 한다는 단 하나의 필요조건이 드러나기보다는, 숨겨져 있는 것처럼 보인다.

『거룩한 전례에 관한 헌장』은 "예수께서는 자신의 능력으로 성례전에 임재하신다. 그러므로 세례를 베푸는 분은 사람이 아니라, 사실은 그리스도 자신이다"(제7절)라는 사실을 우리에게 상기시킨다. 물을 담는 용기가 없다면 우리는 세례를 베풀 수도 없을 뿐 아니라, 그리스도께서 이런 형식으로 임재하시는 것을 경험할 수 없다.

둘째, **설교단**(pulpit)이나 **낭독대**(ambo)다. 그리스도께서는 또한 "그분의 말씀 속에도 임재하신다. 왜냐하면, 교회에서 거룩한 성경이 낭독될 때 말씀하시는 분이 바로 그리스도 자신이기 때문이다"(『거룩한 전례에 관한 헌장』, 제7절). **설교단**이나 **낭독대**는 엄밀한 의미에서 필수품이 아니라, 편의를 위해서 있는 것이라고 주장할 수도 있다. 그러나 만약 하나님의 말씀 낭독과 설교를 하나님의 백성이 모일 때마다 하나님이 새롭게 현현하는 것이라고 이해한다면 우리는 설교단의 형태로 그 믿음에 대한 물질적인 증언을 할 필요가 있다.

성경은 낭독되지 않을 때도 펼쳐져 있으며, 낭독할 때나 설교할 동안 낭독자나 설교자의 손이 자유롭도록 성경을 놓아둘 곳이 있어야 한다. 그리스도께서 임재하시는 이 형태의 시각적인 측면은 축소되어서는 안 된다. 이것은 또한 제본술이 다시 한번 교회의 주된 예술 형태가 되어야만 한다는 사실을 의미한다.³ 독서대는 불필요하며, 하나님의 말씀 낭독과 설교의 통합에 대한 초점을 약화시킬 뿐이다.

셋째, 기독교 예배에 있어서 **성찬대**(altar-table)의 중요성은 더 이상 강조할 필요가 없을 정도이다. 그러나 그 존재는 건물의 건축학적인 중심도 아니며, 혹은 그리스도의 상징도 아니라는 사실을 상기해야만 한다. 그것은 그저 사용되기 때문에 거기에 있는 것이다. 요컨대, 물을 담기 위해서 세례반이, 성경을 두기 위해서 낭독대가, 성찬용기를 두기 위해서 성찬대가 있는 것과 같다. 초기 기독교 예술에서 묘사된 성찬대는 거의 카드놀이용 탁자보다 크지 않았다. 그것은 목회용 성찬대로서 그 위에 올려놓은 것을 지탱하기에 아주 적당한 크기였지만, 공간을 채우거나 건축학적인 중심을 만들기 위한 기념물이나 종교적인 상징이 아니었다. 서구의 문화에서는 바닥에 성찬용기를 두는 것을 아주 불편한 것으로 느끼기 때문에 성찬대는 필수품이다.

넷째, 초기 교회에서 **집례자의 의자**(presider's chair)는 4세기 후반까지 대부분의 예배를 드리는 중심이었으며, 설교하는 곳이었다. 제2차 바티칸 공의회 이후 로마가톨릭 내에서 집례자 의자의 중요성이 재인식되었다. 많은 개신교도는 19세기에 설교자, 찬송인도자, 그리고 초청받은 설교자용으로 준비되었던 세 개의 강단 의자에 대한 적절성을 여전히 따지고 있다. 그리고 일부 공동체들은 성직자들을 눈에 띄는 곳에 앉히는 것을 주저한다.

『거룩한 전례에 관한 헌장』은 그리스도께서 "목회자의 인격 안에" 임재하시는 것에 관해서 말한다. 그러나 우리가 물과 세례반, 성경과 강단,

---

3 역사적으로, 책을 만드는 예술가와 종교적 표현 사이에는 항상 밀접한 관계가 있었으며, 다른 전통에서보다 기독교에 있어서 이런 관계가 가장 강력하다. 그리고 도서 예술이라는 맥락에서, 예술을 통한 가장 현저한 헌신의 표현은 제본술의 분야였다. 그것은 역사적인 증거가 너무나 강력하며, 오늘날까지 존속하는 전통이다. 그러나 그 전통은 오늘날 교회로부터의 의뢰보다는 개인 후원자나 대학 도서관이 더 많이 지원함으로써 명맥을 이어간다.

또는 성찬대와 성물을 관련시키는 방식으로 살아있는 사람을 얼마나 의자와 동일시할 수 있는지 의문이다. 의자는 완전히 같은 방식으로 기능하지 않는다. 왜냐하면, 사람 안에 나타나시는 그리스도의 임재는 그것을 볼 수 있도록 하는 기구를 필요로 하지 않기 때문이다. 분명히 집례자의 의자는 편리하다. 그러나 그것은 보좌를 흉내내어서는 안 되고, 반드시 인간의(그리고 검소한) 규모로 설계되어야 한다.

이외 더 이상 필요하지 않다. 기독교 예배에서 사용되는 것들에 대한 소박하고 절제된 안목이 필요하다. 불필요한 가구들(독서대 [lecterns], 기도 책상, 성찬용 레일 [communion rail])은 핵심적인 중요 요소들을 가릴지도 모른다. 억제와 절제는 가장 강력한 진술 형태이다. 필수적인 공간과 중심들 - 그리고 오직 이것들만 - 이 기독교 예배에 있어서 무엇이 우선인가를 드러내 준다.

교회 공간에는 질적인 면도 있는데 그것은 거의 보이는 형태를 취하지 않는다. 그것은 가장 쉽게, 그리고 가장 비극적으로 무시되는 요소 중의 하나이다. 모든 교회 건물은 독특한 **음향 환경**(acoustical environment)을 형성하며, 소리가 공간에서 행하는 방식보다 더 깊이 예배에 영향을 끼치는 것은 거의 없다. 하지만, 소리와 공간의 관계는 강조해야 될 필요가 있다. 이는 예배 공간이 기획될 때 그것이 너무나 자주 무시되기 때문이다.

교회는 사용할 목적으로 짓는데도 사람들이 하나도 없을 때 교회를 촬영한다. 그렇지만 교회는 주로 회중으로 사람들이 북적댈 때 자기 구실을 한다. 사람들이 모이는 바로 그 행위는 종종 그들을 모이라고 부르는 종소리로 시작되는 소리와 함께하는 사건이다.

그러므로 소리는 시간 안에는 물론, 공간 안에도 존재한다. 여기에서 우리의 관심은 교회 건물 안에 존재하는 모든 소리, 그리고 그런 소리들이 그 공간에서 어떻게 작용하여 그곳에서 행해지는 예배의 본질과 경험을 형성하는가에 관한 것이다. 몇 가지 예를 들어보면 이해하기 쉬울 것이다. 중세기 석조 건물의 큰 규모와 딱딱한 외관은 선율 형식으로 된 산문 낭송 성가가 확실히 들릴 수 있게 하였다. 시편은 단성의 선율에 맞추어 보통 제창으로 불렀는데, 소리가 오래 남는(reverberation[반향]) 이런 음향 환경에 잘 맞춘 형태였다.

다른 한편, 영국의 회중 찬송이 웅장한 중세식 교구 교회에서보다 비국교도의 작은 예배당에서 발전되었다는 점은 우연한 것이 아니다. 시간이 흐르면서 성공회에서도 찬송가를 회복시켰지만 이에 앞장선 것은 회중교회 교인들과 감리교도들이었다. 그들의 작고 친밀감을 주는 예배당이 모든 사람들로 하여금 자신들이 음악 연주자라고 함으로써 회중 찬송을 고무시켰다.

이와 유사한 방식으로 거대한 석조 건물 안에서와 마찬가지로 소리가 울리는 어떤 곳에서 조용히 하나님을 기다리는 퀘이커교도의 예배를 상상하기는 어려울 것이다.

예배에는 수많은 다양한 소리가 있다.

사람들은 모일 때 어떻게 소통하는가?

발소리, 음성, 그리고 의자를 움직이는 소리가 예배에 뒤섞여 들어온다. 아기가 울고, 아이들은 찡찡댄다. 그런 소리들은 억제되어서는 안 된다. 그 소리들은 몸을 만들 때 만들어지는 자연스럽고 반가운 소리들이다. 그러나 억제시켜야 하는 외부의 짜증스러운 소리들도 있을 수 있고, 흡수되어야 하는 내부 기계의 윙윙거림, 즉 불을 켜거나, 난방이나 냉방시설로부터 나오는 소리도 있을 수 있다.

그래도 더 중요한 것은 말하는 목소리이다. 울림이 세게 튕기거나 굴곡진 면이 있다면 아마 설교하기가 어려울 것이다. 하나님의 말씀을 들을 때는 울림으로 방해받아서는 안 된다. 또한 소리를 너무 잘 흡수하는 환경에도 비슷한 문제가 생긴다. 그런 환경에서 사람들은 자신이 독창을 하고 있는 느낌이 나서 보통 모두가 노래를 중단해 버린다.

소리를 너무 잘 흡수하면 오르간 음악의 탁월성을 잃어버리게 된다. 연사와 음악가들의 요구가 똑같지는 않지만, 음향 환경이 좋지 않을 때는 둘 모두를 좌절시킨다. 연사는 울림이 필요 없지만, 오르간 연주자는 약간의 반향을 즐긴다. 마찬가지로 증폭된 전자 악기와 목소리는 소리가 작아지는 음향 환경에서 가장 잘 작동하지만, 이것은 회중의 참여를 방해할 수 있다. 이런 상충되는 요구 사항 간의 절충이 일반적으로 필요하다.

2. 예배 건축의 역사

그리스도인들이 오랜 역사 속에서 이런 예배 공간과 중심들을 어떻게 배열했는지 살펴본다면 많은 것을 배울 수 있다. 상대적으로 눈에 더 잘 띄거나, 혹은 잘 띄지 않는 다양한 공간과 중심들, 그들 서로 간의 관계, 그리고 예배 중심 자체의 설계는 우리에게 실천과 신학적인 관점의 변화를 명확하게 보여준다. 예배 공간에서의 이런 다양성은 기독교 예배에 내재하는 다양성을 나타낸다.

그럼에도 동일한 6개의 공간과 3-4개의 중심을 지속하는 것은 기독교 예배에 상당한 정도의 일관성이 있다는 것에 대한 명백한 증거이다. 우리는 다양성과 일관성에 대해서 간략하게만 개관해 볼 수 있지만, 이러한 조사는 유용하다고 인정된 매우 다양한 예배의 배열 방식들을 보여줄 것이다.[4]

초기 교회는 박해 시대에 임시방편의 공간에서 예배를 드려야 했다. 그렇지만 기독교가 불법 종교였던 시기에조차 가끔 일부 웅장한 건물들이 건축되었다. 콘스탄티누스 황제 이전 시기에 있었던 기독교 예배의 건축 환경에 대해서 문서로 된 것이나, 건축물 자체로서의 증거는 거의 남아 있지 않다. 초기 그리스도인들은 개인의 가정에서 자주 모였던 것으로

---

4 좀 더 상세한 역사적 기록을 위해서는, James F. White, *Protestant Worship and Church Architecture* (New York: Oxford University Press, 1964), 3-6장을 보라.

보이는데, 아마도 보통 그 공동체에서 비교적 부유한 사람들의 집이었을 것이다.

박해 시기에는 예배를 위해서 모이는 것이 범죄행위이기 때문에 처형 당하거나, 이런 집회가 비애국적이거나 반종교적이라고 생각하는 폭도들의 희생자가 될 수 있는 위험이 항상 있었다. 그래서 아마도 이런 예배에 평상시 사용하는 평범한 가정의 가구와 방을 사용하고 그것을 즉시 제자리에 옮겨놓는 방법을 사용하는 것이 현명했을 것 같다.

개인 집의 이런 공간들이 가지고 있는 가정적인 분위기는 환대와 친밀감을 느끼게 해주는 데, 기독교 예배가 대중화됨으로써 이런 분위기를 잃어버렸다. 그렇지만 이런 친밀한 공간의 이점은 기독교인들이 박해받을 때마다, 혹은 재세례파나 아미쉬파(Aamish), 퀘이커교도들, 심지어 오늘날 일부 국가의 그리스도인처럼 빈곤한 소수파 사이에서 반복된다.

만약 공공건물에서도 이와 똑같은 환대와 친밀감을 쉽게 흉내 낼 수 있다고 생각한다면 그것은 자신을 속이는 것이다. 하지만 만약 훌륭한 교회건축에 있는 이런 우수한 점을 추구하지 않는다면 그것도 동일하게 잘못된 것이다. 이런 특징들은 이런 환경 속에서 행해지는 예배 스타일을 명확하게 만들 것이다.

유프라테스강 유역에 있는 **두라-유로포스**(Dura-Europos)에서 놀라울 정도로 잘 보존된 가정교회의 예를 찾아볼 수 있다. 두라-유로포스는 3세기 초반에(주후 313년 박해가 끝나기 훨씬 이전) 기독교 예배를 위해서 내부 공간이 영구적으로 개조된 가정집으로 주후 256년 파괴되었다. 그 폐허를 살펴보면, 벽 하나를 제거하고, 두 방을 하나로 연결하여 성찬 예배를 위한 공간으로 만든 것을 알 수 있다(그림 1).[5]

---

5   이 단순화된 평면도에서 A는 성찬대, C는 찬양대, F는 세례반, L은 독서대, P는 설교단, 점선은 발코니들이다. 도면은 축적에 맞지않다.

한쪽 끝에는 작은 연단이 있는 데, 아마도 성찬대와 주교의 의자로 사용되었을 것으로 짐작된다. 반대편에 있는 방은 아마 세례당이었을 것이다. 덮개로 덮여 있는 욕조 형태의 세례반이 있고, 벽은 프레스코화로 장식되어 있다. 그래서 이런 초기 시대에도 예배의 각기 다른 기능들을 위해서 공간을 명확하게 나누었음을 보여주며, 이런

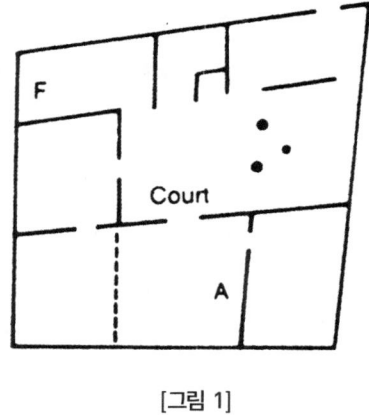

[그림 1]

공간 분할 형식은 그 후 대부분의 교회 건물에 반영되었다.

기독교는 4세기에 어엿한 종교로 합법화되었을 뿐 아니라 콘스탄티누스 황제의 옹호를 받았다. 황제는 로마에 9개의 새로운 교회, 예루살렘과 베들레헴, 그리고 콘스탄티노플에 나머지 교회를 짓는 등 교회에 어마어마한 선물을 부여했다. 이 웅장한 새 건물들 안에서 드리는 예배는 황궁의 화려함과 필적될 정도였다. 이전에 비밀리에 옹기종기 만났던 박해받는 기독교인들의 것과는 전혀 다른 것이었다.

황제의 건축가들은 단순히 **바실리카 양식**(basilica)이나 로마 법정처럼 잘 다듬어진 건물 형식을 교회 건물에 적용했다. 공회당(civil basilica)은 미국의 각 마을에 있는 지방 법원과 고등학교 강당과 동일한 기능을 담당했다. 대부분은 직사각형 건물로 한쪽 끝에는 **앱스**([apse], 보통 교회 동쪽 끝에 있는 반원형 부분-역자주)라고 하는 반원의 공간과 그 반대편에는 사람들이 앉을 수 있는 긴 방청석 공간인 **네이브**([nave], 교회에서는 회중석-역자주)가 있다. 앱스에는 판사를 위한 좌석(throne for the judge)이 단상에 있었고, 판사의 옆에는 서기관들이 있을 수도 있었다. 바실리카는 수평축을 따라 구성된 세로(longitudinal, 종축형) 건물이다. 교회는 4세기에 이러한 건물 양식을 자기 것으로 만들었다(그림2).

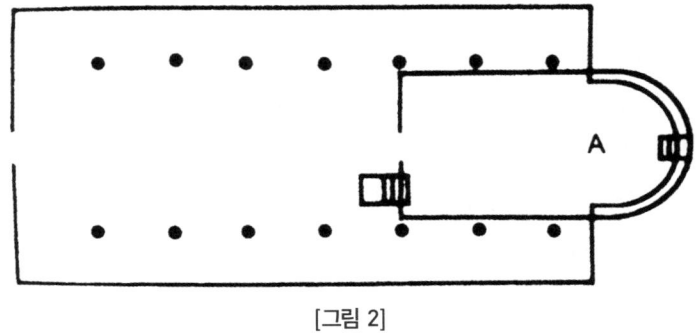

[그림 2]

판사석은 주교석(bishop's throne)으로 대체되었으며, 사제들이 주교의 양쪽에 앉았다. 찬양대를 위한 단상이 네이브에까지 확장되었다(여기서는 직선으로 표시됨). 성찬대는 보통 앱스와 네이브가 교차하는 지점 부근에 있었고, 연단의 끝이나 한 편에 설교단(ambo 혹은 pulpit)을 세웠다. 우선 설교를 주교석에서 하고, 성찬기도는 성찬대를 가로질러서 사람들을 마주하고 드렸다. 건물의 나머지 부분은 좌석이 없었기 때문에, 회중들은 제일 잘 듣고 볼 수 있는 곳이면 어디서건 자유롭게 움직일 수 있었다.

일찍부터 건물 중앙에 있는 수직축을 중심으로 구성된 **중앙집중식**(centralized) 건물의 전통 역시 있었다. 여기에 근거하여 종종 **세례당**(baptistery)이라고 하는 세례를 위한 별도의 건물이 설계되었는데, 순교자의 무덤이나 유적지에 지은 **순교자기념교회**(martyrium), 또는 예배당과 같은 식이었다. 이 두 가지 다 묘(mausoleum)에 근거한 것이다.

서방교회에서 선호했던 긴 바실리카 양식 대신 동방정교회들 사이에서는 사각형으로 된 회중석의 천장을 둥글게 만드는 새로운 기술로 인하여 점차 중앙집중식 건물을 채택하게 되었다. 보통 둥근 지붕으로 덮여 있는 3개의 앱스는 **성화벽**(iconostasis [성인들의 모습이 그려진 칸막이])에 의해서 중앙 회중 공간과 분리된다(그림 3). 이 성화벽은 성찬대 주위에서 행해지는 의식의 경외감과 신비로부터 회중을 보호하였다. 회중을 둘러싸고 있는 성인들의 **성상**(icon)은 그들로 하여금 자신들이 천상의 모든 무리 가운데서 예배를 드린다는 사실을 상기하도록 한다.

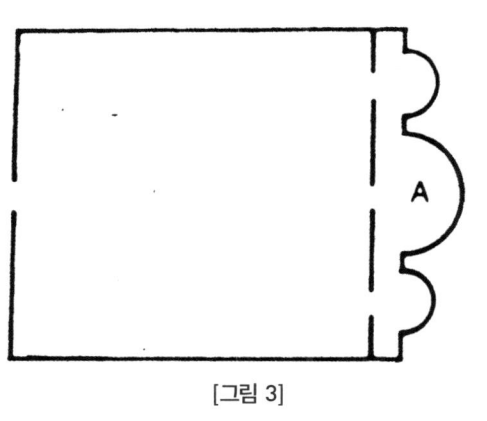

[그림 3]

서방에서는 부분적으로 기술적인 면 때문에, 교회 건물이 세로로 발달하는 경향이 있었다(고딕 양식의 아치 모양은 최대 넓이가 약 24미터이지만, 구간을 반복시켜서 길이로 확장시킬 수 있었다). 그러나 이런 경향은 또한 예배형식이 점점 복잡해지고, 수도회의 성직자들은 물론이고 사제와 하급직 성직자의 전문화가 진행된 결과이기도 했다. 이러한 복잡함과 전문화는 성찬대의 재배치에서 제일 극적으로 볼 수 있는데, 성찬대는 회중 공간과 가까운 곳으로부터 이동하여 마침내 성소 공간이 회중 공간으로부터 멀리 떨어진 건물의 최극단으로 옮겨졌다.

중세에는 순례자 교회나 성지들, 수도원공동체 교회, 대학부속 교회, 대성당, 설교를 위한 교회, 그리고 평범한 교구 교회 등의 고도로 전문화된 교회의 형태가 발달되었다. 그러나 선두주자는 수도원 교회(monastic churches)들이었다. 왜냐하면, 이런 공동체에서는 대부분의 시간에 7개의 성무일과와 저녁 일과를 드리고 찬양하는 것을 중심으로 돌아갔고, 또한 대규모 공동체에는 천 명 정도의 수도사들이 있을 수도 있었기 때문에. 특별히 이런 예배를 수용할 수 있도록 설계된 웅장하고 기능적인 건물유형이 발전된 것은 전혀 놀라운 일이 아니다.

가장 중요한 공간은 찬양대석([choir stalls], 전체 공동체가 찬양대였기 때문에)이었는데, 두 개의 평행되는 구획으로 배열하여 시편을 **교송형식**([antiphonally[, 구절을 차례차례 응답식으로 부름)으로 부를 수 있도록 하였다. 사실상 이런 가늘고 긴 찬양대는 종종 가리개에 의해서 회중석으로부터 분리되어 교회 안의 교회를 만들었다. 그것은 아주 정교한 작업이었을 것이다(그림 4).

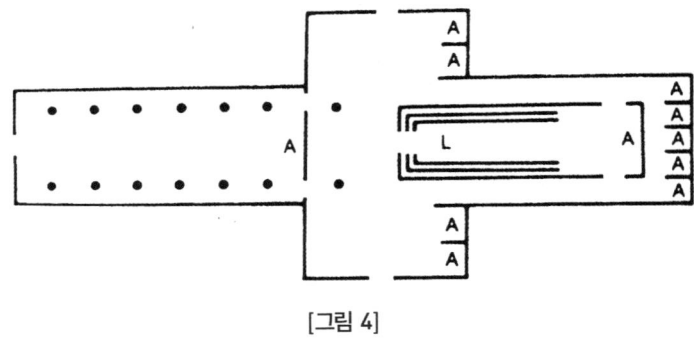

[그림 4]

꼭대기는 십자가(cross)나 혹은 십자가상(crucifix)이 달려있었다. 그리고 이러한 가리개라는 용어는 영어로 **루드 스크린**([rood screen], 칸막이)이다. 이는 십자가에 대한 옛 영어 단어인 "루드"(rood)에서 유래된 것이다. 유럽의 많은 지역의 교회는 성찬대 위 벽에 정교한 조각품이나 섬유 예술을 전시하였다. 이것은 제단 배후의 **장식벽**(reredos)으로 알려진 형태이다. 이런 제단화는 유럽 예술의 위대한 보물 중 일부이다.

수도원공동체에는 이런 것이 기능적 배열이었다. 성소에 있는 높은 성찬대는 미사를 위한 것이며, 개인적으로 미사를 드릴 때 사용되는 나머지 성찬대들은 건물 여기저기에 흩어져 있었다.

수도원공동체들은 다음과 같이 여러 가지 다양한 배열을 시도했었다. 독일의 서편 앱스와 스페인의 네이브 한 가운데에 벽으로 둘러싸인 공간이 그것이다. 대성당들은 수도원 유형을 좇았다. 종종 내부 공간을 더 전문적인 구획으로 세분화시켜서 죽은 자의 안식을 위한 미사가 드려지는 예배당([chantry chapel], 개인이 사후 자신을 위한 기도를 바치도록 헌금을 내어 지은 공간-역자주)을 만들었다.

이러한 고도로 전문화된 교회가 많은 사람이 예배하는 **교구 교회**(parish church)에 불균형적인 영향을 끼쳤다는 사실은 놀랄만한 일이 아니다(그림 5). 이런 건물들에도 커다란 차단막으로 가려진 성단소들이 생겨났다. 성단소는 그 지역의 성직자와 영주의 가족들만 사용할 수 있었다.

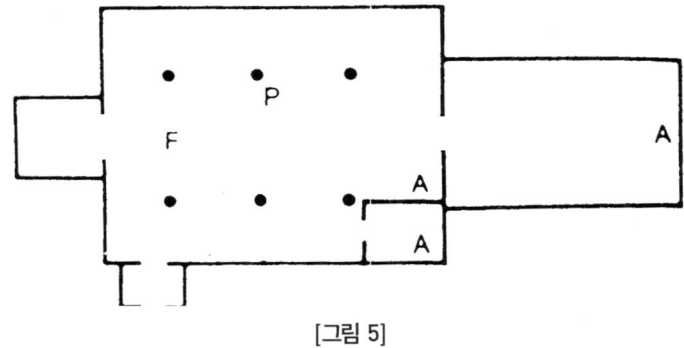

[그림 5]

하지만 회중은 수도사들이나 성직자가 아니라, 네이브로 쫓겨난 평신도들이었다. 그들은 그곳에서 성단소 저 끝에 있는 성찬대에서 행해지는 미사를 멀리서 흘끗 볼 수 있었다. 네이브에는 종종 연단이 있었으며, 평신도들은 그 주위에 서 있을 수 있었다.

수도원 교회와 달리 각 교구 교회에는 세례반이 있었다. 중세 후반까지는 대부분 자국어로 행해졌던 세례식과 결혼식을 회중석 바로 밖에 있는 교회 현관에서 시작하였는데, 그곳은 방대한 양의 조각품과 그림, 그리고 신앙을 가르치고 격려하는 의미를 지닌 채색유리로 치장되어 있었다.

14세기까지 네이브에는 의자와 장의자가 없었으므로 회중들은 가장 잘 보고 들을 수 있는 곳으로 자유롭게 움직였다. 그리고 예배자들은 회중석 주위의 각기 다른 예배당에서 동시에 행해졌을 수도 있는 수많은 미사와 다른 예식들 중에서 자신들이 가장 잘 볼 수 있고, 들을 수 있는 곳으로 이동했다. 그 이후 점차로 장의자를 도입한 것은 예배에서 앉을 수 있는 동시에, 회중이 이제 더 이상 움직일 수 없다는 사실을 의미했다. 그 결과,

이제 그들은 개인 기도에 시간을 보냈다.

성직자와 회중이 너무 분리되어서 16세기 로마가톨릭의 한 주교는 다음과 같이 기록하고 있다.

> 교회(네이브)에 있는 사람들은 성단소에서 사제와 서기가 하는 것에 거의 주의를 기울이지 않았다 … 아침 예배나 미사는 일반 사람들이 실제로 듣도록 의도된 것은 절대 아니었다. 다만 그들이 그 자리에 참석하고 각자 조용히 기도하면 되었다.[6]

수도원 교회에서는 그렇게 기능적이었던 네이브와 성단소의 분리는 교구 교회에는 적합하지 않았지만, 그럼에도 불구하고 열심히 그것을 모방했다. 중세의 교구 교회는 점점 개인 기도에는 안성맞춤인 곳이 되었다(사실상 이것이 주로 사람들이 교회에 익숙해진 방식이었다), 그러나 그곳은 "전례 자체의 본질이 요구하는 참여, 즉 전례 거행에 의식적이고 능동적이고 완전하게 참여"하는 진정한 예전적 예배를 위해서는 너무나 좋지 않은 장소가 되었다(『거룩한 전례에 관한 헌장』, 제14절).

중세 시대에 걸쳐서, 신학자들과 평신도 둘 다 비슷하게 모든 공간, 가구, 그리고 예배 행위에 상징적인 의미를 부여하기 시작했다. 이런 상상력이 풍부한 발전들은 한때 기능적이고 목적이 분명했던 각 품목에 대한 이해도를 점점 떨어뜨리는 경우가 많았다.

개신교와 로마가톨릭의 종교개혁은 건물 배치에서 큰 변화를 일으켰다. 성무일과를 함께 드릴 찬양대 공간이 필요 없던 예수회(Jesuits)는 로마가톨릭 내에서 미사가 눈부신 볼거리가 될 수 있는 화려한 교회 건물을 짓는 데 앞장섰다. 성찬대는 찬양대 공간이나 차단막 때문에 방해받지 않으

---

6 *The Letters of Stephen Gardiner*, edited by James A. Muller (New York: Macmillan, 1933), p. 355.

면서 다시 한번 두드러지게 되었다. 화려하게 장식된 설교단은 흔했다.

예배 건축물에서 개신교가 시도했던 것들을 일반화하기는 어렵다. 그들이 옳건 그르건 건축에서 초기의(초기 교회) 유형이라고 생각하는 것을 달성하기 위해서 중세의 발전을 뛰어넘어 너무나 풍성하고 다양한 시도를 했기 때문이다.

성직자의 성단소와 평신도의 네이브를 엄격하게 분리된 건물에서 만인제사장직을 가르친다는 것이 불가능하지는 않았지만 어려운 일이었다. 성찬식을 위해 모든 수찬자들을 성단소로 오게 하거나, 예배 전체를 네이브로 이동함으로써 중세 건물을 조정하여 사용하였다. 때때로 성단소는 단순히 벽으로 나뉘어 학교로 사용되었다.

17-18세기에 수많은 새로운 건물을 짓기 시작했을 때, 개신교도들은 다양한 형태를 실험했다. 그러나 많은 건물이 중앙집중식 형태였다. 그림 6(좌측에서 우측으로)은 독일, 네덜란드, 스코틀랜드의 예들에서 따온 몇 개의 유형들을 보여준다.

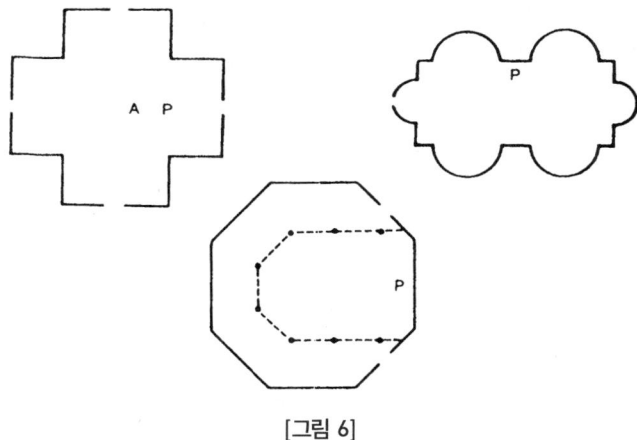

[그림 6]

18세기 미국에서도 동일하게 다양한 시도가 계속되었다. 그림 7(맨 위)은 영국성공회가 시도한 많은 배열 중의 하나인 전형적인 회중교회 예배당이다. 그리고 그림 7의 맨 밑은 남녀의 좌석 사이에 이동 칸막이를 한 (갈지자형으로 표시됨) 퀘이커교도의 예배당이다.

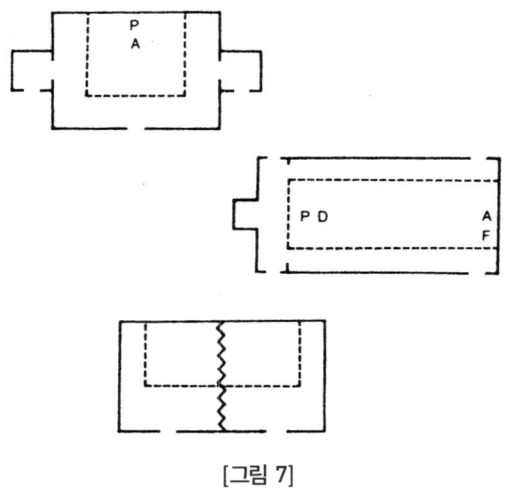

[그림 7]

이들에게 만약 공통점이 있다면 그것은 무엇일까?

성단소가 있는 건물은 하나도 없다. 그것은 거의 3세기 동안 개신교 예배를 위한 건축물에서는 사실상 사라졌다. 대신에 회중 공간이 확대되었으며, 찬양대와 성소 공간은 줄어들거나 사라졌다. 퀘이커교도의 건물은 완전히 회중 공간과 움직임의 공간으로 이루어졌다.

개신교 건물에서 추가된 특징은 연사가 하는 말을 더 많은 사람이 들을 수 있도록 2층에 발코니를 건설한 것이었다. 발코니는 이동이 어렵기는 하지만 전체 공동체가 강단과 주님의 식탁 주변에 함께 모일 수 있도록 하는 데 도움이 되었다(시각적, 그리고 청각적으로). 하지만 발코니 또한 설교단, 세례반, 주의 만찬으로 이동하는 것을 어렵게 만들었다.

19세기에는 이러한 경향에 대한 역전이 일어났다. **캠브리지 운동**(Cambridge Movement)의 낭만주의는 많은 영어권 교회로 하여금 신-중세형(neo-medieval type) 건물(그림 8 - 그림 5와 비교하라)로의 복귀를 요구하도록 했다.

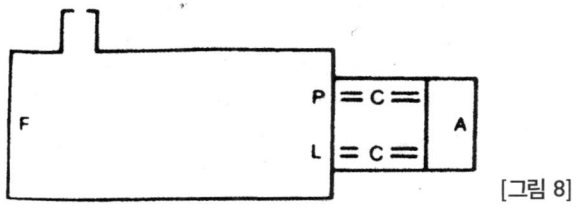

[그림 8]

다른 한편 부흥 운동은 설교단의 특성과 대규모 찬양대를 강조하면서 연주회 무대와 같은 배치를 발달시켰다(그림 9). 이 시기에 로마가톨릭교회는 성찬대를 C에, 세례반을 문 근처에 두었으며, 아주 작은 강단이 성단소 옆에 떨어져 있는 그림 9의 변형된 배열을 하는 경향이 있었다.

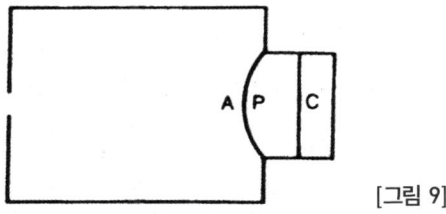

[그림 9]

제2차 바티칸 공의회 이래, 로마가톨릭 건축에 급격한 변화가 있었다. 수정된 것 중 많은 부분이 중앙집중식으로의 이동을 나타내지만, 구두로 하는 말씀의 기능이 제대로 작동하고, 동심원 배치를 허용하려면 절충이 필요하다.

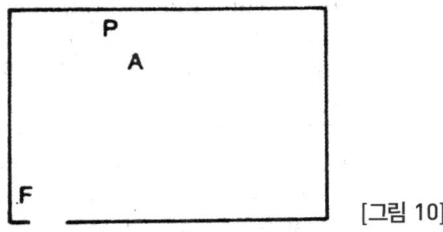

[그림 10]

그림 10은 오늘날 건축된 개신교 교회나, 로마가톨릭교회에 나타날 수 있는 배열을 보여준다. 개신교는 세례반을 회중 앞에 두려는 경향이 더 많지만, 이것은 최근에 지어진 로마가톨릭교회에서도 알려지지 않은 것은 아니다.

로마가톨릭은 집례자의 의자를 포함할 가능성이 높지만, 개신교는 일반적으로 과도하게 군림하는 식의 성직자 의자에 거부반응을 보인다. 개신교, 로마가톨릭 공히 성찬대 주변에 회중이 모이는 중앙집중식 형태를 선호한다. 로마가톨릭교회에서는 부채 모양이 널리 호응을 얻고 있다.

당대 교회 건물 중 가장 두드러진 특징은 경제적인 필요와 새로운 건축 기법의 결과이다. 그러나 소박한 건물, 특정 목적이 없는 공간, 그리고 접을 수 있는 좌석들이 있는 나머지 건물들은 초기 그리스도인들이 예배드렸던 가정교회의 환대와 친밀감을 어느 정도 회복하기 위해서 신중하게 시도되었음을 알 수 있다.

그리스도인들이 경험했던 예배 공간에 대한 간단한 조사를 통해서 우리 시대를 위한 어떠한 실제적인 결론을 도출할 수 있는가?

본서에서는 어떤 어려운 형태도 보편화시킬 수 있을 만큼 다양한 경험을 충분히 언급하였다. 하지만 이러한 경험들을 비판의 시각으로 살펴본다면 각각에는 감탄할 것도 많지만, 개탄해야 할 것도 많다. 우리는 다른 시대와는 명백하게 다른 판단 기준을 가지고 있지만, 오늘날 기독교 예배를 위한 공간을 건축하고 개축하는 사람들을 위해 실제적인 적실성이 있는 어떤 표준을 제시할 수는 있다.

첫째, 유용성(utility)이다.

예배자들에 의해 건물이 사용될 때, 감탄하며 바라보는 것이 아니라 실제로 사용될 때, 그 건물의 기능은 얼마나 유용한가?

이 질문은 그 건물이 하나님의 이름으로 말하고 접촉하는 역할을 얼마나 적절하게 하는가를 살펴봄으로써만 해결될 수 있다. 만약 형편없는 음향 때문에 말하는 것을 잘 들을 수 없다면, 비록 그 공간이 음악에는 제대로 기능할지 몰라도, 그것을 적합하다고는 거의 생각할 수 없다. 혹은 만약에 말하는 데는 문제가 없지만, 회중이 접근하기 어려운 발코니로 흩어져 있어서 배찬이 어렵다면, 그 건물 또한 실격이다.

이상적인 설교용 교회와 완벽한 성례전적 교회 사이에 절충이 필요하다. 유용성의 기준은 모든 사용을 포괄해야 한다. 교회는 사용하려고 건축되었지, 관광객이 감탄하는 기념물이거나 예술 역사가들의 기록용으로 지어진 것이 아니다.

둘째, 단순성(simplicity)이다.

기독교 예배에 가장 유용한 공간 구성에 성공한 많은 경우는 단순성에 전념한 결과이다. 무엇이 기본적이며 필수적인가를 명확하게 이해할 때만, 우리는 예배용(*for*)으로 잘 건축할 수 있다. 통제와 자제는 매우 중요하다. 6개의 필수적인 예배 공간과 3-4개의 예배중심은 단순성에 대한 우리 절제력의 핵심을 제공해 준다. 멈출 때를 아는 것이 아주 중요하다.

우리는 건축을 고려하기 전에 먼저 예배에 대해 논의해야 한다. 교회란 무엇이며, 교회는 예배에서 어떤 역할을 하는지 이해하는 책무를 다하지 않기 때문에 교회건축위원회는 형편없는 고객이라는 악명이 높다. 이런 점을 모른다면, 아무리 최고의 건축가라도 예배에서 사용되기에 적합한 건물이나, 공간을 설계할 수 없다.

셋째, 융통성(flexibility)이다.

위에서 살펴본 것들은 기독교 예배 환경과 우리가 인지한 필요성들은 변할 수 있다는 점을 보여주었다. 특히, 지난 수십 년간 일어난 사건들에서 융통성의 중요성 또한 알게 되었다. 기독교 예배에 있는 일관성에도 불구하고 외형을 구성하고 바꾸는 강력한 힘이 존재한다. 그리고 그 힘을 통해 이러한 일관성이 표현된다. 오늘날 다루기 가장 어려운 교회들은 지어진 지 얼마 되지 않는 것들이다. 그때는 우리가 아직 예배에서의 변화라는 현실을 받아들이지 않았을 때였다. 교회건축에 관한 우리의 사고에 있어서 하나의 가장 새롭고 중요한 요소는 변화를 솔직하게 인정하는 것이다.

존 러스킨(John Ruskin)의 로맨틱한 어구인 "우리가 건축할 때, 영원히 지속되는 건물을 짓는다고 생각하자"는 구시대의 것이다.[7] 대신에 우리는 "우리가 건축할 때, 미래에 얽매이지 말자"라고 말해야만 한다. 왜냐하면, 우리는 그것이 아마도 심지어 짧은 시간 안에 달라질 것이라는 사실을 알기 때문이다. 움직일 수 없는 장의자, 거대한 연단, 그리고 고정된 찬양대석은 변화의 가능성을 상상조차 할 수 없었던 시대의 것이다. 역사와 최근의 경험은 모두 한 시기에 그렇게 사실이고 자명한 것처럼 보였던 것이 다음 시기에는 그렇지 않을지도 모른다는 것을 가르쳐 주었다. 우리 다음 세대에게 우리의 뜻을 바꿀 수 없는 확정적인 것으로 강요하지 말자. 그들 역시 의견을 낼 자격이 있다.

넷째, 친밀감(intimacy)이다.

우리가 역사적으로 살펴보는 동안 달성하기 힘든 부분은 친밀감을 조성하는 건물에 대한 욕구였다. 초기 교회에서는 분명히 이 친밀감이 있었으며, 이것은 많은 종교개혁 전통에서 다시 회복되었고, 오늘날의 건물에서 열정적으로 추구하는 부분이다.

전 예배공동체의 참석을 강조할 때 친밀감은 중요하다. 기념비적인 유형의 건물에 대한 현재의 반감은 봉사자로 하여금 건축물은 공동체를 지배하는 것이 아니라, 공동체를 섬기는 것이라고 여기는 건강한 표징이다. 이것은 좀 더 작은 규모와 좀 더 적은 비용의 건물을 의미한다. 이런 곳에서는 각 예배자들이 청중 속에서 외로운 구경꾼으로 있는 대신 자신이 예배에서 중요한 역할을 담당하고 있다고 느끼도록 만든다. 친밀감은 환대받는 것과 낯선 사람을 환영하는 느낌을 나타낸다.

---

[7] John Ruskin, *The Seven Lamps of Architecture* (London: George Allen, 1903), p. 233.

다섯째, 아름다움(beauty)이다.

인간의 정서는 아름다움을 예배와 결부시킨다. 우리가 종종 통감하고 있다시피, 아름다움은 규정하기 힘든 특성이며, 어떤 물건과 장소가 아름다운가에 관해서 의견의 일치를 보는 것이 항상 쉬운 것은 아니다. 하지만, 그리스도인들과 유대인들은 아름다움에 대한 인간의 욕구를 채워주는 하나님의 아름다움을 천명해 왔다.

> 아름답고 거룩한 것으로 여호와께 예배할지어다. 온 땅이여 그 앞에서 떨지어다 (시 96:9).

가장 심오하고 아름다운 예배 환경은 우리를 하나님께 드리는 예배 안으로 깊게 끌어들이는 경외감을 불러일으킨다. 때때로 이러한 경외감은 규모에서 나오고, 그리스도인들은 역사적으로 경외감을 끌어내기 위해서 가상공간을 설정해 왔다. 코로나19 팬데믹 이래로, 많은 회중은 단순함에서 아름다움을 찾는 것을 배웠다. 어쨌든, 교회와 교회 건축가들이 그들이 할 수 있는 한 최고의 예배 공간을 추구할 때 예배의 아름다움에 대한 관심은 진화할 것이다.

유용성, 단순성, 융통성, 친밀감, 그리고 아름다움은 오늘날 건축물과 공간의 설계가 교회에 얼마나 적절하게 기여하는지 가장 잘 판단할 수 있는 기준인 것 같다. 이런 점들은 13세기의 대성당들이나 심지어 1950년대의 교회들이 건축될 때의 기준은 분명히 아니다. 그렇지만 우리는 두 시대의 건축 모두에서 많은 것을 배울 수 있다. 그러나 우리 시대에 추구되는 단순 명쾌함과 솔직함은 과거의 다양한 유산에 덧붙일 새로운 지침들을 보여준다.

예배 회중을 위한 공간의 건축이나 개축에 책임이 있는 사람은 자신들이 속한 공동체의 삶을 새롭게 할 굉장한 기회를 가지게 된다. 건축 계획은 교회의 갱신을 가능하게 만드는 촉진제가 되지만, 그것은 또한 말할 수 없는 고통이기도 하다. **과정**([*process*] 건물을 기획하는)이 최종적인 **산물**([*product*] 건물) 보다 훨씬 중요할 수 있다.

결국 교회는 건물이 아니라, 사람이다. 그러나 건물을 계획하는 것은 종종 사람들로 하여금 하나님께서 사랑하시는 공동체의 의미를 발견하거나, 재발견하도록 도와줄 수 있다. 많은 것이 계획 과정을 이끌고 나가는 지도력과 적절하게 준비하기 위해 필요한 시간을 기꺼이 내는 데 달려있다.

그럼에도 불구하고 건물은 역시 중요하다. 한번 건축되고 나면, 그것은 세대를 걸쳐서 계속해서 그 형상대로 예배를 형성한다. 건물이 항상 승리한다는 것이 완전히 진실은 아니지만, 우리는 적어도 그 건물이 강력한 동지이자 가공할만한 적이라는 점을 인식해야만 한다. 건물을 지은 사람은 죽어도 건물은 남는다. 기독교 예배에 대해서 우리가 더 신중하게 연구하고 성찰하면 할수록, 우리는 점점 더 하나님의 이름으로 말하고, 행동하고, 접촉하기 위한 최고의 공간을 제공할 건물의 계획 수립을 도울 수 있는 준비를 점점 더 잘하게 될 것이다.

3. 기술과 가상공간

기술은 항상 기독교 예배 의식의 일부였고, 거의 눈에 띄지 않게 될 정도로 너무 많다. 교회 건물, 설교단, 좌석, 다양한 형태의 도서, 소리 증폭, 그리고 공간 조명의 설계와 건설은 항상 예배에 존재해 왔던 기술이다. 오늘날 우리가 말하는 기술은 보다 최근의 "하이테크"(high tech) 전자 및 디지털 발전이다.

어떠한 기술도 중립적이지 않다. 기술은 예배자들의 경험에 영향을 주고, 예배에 대한 이해를 형성시키는 의미 있고, 조형적인 특징이 있다. 그러나 기술은 항상 기술 자체에 관심을 집중시킬 위험이 있다. 이 모든 것이 예배자들이 예배의 목적인 하나님께 어떻게 접근하고, 이해하는지에 영향을 미친다. 예배 중에 무릎을 꿇도록 요청받고, 무릎 방석이 제공되는지와 혹은 바닥을 사용해야 할지는 차이가 있다. 혹은 노래하는 사람의 목소리가 전자기기에 의해서 크게 증폭되는지 여부, 혹은 소리가 전적으로 공간의 음향에 의해서 방안에 퍼지는지 여부도 그렇다.

일부 교회에서는, 기술을 실용적으로 선택한다. 회중의 접근 범위를 확장시키기 위해서 설교나, 심지어 전체 예배를 다른 장소나, 캠퍼스에 온라인으로 실시간 중계를 하거나, 비동기 모드나 지연 모드, 혹은 두 가지 모드를 다 사용해서 방송하는 것은 드물지 않은 일이다. 연사나 가수가 메시지를 받는 사람을 볼 수 있는 경우와 리더가 메시지를 듣는 사람을 볼 수 없는 경우(심지어 알 수 없는 경우)의 의사소통과 관계는 다르다고 가정할 수도 있다.

코로나19 팬데믹 기간에, 더 많은 교회가 필요에 의해서 "가상 예배"라는 디지털 세계로 들어갔다. 노트북, 태블릿, 휴대폰을 통해 쉽게 이용할 수 있는 오디오와 비디오 녹화 장비의 접근성과 품질을 고려한다면, 누구나 이 세계에 들어갈 수 있다. 이 기술이 어려운 시기에 신앙공동체의 연결을 유지하고, 정상적인 범위를 확장하기까지 한 것은 긍정적이다.

이로 인해 발생하는 과제는 "우리에게 있는 자원으로 무엇을 할 수 있는가?"와 같이 주로 실용적인 수준에서 결정이 내려지는 경우가 많다는 것이다. 이러한 가상 예배를 실행하는 기술 수준은 해당 공동체의 인적 및 재정적 자원에 따라 다르다. 더욱이 이러한 교회들은, 동시에 신학적 결정을 내리고 (의도적이든, 아니든) 신학적 가치관을 드러내고 있었다. 사람들은 참여보다는 보여주기식의 예배를 더 강조했다. 일부 결정은 팬데믹 이전의 교회 신학과 반대 방향으로 나아갔다. 로마가 가톨릭 미사는 반세기 이상 방송되어왔지만, 이것은 항상 미사에 직접 참석하는 것을 보충하기 위한 것이었다. 우리에게 "가상" 미사에 출석하는 선택권만 있을 때, 집회의 성례전적인 특징과 집회의 참여적 역할에 대한 가톨릭교회의 믿음이 감소되었다.

관심을 끌고 있는 중요한 문제 중 하나는 기술을 사용하는 방식이 회중에게 어떻게 신학적 결정을 하게 강요할 수 있는가 하는 것이다. 교황의 옥외 경축행사부터 "대형교회" 실내에 이르기까지, 예배에 사용되는 넓은 공간에서는 종종 예배 행사의 양쪽에 있는 대형 화면에 지도자들을 투사하기 위해 카메라가 사용된다. 이런 행사에 직접 참석할 경우, 사람들은 화면에 주목할 수도, 혹은 하지 않을 수도 있다.

하지만, 텔레비전이든지 온라인이든지, 일단 카메라가 예배를 위한 "눈"이 되면, 카메라 기사와 영상 감독(visual director)이 회중이 보고 들을 수 있는 가장 중요한 것이 무엇인지 결정한다. 장의자가 회중의 이동과 다른 형식의 참여를 제한하고 변화시켰던 것과 유사한 방식으로 디지털 미디어의 사용은 우리의 참여를 제한한다. 어떠한 방식으로 변화가 있을지는 시간이 말해줄 것이다.

4. 예배 예술

공간은 기독교 예배의 중요한 구성요소인 시각 예술(visual arts)을 위한 환경을 제공한다. 유명한 건축가인 랄프 아담스 크램(Ralph Adams Cram)은 건축물을 "예술의 연결점"이라고 즐겨 말한다. 이것은 상당 부분 사실이다. 건축물은 음악과 무용을 할 수 있는 장소일 뿐만 아니라, 조각, 그림, 그리고 다양한 시각예술과 공예품을 둘 수 있는 곳이다. 그러나 건축물은 단지 다른 예술품에 장소를 제공하는 것보다 훨씬 더 많은 것을 한다. 그것은 그리스도인들이 하나님께 대한 자신들의 관계를 표현할 수 있도록 돕는 예술품의 효율성을 더하거나 그것을 감해버린다. 기술은 예술 전시를 지원하고, 다른 방법으로는 불가능할 때(예를 들어, 인화된 사진과/ 혹은 비디오 형식의 투사에서) 예배에 그것을 포함시키는 것을 허용한다.

기독교 예배에서 다양한 시각예술은 어떤 기능을 담당하는가?

일부 전통은 그것을 완전히 배제해 왔다. 초기 교회와 종교개혁 시대에 때로는 그에 반대하는 격렬한 분노가 표출되었다. 그러나 이러한 다양한 **성상파괴**(iconoclasm)의 발발 자체가 시각 이미지의 힘에 대한 강력한 증거였었다. 반대의 극단에서 그것은 때때로 그저 공간장식용으로 사용된다. 따라서 그것은 재미도 없고 지루한 것이 되어 예배에 기여할 능력도 거의 없으며, 단지 불필요한 장식이 될 뿐이다.

우리는 일반 종교 예술과 예배 예술(liturgical art[특히, 비기독교적인 예들이 고려될 때 이것을 때때로 사이비 종교집단의 예술이라고 부른다])을 구별해야만 한다. 가장 간단하게 말한다면 예배 예술은 예배에 사용되는 예술이다. "종교 예술"(Religious art)은 훨씬 넓은 범주이고, 일부 정의로는 교회학교 인쇄물의 삽화, 반 고흐의 풍경화, 혹은 추상예술도 포함된다. 폴 틸리히(Paul Tillich)는 피상적인 관찰을 관통하는 깊이의 차원을 가진 모든 예술에 "종교적"이라는 용어를 기꺼이 적용했다.[8] 비록 그 주제가 보통 하나님이나 하나님의 역사하심을 통한 것이기는 하지만, 예배 예술은 종교 예술과는 대조적으로 그 사용에 따라 정의되는 경우가 더 많다.

예배 예술의 가장 중요한 기능은 우리에게 하나님의 현존(presence of the holy)을 자각하게 하고, 평범한 눈으로는 볼 수 없는 것을 보도록 하는 것이다. 예배 예술이 하나님을 임재하시도록 하는 것은 아니지만, 우리로 하여금 하나님의 임재를 인식하게 해 준다. 사진이 우리 옆에 없는 사랑하는 사람을 기억나게 하는 것과 마찬가지로, 예배 예술도 보이지 않는 하나님의 임재로 우리 눈을 열어준다. 물론, 차이점도 있다. 예배 예술은 우리에게 부재가 아니라, 현존을 자각하게 해 준다.

---

8   "Existentialist Aspects of Modern Art," *Christianity and the Existentialists*, Carl Michalson, ed. (New York: Scribner's, 1956), 특히 pp. 134-44.

적절한 예배 예술은 그 종교적 영향력(religious power) 때문에 엄청난 힘이 있다. 이것이 바로 보이는 것 너머를 꿰뚫으며, 신성을 전달하는 힘이다. 예배 예술은 이 세상의 물체를 사용하여 실체가 없는 것을 나타내야만 한다. 그러나 그림과 조각품이 그저 사람이나 물체의 외관을 자연주의적으로 복제하는 것이라면, 아무리 뛰어난 예술가라도 보이는 것 너머에 있는 것을 꿰뚫지는 못한다. 그리스도의 머리를 그린 많은 대중적인 그림들은 예수님의 인성만 나타내며, 우리를 결코 보이는 것 너머로 이끌고 가지는 못한다.

다른 한편 20세기 중반의 화가 조르쥬 루오(Georges Rouault)는 우리가 고통받으시는 하나님 앞에 서 있는 것을 아는 정도의 민감함으로 이런 유형의 주제를 다룰 수 있었다. 19세기와 20세기 초 뉴멕시코와 콜로라도의 히스패닉 문화에서 **산토스**(*santos*)의 제작자들은 기술은 형편없지만, 놀라운 종교적 힘을 가진 예배 예술품을 만들었다. 그들의 이미지들은 원시적이고 심지어 조잡할 수도 있지만, 예배의 부름을 받지 않고는 아무도 그것들에 대해 깊이 생각(contemplate)할 수 없다. 그들은 학문적, 예술적 기교보다는 확신과 통찰력에 훨씬 더 의지함으로 한 조각의 나무나 캔버스에 신비한 힘을 풀어 놓았다. 우리 내면의 눈이 이런 예술에 매료되어 우리는 보는 것과 믿는 것이 얼마나 가까운지를 발견한다.

과거에 예배 예술품을 파괴했던 사람들은 그것의 종교적 힘을 분명히 인식했지만, 무식한 사람들이 거울과 반사체를 혼동할지도 모른다는 사실을 두려워했다. 아마도 이것이 우리가 오늘날 직면하는 우상숭배 중 위험성이 가장 적은 형태일 것이다. 사실상 예배 예술이 우리의 감정에 대한 이기적인 만족과 자기중심적인 삶을 탐닉하지 말라고 요구할 때 그것은 훨씬 더 나쁜 형태의 우상숭배를 무너뜨릴 수 있다.

좋은 예배 예술의 또 다른 특징은 그 공동체적인 본질(communal nature)이다. 마주하게 되는 것은 예술가의 개인적인 경험이 아니라, 전체 공동체의 통찰력이다. 좋은 예배 예술은 주제의 독창성 때문이 아니라 공동체의 경험을 담아냈기 때문에 주목받는다. 이것은 예술가가 반드시 그리스도인이어야만 한다는 것을 의미하지는 않는다. 고대 카타콤으로부터 근대의 프랑스에 이르기까지 성공적인 예배 예술은 기독교공동체의 신중한 지도하에서 일한 비기독교 예술가들이 만들어 왔다. 그리고 많은 기독교 예술가는 자신들의 영감이 공동체적인 이상보다는 개인적인 이상을 불러일으켰기 때문에 만족스러운 예배 예술을 만들어 내지 못했다.

그런 예술을 통해서 함께 살아가는 것을 의도하고 있는 공동체는 그저 단순히 한 세대로 끝나지 않는다. 그것은 전통을 가진 공동체이다. 그런 전통들은 다른 세대들이 하나님의 일하심을 경험하고 즐겼던 방식을 반영한다. 이런 공동체들은 몇 가지 방법이 이런 현실을 시각적인 형태로 적절하게 반영할 수 있다는 것을 발견했다.

지나간 경험은 현재를 위한 예배 예술을 창작하는 데 있어서 항상 우리의 출발점이 된다. 그렇다고 예배 예술이 변하지 않는다고 말하는 것은 아니다. 역사적인 연구를 통해서 새로운 스타일과 내용들의 도입을 쉽게 연대순으로 기록할 수 있다.

그러나 그 모든 다양성 아래에 반복해서 동일한 시각적 내용으로 돌아가는 일관성이라는 강력한 흐름이 있는데, 그것은 마치 각기 다른 시대의 다른 그리스도인들과 우리를 연결해주는 많은 동일한 단어와 행위를 여전히 선호하는 것과 같다.

전래된 어휘들 일부분은 시각적 상징(visual symbols)의 형태를 취한다. 총기 규제, 환경 운동에 대한 자동차의 선전광고 스티커 예술, 혹은 남부 연맹 전투 깃발을 생각해 보라. 각각은, 건전하든 아니든, 공유된 신념을 불러일으키는 즉각적인 방식이다. 교회는 동일한 일종의 시각적 속기를 오랫동안 사용했다. 가시면류관, 구유, 혹은 불의 혀 – 이 모든 것, 또 수많은 것은 공유된 신념을 전달하며, 수 세기 동안 그렇게 해왔다. 그러나 상징에는 유통기간이 있다.

제2차 세계대전의 승리를 표시하는 "V"는 지금 어디 있는가?

현재 얼마나 많은 그리스도인에게 석류나 공작이 부활을 의미하는가?

새로운 상징들을 의도적으로 만드는 것은 쉬운 일이 아니다. 그것들은 자연스럽게 다가온다. 아마도 수많은 사람이 남녀평등이라는 정의를 표시하기 위해서 동시에 수학적인 등식부호의 적절함을 생각했을 것이다. 우리는 새로운 상징이 나타나기를 기다리고, 사라진 상징은 지워버릴 수 있다. 왜냐하면, 상징은 소수만 이해하는 암호가 될 때 사라지기 때문이다.

상징은 그것을 경험한 사람들의 삶에 강력한 현실을 반영하기 때문에 사용되어야만 한다. 그것들은 시각적(형상들)이고, 청각적(단어들)이며, 그리고 동적(움직임)일 수 있지만, 모든 경우에 우리가 경험하는 현실을 언급해야만 한다.

예배 예술로 사용되는 몇몇 표현 수단에 대해 간단히 이야기해야겠다. 예배에서 시각 예술은 두 가지 방식으로 작용한다. 일부는 고정되고 영속적이며, 나머지는 계절적이며 행사가 있을 때만 사용된다. 각 행사의 공통성과 독특성은 각기 다른 예배 예술로 강조될 수 있으며, 그것은 계속성과 또한 변화를 나타낼 수 있다.

예배에서 사용되는 고정되고 영속적인 표현 수단에서 중요한 것 중 하나는 조각품(sculpture)이다. 동방정교회에서는 조각품을 대단히 불신하였으며, 2차원적인 표현을 선호하면서 일반적으로 조각품을 금지한다. 최근까지 대부분의 종교개혁 전통도 3차원적인 형태를 너무 구체적인 것이라고 회피하였지만, 최근 수십 년 동안 크게 완화되었다.

그림(painting)은 일부 종교 개혁가들에게는 위험한 것처럼 보였다. 그러나 바닥부터 천장까지 과거와 미래의 거룩한 역사로 그려져 있는 중세의 각 교회 자체가 완전한 교리 교육장이었다는 사실을 기억해야만 한다. 일부 이미지들은 (긴 수염을 한 성부 하나님) 로마가톨릭에도 마찬가지로 불쾌한 것이었다. 새로운 교리 문답서를 인쇄하는 것이 훨씬 쉬웠다. 이런 문답서는 틀림없이 상상력은 풍부한 것이 아니었지만, 종교적인 논쟁의 시대에 바른 교리를 가르치기에는 훨씬 명쾌했다.

수많은 예술가가 대부분의 언어적 범주를 초월하는 방식으로 그림이 우리 예배의 대상을 아는 데 얼마나 많은 기여를 할 수 있는지를 보여 주었다.

그림에 대해서 언급한 것 중 많은 것이 채색 빛, 즉 채색 유리(stained glass)에도 동일하게 적용된다. 차가운 석조나 회반죽에 비치는 채색 빛의 따뜻하고 화사한 색채보다 더 아름답고 변화하는 인간의 창작품은 거의 없다. 우리는 이 수단을 명시적인 회화로 만들려고 시도함으로써 너무나 자주 오해해 왔다. 그것의 본질은 언어와 그림이 말할 수 없는 어떤 것을 말하는 추상적 개념인 기악에 더 가깝다. 모든 예배에 감정적인 요소가 존재한다는 사실을 부인할 수 없다. 그리고 채색 유리는 이런 요소에 대해서 거의 보편적인 호소를 하는 것처럼 보인다.

모든 교회는 성찬용기를 위해서 바구니 세공(basketry), 유리 세공(glass-blowing), 도자기 공예(ceramics), 혹은 금속 세공(metalsmithing)을 이용한다. 이런 예술 형식은 자신들을 창조하신 분에 대한 공동체의 기쁨을 표현할 기회를 제공한다.

양질의 바구니, 유리제품, 도자기, 그리고 은제품은 대부분 지역에서 살 수 있다. 이런 것은 교회 물품 공급자가 비축한 것들보다 품질이 뛰어나다. 대부분 지역 대학에는 회중들이 이런 용기들을 구하는 데 도움을 주거나 만들 기회를 기꺼이 받아들일 예술부 스튜디오가 있다. 위에서 지적한 것처럼 제본술(bookbinding) 역시 경시되었지만, 오늘날의 교회가 훨씬 더 많은 기술을 함양할 가치가 있는 꼭 필요한 예술이다.

절기와 행사에 따라 사용하는 예배 예술품은 특히 섬유, 그래픽 아트, 그리고 전자매체 등 많은 가능성을 포함한다. 비록 오래전부터 사용되었지만, 최근 몇 년간 섬유 예술(textile arts)에 대해 폭발적인 관심이 쏟아졌다. 섬유가 가지고 있는 부인할 수 없는 매력의 한 부분은 비영구성이다. 섬유는 한 행사나 한 계절이 끝나면 제거할 수 있으며, 심지어 버릴 수도 있다. 섬유가 쓰이는 다양한 용도는 인상적이다.

제단 앞의 **장식**(antependia)이나 혹은 **실내장식품**(paraments)은 설교단이나 독서대 위에 걸거나 늘어뜨린다. 그리고 제단 전면의 **휘장**(frontals)은 성찬대를 덮기 위한 것과 같은 방식으로 쓰인다(비록 오늘날은 성찬대의 형태를 감추지 않는 것을 선호하지만). 계절적인 색깔과 상징도 자주 사용된다. 예배용 **현수막**(banners)은 행렬 시에 나르거나, 공기의 흐름이 움직임을 주는 장소에 매달아 놓는다.

예배 사역자들을 위한 **제의**(vestments)나 **의복**(garb)은 더 많은 논쟁을 불러일으킨다. 그것은 많은 성직자의 보수주의에 대한 진정한 증거이다.[9] 5세기에 야만인들이 북유럽으로부터 떼를 지어 몰려와서 로마에 남자의 바지를 소개했을 때 성직자는 로마 제국의 일상 의복을 계속해서 착용함으로써 의복에 대한 신앙을 지켰다. 예컨대 판초와 비슷한 겉옷인 **제의복**(chasuble), **장백의**(alb), 혹은 남녀가 다 입는 흰 드레스 같은 튜닉, 공직의 상징인(경찰관의 배지와 비교할 수 있는) 목 주위에 걸치는 **스톨**(stole), 그리고 망토인 긴 **사제복**(cope) 등이다. 튜닉에서 유래된 옷들은 넓은 소매와 옆이 찢어진 **달마티카**(dalmatic)와 종종 길고 검은 야외용 옷인 **카속**(cassock) 위에 입는 긴 소매의 **중백의**(surplice)다.

일부 교회에서 주교는 특별한 의복을 입었다. 개신교의 성직자, 학자들, 그리고 판사들은 계속해서 중세 학자들의 검은 가운을 입었다. 18세기에는 두 개의 작은 흰색으로 된 목에 감는 장식 **끈**(bands)이나 옷에 매다는 **장식**(tabs)으로 세속적인 셔츠 깃이 부활했다. 일부 개신교 성직자는 검은 **설교용 가운**(preaching robe) 위에 그것들을 달았다. 장백의는 현재 겉옷으로 자주 사용되고, 단순함으로 인해 많은 사람이 선호한다. 어떤 종류의 다른 의복도 그 아래에(또는 위에) 입을 수 있도록 색상, 질감 그리고 디자인에 있어서 다양성을 첨가했다. 의복은 소통의 한 수단이며, 성직자가

---

9   *The New Westminster Dictionary of Liturgy and Worship*, edited by Paul Bradshaw (Louisville: Westminster John Knox Press, 2002), pp. 464-71.

입는 것은 그 행사의 성격을 말해준다.

그래픽 아트(graphic arts)는 섬유처럼 많은 형태를 취한다. 예배의 첫 번째 인상은 건물에 들어서자마자 손에 쥐어주는 인쇄된 주보이며, 그다음이 찬송가집(hymnal)이나 다른 예식서이다. 점차 우리는 페이지의 보이는 모습이 거의 그 페이지에 인쇄된 내용만큼 중요하다는 것을 이해하게 된다. 예배용 그래픽에서는 최근 몇 년간 우울할 정도로 칙칙하다가 부분적으로 흥미진진한 쪽으로 이동했다. 그러나 좋은 예들은 여전히 드물다.

아마도 교회에 포스터(poster)가 있을 것이다. 특별히 그날의 성구에 있는 핵심어구로 글자를 새긴 확대된 사진은 감동적인 진술문이 될 수 있다. 분명히 어떤 공간은 다른 공간보다 현수막이나 벽보를 걸도록 조정하기 쉬울 것이다. 그러나 알맞은 조명과 계절에 맞는 예술 작품을 걸 장소도 생각해야 한다.

시각예술 형태에 있어서 가장 최근의 다양성은 전자매체(electronic media)를 활용하는 것이다. 영화 필름의 클립([clip] 골라낸 부분)은 만약 건물에 이런 방식으로 표현하는 설비가 되어 있고, 저작권이 취득된 경우라면 세심하게 고른 영상을 비춰줄 수 있다. 빛의 조절이 잘 되고 평면 반사면과 전기를 꽂을 곳이 있는 곳이면 예배에 다른 어떤 세대도 몰랐던 새로운 차원을 더할 수 있다.

오늘날 우리가 원하는 무엇이나 벽에다 투사할 수 있다. 그러나 영상을 사용하는 기능은 예배의 나머지 부분을 압도시키지 않고, 오히려 보완하고 강조할 수 있도록 조심스럽게 사용되어야 한다. 좋은 예배음악과 마찬가지로 시각예술도 전체 예배와 신중하게 조화를 이루어야 한다.

이 모든 예술 형태들은 공간이 허락하는 것에 의존한다. 건물과/혹은 주변 공간은 다양한 예배 예술의 효율성을 크게 고양시킬 수도 있으며, 망칠 수도 있다. 좋든 싫든, 우리가 예배드리는 공간의 영향은 지대하다. 성육신에 근거한 종교에서 어떻게 그렇지 않을 수 있겠는가?

제3장 용어들

alb : 장백의
altar table : 성찬대
altar table space : 성찬대 공간
ambo (설교단[pulpit]을 보라) : 낭독대
antependia ([parament]실내장식품을 보라) : 제단 앞의 장식
antiphonally : 교송형식 (시를 앞뒤로 차례대로 부름)
apse : 앱스 (보통 교회 동쪽 끝에 있는 반원형 부분)
bands : 두 개의 작은 흰색으로 된 목에 감는 장식 끈
baptismal font : 세례 반
baptismal pool : 세례 조
baptismal space : 세례 공간
baptistery : 세례당
basilica : 바실리카 양식
Cambridge Movement : 캠브리지 운동
cassock : 종종 길고 검은 야외용 옷 위에 입는 옷
chasuble : 제의복
choir space: ([liturgical spaces]예배 공간을 보라)
congregational space : 회중 공간
cope : 긴 사제복
dalmatic : 넓은 소매와 옆이 찢어진 옷

frontal : 제단 전면의 휘장
gathering space ([liturgical spaces]예배 공간을 보라) : 모임의 공간
Iconoclasm : 성상파괴
iconostasis : 성화벽, 성장(聖障) ([성인들의 모습이 그려진 칸막이])
liturgical centers : 예배 중심
liturgical spaces : 예배 공간
martyrium : 순교자의 무덤이나 유적지에 지은 순교자 기념교회
movement space ([liturgical spaces]예배 공간을 보라) : 움직임의 공간
nave : 네이브
parament : 실내장식품
passing of the peace : 평화의 인사
preaching robe : 설교 가운
presider's chair : 집례자 의자
pulpit : 설교단
reredos : 제단 배후의 장식벽
rood screen : 칸막이
sanctuary : 성소
stole : 목 주위에 걸치는 숄
surplice : 긴 소매의, 중백의
tabs ([bands]장식 끈을 보라) : 옷에 매다는 장식
vestments : 제의

제4장

예배음악의 소리

캐런 웨스터필드-터커 | 보스턴대학교 신학대학원 예배학 교수

우리가 예배음악에 관해서 생각할 때 시간(제2장)과 공간(제3장)이 하나로 합쳐진다. 음악은 지속 기간이 있어서 시간 속에 존재하고, 음악의 일시성은 박자와 리듬에 의해서 특징지어진다. 그러나 시간은 음악 자체에 내재되어 있고, 음악을 만드는 사람들은 "시간과 관련된 피조물"이다.[1] 가장 기본적인 곡이라도 리듬과 멜로디를 사용하며, 때때로 화음을 사용한다. 교회력에 있는 특정 절기들이나 행사(결혼식, 장례식 등), 그리고 모인 공동체의 음악적 선호도가 예배음악의 많은 것을 결정한다.

우리가 듣는 것은 음악이 만들어지는 공간에 의해서도 결정된다. 예배의 각 공간은 실제로 청각적 체험으로 음악의 질을 결정하는 악기이다. 때때로 이 소리는 전자기기에 의한 음량 증폭, 가구 및 바닥재의 음향 효과, 그리고 공간 내의 악기나 음악가의 위치에 의해서 질적으로 향상된다(혹은 저하된다).

그러므로 음악이 시간과 공간 모두에 존재해야 한다는 것과 예배음악에 있어서 시간과 공간이 가지고 있는 중요성을 명심하는 것이 좋다. 물론, 기독교 예배는 음악 없이 존재할 수 있고, 초기 퀘이커교도 같은 소

---

1 *Jeremy S. Begbie, Theology, Music and Time* (Cambridge: Cambridge University Press, 2000), pp. 34-35.

수의 개신교 전통은 일반적으로 음악을 완전히 배제한다. 하지만, 대부분 교회에서 음악은 중요한 역할을 담당하고, 심지어 회중이 참여하는 가장 중요한 형태일 수도 있다.[2] 우리는 종종 일부 전통들의 성금요일 예배에서처럼 음악이 없을 때 그 중요성을 가장 잘 이해한다.

우리는 반드시 왜 음악이 기독교 예배에 그렇게 필수적인 것이라고 간주되는지 자문함으로써 시작해야만 한다.

왜 많은 교회가 교회 예산(돈, 공간, 시간에 있어서)의 주된 부분을 기꺼이 음악에 지출하는가?

그런 후에 **교회음악**([church music], 또는 **종교음악**[sacred music], 또는 **예배음악** [liturgical music])의 주요 구성요소와 기독교 예배에서 음악이 취하는 다양한 형태를 논의할 것이다. 마지막으로, 과거와 현재의 기독교 예배에 음악이 어떻게 기능했는지 간단히 검토해 보고자 한다.

1. 그리스도인들은 왜 노래하는가?

교회음악의 주된 기능은 예배 참여에 좀 더 깊은 차원을 더해 주는 것이다. 노래를 부르기 위해서는 자신이 무엇을 하고 있는지 완전히 알고 의식해야 한다. 각 가수의 노래에 생기를 불어넣는 숨결은 다른 사람들의 숨결 및 목소리와 동시에 합쳐져서 믿음을 표현하고 예배받으시는 하나님께 영광을 돌린다.

노래를 통해서 함께 호흡할 수 있게 된 것은 모인 사람들의 결속을 실현하는 데 도움이 된다.

---

[2] Mark Chaves, *Congregations in America* (Cambridge, Mass: Harvard University Press, 2004), pp. 131-32.

가사를 노래하기 위해서는 그저 어떤 것을 크게 암송하는 것보다는 훨씬 더 많은 집중이 필요하다. 그러나 때때로 지나친 친숙함이 노래를 진부하게 만들 수도 있다. 보통 음악이 전혀 없을 때보다는 음악이 있을 때 한층 깊이 있는 수준의 공연과 청취를 하게 된다. 따라서 음악은 행사의 차원을 더해 준다.

음악이 예배를 돕는 이유 중 하나는 음악이 평범한 연설보다 표현이 더 풍부한 매체라는 점이다. 음악은 박자, 음의 높이, 음량, 멜로디, 화음, 그리고 리듬에 있는 다양성을 통해 우리로 하여금 강렬한 감정을 표현할 수 있게 해 준다. 그래서 사람들은 말할 때보다 노래할 때 표현력의 폭이 훨씬 커진다. 음악은 음악 없이 표현되는 것보다 훨씬 강렬한 감정을 전달할 수 있으며, 그리고 많은 경우 그렇게 한다.

또 다른 요소는 음악이 가지고 있는 아름다움이다. 예배에서 아름다움이 상당한 가치가 있을 수 있음에도 불구하고, 예술적 아름다움을 만들어 내는 것이 예배의 목적이 아니기 때문에(또는 음악의 목적도 아니다) 우리는 이 부분에서 조심해야 한다. 최소한의 미적 특성을 가진 음악이라도 어떤 사람들에게는 자신들의 예배를 표현하는 만족스러운 매체로 잘 기능하는 것처럼 보인다.

우리는 전문적인 연주회에 적용하는 것과 동일한 기준으로 예배를 비평할 수 없다. "세련된" 회중을 위한 "좋은" 교회음악이 무엇인가를 배워 왔던 많은 사람은 다른 사람들 또한 다양한 사람들과 이 음악이 사용되는 상황에 무엇이 "좋은" 것인지 배웠다는 점을 깨닫지 못한다. 문화적인 세련됨의 모든 수준에는, 몇 개의 각기 다른 가능성이 있다. 일부는 각 상황에서 나머지 다른 것보다 더 적합하다. 따라서 만약 우리 회중의 문화와 상황에 따라서 음악을 선택하지 않는다면, 우리는 도리어 음악 선택 있어서 엘리트주의자가 되기 쉽다.

그렇다면, 우리 자신의 음악적 기량이 아무리 빈약하더라도, 음악의 한 가지 기능은 우리가 아름답다고 여기는 어떤 것을 제공하는 것이다. 아무리 다른 사람의 음악적 기량이 뛰어나더라도, 다른 사람의 노래를 들을 때보다는 자신이 실제로 노래를 부를 때 더 적극적으로 참여하게 되는 이유가 바로 이것이다. 다행히 우리는 두 가지 사이에서 선택해야 할 경우가 드물다. 우리는 한 예배에서 개인이나 혹은 그룹이 부르는 노래와 회중 찬송 둘 다를 제공받을 수 있다. 그러나 회중 찬송은 모든 사람에게 자신이 낼 수 있는 최고의 소리를 하나님께 드리는 것을 허용하는 명확한 이점이 있으며, 이는 다른 사람의 노력으로 대체될 수 없는 것이다.

교회음악은 우리 예배에 감정과 아름다움이라는 더 많은 차원을 덧붙이는 데 있어서 필수적이다. 음악이 예배에 그토록 중요하다면, 건물이 음악에 끼치는 영향은 결정적이다. 소리는 다른 어떤 악기에서와 마찬가지로 교회 건물 안에서 진동하거나 건물로 흡수된다. 일부 콘서트홀은 벽이 더 많은 소리를 흡수하거나, 반향할 수 있도록 조정이 가능한 루버(louver, 폭이 좁은 판을 비스듬히 일정 간격을 두고 수평으로 배열한 것으로 환기와 흡음을 위해 사용된다―역자주)로 "조정 가능하도록" 건축된다.

이러한 조정은 교회 건물에서도 어느 정도 발생한다. 더 많은 사람이 모이고, 더 많은 소리가 흡수됨에 따라 음향이 바뀐다. 건물은 다양한 방식으로 기능하여 각기 다른 형태의 음악에 영향을 미친다.

기악(instrumental music)의 필요성은 사용되는 악기나, 악기의 조합에 따라 어느 정도 달라진다. 보통 현대 서방 회중들은 밝고 가벼운 음과, 약간의 반향이 있는 것을 선호한다. 그러나 말하는 것을 방해하는 울림을 만들 정도로 반향이 많아서는 안 된다. 피아노나 오르간 외의 악기의 사용으로 종종 조정 가능한 공간을 마련해야 할 필요성이 생겼다. 반주와 멀리 떨어져서 노래 부르는 것이 어렵기 때문에 노래하는 사람들과 악기 연주자들은 가까운 곳에 있어야 한다.

소리가 성단소로부터 직각으로 굴절되어 나오지 않게 하거나, 파이프 오르간이 트랜셉트(십자형 교회의 좌우 날개 - 역자주)에 묻혀버리지 않도록 공간의 전체적인 내부는 신중하게 계획되어야만 한다. 연주자의 기량이 아무리 뛰어나더라도 건물 도처의 외관과 자재들은 청취되는 기악곡의 음질에 영향을 준다.

공간은 **찬양하는 그룹들**(groups of voices)에게 또 다른 영향을 준다. 사실상 합창음악의 소리(예를 들어, 찬양대, 예배 가수들 등등)는 주로 그 음악을 위해 준비된 공간에 의해서 좌우된다. 공간을 설계하거나 나누기 전에, 먼저 합창음악의 기능이 무엇인지 질문해야 한다. 대부분의 교회는 합창단이나 가수가 예배에서 어떻게 기능해야 할지를 검토하는 것보다, 더 크고 더 좋은 찬양대와 예배 가수 그룹을 구축하는 데 훨씬 많은 시간과 힘을 쏟는다. 그러나 우리가 그 주요 기능이라고 생각하는 것이 공간의 구성과 다섯 가지 예배 공간과 관련된 그 위치를 확실하게 결정할 것이다.

만약 공식적인 찬양대나, 가수 집단의 주된 기능이 말씀 사역과 함께하는 것이라고 이해한다면-회중을 **향한**(to) 찬양-회중을 바라보는 위치가 불가피하다. 그러나 목소리가 보는 것보다는 듣는 것이라면 이런 위치는 문제를 일으킬 수 있다. 다른 목회자들은 회중의 주목을 받기 위해서 찬양대와 경쟁해서는 안 된다. 특히, 설교 중에는 더욱 그렇다. 만약 노래하는 집단이 주로 아름다움을 제공하기 위해 필요한 것이라고 간주되는 경우 - 회중을 **위한**(for) 찬양대 - 눈에 덜 띄는 위치도 같은 목적으로 사용될 수 있다.

점차로, 회중은 찬양대, 가수 그룹, 혹은 예배 밴드의 우선 되는 기능 중의 하나가 회중 찬송을 인도하는 것, 즉 회중과 **함께**(with) 노래하는 것이라는 점을 이해하기 시작한다. 새로운 찬송가나 노래를 소개하거나 어려운 곡을 인도할 때는 특히 그렇다. 이런 돕는 기능은 종종 회중의 뒤에 있을 때 가장 잘 성취된다. 어떤 경우든 찬양대는 가능한 한 회중과 가까운 곳에 있어야 하며, 심지어는 회중과 섞여 있을 수도 있다. 옛 **바실리카 양식**(basilican)의 (찬양대나 가수 그룹이 회중석의 앞에 있고, 삼면이 회중으로 둘러싸여 있는) 배치는 이러한 세 가지 기능 모두에 맞게 많은 것을 제공한다.

가수가 어떤 위치에 있든지, 그 배치가 모든 사람이 듣고 있는 노래의 내용과 의미를 결정한다. 따라서 찬양대나 가수 그룹의 위치는 아마도 오늘날 예배 공간 구성에서 가장 성가신 문제일 것이다. 그들의 역할이 주일마다 바뀔 수 있으므로 찬양대석을 이동 공간으로 취급하는 것이 이상적이다.

일부 교회는 깊이 생각한 후에 찬양대를 특별한 행사나 종교음악회에서만 사용한다. 인도자와 회중 둘 다 즉시 서로에게 동질감을 느끼고 함께 찬양할 수 있도록, 찬양대나 찬양인도자를 위한 공간은 항상 회중 공간과 밀접하게 관련되어 있어야만 한다. 예배에서는 모인 공동체의 모든 사람이 공연자이다.

무엇보다도 가장 중요한 것은 **회중 찬송**(congregational song)이다. 이 형태의 음악은 참석한 모두에게 자신을 표현할 기회를 제공한다. 여기서 최우선의 기준은 아름다움이 아니라 적절한 표현력이다. 회중 찬송은 예배자들의 가장 깊은 감정과 신앙을 표현하는 테스트를 통과해야만 한다. 이를 성공적으로 수행한다면 그것은 종종(그러나 부차적으로) 매우 아름답다.

오늘날 회중 찬송에는 **시편찬송**([psalmody] 시편 부르기), 평성가(plain chant) **찬송가**([hymnody] 찬송가 부르기), 비서방 노래(non western songs), 찬양과 경배의 노래, 합창([choruses], 짧고 반복되는 후렴), 그리고 **예배음악**([service music], **상투스**[*Sanctus*]-"거룩, 거룩, 거룩"처럼 예배에서 노랫말이 확정된 음악)과 같이 다양한 형태가 있다. 아우구스티누스는 찬송가를 "노래로 하나님을 찬양하는 것"이라고 했다. 그러나 대부분의 찬송가는 좀 더 좁은 의미에서 멜로디에 맞춘 운율이 있는 시이다. 찬송가는 형식과 내용에서 굉장히 다양할 수 있다. 노래는 또한 자유롭게 할 수 있고, 정해진 박자를 따르지 않을 수도 있다. 그리고 후렴구와 두개의 다른 악절이나, 한 절을 후렴구에 연결하는 브리지를 활용할 수도 있다.

회중 찬송이 중요하다고 해서 항상 경시되지 않는 것은 아니다. 종교음악회를 제외하고, 합창단이 회중을 보충하는 역할을 하는 경우, 이 가

수 그룹은 회중이 성취할 수 없는 것을 하거나, 회중이 노래를 더 잘 할 수 있도록 돕기 위해서 존재한다. 헌신된 그룹이나 독창자에 의한 음악은 회중 찬송을 대체하는 것이 아니다.

회중 찬송이 주는 효과의 많은 부분은 음향에 달려있다. 소리를 너무 잘 흡수하는 건물은 모든 구성원에게 혼자 노래하고 있다는 두려움을 강화시킴으로써 당황해서 노래하지 못하게 만든다. 바닥과 벽의 딱딱한 외관은 찬양을 크게 도와줄 수 있다. 이에 덧붙여서 회중은 불가피한 경우가 아니라면 따로 떨어진 트랜셉트나 발코니로 흩어져서는 안 된다. 이런 배치는 응창성가에서는 좋을지 모르지만, 이런 형식의 찬양은 함께 찬양하는 경우보다 그 빈도수가 적다.

음악은 몸 예술(body art)이다. 어색함 때문에 우리가 인정하지 못할 수도 있지만, 음악은 우리 몸 전체를 움직이게 만든다. 안타깝게도 아이들은 춤추지 말라고(*not*) 배운다. 어린아이들은 종종 음악 소리에 맞춰 춤을 추기 시작하지만, 나이를 먹으면 움직이지 않게 된다.

때때로 그리스도인들은 다음과 같이 **예전 무용**(liturgical dance)을 예배의 주요 부분으로 사용해왔다. 2세기에 알렉산드리아의 클레멘스(Clement of Alexandria)는 손과 발을 사용하는 기도에 관해 말했다. 19세기 대부분에 걸쳐서 셰이커교도들(Shakers)은 춤을 예배의 중요한 부분으로 만들었다. 그들은 나이가 들어서 공동체의 모든 구성원이 참여하기 어려울 때만 그것을 포기했다. 일부 그리스도인들은 북을 치고 춤추는 것이 손과 발로 예배하는 자연스러운 방식이라는 것을 발견한다. 대부분의 북미 개신교도들은 손뼉을 치고 발을 두드리는 것을 교회음악의 자연스러운 부분으로 이해했던 선조들로부터 불과 몇 세대밖에 차이 나지 않는다. 아프리카인들과 아프리카계 미국인들의 예배는 회중의 안무로 충만하고, 모든 회중은 리듬에 맞춰 박수친다. 중세 후반에 장의자가 도입되기 이전의 서방 그리스도인들이 그랬던 것처럼 많은 동방정교회에서는 아직도 전 회중이 자유롭게 이동한다.

전 지체들이 각종 **자세**(posture[무릎을 꿇고, 서고, 앉는]), **제스처**(gesture[포옹, 떡을 뗌, 십자가의 표지를 만듦]), 그리고 각종 **움직임**(movements[성찬, 모임 헌금])으로 예배에 참여한다. 최근 몇 년간, 특정 의식에서 있었던 고대의 전체 회중 **행렬**(procession)은 마음을 뒤흔드는 간증으로 재발견되었는데, 특별히 적절한 노래, 혹은 기악이 수반될 때 그렇다. 심지어 의복(clothing) 조차도 예배의 중요한 부분이다. 의복은 의미 있는 움직임을 촉진하거나 혹은 억제할 뿐만 아니라, 그 행사와 그 안에서 우리 역할에 대해 우리가 이해하고 있다는 것을 증명한다.

최근에 좀 더 일반적으로 된 예전 무용은 많은 면에서 합창음악에 비유될 수 있는데, 리더십을 제공하는 잘 훈련되고 능숙한 공연자와 함께한다는 면에서 그렇다. 가능하다면 회중들은 회중 찬송에서처럼 예전 무용에도 역시 적극적으로 참여해야 한다. 회중 공간이 움직일 수 없는 장의자로 빽빽한 곳에서는 회중들이 춤을 출 가능성은 큰 제한을 받는다.

침묵(silence) 역시 예배의 중요한 부분이다. 종종 소리가 없으면 소통을 많이 할 수 있다. 침묵을 가장 잘 활용할 수 있는 것은 수련에 달려있다. 모든 예배자가 죄를 고백하고, 방금 읽은 성구들을 숙고하며, 주제나 관심사에 관해 묵상하고, 중보기도에 집중하는 것과 같은 방식으로 인도받을 때, 침묵은 완전히 공동체적인 것이 된다. 인도받는 침묵은 대단히 공동체적일 수 있다. 방해받지 않고 계속해서 침묵할 수 있도록 외부의 소음을 막아주거나, 건물 안의 기계음을 가라앉힐 공간이 필요하다. 침묵에서조차 공간은 아주 중요하다.

2. 예배음악의 형식과 기능

9세기 이전에 기독교 예배에 사용되었던 음악을 재현하는 것은 거의 불가능하다. 왜냐하면, 악보가 남아 있는 곳에서는 그것이 어떻게 연주되었는지가 정확하지 않기 때문이다.

초기의 교회음악가들은 완전히 기억에 의존했다. 결국에는 가사의 단어들 위에 상승이나 하강하는 선들을 그릴 때도 있었다. 11세기쯤에 이탈리아의 수도사인 귀도 다레조(Guido d'Arezzo)가 부호를 배치하는 방법을 발전시키기 시작했다. 그것이 지금 우리가 알고 있는 평행선 위에 있는 음표로 위치에 따라 음의 높이를 나타내 준다.[3] 나중에서야 각 음표의 지속시간을 나타내는 방법이 발견되었다. 20세기에 토마스 에디슨(Thomas Edison)이 소리를 보존하는 수단인 축음기를 발명했다. 따라서 첫 1000년이 단지 기억에 의존해서 보존할 수 있었던 것을 우리는 악보를 통해서 재현하거나 전자매체를 통해서 재생할 수 있다.

새로운 악기가 출현함에 따라 기술이 늘 교회음악의 발전에 영향을 끼쳤다. 그중 가장 극적인 것은 고전 시기의 세속적 기원에서 유래했고, 고대부터 있었으며, 10세기 이전에는 서방교회에서 사용되지 않았던 파이프오르간이었다.

오르간은 처음에는 큰 수도원이나 성당에서 나타나기 시작했지만, 작은 교구 교회에서는 훨씬 후에야 일반적인 것이 되었다. 오르간은 원래 미사와 성무일과에서 합창음악을 보조하는 기능을 했으며, 종교개혁 시대에는 회중 찬양을 보조하게 되었다. 다른 악기들은 독주나 그룹 연주에 종종 활용되었다. 그리고 매 세기마다 이용 가능성의 폭이 넓어졌다. 20세기 후반에는 새로운 음을 장착한 전자 악기들과 역사적으로 기독교 예배와 관련이 없었던 악기들이 나타났다.

여기에 예배에 사용되는 음악에 대한 장기적인 문제, 즉 세속적인 음악과의 관계가 놓여있다. 초기 그리스도인들은 결혼식과 장례식에서 사용하는 것과 같은 지역 문화의 종교적인 음악을 알고 있었으며, 많은 그리

---

3   Andrew Wilson-Dickson, *The Story of Christian Music* (Oxford: Lion Publishing, 1992), p. 44. 이 책과 Paul Westermeyer, *Te Deum: The Church and Music* (Minneapolis: Fortress Press, 1998)은 우수한 일반적 설문조사이다.

스도인은 세속 음악이 가져올 문제를 막기 위해서 신중한 조치를 취했다. 유대교의 음악 역시 문제를 일으켰다. 히브리어 경전들, 특히 시편은 예배에서 악기사용에 대해 풍부한 언급을 했지만, 그리스도인들은 자신들의 예배가 이것을 너무 닮을까 봐 불안해했다.

현대에 가스펠 블루스의 출현은 "교회음악은 무도회 음악이나 나이트클럽의 소리들과 어느 정도까지 비슷할 수 있는가?"라는 비슷한 문제를 제기했다.[4] 새로운 음악 형식이 나올 때마다 이런 문제는 재현되었으며, 앞으로도 계속해서 그럴 것이 틀림없다. 보통, 그리스도인들은 어떻게 해서든 각각의 새로운 스타일의 이름을 지었으며, 결국에는 그 스타일을 교회의 사용에 적합하게 만들었다.

또 다른 극단에는 예배를 위한 것이 아니라, 오히려 콘서트홀을 위해 만들어진 종교음악이 있었다. 18세기에서 20세기 사이에 작곡된 소위 미사곡의 다수는 결코 성찬에서 부르기 위해 작곡된 것이 아니었다. 그 곡들은 전통적인 예배음악 가사들을 연주회 무대를 위한 연주 작품으로 바꾼 것이었다. 요하네스 브람스(Johannes Brahms)의 〈독일 레퀴엠〉(*German Requiem*)은 참을 수 없을 정도로 긴 장례식이 될 수도 있지만, 훌륭한 음악적 헌사가 될 수도 있다. 레오나드 번스타인(Leonard Bernstein)의 〈미사〉(*Mass*)는 교회에서 불경한 것이라고 간주할 수 있다. 음악의 영역에서 교회와 세상의 관계는 이전에도 모호했지만 앞으로도 그럴 것이다.

그럼에도 한 가지 요인은 변하지 않는다. 예배음악은 심지어 다른 사람들이 연주할 때도 참여라는 고도의 요소를 갖도록 되어있다. 예배음악은 우리가 실제로 연주자나 음악가가 아닐지라도 우리 자신을 봉헌하는 것이다. 우리는 예배를 드리고자 그 자리에 있음으로써 소리의 봉헌을 공유한다. 연주회장은 연주에서 완전히 분리되어 있을지 모르지만 교회는 참

---

4 Michael W. Harris, *The Rise of Gospel Blues: The Music of Thomas Dorsey in the Urban Church* (New York: Oxford University Press, 1992), pp. 185-208.

여하는 것이다. 그리고 이것은 우리가 공동체에 적합한 어떠한 음악 형식이나 스타일로든지 "모든 목소리를 높이고 노래"할 때 가장 잘 드러난다.

우리가 아는 한, 일부 음악 형식의 기원은 기독교 예배에 있었다. 심지어 최후의 만찬(Last Supper)에서도 찬송가를 불렀으며(마 26:30), 그것은 아마도 시편 115-118편 중에서 선택된 것이었을 것이다.

그리스도인들은 "시, 찬송, 그리고 신령한 노래들"(엡 5:18-20과 골 3:16-17)을 부르도록 권면 받았다. 그리고 누가복음 1장의 마리아송가(Magnificat: Song of Mary)와 스가랴의 노래(Benedictus: Song of Zechariah)나, 누가복음 2장의 시므온의 노래(Nunc Dimittis: Song of Simeon)처럼 신약에서 **찬송가**(canticle)의 실제 예를 충분히 볼 수 있다.

또한 많은 요소를 회당 예배에서 가져왔다.

"성직자가 아닌 평신도에 의해 인도된 이러한 설교 중심의 예배 - 찬양이라는 영적인 제물이 예배의 중심을 차지했던 - 는 예수를 따르는 자들에게 중요한 모델을 제공했다."[5]

그럼에도 기독교 예배는 유대교보다 즉흥성, 심지어 황홀감이라는 요소도 더 많이 포함하려는 경향이 있었다. 각각 반복적인 박자와 행수(行數)가 있는 연으로 나눠진 **운율 있는 찬송가**(metrical hymns)의 발전에 대한 초기의 증거가 있다. 에드워드 폴리(Edward Foley)는 이들 중 첫 3세기의 것에 관해서 "예배 전체가 음악적이며, 예배는 어느 정도 전체 회중에 속하였다. 그래서 음악도 특정 가수들이나 **선창자들**(cantors)보다는 그들에게 속했다"라고 결론짓는다.[6]

기독교가 콘스탄티누스 황제 통치하에서 합법적인 종교로 존중받게 되었을 때, 전반적인 예배와 특히 음악이 보다 복잡하고 보다 세련되어졌다. 이방 종교와 관련되지만 않는다면 악기도 사용할 수 있었다.

---

5 Edward Foley, *Foundations of Christian Music* (Nottingham: Grove Books, 1992), p. 50.
6 Foley, *Foundations of Christian Music*, p. 84.

4세기에 가사를 노래할 때 예배자들을 인도하는 역할이나 혹은 독창자로 **선창자**(cantors)들이 모습을 드러냈다. 시간이 지나면서 찬양대가 생기자 예배 모임에는 이제 다양한 음악전문가들이 함께하게 되었다. 이에 여자가 공적 예배에서 노래할 수 있는가에 대한 논쟁이 일어났다.

이에 대한 반대자들은 유대교에서 있었던 선례와, 바울이 고린도전서 14:34에서 "여자는 교회에서 잠잠하라"라고 말한 것을 근거로 자신들의 주장을 펼쳤다. 결국에 이것은 여자들만의 찬양대나 회중 찬송에 여자들이 참여하는 것을 받아들임으로써 해결되었다.

음악은 신학적 투쟁에서 큰 역할을 하게 되었다. 밀라노의 암브로시우스(Ambrose)는 많은 찬송가를 작곡했다. 그중 "오! 주의 찬란한 영광"(O Splendor of God's Glory Bright) 같은 일부는 아직도 불린다.[7] 6세기의 베난시우스 포르뚜나뚜스(Venantius Fortunatus)는 현대의 찬송가집에 "모두 기뻐하세"(Hail Thee, Festival Day), 혹은 "찬양하라, 영광스러운 전투를"(Sing, my Tongue, the Glorious Battle)이라는 제목으로 실려 있다. 음악의 힘, 즉 음악의 아름다움이 예배자들을 산만하게 만드는 힘에 민감했던 아우구스티누스는 가사가 주도해야 할 필요성을 주장했다.

4세기 이후로 교회음악의 보고(寶庫)에 운율 있는 찬송가가 계속해서 더해졌다. 가이사랴의 유세비우스(Eusebius of Caesarea)가 주후 337년에 "하나님의 기쁨은 아침과 저녁에 지구상의 모든 곳에서 그분의 교회에 쏟아부어지는 찬송이다"라고 언급한 것처럼 찬송가를 부르는 것은 사람들의 매일공중기도의 일환이었다.[8]

중세 시대에는 음악 표기법과 같은 교회음악에서의 많은 발전이 수도원에서 시작되었다. 수도원의 삶은 찬양대(choir, 혹은 quire)라고 알려진 교회의 한 부분에서 매일 밤낮으로 8번씩 공중기도를 노래하는 것을 중심으

---

7 대부분의 최근 찬송가집에는 작곡가, 번역가, 그리고 저자별로 이러한 정보의 색인이 만들어져 있다.

8 시편 64:10의 주석을 저자가 번역한 것, *Patrologia Graeca* 23, p. 640.

로 삼았다. 이런 이유로 수도원 생활 자체를 반영해주는 아주 독특한 교회음악 형식이 발전되었다. 이러한 삶은 아주 공동적이었지만, 또한 개인적인 관상과 교육에도 초점을 맞추었다. 발달된 음악은 예전적 가사, 특히 교회력과 성자주기를 위해서 작사된 많은 찬송가는 물론, 매주 부르기로 되어 있는 전체 시편서를 노래하는 것에 초점을 맞추었다.

찬양대 공간은 보통 찬양대석을 두 칸으로 나란히 나누어 시편을 응창 형식으로 부를 수 있도록 했다. 때때로, 단일 구절이 **교송**(antiphon)으로 반복되었으며, 응창이나 부름(invitatories, 기도나 찬양으로 초청하는 내용으로 주로 시편이 사용됨-역자주)으로서 대화하듯 부르기도 했다("주님, 당신께서 우리의 입술을 열어 주옵소서. 그리고 우리의 입이 당신을 찬양할 수 있게 하소서?"[Oh Lord, open thou our lips/And our mouth shall show forth thy praise]).

발전된 음악 스타일은 **그레고리오 성가**(Gregorian chant)나 **평성가**(plain-song)로 알려져 있으며, 수도원의 삶처럼 소박하고 금욕적이다. 그레고리오 성가는 화음보다는 오히려 제창으로 불렸기 때문에 모든 목소리는 단음조로 통합되었다. 꾸밈은 피했으며 가사가 리듬을 결정했고, 공동적이었으며 사색적이었다. 매일 다양한 시간에 따라 성경적인 요소를 더하고, 특별한 절기들을 기념하기 위해서 **성무일과 송가**(Office hymns)가 작사되었다. 그 대부분이 삼위일체 하나님께 드리는 찬양인 **송영**(doxology)으로 끝난다.

후기의 성무일과 송가의 예는 토마스 켄(Thomas Ken) 주교의 "이 밤에 나의 하나님이신 당신께 모든 찬양을"(All praise to Thee, My God, This Night)로 친숙한 송영인 "만복의 근원 하나님께 찬송 드리고"(Praise God, from Whom All Blessing Flow)로 끝을 맺는다.

중세에 수도원의 예배 형식은 교구에서 사용하는 매일공중기도의 틀을 만들고, 교회음악을 발전시키며, 교회 건축의 구조 형성에 가장 큰 영향을 미쳤다. 미사 자체에서 예배음악은 수도원은 물론 교구와 대성당의 배경에서 발달되었다. 통상 부분(미사의 고정된 음악 텍스트)은 **자비송**(Kyrie, [주여, 자비를 베푸소서]), **대영광송**(Gloria in excelsis, [높은 곳에 계시는 하나님께 영광]), **신경**(Credo, [나는 믿습니다]), 그리고 **삼성송** 또는 상투스(Sanctus, [거룩, 거룩, 거룩])와 베네딕투스(Benedictus, [주의 이름으로 오시는 이여 찬양 받으소서])와 **하나님의 어린양** 또는 아뉴스 데이(Agnus Dei)를 포함한다.

성구들에 맞추기 위해서 바뀐 **고유 부분**(propers, [다양한 텍스트])은 다음과 같다. 입당송(입당의식에서 부르는 시편 구절), **층계송**(gradual, [서신서 후]), **알렐루야**(alleluia, [복음서 전]), **헌금송**(offertory), 그리고 **성찬송**(communion, [보통 성찬식 동안의 시편 한 구절]) 등이다. 그 절기를 잘 설명해주는 수많은 **연속송**(sequences)이나 원본의 시로 된 가사들이 알렐루야 송으로부터 발전되었다. 사실상 이 모든 연속송들은 가톨릭 종교개혁인 트리엔트 공의회를 뒤이어 1570년판 『로마 미사경본』(*Roman Missal*)에서 제거되었다.

감사하게도, 일부 연속송들은 19세기 번역가인 존 메이슨 닐(John Mason Neale)에 의해서 회중을 위한 운율 있는 찬송가로 되살아났다. 예컨대, 종려주일을 위한 "왕 되신 우리 주님께"(All Glory, Laud, and Honor), 혹은 부활절을 위한 "오 아들, 딸들아 노래하자"(O Sons and Daughters, Let Us Sing) 등이 그런 것이다.

미사에서 부르는 대부분의 노래는 남자와 소년들로 구성된 찬양대가 라틴어로 불렀다. 그러나 폴란드처럼 평신도들이 부르는 자국어 찬송가가 발달된 지역도 있었다. 중세 후반에는 보다 큰 교회들에 웅장한 파이프오르간들이 출현했다.

중세 후반의 작곡가들은 **다성음악**(polyphony)이나, 혹은 동시에 여러 목소리를 사용하기 시작했고, 때로는 각기 다른 텍스트와 멜로디에 맞추어서 그렇게 했다. 이것은 고도의 음악적 기량을 갖춘 전문적인 찬양대를 요구했다. 세속적인 곡조들이 예배음악에 들어왔으며 "무장한 사람"(The Armed Man)이라는 군악대 곡은 많은 미사의 배경을 위한 토대가 되었다. 일부 사람들은 다성음악이 예배에 적합한가에 대해서 의문을 제기했다.

16세기의 개신교 종교개혁으로, 예배음악의 새로운 기능이 폭발적으로 나타났다. 그것은 예배에서 음악을 완전히 배제하는 것으로부터 거의 완전히 음악적인 예배에 이르기까지 다양하였다. 로마가톨릭교회 안에서는 음악이 그냥 두기에는 너무 세속적이 되지 않았는가에 대한 논쟁이 일어났으며, 트리엔트 공의회는 음악을 개혁하기보다 "완전 금지"까지 논의했다. 비록 성직자들은 "오르간이든지 노래든지 선정적이거나 불결한 모든 음악을 교회로부터 반드시 추방시켜야한다"라는 규정이 있기는 했지만, 다행히 개혁이 승리했다.[9]

많은 음악에 대해서 비판적인 견해를 취했던 성 이그나티우스 로욜라(St. Ignatius Loyola)는 자신의 수련수사들에게 음악을 금지시켰다. 그럼에도 예배음악에 베니스의 지오반니 가브리엘리(Giovanni Gabrieli), 로마의 올랜도 디 라수스(Orlando di Lassus), 마드리드의 토마스 루이 드 빅토리아(Thomas Luis de Victoria) 같은 훌륭한 예배음악 작곡가들이 넘쳐났다. 무엇보다도, 피에르루이기 다 팔레스트리나(Pierluigi da Palestrina)는 대위법이 가사의 가청도를 방해하지 않을 정도로 절제된 음악 작곡에 있어서 탁월했다. 그가 1555년 작곡한 **미사 파페 마르첼리**(*Missa Papae Marcelli*)는 가사를 잠식하지 않는 세련된 음악의 이상이 되었다. 팔레스트리나는 예배의 엄격성과 6개의 파트를 위해 작곡된 음악적인 정교함 사이에서 타협점을 찾았다.

교회음악의 이런 근본적이고 새로운 가능성을 처음으로 파악한 사람은 마르틴 루터(Martin Luther)였다. 신학적으로, 음악은 평신도의 제사장직에 속한 완전한 참여를 가능하게 할 수 있었다. 루터는 음악을 사랑했고 하나님의 선물로 신학 다음 자리에 놓았다. 그는 실제로 설교를 제외한 모든 것이 노래로 이루어지는 예배 형식을 마음속에 그렸다. 1526년에 간

---

[9] H. J. Schroeder, *The Canons and Decrees of the Council of Trent* (Rockford: Tan Books, 1978), p. 151.

행된 그의 『독일 미사』(German Mass)는 노래로 하는 예배를 위한 세부적인 지시사항들로 구성되어 있다.

전통적인 기악곡과 합창곡에 덧붙여서 루터는 평신도들에게 미사의 통상 부분(키리에[Kyrie] 등등)을 부르도록 촉구했다. 그는 이미 1524년에 자국어 찬송가집을 간행하고 음악가들과 시인들에게 회중 찬송을 작곡하고 작사하도록 촉구함으로 찬송가에 크게 이바지하였다. 루터 자신도 적어도 27곡의 찬송가와 곡들을 작곡하고 작사했는데 많은 것이 시편에 근거한 것이었다.

[도표 7. 교회음악에서의 우선순위: 1500-1800]

	로마가톨릭	루터교회	츠빙글리	칼빈, 스코틀랜드인, 청교도	재세례파	영국성공회	퀘이커교도	감리교신자
악기	V	V				V		
찬양대	V	V				V		
예배음악	V	V				V		
찬송가		V			V			V
시편송		V		V	V	V		V

따라서 루터에게는 교회음악에 대한 강력한 신학적 토대가 있다. 세례 받은 사람들은 모두 예배에서 찬송함으로 자신들의 제사장적 권리와 의무를 완수하는 것을 돕는다. 음악은 하나님께서 받으실만한 영적인 제물이다. 루터는 우리가 예배음악보다는 음악적인 예배라고 부를 것을 마음 속에 그렸다. 그의 후계자들 또한 찬송가(hymnody)가 그리스도인의 삶이 요구하는 것을 가르치는 데 이상적인 수단을 제공한다는 것을 발견했다. 루터교회에서는 각 주일과 축일을 위한 복음서의 성구를 보완하기 위해서 궁극적으로 "그날의 찬송가"(hymn of the day)를 지정하였다.

루터교에 가장 위대한 공헌을 한 사람은 요한 세바스찬 바흐(Johann Sebastian Bach 1685-1750)였다. 그는 경력 대부분을 라이프치히의 성 토마스(St. Thomas) 교구 교회에서 보냈으며, 매주의 성찬을 위한 수많은 기악과 합창음악을 작곡했다. 그의 손에서, 보통 비성경적인 가사에 근거를 둔 **합창곡 찬송가**(chorales)가 찬양대와 회중 모두를 위해서 만들어졌다. 그는 또한 합창 **칸타타**([cantatas], 다시 말하자면 성구에 대한 묵상들)와 성탄절 오라토리오(Christmas Oratorio)처럼 성극으로서의 **오라토리오**(oratorios), 그리고 마태수난곡, 요한수난곡에서처럼 수난 기사를 이야기하기 위한 **수난곡들**(passions)도 만들었다.

루터와 동시대의 개혁가인 취리히의 츠빙글리(Ulrich Zwingli)는 정반대 방향을 취했다. 츠빙글리는 뛰어난 음악가였으며, 작곡도 했다. 그러나 그는 성경에 대한 무조건적인 복종에 이끌렸으며, 그에게 그것은 공적 예배에서 음악이 없는 것을 의미했다.[10] 그 결과 1523년 취리히의 교회에서 찬송이 그쳤으며, 1527년 시의회는 파이프오르간의 파괴를 명령했다.

오늘날 메노나이트(Mennonites), 아미쉬(Amish) 혹은 후터파 교도(Hutterite, 재세례파의 한 분파)로 알려진 재세례파는 비록 예배의 근본적인 엄격함에 대해서는 츠빙글리와 의견을 같이 했지만, 그와는 다른 관점을 취했다. 예배에 은밀하게 모였으므로 파이프오르간은 둘 수 없었지만, 그들은 아주 풍성한 찬송가를 발전시켰다. 그들의 찬송은 악기의 반주가 없지만, 풍부한 열정이 있다. 재세례파의 찬송가는 그토록 많은 초기 재세례파의 운명인 고난과 순교의 고뇌로 가득 차 있다는 점에서 특별하다. 이러한 찬송가들은 신앙을 위해서 이미 자신들의 생명을 바친 사람들에 대한 기억을 생생하게 할 뿐 아니라, 지금 그것을 노래하는 회중들도 자신들의 선조들이 당한 고난에 참여할 것을 기대한다. 현재 모인 교회와 사도 시

10　Anthony Garside, Jr., *Zwingli and the Arts* (New Haven: Yale University Press, 1966), pp. 7-26.

대 교회의 동질화가 이런 찬송가에 침투되어 있다. 그리고 그것은 초기 그리스도인들이 적대적인 로마 제국에 직면했던 것과 마찬가지로 적대적인 세상에 맞서는 현재의 그리스도인들을 강화시킨다. 올드 오더 아미쉬(Old Order Amish)는 1560년 처음으로 발간된 『모범』(Ausbund)을 사용한다. 이것은 아직도 사용되는 가장 오래된 개신교 찬송가집이다. 하지만, 최근의 메노나이트의 찬송가집은 찬송가의 주류와 다른 노래 형식 쪽으로 좀 더 이동했다. 그러나 많은 공동체는 여전히 무반주로 찬송가를 부른다.

존 칼빈(John Calvin)은 루터나 츠빙글리보다 훨씬 과묵했다. 찬송가뿐만 아니라 기악, 합창, 그리고 예배음악이 사라졌다. 그럼에도 칼빈은 회중이 시편과 성경적 캔티클처럼 "영감받은" 가사로 노래할 수 있는 가능성을 기뻐했다. 이러한 가사들이 성경으로부터 비롯된 것이기 때문에, 그것들은 "영감 받지 않은" 찬송가나, 인간이 작곡한 찬송가보다 명백히 우위를 차지했다. 칼빈의 전략은 시편을 운율적 의역(metrical paraphrases)이라는 형식을 취해서 프랑스어로 번역하는 것이었는데, 그것은 정확한 번역이 아니라, 반복할 수 있는 운율의 패턴을 지닌 **연의 형식**(stanza form)으로 하는 것이었다. 아마도 칼빈은 독일어를 사용하는 마르틴 부처(Martin Bucer)의 스트라스부르교회에서 들었던 찬송에 영향을 받았을 것이다. 어쨌든 그는 루이 부르죠아([Luis Bourgeois], "Old 100th"로 유명함—종종 "All People That on Earth Do well"과 송영인 "Praise God"에 사용됨)와 끌로드 구디멜(Claude Goudimel)과 같은 걸출한 작곡가를 발굴했다.

칼빈은 찬송가 가사를 만들기 위해 끌레멍 마로(Clémeont Marot)와 같은 시인들을 찾았으며, 모든 시편의 프랑스어 판을 간행했다. 그는 십계명(Decalogue)의 찬송도 도입했다. 예전이 지나치게 참회하는 분위기일 수 있음에도 불구하고, 제네바의 방문자들은 시편가(psalmody)가 예배에 주는 엄숙함과 즐거움에 주목했으며, 고도의 적극적인 참여가 성취되는 것에 감명받았다. 모든 찬송은 회중을 위한 것이었으며 성경적이었고, 본질적으로 히브리 성경(Hebrew Bible)에서 기인한 것이었다.

제네바는 전 유럽에서 온 방문객들을 위한 국제적인 순례지가 되었다. 그리고 많은 이는 칼빈과 동일한 음악적 이상을 품고 고향으로 돌아갔다. 스코틀랜드 장로교회는 공적 예배를 위한 음악으로 시편찬송(psalmody)만을 사용하기로 했다. 아직도 다른 어떤 것도 허용하지 않는 일부 개혁교회가 있다. 그들은 성경 말씀만이 하나님을 찬양하기에 합당하다고 주장한다.

영국 청교도들도 비슷한 생각을 했다. 그들의 『베이 시편서』(Bay Psalm Book)(1640)가 신세계에서 영어로 발간된 첫 번째 책이라는 사실은 우연이 아니었다. 찬양의 방식은 보통 한 사람의 인도자가 각 구절을 소개하면 회중이 그것을 반복하는 것이었고, 그 방식은 종종 "줄 세우기"(lining out)로 묘사된다.

이후 발전은 영국 회중교인인 **아이작 왓츠**(Issac Watts)가 주도했다. "그리스도인처럼 말하는" 다윗을 만들기 위해서 노력했던 그는 "오! 창세전부터 우리의 도움이신 주여"(시편 90편)와 같은 찬송가를 작곡했으나, 다윗이 결코 생각해보지 않았던 "내가 경이로운 십자가를 바라볼 때"(When I Survey the Wondrous Cross)와 같은 주제들로 이동했다. 영국 사람들을 위한 왓츠의 찬송가 혁신은 완고한 저항에 부딪혔고, 청교도(회중교도)들 사이에서 유행하지 않았으며, 19세기가 이를 때까지 개신교도들에게도 줄곧 그랬다.

19세기 중반까지 잉글랜드국교회(Church of England)의 대부분은 음악적 다양성을 좀 더 포용했으나 찬송가(hymnody)는 거의 없었다. 스코틀랜드인들이나, 청교도들 사이에 있었던 것과 같이 찬송가를 부르는 데 대해 신학적인 반대는 없었으나, 거기에는 루터교회와 재세례파가 자신들의 찬송가(hymnody)에서 찾았던 추진력도 없었다. 시편 찬양은 훨씬 성공적이었다. 그리고 1562년에 출판된 토마스 스턴홀드(Thomas Sternhold)와 존 홉킨스(John Hopkins)의 운율적 해석(metrical paraphrases)과 이후 1696년에 소개된 나훔 테이트(Nahum Tate)와 니콜라스 브래디(Nicholas Brady)의 **개정판**(New Version)의 운율적 의역으로 회중이 시편을 노래하는 강력한 전통이 있었다.

예배음악은 특별히 대성당과 대학교회에서 번성했다. 존 멀벡(John Merbecke)은 일찍이 1550년에 영국성공회의 성찬을 위한 음악을 작곡했다. 윌리엄 버드(William Byrd), 토마스 탤리스(Thomas Tallis), 올란도 기븐스(Orlando Gibbons)가 그 뒤를 이었다. 1662년에는 기도서가 아침과 저녁기도를 위한 제3 본기도 후의 성가(anthems)를 제공했다. 성경이나 다른 텍스트들에 토대를 둔 성가는 "찬양대와 그들이 노래하는 자리"(Quires and Places where they sing)에 있는 사람들에게(예식규정집[Rubric], 1662년판 『공동기도서』) 참으로 아름다운 곡목들을 제공했다. 19세기까지 이런 자리들이 교구 교회에 있을 가능성은 낮았지만, 대성당과 대학들이 합창음악의 아름다운 전통들을 발전시켰다.

19세기 잉글랜드국교회의 음악에 몇몇 주된 변화가 나타났다. 부의 증대로 대부분의 교구 교회에서 파이프오르간의 도입이 가능해졌다. 건축에서의 변화는 중백의를 입은 교구 찬양대에 대한 열망을 증대시켰고, 결국에는 회중 찬송이 유행하였다. 존 메이슨 닐(John Mason Neale)의 중세 찬송 회복 작업과 일련의 빅토리아풍의 찬송가 작사가와 작곡가들의 공동작업으로 찬송가를 노래하는 것이 영국성공회 성찬 예배의 주요 부분이 되었다.

『고대와 현대의 찬송가들』(Hymns Ancient and Modern[1861년 초판])은 매일, 주일, 그리고 특별한 날의 예배를 위한 종합적인 음악 자료를 제공했다. 그리고 영국성공회 신자들 사이에서 계속적인 인기를 얻고 있는 이 컬렉션은 21세기에 맞추어 새로운 가사와 곡으로 개정되고 업데이트되었다.

17세기 퀘이커교도들은 준비된 가사들이 예배에 맞지 않으며, 하나님의 뜻보다는 인간의 뜻에 근거한다고 생각하여 회중 찬송을 포함한 모든 형식의 음악을 없앴다. 개인이 노래의 형태로 된 모임에서 자신의 관심사를 공유하는 것은 가능하기는 했지만 드문 일이었다. 성령 안에서 모인 모임은 종종 침묵만으로도 충분했다. 19세기부터 계속해서, 일부 퀘이커 공동체들은 설교와 회중 찬송도 포함시킬 수 있는 "계획된"(programmed)

예배를 시작했다.

　18세기에 감리교가 출현했을 때, 창시자인 존 웨슬리(John Wesley)는 무반주와 제창 찬송이 가사의 메시지를 가장 잘 증대시킬 수 있었기 때문에 그것을 선호했다. 합창 성가는 "합동예배"(joint worship), 다시 말하면 전원이 공유하는 것이 아니었기 때문에 예배음악에 대한 어떠한 규정도 만들어지지 않았다. 그러나 감리교 리더들은 고대 역사와 왓츠의 작품, 그리고 모라비안교도들과의 교류를 통해 찬송가의 필요성을 명확히 알게 되었고, 찰스 웨슬리(Charles Wesley)는 6,000곡 이상의 가사를 작사했다.

　감리교 예배의 틀은 국교회 안에서 선교적이었기 때문에, 찬송가는 비신자에게 다가가기 위한 이상적인 방법이었다. 찬송가는 하나님께 찬양을 드릴 뿐만 아니라, 교리를 가르치고 복음을 가르쳤다. 웨슬리 형제는 각기 다른 소재나 주제를 다루는 다수의 모음집(collections)을 출판했다. 이 모든 모음집은 구원의 방법에 관한 명시적인 감리교 신학, 즉 불신앙으로부터 성화를 향한 적극적인 신앙과 믿음으로까지의 진보를 표현했다.

　19세기에는 예배 중의 음악에 대한 또 다른 기능들이 발견되었다. 대부분이 비신자인 미국인들을 개종시키기 위한 운동에서 음악이 특별히 유용하였다. 미국 전역에서 열린 천막집회와 부흥회에서 음악은 사람들로 설교를 수용하여 개종하도록 하는 데 있어서 중요한 요소였다.

　찬양대를 허용하지 않았던 교회들이 곧 예배에 독창, 삼중창단, 사중창단, 그리고 찬양대를 추가했다. 찬양대는 늦게는 1830년대까지 논쟁의 소지가 되었지만, 곧 찬양대가 없는 곳은 없게 되었고, 부가 증대되면서 파이프오르간도 들어오게 되었다.

　찬송가(hymnody)는 변혁을 거쳤다. 천막집회는 아프리카계 미국인과 유럽계 미국인의 음악 스타일의 영성을 융합시켰고, 종종 문맹인 개종자들을 위해서 단순한 가사들을 사용했다. 찬송가는 점점 왓츠와 웨슬리 형제의 객관적인 성향으로부터 예수님에 대한 사람들의 체험, 혹은 천국에 대한 사람들의 열렬한 기대를 1인칭으로 노래하면서 훨씬 더 주관적이고,

개인주의적인 접근 방식으로 이동했다.

영향력 있는 복음성가 작사가는 패니 크로스비(Fanny J. Crosby, 1820-1915)였다. "예수를 나의 구주 삼고"(Blessed assurance, Jesus is mine)나 "저 죽어가는 자 다 구원하고"(Rescue the perishing) 같은 그녀의 가사들은 일부 공동체에서는 아직도 유명하다.

이 기간의 로마가톨릭 예배음악은 고도로 극적이며 정서적으로 조종하는 음악 유형인 오페라 스타일을 채택했다. 이 형식에는 고도로 숙련된 찬양대와 전문적인 음악가가 필요했다. 그러나 주로 개인의 감정적인 응답에 중점을 두었던 이 음악에 대한 반응에 있어서 변화가 코앞에 다가왔다. 프랑스의 솔렘 수도원(Solesmes Abbey)의 수도사에 의한 중세 성가 연구로 그레고리안 성가가 가지고 있는 엄격한 객관성이 재발견되었다. 비록 라틴어로 된 것이기는 하지만, 교황 비오 10세(1903-14)의 강력한 지지를 업고 그레고리안 성가를 회중이 부를 수 있도록 재도입하려는 주요한 노력이 있었다. 50년 동안 수많은 학생이 그레고리안 성가를 노래하는 저스틴 와드의 방식(Justine Ward' method)을 배웠다. 현대 가톨릭교도들에게 그 음악 형식은 라틴어 가사만큼이나 낯설었지만, 그 목적은 미사에서 평신도 참여를 증대시키는 것이었다.

많은 개신교 주류 교회는 20세기 초반에 예배음악에 대해 어느 정도 공적으로 인정된 고전적인 유럽 중심의 미학적 모델로 이동했다. 이것은 능력 있는 교회음악가들을 배출시키기 위한 종교음악 학교(1926년 웨스트민스터신학교, 1928년 유니온신학교)를 설립하는 것을 포함했다. 수많은 교회가 더 좋은 찬양대를 세우고, 파이프오르간을 설치하려고 노력했다. 찬송가집이 개정되었으며, 각 세대는 음악적으로 좀 더 세련되어졌다. "이름이 없는"(Sine Nomine)이나 "왕의 웨스톤"(King's Weston), "녹색 숲"(Forest Green) 같은 곡으로 알려진 랄프 윌리엄스(Ralph Vaughan Williams)는 풍성한 양질의 곡들을 작사하거나 편곡했다.

그동안 다양한 민속적 전통들이 지속되었다. 많은 민요의 멜로디들이 **남부 하모니**(Southern Harmony)(1835)와 **신성한 하프**(Sacred Harp)(1844)와 같은 컬렉션에 포함되었고, 음악적인 문맹자들을 위해서 음계를 음표의 머리 모양으로 하는 것이 개발되었으며, 모든 규모의 교회에서 노래 학교가 급증했다. 일부 아프리카계 미국인공동체 내에서, 무반주의 민속 영가가 즉흥적인 가사와 화음, 그리고 양식화된 리듬을 갖춘 부름과 응답(call-and-response) 형식으로 존속되었다. 셰이커교도(Shakers)들은 자신들만의 찬송가를 발전시켰는데, 많은 곡이 여성 언어로 하나님을 말하고 있다. 춤은 구성원들을 위한 중요한 표현 형식이 되었다.

결국 토마스 도르시([Thomas Dorsey], "주님이여 이 손을 꼭 잡고 가소서")에 의해 고쳐진 가스펠 블루스는 많은 미국 흑인 교회에서 상당한 반대에도 불구하고 받아들이게 되었다. 왜냐하면, 많은 미국 흑인 교회 지도자들은 종종 사회적이고 정치적인 이유로 백인 교회에서 볼 수 있는 음악을 모방하는 것을 선호했기 때문이다. 그렇기는 하지만, 그 "백인" 음악은 일반적으로 리듬과 템포의 조정과 더불어 장식물과 슬라이드로 장식하여 독창적인 음향 경험을 만들어내었다. 블랙 가스펠은 그리스도 안의 하나님의 교회(Church of God in Christ, COGIC, 국제적인 오순절 연합교단으로 미국내에서는 아프리카계 미국인이 다수다-역자주)와 관련된 많은 오순절 교회음악가에 의해서 영감을 받아 계속 발전되었다. 최근에, (기독교) 랩과 (성스러운) 힙합을 포함하는 흑인 문화 경험으로부터 유래된 스타일이 예배 환경으로 옮겨갔다.

제2차 바티칸 공의회는 로마가톨릭 교회음악에 혁명을 가져왔다. 처음에는 개신교로부터 계속 빌려왔지만, 최근에는 가톨릭 시인과 작곡가들이 만든 찬송가와 노래들이 개신교 찬송가집과 노래 컬렉션에 유입되었다. 교회음악보다 더 에큐메니컬한 것은 없다. 단순한 가사가 반복되는 프랑스 떼제공동체(Taizé Community)의 음악은 서방 기독교 전체에서 유행하고 있다.

회중 찬송에 대한 역사적 저항에도 불구하고, 가톨릭교회음악의 많은 혁신은 가톨릭교도들도 충분한 용기와 경험이 있으면 찬송가와, 다른 예배음악을 노래할 수 있다는 사실을 보여주었다.[11] 그레고리안 성가가 가지고 있던 중요성은 찬송가와 다른 형식의 노래로 옮겨갔다. 종종 선창자가 절들을 노래하고 회중이 후렴을 반복하는 시편창(psalmody)이 회복되었다. 미국 가톨릭 주교 회의(U.S. Conference of Catholic Bishops)가 특정 컬렉션을 규정하지 않았기 때문에, 오늘날 미국 가톨릭 회중들은 찬송가를 자유롭게 선택한다.

교회음악 용도의 다양성은 계속해서 확장되어 왔다. 경배와 찬양의 형식에서 음악은 종종 화면에 투사되는 단순하고 반복적인 가사로써 적어도 예배의 초반부를 주도한다. 가사는 성경에서 따온 단일한 절들에 기초하며, 파이프오르간을 제외하고는 거의 모든 악기가 포함된다. 금관악기나 목관악기, 키보드/신시사이저, 그리고 타악기 연주자들은 종종 많은 보수를 받는 전문가들이다. 일부 현대 교회에서는 회중이 부르는 예배음악은 거의 없지만, 전문적인 음악가들이 대상 연령층에 맞는 향수를 불러일으키는 음악으로 '엔터테인먼트 전도'를 제공한다.

오늘날의 찬송가집과 노래 컬렉션들은 교회에 있어서 새로운 세계적 인식의 출현이라는 또 다른 중요한 발전을 보여준다. 기독교 교회가 세계의 다양한 지역에서 성장했기 때문에, 그들은 자신들만의 음악 형식을 발전시키는 과정에 있다. 초기 선교사들이 보통 본국에서 자신들에게 익숙했던 음악을 들여왔던 데 반해서, 오늘날의 성숙해가는 교회들은 점점 더 자신들의 독특한 문화에 맞는 음악적 관용구를 작곡하고 노래한다. 더 나아가서 이 사람들 가운데 많은 이가 미국으로 이주하면서 자신들의 새로운 음악 스타일도 가지고 왔다. 회중들은 그리스도의 몸의 다문화적 측면

---

11 가톨릭교도들 사이에서의 이 문제에 대해서는, Thomas Day, *Why Catholics Can't Sing* (New York: Crossroads, 1991)을 보라.

을 강조하기 위해서, 예배에 있어서 글로벌한 음악에 대한 인식을 의도적으로 강조할 수도 있다. 많은 주류 교회는 이제 영어 외의 언어로 된 일부 가사와 영어를 사용하는 다수에게 낯선 곡으로 된 찬송가집을 가지고 있다. 이것은 최근에, 기독교 교회는 타문화의 음악 전통을 악용하거나, 오역하지 않도록 더욱 세심한 주의를 기울이게 되었다는 것을 의미한다.

동시에 현대 기술은 이전에 결코 들어보지 못했던 소리들을 들을 수 있게 했다. 인터넷은 전 세계의 가사와 음악, 리드 시트(lead sheets, 곡의 멜로디, 가사, 코드 등을 기록한 악보-역자주), 악보에 접근하게 해 주고, 버튼 클릭만으로 녹음은 즉시 이용 가능하다. 그러나 필요한 경우 저작권 허가를 받는 것에 여전히 주의를 기울여야만 한다. 찬양의 소리를 만들어 내는 데 있어서 유일한 한계는 우리의 상상력에 있는 것처럼 보인다. 하나님께서는 찬양에 사용하도록 우리에게 혀뿐만 아니라, 손도 주셨다.

제4장 용어들

Agnus Dei : 아뉴스 데이(하나님의 어린양)
alleluia : 알렐루야, 할렐루야
anthem : 성가
antiphon : 교송
basilica : 바실리카
Benedictus : 주의 이름으로 오시는 이여 찬양 받으소서
cantatas : 칸타타
canticle : 캔티클 (찬송가)
cantors : 선창자
chorales : 합창곡 찬송가
communion : 성찬
congregational song : 회중 찬송
Credo : 신경, 신조 (나는 믿습니다).
doxology : 송영
gestures : 제스처
Gloria in excelsis : 대영광송
gradual : 층계송
Gregorian chant : 그레고리안 성가
hymnody : 시편창, 시편찬송

introit : 입당송
Kyrie : 키리에(자비송)(주여 자비를 베푸소서)
lining out : 줄 세우기
liturgical dance : 예전 춤
metrical hymns : 운율 있는 찬송가
offertory : 헌금
office hymns : 성무일과 찬송가
oratorios : 오라토리오
passions : 수난
plainsong : 평성가
polyphony : 다성가
postures : 자세
propers : 고유
psalmody : 시편창, 시편찬송
Sanctus : 상투스(삼성송)
sequences : 연속송
service music : 예배음악
stanza form : 연 형식

제5장

매일공중기도

L. 에드워드 필립스 | 캔들러신학대학원의 역사신학 및 기독교 예배학 부교수

이전 장에서는 기독교 예배에 있어서 시간과 공간과 음악이 얼마나 중요한 의사소통의 수단인지 살펴보았다. 실제로 비기독교인들은 그리스도인 이웃이 지키는 성일, 그들이 성일에 방문하는 건물, 그리고 이런 건물을 가득 채운 음악에 주목함으로 기독교 예배에 대한 대부분의 인상을 받게 될 가능성이 높다.

본 장과 그다음 장에서 우리의 관심은 대부분의 기독교 예배에서 기본적인 의사소통 형태인 구두로, 혹은 노래로 부르는 말씀이다.

"말씀"(word)이란 용어는 제4 복음서에서 그리스도 자신(요 1:1, 14)을 나타내는 데 그것(*logos*)을 사용할 정도로 상징으로서 너무나 중요하다. 이에 비해 성경에서 "하나님의 손"(the hand of God)에 대한 언급은 "하나님의 말씀"(the Word of God)의 절반에 불과하다. 개신교 종교개혁에서, 하나님의 말씀은 예수 그리스도, 성경, 그리고 인간의 말을 통해 하나님이 교통하시는 사건을 일컫는 가장 중요한 용어가 되었다. 이러한 연관성은 오늘날에도 계속된다.

하나님, 성경, 그리고 연설을 암시하기 위해서 "말씀"(the Word)을 사용함으로써 발생되는 모호성은 그리스도인의 삶에 있어서 이 이미지의 복합성과 중요성을 강조한다.

기독교 예배의 두 가지 역사적 구조는 주로 말이나 노래의 언어를 기반

으로 구축되었다. 이러한 두 구조에는 다른 의식적(儀式的) 행위도 있지만, 보조적인 방식으로만 행해진다. 그 구조들은 (이번 장에서 살필) 매일공중 기도 예배와 (제6장에서 논할) 말씀 예배이다. 말씀 예배는 대부분의 개신교 교회와 특히 일부 성직자가 부족한 로마가톨릭에서도 예배의 기본 형태이다.

[도표 8. 매일기도의 양식들]

	개인기도	성도의 기도			수도원		종교개혁		근대	
	테르툴리아누스	『사도전승』	『사도헌장』	에제리아	바질	베네딕트	루터교	성공회	다양한 개신교	로마 가톨릭
12M										다양한 시간 봉독성무
3		새벽 기도	주일 철야	주일 철야	새벽 전 기도	심야 기도 (Nocturns)				
6	아침 기도	아침 기도	아침 기도	새벽 기도	아침기도	새벽 기도회 (Lauds) 제1시과 (Prime)	아침기도 ((Matins)	아침기도 (Matins)	아침 기도	찬과
9	제3시 기도	제3시 기도			제3시 기도	제3시과 (Terce)				
12N	제6시 기도	제6시 기도		정오 기도	제6시 기도	제6시과 (Sext)			정오 기도	정오 기도
3	제9시 기도	제9시 기도		오후 기도	제9시 기도	제9시과 (None)				
6	저녁 기도		저녁 기도	오후 4시 기도 (Lychnicon)	일과 후 기도 (After work)	저녁 기도회 (Vespers)	저녁기도 (Vespers)	저녁 기도 (Evensong)	저녁 기도	저녁 기도
9		취침 기도			일몰 기도	취침기도회 (Compline)			취침 기도회	취침 기도회
12M		자정 기도			자정 기도				하루의 끝, 혹은 밤기도	하루의 끝, 혹은 밤기도

하지만, 이번 장은 그리스도인들이 매일 기도했던 방식의 역사를 살펴봄으로써 시작하겠다. 매일공중(공동)기도의 다양한 역사들을 조사한 후에, 그 실제에 중심을 둔 예배의 신학적 우선순위를 설명할 것이다. 그런 후에 매일공중기도를 기획하고 준비하며 진행하기 위한 목회적 판단을 위한 토대를 제시할 것이다.

1. 매일공중기도의 역사

초기 그리스도인들의 매일예배에 대한 우리의 지식은 빈약하지만, 정한 시간에 정한 기도를 하는 다양한 유대교 전통이 강력한 영향을 미쳤을 것이라는 사실은 명백하다. 주후 1세기 유대인들의 예배 관습에 관해 많은 증거는 없지만, 우리가 가지고 있는 증거는 우리의 이해에 아주 많은 도움을 준다. 예루살렘에서는, 성전의 제사장들은 매일 아침과 저녁 제사를 드리면서 기도를 드렸고, 그 도시의 경건한 개인들도 이러한 예배에 참석했다. 사도행전은 예수님의 제자인 베드로와 요한이 바로 그것을 행하고 있었고, "제 구시 기도 시간에 성전에 올라가는 것"을 기록하고 있다(행 3:1). 우리는 또한 사해 부근의 금욕적인 쿰란(Qumran)공동체 유대인들이 낮 동안 적어도 4번 기도를 드렸음을 알고 있다. 그리고 사해 문서(Dead Sea Scrolls)는 심지어 쿰란공동체에서 사용되었을 것으로 추정되는 기도문의 예(例)들도 제공한다.

주후 5세기까지는, 랍비의 가르침은 하루 2번의 **셰마**([*Shema*], 신명기 6:4의 "이스라엘아 들으라: 우리 하나님 여호와는 오직 유일한 여호와이시니")의 암송과 더불어 하루 3번의 **테필라**([*Tefillah*], 18가지의 다양한 축도 목록) 기도를 결합한 매일기도의 실천을 확립하려고 했다. 성전 제사와 같은 이런 시간 기도의 일부는 공동으로 행해졌고, 다른 관행들은 매일 정해진 시간에 개

인이나 가정에서 지키는 것으로 발전되었다.¹

초기의 증거들은 이러한 다양한 유대교 양식에 유사하게, 개별 그리스도인을 위한 개인 기도의 발전을 시사한다. 바울은 데살로니가 교회에게 "쉬지 말고 기도하라"(살전 5:17)고 지시한다. 그리고 이 명령에서 그는 그리스도인의 삶은 본질적으로 하나님과의 끊임없는 대화임을 함축한다. 이것을 어떤 형태로 표현하기 위해서, 초기 그리스도인들은 유대인 조상들이 행했던 것처럼 기도할 특정 시간의 일상적인 패턴을 찾기 시작했다. 1세기 후반, 혹은 2세기 초반의 문헌으로 보이는 『디다케』(*Didache*)는 그리스도인들에게 하루에 세 번 주기도를 하라고 권고한다.²

다른 이들은 "쉬지 말고 기도하라"(살전 5:17)는 성경적 명령을 실천적으로 만들기 위해 성경 자체에서 규율들을 찾아냈다. 시편 55:17은 "저녁과 아침과 정오"를 제안하였으며, 다니엘은 하루에 세 번 기도했다(단 6:10). 이미 지적했던 것처럼 주후 70년 성전 파괴 이전에 성전에서는 날마다 세 번 제사를 드렸다(출 29:38-39).

시편 119: 164은 "주의 의로운 규례를 위하여 내가 하루 일곱 번씩 주를 찬양하나이다"라고 말했으며, 62절은 "내가 밤중에 일어나 주께 감사하리이다"라고 덧붙인다. 초기 교회는 특정한 시간에 기도하는 것에 대한 성경적 선례를 찾으면서 모방할 수 있는 다양한 패턴을 발견했다. 비록 알렉산드리아의 클레멘스(Clement)는 진정한 그리스도인은 "평생 기도한다"³라고 생각했지만, 하루에 몇 번 기도하는 것이 적절한가는 많은 초기 기독교 교부들의 관심사였다.

---

1   L. Edward Phillips, "Early Christian Prayer," in Risto Uro, et al, eds. *The Oxford Handbook of Early Christians Ritual* (Oxford: Oxford University Press), pp. 572-76.
2   *Didache*, 8, in Cyril Richardson, ed., *Early Christian Fathers*, p. 174.
3   Clement, *The Stromata or Miscellanies*, 7, 7; *ANF* (New York: Charles Scribner's: 1899), 2:354.

테르툴리아누스(Tertulian)와 키프리아누스(Cyprian)은 다니엘의 예와 성경에 있는 사도들의 제3시, 제6시, 제9시의 다양한 기도들을 언급하면서 하루에 세 번 기도할 것을 요구했다.[4] 키프리아누스에 의하면 이 삼중 규율은 "삼위일체의 성례전"이다. 테르툴리아누스와 키프리아누스 둘 다 새벽과 저녁에도 기도할 것을 역설했다(도표 8참조).

대략 주후 3세기에 히폴리투스(Hippolytus)가 저술한(일반적으로 알려진 것처럼) 『사도전승』(The Apostolic Tradition)은 보다 경건한 그리스도인들이 따랐을 것으로 추정되는 일곱 번의 매일 개인기도 시간을 묘사한다.[5]

기도로 하루를 시작했으며, 그 후에 "말씀 예배"가 있을 때는 모두가 거기서 공적인 교육에 참여하도록 독려받았다. "그리스도께서 그 시간에 나무에 못 박히셨기 때문에" 제9시에(낮의 "제3시에"), "어둠이 임하였을" 때인 정오에, 그리스도께서 돌아가신 제3시에, 잠자러 가기 전에, 그리고 "이 시간에 모든 피조물들이 하나님을 찬양하기 위해서 잠깐 침묵하고", "별들과 식물들과 물들도 그 순간에는 정지하기 때문에" 자정에, 그리고 또 다시 베드로가 그리스도를 부인했던 새벽에 기도하도록 명했다.[6] 그것은 그리스도의 수난과 죽음을 중심으로 하루의 대부분을 구성하는 엄격한 패턴이었다.

매일기도의 개인적인 시간에 더해서, 『사도전승』이 교육과 기도를 위한 정기적인 아침 모임을 서술하는 것이 흥미롭다.

> 모든 사람이 모였을 때, 그들은 집회에 모인 사람들을 가르치고, 기도가 끝난 후에 각자 떠나도록 가르쳐야 한다.[7]

4　Tertullian, *On Fasting* 10, *On Prayer* 25; Cyprian, *On the Lord's Prayer*, 34.
5　Paul F. Bradshaw, "The Apostolic Tradition Reconstructed: A Text for Students," *Joint Liturgical Studies* 91 (Norfolk, U.K.: Hymns Ancient and Modern, 2021), pp. 36-38.
6　Gregory Dix, ed., *The Treatise on the Apostolic Tradition of St. Hippolytus of Rome*, 36 (London: S.P.C.K., 1968), p. 63.
7　Dix, ed., *Apostolic Tradition*, 33, p. 60 또한 35, p. 61를 보라.

이러한 모임의 중심이 되는 목적은 기도보다는 교육일 것으로 보이지만, 이것은 서방교회에서는 거의 없어진 전통인 소위 **대성당의 성무일과**(cathedral office) 혹은 **성도들의 성무일과**(people's office)의 시작을 가리키는 것일지도 모른다.[8] 비록 성당의 성무일과의 목적은 교육보다는 기도와 찬양이었지만, 이것은 모든 그리스도인이 참석하는 매일예배였다. 박해가 끝난 후, 기독교가 문화적으로 좀 더 우세했던 주후 4세기를 살펴볼 때, 이런 예배들에 대한 증거들이 늘어간다. 하지만, 서방교회에서 성도들의 성무일과는 그 후 몇 세기에 걸쳐서 쇠퇴하고, 매일공중기도는 16세기 종교개혁 시기까지 거의 독점적으로 성직자와 수도원 전통이 되었다.

우리는 4세기의 기독교 증언들로부터 성도들의 성무일과에 관한 아주 짤막한 정보를 얻는다. 가이사랴의 유세비우스(Eusebius of Caesarea)는 다음과 같이 전한다.

> 전 세계적으로 하나님의 교회에서는 아침 해 뜰 때와 그리고 저녁에 찬송과 찬양, 그리고 정말로 거룩한(divine) 기쁨을 하나님을 위해서 드렸다 … 이러한 '기쁨들'은 전 세계 모든 곳에 있는 교회에서 아침과 저녁에 울려 퍼지는 찬송가다.[9]

4세기 말에, 『사도헌장』(*Apostolic Constitutions*)으로 알려진 소아시아의 교회의 규범 II는 그리스도인들에게 다음과 같이 가르친다.

"매일 아침, 저녁으로 주님의 집에 모여서 시편을 노래하고, 기도하라."[10]

---

8 George Guiver는 가장 적절해 보이는 후자의 용어를 소개하고 있다. *Company of Voices* (New York: Pueblo Publishing Co., 1988), p. 53.
9 Eusebius, *Commentary on Psalm 64*, verse 10. *Patrologiae Graecae* (Paris: J. P. Migne, 1857), 23, p. 640.
10 *Apostolic Constitutions*, book II, p. 59, ANF, 7:423; book VIII, p. 35, ANF, 7:496.

동일한 문서의 제VIII권에서는, 저녁예배에 관한 세부사항에서처럼 이러한 모임에 대해서 좀 더 상세하게 묘사한다.

> 저녁에, 그대들 주교들은 교회에 집합시켜야 한다. 그리고 불을 밝힐 때 시편을 반복한 후 부제는 … [여기에 집회에 있는 각기 다른 집단의 목록이 뒤 따른다]를 위해서 기도해야 한다. 그러나 이들을 파송한 후에 부제는 다음과 같이 말해야 한다. "모든 성도들이여, 주님께 기도합시다"라고 말해야 한다.

부제가 성도들에게 회중들과 세상의 다양한 요구를 위한 중보기도를 드리도록 요청하는("제의하는"[bids]) 것에서 **중보기도**(bidding prayer)의 중요성을 알 수 있다. 중보기도 후에, 기타의 기도, 축도, 그리고 파송한다. 불을 밝히는 것 외에는 아침기도도 비슷한 패턴이다.

이러한 패턴을 확증하는 것으로서, 고대에 동일한 지역 출신이었던 크리소스토무스(Chrysostom)가 막 세례를 받은 그리스도인들에게 다음과 같이 말했던 것을 살펴보자.

> 새벽에 함께 교회에 모여서 만물의 왕이신 하나님께 너희들의 기도와 고백을 하고, 하나님께서 이미 주신 선물에 대한 감사를 해야 한다, 그런 후 각자는 저녁에… 이곳 교회로 돌아와서 그의 하루의 일을 하나님께 설명하고, 자기 잘못에 대한 용서를 빌어야 한다.[11]

제2장에서 논의했던 것처럼, 순례자 에제리아(Egeria)는 4세기 예루살렘에서 날마다 여러 차례 드리는 예배를 주의 깊게 기록했다. 그녀는 수도

11　John Chrysostom, *Baptismal Instructions*, 17, trans. Paul W. Harkins, *Ancient Christian Writers* (Westminster, Md.: Newman Press, 1963), 31:126-27.

사들과 동정녀들, 평신도, 그리고 성직자와 주교의 세 집단이 예수성묘교회(Holy Sepulchre)에서 날마다 드리는 예배에 참여한다고 기록한다. 수도사들과 동정녀들이 드리는 예배는 찬송가, 시편, 교창, 그리고 낮과 밤의 대부분을 차지하는 기도로 가장 길다.

일부 평신도도 함께했지만, 평신도와 성직자는 대개 동틀 때의 "아침찬양", 그리고 다시 사도의 시간(apostolic hours): 오전 9시, 정오, 그리고 오후 3시 - 그리고 저녁에 등을 밝힐 때[에제리아는 이것을 **루세르나레** ⟨lucernare⟩라고 부른다])에 함께 한다. 시편, 교송, 찬송, 모두를 위한 기도, 그리고 개인의 이름을 부르면서 추모하고 세례예비자와 성도를 모두 축복하고 해산 또는 파송한다.¹² "주의 날"에는 새벽의 이른 아침기도회에 전 군중이 모여서 찬송가(psalmody)와 기도와 부활 내러티브를 읽은 후, 노래와 시편과 기도를 하면서 골고다로 행진하고 축도를 한 후 파송한다.¹³ 주일 동틀 때는 성찬과 함께 여러 번의 설교를 하고 그 후 "감사"를 드린다.

예루살렘은 순례자들의 중심지이기 때문에 이런 형식이 전형적인 것이 아니라는 것은 분명하지만, 하루 일과 전후의 찬양과 기도를 위해서 경건한 성도들이 매일 모이는 것은 4세기 후반까지는 대부분의 도시에 있는 주요한 교회에서는 일반적인 것이 된 것으로 보인다. 로버트 태프트(Robert Taft)는 이에 대해서 다음과 같이 서술하고 있다.

> 아침 기도시간은 새로운 날과 그리스도 예수 안에서 얻은 구원에 대한 감사와 찬양의 예배였다 … 그리고 저녁기도는 그리스도인들의 하루를 끝내는 방식으로서 하루 동안 주신 하나님의 은혜를 감사하고, 그날 저지른 잘

---

12 *Egeria's Travels*, 24, ed. and trans., John Wilkinson (London: S.P.C.K., 1971), pp. 123-24.

13 2장에서 언급했던 것처럼, 4세기에는 그리스도께서 달리셨던 (골고다) 십자가가 부활하신 무덤 위에 지어진 같은 건물단지에 있었다. 행렬은 길지 않았을 것이다.

못에 대한 하나님의 사면을 요청하며, 안전하고 죄 없는 밤을 위해서 하나님의 은혜와 보호하심을 구하였다.[14]

성도들의 매일예배는 동시리아와 아르메니아에서는 상대적으로 온전하게 존속되었으며, 서방교회에서는 점진적으로 사라지게 되어 궁극적으로 **수도원의 성무일과**(monastic office)로 대체되었다. 이것은 전례(divine service), 매일 성무일과(daily office), 찬양대 성무일과(choir office), 혹은 시과전례(liturgy of the hours) 등의 다양한 이름으로 알려져 있는데, 이 모두는 몇 개의 매일예배, 혹은 개인적인 차원의 성무일과들(offices)과 **시과들**(hours)로 이루어져 있다. 수도사들과 동정녀들이 시편 낭송 과정을 밟았던 예루살렘에 이런 형태의 수도원 기도가 있었을 것이라는 것을 방금 살펴보았다. 에제리아는 이 모든 것들이 얼마나 "적합하고, 적절하며, 적실한가"에 감명을 받았다. 그러나 대부분의 평신도와 성직자는 찬송가 영창에 거의 참석하지 않았던 것이 분명하다.

성도들의 성무일과가 성주간(Holy Week)의 떼네브레(tenebrae), 혹은 밀라노와 톨레도의 특정한 예배들과 같은 잔재들만 남기고 서방교회에서 완전히 사라지게 될 때까지, 수도원의 성무일과는 점점 비성례전적 예배를 주도하게 되었다.

성도들과 수도원의 성무일과는 둘 다 "쉬지 말고 기도하라"(살전 5:17)는 성경적인 명령에 순종하기 위한 시도였다. 그럼에도 각각 이것을 달리 해석했다. 전자, 즉 성도들의 성무일과는 이것을 한 사람의 일생이 하나님께 드리는 예배의 행위가 되어야 한다는 것을 의미한다고 보았고, 후자, 즉 수도원의 성무일과는 사람들이 가능한 한 많은 시간을 실제 기도에 사용하도록 노력해야 하는 것을 의미한다고 이해했다.[15]

14　Robert Taft, *The Liturgy of the Hours in East and West* (Collegeville: Liturgical Press, 2004), p. 56.
15　Paul F. Bradshaw, *Two Ways of Praying* (Nashville: Abingdon Press, 1995), p. 70.

수도원 제도는 적어도 부분적으로는, 박해의 종식과 교회와 제국의 동맹 이후 기독교가 과도하게 느슨해진 형태를 보이는 것에 대한 반동으로 생겨났고, 기본적으로 평신도 운동에 그 기원이 있다. 5세기에 카시안(Cassian)은 초기 이집트의 수도사들이 "저녁집회와 야간 철야에서, 다시 말하면 하루의 끝과 밤중에 … 정해진 기도문의 체계"를 지켰다고 보고한다.[16] 그는 열두 번째 시편 후에 떠나는 천사 같은 방문자와 아침기도에서 열두 개의 시편을 읽는 것이 천사들이나 수도사들에게 충분하게 된 전통에 대해서 말해주고 있다.

찬송가와 기도에 더해서 이집트의 수도사들은 주간에는 구약과 신약의 구절들을, 주일과 부활절 절기에는 서신서와 복음서를 읽는다.

동방 지역에서 수도원 제도의 발달로 매일 드리는 예배가 더욱 정교해졌다. 바질(Basil)은 4세기에 저술한 『장규』(*Long rules*)에서 사도들이 했던 오전과 밤중, 그리고 이와 더불어 "영과 혼의 처음 움직임이 하나님께 봉헌될 수 있는 이른 아침" 기도와 "우리에게 주신 것을 감사하는 봉헌을 드리며 … 고백하는" 하루의 일과가 끝날 때의 다양한 기도들의 선례를 인용한다.

"해가 질 때는 우리가 꿈에서도 죄를 짓지 않고, 방해받지 않도록 요청해야 하고", 이른 아침에 "우리는 기도로 새벽을 맞아야 한다." 바질은 다음과 같이 요약한다.

> 하나님과 하나님이신 그리스도의 영광을 위해서 헌신된 삶을 살기로 결단한 사람들, 즉 수도사들뿐만 아니라, 모든 그리스도인은 기도를 위한 이런 [8]번의 시간 전례를 모두 지키지 않으면 안 된다.[17]

---

16 Cassian, *Institutes of the Coenobia*, 2, 3; *NPNF*, 2nd series (New York: Christian Literature Co.: 1890), 11:206.
17 Basil, Question 37. *Ascetical Works*, trans. Sister M. Monica Wagner, C.S.C. (New York:

크리소스토무스는 "하루를 네 부분으로 나누고 … 각 부분의 끝에 시편과 찬송으로 하나님께 영광을 올려드리며, 하루를 예배로 시작하고 끝내는 신앙공동체 안에서의 또 다른 모습"에 관해서 말해준다.[18] 카시안은 그의 『규칙서』(Institutes)에서, 예루살렘 수도원에서는 "복받은 다윗이…'하루에 일곱 번'[시편 119:-164]'이 가리키는 숫자 7에 따라 7개의 연속 예배들을 분명히 채울 수 있도록" 또 하나의 아침 예배가 덧붙여지는 것에 대해서 말해준다.[19]

서방교회에서는 기존의 7개의 예배와 더불어 잠자기 전 기도(compline)를 채택함으로써 하루의 주기가 완성되었다. 6세기 초반에 베네딕트(Benedict)는 (동방교회의 것과는 조금 다른) 서방교회의 결정적인 패턴을 세웠는데, 그것은 제2차 바티칸 공의회 직후까지 사용되었다. 매일기도와 저녁기도의 형태는 다음과 같다.

- **저녁기도회**(Vespers: 하루일과의 끝)
- **취침기도회**(Compline: 잠자기 전)
- **심야기도회**(Nocturnse, 혹은 Vigils 혹은, Matins : 한밤중에)
- **새벽기도회**(Lauds: 동틀 때)
- **제1시과**(Prime: 동튼 직후)
- **제3시과**(Terce: 아침과 정오의 중간, 제3시)
- **제6시과**(Sext: 정오, 제6시)
- **제9시과**(None: 오후의 중간, 제9시)

이 목록이 일몰에 하루가 시작하는 성경적 전통을 지키면서 저녁기도로 시작한다는 점을 주목하라. 여기에 동정녀 마리아의 예배, 죽은 자들

Fathers of the Church, 1950), pp. 309-10.
18 Chrysostom, *Homilies on First Timothy*, 14; *NPNF*, 1st series, 13:456.
19 Cassian, *Institutes*, 3, 4, NPNF, 2nd series, 11:215.

을 위한 예배, 연도, 7편의 참회시편, 그리고 16개의 층계송 등의 작은 예배들이 종종 덧붙여졌다. 매일 이런 기도회에서 기도한다는 것은 매일 노동과 기도와 안식이라는, 힘들지만 지치지 않는 밤낮의 주기를 의미했다. 베네딕트회는 "이 모든 것에서 하나님께서 영광을 받으신다"[20]고 진술함으로써 노동과 예배 둘 다를 하나님께 드리는 예배로서 동일시했다.

수도원 생활과 매일성무일과는 함께 발전하여 사실상 동일시되었다. 점차로 낮과 밤의 8번의 성무일과들(정시과들["canonical hours"])은 세상에서 사는 평신도들의 삶에서는 일체가 되지 못하고 분리되어갔다. 교회 목사로 봉직하는 성직자는 수도사가 아니었다. 수도원의 삶이 이런 형태의 예배 분위기를 확립해 나갔다. 그럼에도, 그들은 거의 텅 비어있는 자신들의 교회 성단소에서 매일 8번의 예배를 드림으로써 수도사들을 모방했다. 우리가 앞에서 보았듯이 심지어 이런 성단소도 수도원의 찬양대를 모방했으며, 그들이 부르는 노래는 수도원식의 성가를 반영하는 것이었다.

세속적인 삶과 종교적인 삶의 형태들은 단지 한 종류의 매일예배인 수도원의 성무일과만 생겨나게 했다. 성직자들은 그것을 따르지 않을 수 없었지만, 평신도들은 무시할 수 있었다. 그렇게 됨으로써 "성무일과는 비록 이론적으로는 계속해서 그리스도인의 기도일지 모르지만, 실제적으로는 더 이상 그렇지 않게 되었다."[21] 주간에는 몇 명이, 그리고 주일저녁예배에는 조금 더 많은 사람이 참석했지만, 중세의 성무일과는 실질적으로 성직자들 전용이었다.

중세 후반부에 부유한 사람들은 공중기도나 개인기도에서 소리 내어 읽는 평신도용의 지침서(Primers)를 가지고 있었을 것이다. 이런 기도서들은 보통 동정녀 마리아(Blessed Virgin)와 죽은 자를 위한 예배 같은 항목들을 포함하고 있었고, 읽을 수 있었고, 가질 수 있는 사람들 사이에서 유행

---

20 Benedict, "The Rule," *Western Asceticism* (Philadelphia: Westminster, 1958), p. 327.

21 E. C. Ratcliff, "The Choir Offices," in W. K. Lowther Clarke and Charles Harris, eds., *Liturgy and Worship* (London: S.P.C.K., 1932), p. 266.

하였다. 이런 자국어 예배서들은 이후의 종교개혁 예배를 위한 준비에 도움이 되었다.

보통 사람들에게는 매일성무일과가 별로 도움이 되지 않았을지 모르지만, 신앙공동체에서 예전적 삶을 위한 깊은 체계를 이루는 데는 굉장한 성과를 거두었다. 성도들의 성무일과가 시편(psalms)을 선택적으로 사용하는 것과는 대조적으로 베네딕트회는 시편집(psalter) 전체를 매주 체계적으로 낭송할 수 있도록 했다.

적절한 **교송**([antiphon]: 후렴으로 사용하는 핵심적인 절)과 함께 수도원 찬양대 전체에 걸쳐서 응창형식으로 부르는 **시편찬송**(psalmody)은 수도원 성무일과의 핵심이었다. 평생 안정된 공동체의 삶에서 매주 시편을 낭송하는 것은 수 세기 동안 많은 사람의 삶의 일부가 되었다. 수도원의 성무일과는 성경을 연속적으로도 읽었는데 그것은 거의 운동선수들을 훈련하는 것과 같은 수준이었다. 반면에 성도들의 성무일과에서는 성경을 교화용 부분만 읽었다.

4세기 이후 계속해서 다양한 종류의 기도회 찬송들이 생겨났다. 초기 기독교 설교와 다른 저술들의 단편들, 성인들과 순교자들의 설화들, 풍성한 기도 모음, 그리고 **응창성가**(responsories[대화기도])와 **부름**(invitatories)이 수도원의 예배를 가득 채웠다. 이 모든 것이 묵상과 교화에 집중되었다.

중세기에도 변화는 계속되었다. 성직자들의 이동성이 많아지고 대학이 발달하며, 기도할 시간이 줄어듦으로써 12세기에는 로마 교황의 예배에서 사용되던 『근대성무일과』(modernum officium)를 축소한 형식을 널리 받아들이게 되었다. 그것은 축약된 성서정과, 더 많은 찬송, 그리고 수정된 교회력의 모습으로 나타났다. 다음 세기에 프란체스코회의 등장으로 간결하고, 여행 중에도 드릴 수 있는 예배에 대한 요구가 더욱 거세졌다.

성무일과는 봉독하는 성경의 양을 더 줄이고, 성인들의 축일을 더 늘리는 등의 구조적 변화를 겪었다. 성무일과는 점점 더 축일들의 연속이 되어갔으며, 주일이 지날수록 시편집(psalter)과 성경의 체계적인 암송은 점점 줄어들게 되었다. 그러나 구조에 있어서의 변화보다 훨씬 더 중요한 변화는 실제에서 나타났다.

성무일과는 13세기까지는 신앙공동체들, (교구 교회의) 사제들과 그보다 낮은 계급의 성직자들이 찬양대에서 함께 여러 권의 예배서를 사용하거나 외워서 말로, 혹은 노래로 부르는 **합창 성무일과**(choral office)로 발전하였다. 새로운 여행 환경과 연구 여건으로 인하여 사적이고 개인적인 암송을 하게 되었고, 그 결과 다양한 예배서들을 한 권으로 묶어 휴대할 수 있게 한 『**성무일도서**』(breviary)가 만들어지게 되었다. 이 기도서는 그것을 사용하는 개인에게는 편리하기도 하지만, 또한 다른 예배서에 있는 노래, 낭독, 그리고 기도를 인도하는 다양한 개인들과 합창단에서 함께 드리는 예배의 원칙을 뒤엎는 것이기도 했다(제1장을 보라).

그러나 16세기에 새롭게 창립된 수도회인 예수회가 합창으로 암송하는 의무로부터 완전히 벗어난 사실에서 이 혁명적인 발전이 확고히 자리를 잡은 것을 알 수 있다. 그리고 그 사실은 합창대 공간이 없는 예수회의 교회 건물에 의해 강조되었다.

마구 뒤섞인 축제일들과 복잡한 규칙들을 개혁하기 위한 시도들도 있었다. 이 중 가장 성공적인 것은 스페인의 추기경인 **프란체스코 드 퀴논**(Francisco de Quiñones)이 시도한 것으로 1535년에 발간되고 1536년에 개정된 것이었다.[22] 이것은 갑자기 유행하다가 1558년에는 그 사용이 줄어들었으며, 1568년에는 『**로마 성무일도서**』(Roman Breviary)로 대체되었다. 200년이 채 안 된 다른 모든 『성무일도서』는 『**수도원 성무일도서**』(Monastic Breviary) 같은 소수만 남겨두고 대체되었다. 그러나 압도적 다수의 성직자와 종교인들에게는 엄격한 통일성이 요구되었으며, 1911년 교황 비오 10세 시기의 일부 개혁을 제외하고는 1568년의 『성무일도서』는 1970년대

22　J. Wickham Legg, ed., *The Second Recension of the Quignon Breviary* (London: Henry Bradshaw Society, 1908), vol. 35; J. Wickham Legg, *Liturgical Introduction with Life of Quignon* (London: Henry Bradshaw Society, 1912), vol. 42.

까지 그대로 사용되었다.

1963년 반포된, 제2차 바티칸 공의회의 『거룩한 전례에 관한 헌장』(Constitution on the Sacred Liturgy)은 현재 **시과전례**(liturgy of the hours)라고 부르는 것을 철저히 개혁하도록 명령하였다.

> 아침과 저녁기도회는 매일 성무일과의 두 축으로 선포되었다. 이런 이유로 그 두 기도회는 가장 중요한 시간으로 간주된다. … 아침기도회(Matins)는 어느 시간에나 할 수 있다. … 제1시과(Prime)는 없어져야 하며 … 합창 이외에 제3시과(terce), 제6시과(sext), 제9시과(none) 이 셋 중 하나를 선택하는 것이 합당하다(『거룩한 전례에 관한 헌장』, 제89절).

낮의 일정도 재배열되었을 뿐 아니라 시편도 일주일 분량을 4주일의 기간에 걸쳐서 하게 되었다. "거룩한 성경의 봉독"은 "엄선된" 교부들의 저술과 "역사적 사실에 부합하는" 성인들의 선별된 설화를 읽는 등 "더욱 풍성한 기준"으로 제공되었다(『거룩한 전례에 관한 헌장』, 제92절). 『거룩한 전례에 관한 헌장』은 후속적으로 라틴어로 된 예배를 포기하라고는 하지 않았지만 평신도들에게 "거룩한 성무일과를 암송하도록" 고취하였다(제100절).

그 결과로 1971년에 발간된 것이 『시과전례』(The liturgy of the hours)로서 하루를 옛 성무일과에 있는 새벽기도회(lauds)와 저녁기도회(vespers)를 중심으로 했는데, 이 두 기도회는 성도들의 성무일과와 수도원의 성무일과 모두에 친숙한 것이었다. 성경이나 교부들을 중심으로 하거나, 혹은 성인들에 관한 것을 읽는 성경일과는 하루 중 어느 때나 할 수 있었다. 사람들은 "일과 도중에 기도하는 전통을 지키기 위하여" 대낮의 한 시간을 선택할 수 있었다.[23] 그리고 취침기도회(compline)는 하루의 끝에 하게 된다. 새

---

23 *Liturgy of the Hours: The General Instruction* (London: Geoffrey Chapman, 1971), p. 35.

로운 『시과전례』는 "대중적인 기도회라기보다는 … 좀 더 묵상기도에 가까운 수도원의 특징을 내포하고 있으며 … 성직자와 종교인의 개인 기도에 적합한 형태"라는 이유로 심한 비난을 받았다.[24] 진정으로 성도들을 위한 예배를 발견하고자 하는 욕구는 로마가톨릭교회의 공식적인 자료들에서는 여전히 충족되지 않고 있다.

개신교의 종교개혁자들은 매일공중기도의 실제를 개혁하기 위해서 더욱 급진적인 단계를 밟았다. 우리가 살펴보았듯이 16세기에는 매일공중기도가 거의 전적으로 성직자와 수도원의 전유물이 되었다. 이 작은 사회집단의 종교적인 필요성이 대다수 성도들의 요구보다 우위를 점했다.

초기 성도들의 예배는 익숙하고 대중적인 시편, 찬송, 그리고 기도들로 구성되어 있는 반면 수도원의 삶은 시편집 전체를 매주의 과제로 삼고 성경 전체를 읽는 제스처를 취할 수 있는 여가를 제공하였다. 이런 수도원 모델이 서방교회에서는 유일하게 잘 알려진 것이었으므로 초기 성도들의 예배도 유사할 것이라는 추정들이 널리 받아들여졌다. 이것은 예배에 대한 잘못된 정보로 매우 위험한 것이다. 왜냐하면, 이것은 매일예배를 개혁하려는 개신교의 노력에 준(準)수도원식 구조를 제공했으며, 그들로 하여금 기도와 찬양보다 교화를 더 중요한 것으로 여기게 만들었기 때문이다.

다양한 종교개혁자들은 매일공중기도의 대중적인 사용을 회복하는 문제에 대해서 각기 다른 해결책을 내놓았다. 그 해결책들은 정기적인 교구예배를 위한 것, 교구에 속해 있는 집단을 위한 것, 특정 공동체를 위한 것, 가족 예배를 위한 것이라는 범주로 나눌 수 있다. 또한 수도원공동체가 사라진 것처럼 이런 예배가 완전히 종식될 가능성도 있었다.

매일기도를 교구 교회에 사용할 수 있도록 조정하려는 많은 시도가 있었다. 취리히에서는 종교개혁자 울리히 **츠빙글리**가 대부분 성경을 읽고

---

par. 77.
24 Taft, *The Liturgy*, p. 316.

주해하는 것으로 이루어진 매일예배를 시작하였다. 주로 교육에 강조점을 두었으며, 취리히 시민들은 자신들이 마음만 먹으면 일주일에 14번의 설교에 참석할 수 있었다.

이것은 이후의 영국 청교도들이 은밀하게 행했던 성직자들의 주간 "예언(설교)" 집회의 모델이 되었으며, 거기서는 모두가 자유롭게 설교자의 본문 해설에 대해서 질문하였다. 어떤 의미에서는 교화에 대한 수도원의 요구는 거의 전적으로 교화에 집중한 츠빙글리의 매일예배에서 그 논리적인 결론에 도달했다고 볼 수 있다.

중요한 종교개혁자인 마르틴 부처(Martin Bucer)의 지도하에, 스트라스부르에서는 수도원제도가 폐지되었으며 모두를 위한 교구 교회의 성무일과가 발전되었다. 이것은 예배의 번역, 음악의 작곡, 그리고 아침과 저녁예배라는 두 개의 매일예배로 단순화한 것이었다.[25]

1526년에 발간된 『스트라스부르 시편집』(*The Strasbourg Psalter of 1526*)은 10년 후에 퀴논(Quiñones)에 의해서 교송이 폐지되지만, 라틴어로 된 성무일과의 필수적인 구조를 남기는 개혁을 하게 되었으며, 더 많은 성경봉독과 해설이 추가되었다.

마르틴 루터는 보수적이었다. 그는 1523년과 1526년에 두 개의 매일예배로 회귀하는 것을 제안했다. 그것은 **명절**(ferial days[축제일이 아닌 평일의])에 성구, 시편, 캔티클(canticle: 성경 구절을 가사로 노래하는 것 - 역자주), 찬송가(hymns), 주기도문, 본기도, 신경, 그리고 설교로 이루어진 아침기도회(matins)와 저녁(vespers) 기도회를 가지자는 것을 의미한다.[26] 아침기도회와 저녁기도회는 비록 평신도들을 위한 것이었지만, 루터는 학교와 대학에서 이 두 기도회를 사용하는 데 특별한 관심을 가졌던 것으로 보인다.

---

25 Hughes Oliphant Old, "Daily Prayer in the Reformed Church of Strasbourg, 1525-1530," *Worship* 52 (1978), pp. 121-38.

26 Cf. "Formula Missae" and "Deutsche Messe," in Bard Thompson, ed. *Liturgies of the Western Church* (Minneapolis: Fortress Press, 1961), pp. 120-21 and 129-30.

루터교 계통 교회에서 매일공중기도는 오늘날 예상하는 것보다 더 오래 지속되었다. 바흐가 라이프치히의 삭손(Saxon)시에 살던 기간(1723-50)에는, 한 주간에 매일 몇 개의 기도 예배뿐 만 아니라 추가로 참회 예배나 설교도 있었다. 바흐의 당대 사람들은 이렇게 외칠 것이다.

> 예배가 공적으로 매일 열리는 곳에 살 수 있는 사람은 얼마나 행복할까 … 설교와 기도 예배가 매일 열리는 드레스덴과 라이프치히는 행운이다.[27]

그 세기가 끝나기 전에 이런 예배들은 사라졌으며, 루마니아의 일부에서 이 예배들은 루터교인들 사이에서 20세기까지 존속했다.

1978년 『루터교회 예배서』(*Lutheran Book of Worship*)와 그 뒤를 잇는 2006년 『복음주의 루터교 예배』(*Evangelical Lutheran Worship*)는 "아침기도회(Morning Prayer): 아침 예배(Matins)", "저녁기도회(Evening Prayer): 저녁기도(Vespers)", 그리고 "일과 후의 기도회(Prayer at the Close of the Day): 취침 기도회(Compline)"를 추가하여 루터의 패턴을 확대했고, 각 기도회를 위한 정해진 음악이 인쇄되었다. 아침기도회는 시편찬송(psalmody), 캔티클(canticles), 성구(lessons), 찬송가(hymnody), 기도문, 침묵의 반성이 포함되고, "짧은 주석, 교육, 혹은 개인의 증언"도 선택 사항으로 할 수 있다.[28]

저녁기도회는 등불 예배(불이 켜진 큰 양초를 가지고 행진)로 시작할 수 있으며, 시편찬송, 찬송가, 캔티클, 성구, 연도, 그리고 침묵의 반성 혹은 다른 형태의 성구 해석이 포함된다. 일과 후의 기도회는 고백, 성시찬송가, 기도, 캔티클, 그리고 축도를 포함한다. 또한 두 개의 "응답 기도" 예배와, "연도", "매일기도를 위한 고유기도문"(Propers for Daily Prayers), "매일기도를 위한 시편"(Psalms for Daily Prayer), 그리고 "매일 성서정과"(Daily Lection-

---

[27] Günther Stiller, *Johann Sebastian Bach and Liturgical Life in Leipzig* (St. Louis: Concordia, 1984), p. 55.
[28] *Evangelical Lutheran Worship* (Minneapolis, MN: Augsburg Fortress, 2006), p. 302.

ary)를 위한 규정도 마련되었다.

『복음주의 루터교 예배』 매일 성무일과의 중심은 설교보다는 기도, 찬송, 그리고 침묵의 반성에 있다. 이것은 또한 설교나 권면을 정기적으로 포함시키지는 않았던 초기 교회 성도들의 성무일과로 회귀할 것을 제안하는 것이다.

종교개혁 기간으로 돌아가서 살펴본다면, 매일공중기도회의 개정에서 성공한 사례는 영국성공회에서 있었다. 1549년판과 1552년판 『공동기도서』(Book of Common Prayer) 발간에 중요한 역할을 맡았던 대주교 토마스 크랜머(Thomas Cranmer)는 대륙의 종교개혁자들과 추기경 퀴논의 작업에 친숙했다. 그는 중세 영국의 사룸 성무일도서(Sarum Breviary)에 있던 심야기도(matins), 아침기도(lauds), 그리고 제1시과(prime)를 합쳐서 "아침 예배"(Matins)에 넣었고, 저녁기도회(Vespers)와 취침기도회(Compline)를 "저녁예배"(Evensong)에 합쳤다. 그러나 1552년 판본에서는 그 이름들이 "아침기도회"(Morning Prayer)와 "저녁기도회"(Evening Prayer)로 바뀌었고, 대낮 기도 시간은 완전히 사라졌다.

크랜머는 "서문"(The Preface)에서 자신의 목적을 분명히 했는데, 경우에 따라서는 심지어 퀴논(Quiñones)의 단어들도 모방하였다. 그는 이렇게 소망했다.

> 사람들은(교회에서 봉독되는 거룩한 성경을 매일 들음으로써) 하나님을 아는 지식에서 점점 더 많은 유익을 얻고, 그분의 참 종교에 대한 사랑으로 더욱 불타오르지 않으면 안 된다.[29]

"고대 교부들"은 성도들이 매년 "성경 전체(혹은 그 대부분)를" 다 읽도록 체계적인 매일성경을 제공했다고 (잘못) 믿고 있던 크랜머는 모든 "성

---

29 *The First and Second Prayer Books of Edward* (London: J. M. Dent, 1952), p. 3.

가"(anthems), "교송"(reponsories), "부름"(invitatories)과, 성경봉독의 지속적인 과정을 방해하는 유사한 것들을 모두 제거하였다.[30] 그는 "규칙"은 "적고 쉬어야"하며 단지 기도서와 성경만이 예배를 드리는 데 필요하고, "모든 지역에서 단 한 가지의 사용법만 취한다면. 국가적인 통일성이 보장될 것이다"라고 주장하였다.

그 계획은 너무나 단순했다. 시편은 "한 달에 한 번 전체를 통독한다." 다시 말하면 아침과 저녁기도회에 매일 몇 편을 읽으며, 한 달이 시작될 때 새롭게 시작하는 것이다. 성경은 창세기, 마태복음과 로마서(구약과 복음서는 아침기도회[Matins]에서, 구약과 서신서는 저녁기도회[Evensong]에서)로 시작하는 **연속 읽기**(*lectio continua*) 과정을 통해서 통독된다.

예배의 나머지 부분은 사룸 성무일도서(Sarum breviary offices)의 요소들을 능란하게 혼합하여 이루어졌다. 즉, 주기도문, 교독문(versicles), **영광송**(*Gloria Patri*)과 함께 하는 시편, 두개의 성구, 캔티클, **자비송**, 신경, 주기도문, 교독문(versicles), 그리고 세 개의 마무리 본기도가 포함된다.

1552년판에서는 성경으로부터 참회의 구절, 고백으로의 부름, 전반적인 고백, 그리고 용서의 선언으로 이루어진 회개의 서언이 첨가되는 변화가 있었다. 이런 식으로 시작한 선례는 퀴논(Quiñones의 matins)과 대륙의 종교개혁자들에서 모두 찾을 수 있다. 1662년에 추가적인 기도와 성가(anthem)를 위한 조항이 예배의 끝 부분에 첨가되었다. 노래로 부르는 매일성무일과의 위대한 전통은 영국 대성당과 대학 교회들의 예배를 특징 짓는 것이었다.

크랜머가 성공했다는 데에 대한 이견은 없다. 사실상 매일예배 외에도 그의 아침과 저녁기도회는 300년 동안 성공회의 표준적인 주일예배가 되었다. 19세기까지는 **연도**([Litany], 긴 응답기도로 성공회 기도서의 중요한 특징으로 남아있다)와 낭독과 설교, 그리고 헌금 시간이 포함되었던 말씀 예배

---

30 *The First and Second Prayer Books of Edward*, p. 6.

(주의 만찬 집례에 대한 지시[Order]의 전반부)가 통상 주일 아침기도회에 결합되어 다소 중복되기도 했다. 성공회에서는 18세기의 감리교도들, 그리고 19세기의 옥스퍼드 운동 지지자(Tractarian)와 다른 교회 개혁가들이 출현하고서야 대중들의 성찬에 대한 경건함과 함께 잦은 성찬식을 하게 되었다.

아침과 저녁기도회가 널리 유행한 것은 꽤 이해할 만하다. 두 예배 모두 많은 양의 성경을 읽었으며, 특히 시편과 캔티클을 부를 때는 더 많은 성도가 참석하였다. 그 예배들은 운율 찬송가가 없는 것으로 유명하다. 크랜머는 중세의 성무일과 찬송을 번역할 적절한 시가 부족한 것을 안타까워했다. 주일에 성찬으로 보충하려고 의도된 매일예배에는 설교나 헌금 시간이 없었다. 크랜머의 아침과 저녁기도회는 수 세기 동안 영국 성도들이 가장 사랑하는 예배가 되었으며, 풍성한 성경적인 경건함을 육성시켰다. 그 기도회가 지속적으로 인기가 있었던 이유 중 일부는 1549년판에 사용된 영어와, 크랜머의 기술—예컨대 "오류를 범하고, 탈선한"(erred and strayed), 그리고 "진노와 분노"(wrath and indignation) 같은 세심하고도 균형 잡힌 운율(cadence)로 된 당대의 구어를 사용한—에 기인한다는 것에는 의문의 여지가 없다.

크랜머가 이룬 우수한 업적의 많은 부분은 4세기 이상 두 개의 성무일과에서 단지 소소한 변화만 있었다는 사실에서 드러난다. 마침내 1979년 『미국 성공회 공동기도서』(American Episcopal Book of Common Prayer)의 성무일과는 110페이지의 자료들을 포함해 상당한 발전을 보여준다. 가장 중요한 변화는 지금은 사회에서와 마찬가지로 예배에서도 다원주의 시대라는 것을 솔직하게 인정한 점이다. 미국성공회 내부에서는 동일한 예배에 대해 "전통적인"이라는 표현과 "현대적인"이라는 표현을 둘 다 인쇄함으로써 다양성을 인정한다.

미국 『공동기도서』에서 처음으로 짧은 정오예배, "저녁예배 순서"(An Order of Worship for the Evening)와 취침기도회(compline) 같은 많은 선택 사항이 나타났다. 저녁예배 순서는 빛을 들여오는 상징을 포함하는데, 이것은 초기 기독교 대성당 성무일과의 **등불 예식**(*lucernarium*)을 회복한 것이다. 교회력에 근거한 2년 주기의 성서정과는 성구들을 제공해 준다. 개회문, 교송, 캔티클, 그리고 본기도를 위한 더욱 많은 선택 사항을 제공하는 것을 제외한 기본 패턴은 크랜머가 1552년 작업을 시작한 이래 놀라울 정도로 거의 변한 것이 없었다. 캔티클과 아침과 저녁기도회의 축소된 형식을 위한 대안책을 더 많이 포함하고 있는 영국의 1980년 『대안예배서』(*Alternative Service Book 1980*)에서는 기본적으로 보수적인 수정만 한 것을 알 수 있다.

다른 개신교 교회들은 20세기의 예배 갱신과 에큐메니컬 운동에 기대어 다양한 형태의 기도 형식을 만들어냈다. 아마도, 가장 야심찬 책은 교회력의 전체 주기에 대한 풍부한 자료를 담은 1987년 장로교(U.S.A)의 『매일기도』(*Daily Prayer*)였다. 1993년의 『공동예배서』(*Book of Common Worship*)와 2018년의 『공동예배 매일기도서 판』(*Book of Common Worship Daily Prayer Edition*)에 이 책의 많은 부분이 포함되었다. 2014년 PC(USA) 찬송가집인 『하나님께 영광을』(*Glory to God*) 또한 매일기도의 진행을 위한 지침을 포함하고 있다. 아침과 저녁기도회에 덧붙여서 "정오기도회"(Midday Prayer), "일과 후의 기도회"(Prayer at the Close of the Day), 토요일 저녁의 "부활의 철야기도회"(Vigil of the Resurrection)를 위한 형식이 나타난다.

1989년판 『연합감리교회 찬송가집』(1989 *United Methodist Hymnal*)은 처음으로 아침과 저녁 "찬양과 기도회"를 위한 순서를 소개한다. 그 외에도 1992년 『연합감리교회 예배서』(*United Methodist Book of Worship*)는 낮과 밤에 더해 "기도와 간증의 주중예배"(Midweek Service of Prayer and Testimony) 순서를 제공한다. 이러한 것들은 고대 그리스도인들의 공동 기도 예배 패턴을 회복하기 위한 의도적인 시도이다. 사실상 연합감리교회에서는 성경을 읽는 것조차 선택 사항이며, 이러한 최신이면서도 가장 오래된 형식의 매일공중기도에서 기도와 찬양이 최우선 순위에 있다. 종합적으로 살펴보면, 이들 주류 개신교 예배서와 찬송가집들은 설교와 권면에 대한 강조는 상대적으로 덜하고, 매일기도의 중심 활동으로서 기도와 찬양을 향한 지속적인 움직임을 보여준다.

그럼에도 불구하고, 교단의 공식 예배서들이 모든 다양한 개신교공동체들을 대표하지는 않는다. 17세기 후반과 18세기에 있었던 경건주의라고 알려진 운동이 이러한 교구기도 모임에 많은 자극을 주었다. 경건주의는 성경공부와 기도를 위해 주중에 만나는 교구 내의 훈련받은 집단들을 고취시켰다. 초기 감리교회에서는 영적인 목적, 찬송 부르기, 기도를 위한 속회에서 이것을 모방했는데 대부분이 즉흥적이었다.

19세기에 이것은 주중기도 모임이 되었으며, 미국 개신교 예배의 중요한 구성요소가 되었다. 그리고 이러한 것들은 평신도가 주도했을 뿐만 아니라, 여자들에게도 처음으로(퀘이커교도 외에) 공적 예배에서 말할 수 있는 기회를 제공하였다. 이런 비공식 예배들은 주일에는 종종 침묵하는 사람들에게 말할 수 있는 기회를 부여했으므로 사회적으로 다이너마이트 같은 역할을 하였다. 기도모임은 여성의 권한 부여에 많은 기여를 하였으며, 여성들로 하여금 자신들의 인권, 절제, 그리고 노예 제도 폐지 같은 주요한 개혁 운동이나 정치적 활동에 참여하게 하였다.

각종 개혁교회들 또한 다양한 의도의 공동체를 만들었으며, 이들은 매일공중기도를 자연스러운 것으로 생각했다. 최근에 부활된 영국의 작은 기딩공동체(The Little Gidding Community)는 17세기에 20년 동안 매일하는 기도 예배를 계속하였다. 그들의 하루는 기도 예배로 시작되었으며, 상당히 많은 회중 찬송을 포함하는 유사한 예배로 끝났다.

18세기에 모라비안교도들은 독신 형제나 독신 자매들이 매일기도와 찬송을 부르면서 함께 생활하고 함께 예배하는 "찬양대" 체계를 발달시켰다. 위임받은 개인들이 매시간 끊임없이 행하는 시간마다의 중보기도 또한 주목할 만했다. 매일공중기도는 미국의 셰이커들처럼 많은 유토피아적인 공동체 사이에서는 일반적인 것이었다. 프랑스의 떼제(Taizé)공동체는 자신들만의 매일성무일과를 발전시켰다. 아프리카계 미국인 교회들은 링 샤우트([ring shout], 아프리카 서부 기원의 미국 남부 춤)처럼 아프리카의 일부 기도스타일을 통합한 독특한 관례를 발전시켰다. 한국 교회에는 통성기도—전체 회중이 즉석 기도를 하는 동안 "큰 소리로 기도하라"(Pray loud)를 의미—라고 부르는 기도 형식이 특징인 매일 새벽기도회가 풍성하게 열린다.

중요한 종교개혁 성향의 하나는 매일 공중 예배를 가정에 재배치하는 것이었다. 가정 예배는 영국 청교도와 스코틀랜드 장로교, 빅토리아 시대의 영국성공회, 그리고 그들과 관련이 있는 미국 예배의 중요한 부분이 되었다. 1647년판 스코틀랜드의 『가정 예배를 위한 지침』(*Directory for Family-Worship*)은 기도와 찬양, 성경봉독, 그리고 성경을 적용하는 콘퍼런스에 대한 매일의 패턴을 제시하고 있다. 매일기도라는 이 형식을 인도하기 위해서 수많은 기도 지침서와 모음집이 다음 두 세기 반에 걸쳐서 간행되었다.

이런 패턴들은 오늘날도 전혀 없어지지 않았으며, 『다락방 훈련』(*The Upper Room Discipline*) 같은 자료집들은 아직도 풍부하다. 사실상, 인터넷을 통해 예배 자료들을 이용할 수 있게 되면서 지난 세기말에는 거의 상상도 할 수 없었던 방식으로 매일기도를 진행하는 데 필요한 자료에 접근할 수 있게 되었다.

2. 매일공중기도의 신학

매일공중기도의 어떤 점이 중요하고 특별한가를 알기 위해서 우리는 그리스도인의 삶이라는 전체성에 비추어 그것을 살펴보아야 한다. 그리스도인들의 대다수가 이런 형식의 예배를 드리지도 않을 뿐더러, 그리워하지도 않는다는 점은 분명하다.

그렇다면 우리는 그것이 다만 그런 종류를 좋아하는 사람들에게만 가능한 그저 경건한 선택 사항일 뿐이라고 결론지어야만 하는가?

그렇지 않다면 매일공중기도가 많은 그리스도인이 빼앗긴 중요한 필요성을 충족시켜주는가?

다른 형식의 기독교 예배가 주는 강렬함에 대해 조사해 본다면 우리는 그런 예배들이 주로 사람들에게 주시는 하나님의 은혜로운 자기 주심을 표현하는 정도에 충격을 받을 것이다. 통상적인 주일 말씀예배는 봉독, 설교, 음악, 그리고 다른 예술을 통한 하나님의 말씀 선포를 주축으로 해서 생긴 것이다. 성찬 역시 빵과 포도주를 가지고 하는 행동을 통해서 주로 하나님의 자기 주심에 초점을 맞춘 것이다. 이런 예배들이 찬송가, 시편찬송, 그리고 기도의 요소들을 포함하는 것이 사실이지만, 그들이 강조하는 것은 다른 곳에 있다.

매일공중기도는 그와는 달리 더욱 개인적인 초점을 가지고 있는데, 그것은 일상생활에서 하나님께 찬양과 중보로 우리가 응답하는 것이다. 그것은 그저 말씀과 성례전에 대한 응답이 아니라, 매일 경험하는 모든 것―태양이 떠오르며, 가족들 간의 다툼, 일하는 것의 지겨움, 우리가 세상에서 직면하고 있는 문제들―에 대해서이다. 그래서 그것은 하나님께 공동의 형식으로 된 우리의 말을 올려드리는 것이다. 비록 그것을 완전히 공동의 것으로 만들기 위해서는 공통된 형식이 사용되어야 하지만, 우리 각자 입술로 주신 것에 대한 감사와 기쁨의 찬양, 때로는 불평까지 공중기도로 드린다. 일상이라는 배경에서 우리 자신을 표현하는 바로 이 능력이 매일공중기도를 독특한 것으로 만들어 준다.

이런 종류의 예배가 가지고 있는 중요성의 많은 부분은 균형을 맞추는 데 있다. 이것은 몇 개의 단계에서 작동한다. 매일공중기도와 매주 드리는 주일(또는 안식일)예배의 리듬의 균형을 맞출 필요성이 있다(*There is a need to balance daily public prayer with the weekly rhythm of Sunday*[or *Sabbath*] *worship*). 앞에서 주일의 말씀예배와 성찬의 각기 다른 역동성에 대해서 언급하였다. 츠빙글리가 취리히에서 한 것과 같은 매일 설교나, 일부 로마가톨릭이나, 성공회가 하는 것과 같은 매일 성찬도 물론 가능하다. 그러나 이러한 것은 기도나 찬양에 초점을 맞춘 예배에는 없는 역동성이 있다. 그리고 훨씬 친밀한 기도의 탁월함은 예배에 바람직한 균형을 제공하는데, 이는 매일기도보다는 매주일 드리는 예배에서 더 잘 볼 수 있다.

또한, **공중기도와 개인기도 사이의 균형**(balance between public prayer and private prayer)이라는 문제도 있다. 우리는 개인기도에 관해서는 논의하지 않았지만, 하루 중 다른 경우에는 보통 공중기도에 개인기도가 수반된다고 추정된다. 어떠한 것도 다른 하나를 대체하지 않으며, 각각 서로를 강화시킨다. 그렇다면 우리는 개인기도를 구별된 대상으로서가 아니라 한 막대기의 반대쪽 끝으로 이해해야 한다. 개인적이고 경건하며 대본이 없는 기도는 공중기도에 활력과 집중력을 가져온다.

그러나 공중기도는 개인기도가 기도하는 기독교 전체와 관련을 맺는데 있어서 좋은 균형을 이루도록 한다. 본질적으로 많은 목소리가 함께 하는 것은 그리스도인의 기도를 기독교적인 것이 되게 한다. 우리는 사람들을 적대시하며 기도하는 것이 아니라, 그들을 위해서, 그들과 함께 기도한다. 그리고 우리는 자신의 개인기도를 완전히 기독교적인 것으로 만들기 위해서 공중기도라는 훈련을 필요로 한다. 그렇지 않다면 길을 벗어나 개인적인 환상과 일탈의 목소리를 낼지 모른다.

이런 의미에서 **매일공중기도는 기도의 학교이다**(daily prayer is a school of prayer). 그것은 우리에게 기도하는 법을 가르쳐 주는데, 이는 1세기에 살든지(눅 11:1), 금세기에 살든지 우리 모두에게 필요한 것이다. 그것은 우리가 존이나 앨리스 같은 우리 이웃을 위해 구체적으로 어떻게 기도해야 하는 지를 가르쳐주지는 않지만, 그들이 도움을 청할 때 그들에게 다가가야 할 필요성을 우리에게 가르쳐준다.

1662년에 간행된 "각양각색의 사람들"을 위한 기도는 현재는 어느 정도 배타적인 것으로 보이지만, 본래는 그리스도인들로 하여금 기도 중에 다른 모든 사람 옆에 있도록 가르치는 것이다. 공중기도는 우리 자신의 삶이라는 한계를 초월하기 때문에, 이런 방식으로 우리에게 기도하는 방법을 가르친다.

우리가 성찰할 필요가 있는 세 번째 균형의 형태는 기도와 찬양과 성경봉독 사이의 균형이다(balance *between prayer and praise and the reading of scripture*). 위에서 언급하고 지적한대로 수도원의 삶이라는 환경은 주간마다 시편집을 다루고, 해마다 성경을 다루도록 격려하는 지속적인 기도 훈련을 고취시켰다. 이것은 그런 공동체에서는 적합했을 수도 있었다. 그러나 그것은 개신교 종교개혁자들이 보통 사람들을 위해서 가지고 있던 단 하나의 모델을 제공했으므로 종교개혁자들은 교화를 매일예배의 주된 기능으로 만들려고 하는 경향이 있었다.

고대 성도들의 예배(people's service)는 교화를 새로운 신자를 위한 교리교육(cathechesis)과 주일예배 같은 다른 행사로 격하시켰다. 이로 인해 매일공중기도는 익숙한 용어로 된 기도와 찬양에 자유롭게 집중할 수 있게 되었다. 그때부터 모라비안교도들 같은 일부 공동체에서는 노래할 때 찬송가집을 사용할 필요성을 느끼지 않는 것이 그 집단에 속해있다는 진정한 표지였다. 친숙함은 사람들로 하여금 자신의 개인적인 감정을 멋지게 소리 낼 수 있게 만들기 때문에 다양하고 광범위한 찬송가가 보다 교화용일지도 모른다.

그러므로 우리는 매일공중기도가 진정으로 성경에 초점을 두며 교육적 의도를 가지고 있는지, 아니면 근본적으로 다른 목적을 달성하는 것인지에 관해서 주의 깊게 결정해야만 한다. 당연히 성경낭독은 개인적으로 할 수 있으며, 또한 계속되어야만 한다. 그러나 매일공중집회는 주로 기도와 찬양에 관계되는 것이 더 낫다.

3. 매일공중기도의 실제적이고 목회적인 측면

매일공중기도의 역사와 신학에 대한 우리의 간결한 설명은 몇 가지 실제적인 관찰을 시사한다. 현대의 매일기도 개혁에 있어서 **단순함**(*Simplicity*)은 중요한 요소이다. 그것은 또 다른 바람직한 특징인 **친숙함**(*familiarity*)과 밀접하게 연계된다. 매일기도의 요점은 익숙하고 의미 있는 말을 자주 묵상할 수 있다는 것이다. 이러한 의미에서 일부 동양종교에 있는 주문([mantra])이나 혹은 반복된 구절의 사용도 적실하다. 사람들은 아무리 자주 주기도문으로 기도하고, 결코 그것을 확실하게 알지 못한다. 시편 23편과 다른 유명한 시편들은 그 의미가 무궁무진하다는 것이 증명되었다. 어떤 기도들과 찬송가들은 계속해서 우리로 하여금 보다 심오한 깊이로 이끌어 준다.

우리 시대에는 단순하고 익숙한 매일기도의 구조들이 점점 더 선호되고 있다. 대중 종교의 대부분은 반복에 초점을 맞추고 있으며, 현대의 개혁은 매일기도에 표준 형식을 사용하는 데서 가치를 발견하고 있다. 친숙한 형식이 무분별한 암기(매일기도에 대한 익숙한 비판)로 변질될 가능성이 있지만, 이러한 것들을 "마음으로" 실천하려고 한다면, 아마도 이런 상황을 피할 수 있을 것이다. 왜냐하면, 이러한 형식이 우리 일상생활에 깊이 뿌리박히고 있기 때문이다.

친숙함은 또한 상대적인 간결함을 바람직하게 만든다. 10분이 좋다고 해서, 20분이 두 배로 좋다는 것을 의미하지는 않는다. 매일기도의 양이 아니라, 질이 우리의 관심사다. 짧은 예배는 바쁜 낮이나 저녁에 훨씬 많은 사람이 방문하도록 인도할 수 있다.

최근에 더 많은 행동이 매일기도와 결합되어야만 한다는 인식이 커지고 있다. 악수나 포옹을 통해서 받는 평화의 표지, 삼위일체의 이름을 부르면서 십자가의 표지를 만드는 것, 저녁에 큰 촛대 불을 붙이는 의식이나 몸과 감각에 호소하는 향의 사용과 같은 것들은 우리의 입술만이 아니라 우리의 온 존재가 하나님을 경배한다는 점을 분명하게 한다.

　매일기도만큼 시각(*time of day*)의 영향을 많이 받는 예배 형태는 없다. "시과전례"라는 용어는 이러한 의미를 회복시킨다. 하루의 시간대에 따라 사람들은 각기 다르게 반응한다. 그들은 다르게 행동하고, 다른 것을 느끼고, 필요한 것 역시 다르다. 신체 대사는 사람들이 다른 시간에 어떻게 기도하는지에 관련이 있다. 공중 기도를 계획하거나 준비하는 사람은 누구든지 인간은 하루 내내 변한다는 사실에 민감해야 할 필요가 있다. 이것은 매일기도의 매력의 일부이자 동시에 과제이기도 하다.

　매일공중기도가 가지고 있는 가치의 많은 부분은 현재의 사람들과 상황들에 적용될 수 있다는 점이다. 최근에 이루어진 모든 수정들은 사람들과 그들의 상황에 적용시키는 유연성을 강조하고 있는 것처럼 보인다. 이것은 많은 선택 사항과 대안들의 첨가를 의미한다.

　만약 우리가 이런 새로운 형식으로부터 판단할 수 있다면 가장 중요한 것은 **융통성**(*adaptability*)이다. 각 공동체는 자신들만의 독특한 사회적 위치가 있으며, 이것은 공동체가 함께 기도하는 방식에 반영되어야만 한다. 수련회에 온 고등학생 집단이 신학생들이 기도하는 것과 동일한 방식, 혹은 고령자가 할 법한 방식으로 함께 기도할 것이라고 기대해서는 안 된다.

　매일기도의 융통성은 2020-21년의 코로나19 팬데믹 기간에 새로운 방식으로 명확해졌다. 장기간의 격리 기간 동안 교회가 사역을 위해 분주해지면서, 많은 목사와 평신도는 회중 속에서 다른 사람들과 함께하는 매일, 적어도 매주 새벽기도회나 저녁기도회를 지키는 것이 회중들과 하나님, 그리고 그들 서로 간의 연결을 유지하는 데 도움이 된다는 것을 알게 되었다.

　일부 목사들과 교회들은 심지어 격리 기간 후에도 그들이 기도를 위한 이런 온라인 모임을 계속해왔다고 보고한다. 그리스도인들은 가상공간에서 서로 자기 집으로 초청하여 공동기도로 하루를 시작하거나 마무리한다. 위에서 지적한 대로, 바울은 데살로니가전서에서 "쉬지 말고 기도하라"(살전 5:17)고 권면했다. 수 세기에 걸쳐 그리스도인들은 이러한 끊임없는 기도를 구현하려고 다양한 방식—자연(일출, 일몰)이나, 구원 역사(성전의 기도시간, 혹은 예수님이 십자가에 달리신 시간), 혹은 기대감(도둑이 불시에 들지 못하도록 새벽에 기도하면서)을 갖고 특정 시간에 구체적이고 습관적으로 기도를 하며 하루를 나누는 식—으로 노력했다.

대화형의 온라인 기도가 완전히 새로운 기술적 실천처럼 보이는 것은 우리가 하나님 가족의 공동예배에 동참하면서 끊임없는 기도가 최근에 진화한 것일 뿐이다.

제5장 용어들

antiphons : 교송
apostolic hours : 사도의 시간
bidding prayer : 중보기도
breviary : 성무일도서
cathedral office : 대성당의 성무일과
choral office : 합창 성무일과
compline : 취침기도회
ferial days : 명절 (축제일이 아닌 평일의)
hours : 시과
invitatory : 기도/찬양으로의 부름
lauds : 아침기도
liturgy of the hours : 시과전례 (시과를 보라)
lucernare : 등불예식
matins : 심야기도회
monastic office : 수도원 성무일과
nocturns : 심야기도회
none : 제9시과
people's office : 성도들의 성무일과 (대성당의 성무일과를 보라)
prime : 제1시과
responsory : 응창 성가
sext : 제6시과
terce : 제3시과
The Litany : 연도
vespers : 저녁기도회

제6장

말씀 예배

R. 니콜라스 피터슨 | 크리스천신학대학원의 설교 예배학 조교수

매일공중기도에 관해 다룬 앞의 장에서 대체로 구어로 구성된 예배의 한 형태에 대해 살펴보았다. 이제 우리는 구어에서 비롯된 또 다른 예배 형태인 말씀 예배로 옮겨갈 것이다. 비록 두 가지 예배 형태 모두에서 단지 연설로서만 행해지는 것보다 훨씬 더 많은 것이 일어나지만, 주된 의사소통 방식은 구어이다. 공동체의 공동의 기억은 구두로 회상되고 강화된다.

이번 장의 주제는 주의 만찬, 혹은 미사의 전반부를 포함한다. 그러나 대부분 개신교 집단에서 말씀 예배는 성찬식을 거행하지 않을 때의 통상적인 주일예배이기도 하다. "말씀 예배"라는 용어는 그래서 가장 포괄적인 명칭이다. 미사의 초반부를 가리키는 용어들에는 미사의 전반부(foremass), 전(前)-성찬(ante-communion), 말씀 예배(synaxis), 혹은 전(前)-봉헌기도(proanaphora: 성찬기도의 전반부에 이루어지는 기도-역자주) 등도 있다. 통상적인 개신교 예배에는 다음과 같은 다른 많은 용어가 사용된다. 주일 예배, 아침 예배, 설교 예배, 혹은 거룩한 예배, 혹은 보다 현대적인 맥락에서 예배 경험이다.

우리의 방법은 주의 만찬과 성찬이 없는 예배(non-eucharistic services)에서 드러났던 이런 예배 유형의 다양한 역사를 추적하는 것이 될 것이다. 그리고 현재 문제가 되는 신학적인 원리들 중 일부를 조사할 것이며, 그 후

에 오늘날 목사들이 역사적이고 신학적인 관심사를 어떻게 다루는지 살펴볼 것이다.

1. 말씀 예배의 역사

유대교 **회당**(synagogue) 예배의 기능을 간략하게 살펴보는 것으로 시작하겠다. 우리는 교회가 유대교의 시간에 대한 리듬과 그 시간의 리듬으로부터 나온 기억하는 수단을 채택했다는 것을 알고 있다. 그리고 우리는 유대인의 예배 구조와 그 저변에 있는 사고 방식 둘 다 기독교 예배를 가능하게 했다는 점도 알게 될 것이다.

만약 유대교 회당 예배와 그 사고 방식이 기독교 말씀 예배의 기저를 이룬다면, 우리는 회당 예배가 어떤 기능을 수행했는지 질문해야 한다. 이상하게도 그것은 디아스포라 민족으로서 이스라엘의 존속이라는 공동체적이고 종교적인 기능을 수행하기 위해서 생긴 것으로 보인다.[1] 비록 회당 예배의 기원과 그 활동들에 대한 정확한 정보가 없기는 하지만, 많은 학자는 그 기원을 유대인들이 바빌론에서 포로생활을 하던 주전 6세기경 어느 때 시작되었다는 가설을 제시한다. 예루살렘 성전은 폐허가 되었고, 그곳을 중심으로 매일 제사와 기도로 드리던 국가적 예배는 갑작스럽게 중단될 수밖에 없었다. 그때까지 완전히 예루살렘과 동일시되었던 성전제사를 다른 곳에서 계속할 방법이 전혀 없었다. 따라서 이스라엘은 생존하기 위해서 새로운 출발을 하지 않으면 안 되었다.

회당은 분명히 생존을 위한 기관으로 시작되었다. 그것은 많은 디아스포라 집단이 자신들의 정체성을 지키기 위해서 국가적, 혹은 민족적 동호

---

[1] Lee I. Levine, *The Ancient Synagogue: The First Thousand Years* (New Haven, CT: Yale University Press, 2000), p. 22.

회를 설립했던 것과 같은 방식이었다. 이스라엘은 기억함으로써 자신들의 정체성을 지켰다. 그들은 하나님께서 선택하신 백성을 위해 행하신 것과 자신들의 역사가 자신들을 구별된 존재로 만들었다는 사실을 기억했다.

이스라엘은 "우리가 이방에 있어 어찌 여호와의 노래를 부를꼬?"(시 137:4)라는 애달픈 질문에 맞서기 위해서 히브리 경전을 듣고 토론하는 장소로 회당을 설립했다. 이스라엘에게 생존이란 자신들을 구별된 백성으로 만들었던 하나님의 역사하심을 기억하는 능력을 의미했다. 그리고 그들에게 최선의 기억 방법은 가르침과 함께 기도하는 것이었다. 회당 예배가 주로 예배를 위해 시작된 것인지, 아니면 교육적인 목적으로 시작된 것인지 구분하는 것은 어렵다.

하나님께서 행하신 것을 기억하고 그 기억 속에서 기뻐하는 것이 예배인가, 아니면 교육인가?

결과가 같기 때문에 이것은 그다지 큰 문제는 되지 않는다. 수없이 많은 왕국이 칼로 사라졌지만 이스라엘은 예배를 통해 살아남을 수 있었다. 세대를 지나면서 예배를 통해 강화된 기억하는 능력은 바벨론의 압제하에서도 너무나 강력했다.

결국 그 공동체는 하나님의 행위에 대한 공동의 기억을 글로 남기는 것이 하나님께서 유대인을 구별된 백성으로 만들기 위해 행하신 일을 회상하는 데 아주 유용하다는 것을 깨닫게 되었다. 이런 기록들을 회당의 강론을 통해서 가르치는 것은 괜찮았다. 그러나 공동체의 모임에서 그것들을 큰 소리로 읽고, 성찰하며, 하나님을 기뻐할 때 기억들은 생생해졌다. 아마 이것은 예배로 의도된 것은 아니었을 것이다. 유대 땅을 그리워하던 유대인 유배자들은 모여서 하나님께서 그분의 백성을 위해서 행하신 것을 읽고, 성찰하고 기뻐했다. 그리고 그러한 이야기를 나눌 때마다 자신들의 정체성을 새롭게 했다.

이런 종류의 가르침을 위한 모임을 위해서는 성전도, 사제도 필요 없었다. 열 명의 유대인 남성이 모일 수 있는 곳이면 어느 곳에서건 회당이 형성될 수 있었다. 오직 성경과 사람들만이 필요했다. 회당 모임의 평신도적 특성은 아무리 강조해도 지나치지 않다. 어떤 장소에서는 회당의 인도자가 여자들이었다는 점은 주목할 가치가 있다. 그러나 대부분의 회당에서는 이것은 일반적이지 않거나, 받아들일 수 없는 것이었다.[2]

회당 예배는 하나님의 행하심에 초점을 맞췄다. 멀리 흩어져 있는 유대인들은 자신들의 역사(경전)를 읽을 뿐만 아니라, 이 역사를 기뻐하는 노래(시편)를 통해 역사를 돌아봄으로(토론, 권면, 설교) 하나님의 행하심을 경축했다. 유대인들이 하나님의 선물인 율법과 하나님께서 자신들에게 말씀하시기 위해 선지자를 사용하신 것을 회상하면서 율법과 예언서를 읽는 것은 표준적인 관례가 되었다.

그래서 회당 모임은 하나님께서 언약을 맺으신 백성의 공동의 기억을 가르치고 전달하는 방편이 되었다. 생존은 기억을 통해서 이루어졌다. 회상된 것은 그저 죽고 분리된 과거가 아니라, 살아계신 하나님이었고, 그 하나님은 현재의 예배에서 마주치는 과거의 사건을 통해서 알려지는 분이셨다. 암송함으로써 과거의 사건은 현재에서 실재가 되고, 공동체는 반복해서 하나님의 구원하시는 능력을 경험할 수 있었다. 모임과 경전의 본문을 토론함으로 사람들은 구원역사 전체를 스스로 체험할 수 있었다.

마치 청소년이 가족들과 함께 가족들의 사진 앨범을 봄으로 개인의 정체성을 확립하는 것과 마찬가지로, 공동의 기억을 되새기는 데 참여함으로 개인의 삶이 변화되었다. 하나님께서 그들을 위해 행하신 것에 대한 공동체의 공동의 기억과 동일시하는 것이 회당 예배의 핵심이다. 그리고 구어는 이것이 일어나게 하는 매개체이다.

---

2 Levine, *The Ancient Synagogue*, p. 512. 일부 연구는 1-2세기 팔레스타인에서 여자들이 토라를 낭독하는 역할을 했다는 점을 시사한다. 그리고 다른 연구는 여자들이 랍비의 일부 기능을 담당했다는 점도 보여준다. 이것이 통상적인 것은 아니었지만, 그것은 디아스포라 전반에 걸쳐 회당에 다양한 관행이 있었음을 증명한다.

이것은 대부분이 유대인이었던 최초의 그리스도인들에게 익숙한 예배 형태였다. 누가복음 4:16-28에 나오는 나사렛(Nazareth) 회당에서 이런 모임의 잔재를 엿볼 수 있다. 예수님께서는 이사야 선지서로부터 성구를 읽었으며, 앉아서 설교하셨다. 비시디아 안디옥의 회당에서는 "율법서와 선지자의 글을 읽은 후 회당장이" 바울과 그 일행에게 설교하도록 요청한다(행 13:15). 큰 소리로 읽은 다음 토론이나 권면을 통해 하나님의 말씀에 참여하는 이러한 방식은 초창기 그리스도인들에게 완전히 익숙한 형식이었다. 예수님께서는 정기적으로 참여함으로써(눅 4:16) 그것을 암묵적으로 허락하셨으며, 사도들도 그것을 최대한 활용하였다.

유대-그리스도인들은 경전을 다루는 그러한 유형에 친숙했다. 아마도 많은 이가 "집"에서 성찬을 거행하면서도 계속해서 회당에서 모였을 것이다(행 2:46). 그러나 얼마 지나지 않아 회당은 그리스도인들에게 더 이상 적합하지 않았다.

주후 2세기 중반까지는 이 두 종류의 예배가 합쳐진 형태가 생겨난 것을 알 수 있다. 그런 혼합예배는 처음에는 잠정적이었지만 곧 영구적인 것이 되었다. 회당 유형은 다락방 유형에 접목되거나 혹은 두 개의 수단, 즉 구어와 행동으로 나타나는 상징으로 혼합되었다. 6세기부터 16세기까지 말씀 예배와 성찬식은 성금요일같이 극히 드문 경우를 제외하고는 분리될 수 없었다.

말씀과 성례전의 연합이 좀 더 일찍 일어났을지도 모르지만, 우리가 가지고 있는 그에 대한 증거는 2세기 중반쯤 **순교자 유스티누스**(Justin Martyr)가 로마에서 저술한 『제일 호교론』(*First Apology*)에 처음으로 나타난다. 새로 세례를 받은 자(아마도 부활절에)는 성찬 모임으로 인도받는다. 거기서 방금 세례받은 사람들을 위한 기도를 드리고, 평화의 입맞춤을 하며, 곧 성찬을 시작한다. 저스틴이 묘사하는 다른 예배들은 통상적인 주일예배인 것으로 보인다.

그리고 일요일이라고 부르는 날에는 도시나 시골에 사는 사람들이 한 곳에서 집회를 엽니다. 시간이 허락하는 데까지 사도들의 회고록이나 선지자들의 글들을 읽습니다. 봉독을 마치면, 수장(首長)은 [우리에게] 이 고귀한 일들을 본받도록 촉구하고 권유합니다. 그런 후에 무리는 모두 함께 일어나 기도합니다. 그리고 앞에서 말했듯이 기도가 끝나면, 빵과 포도주와 물을 가지고 옵니다.[3]

현대식 용어로 말한다면 구약과 신약의 봉독, 설교, 그리고 **일반적인 중보기도**(general intercessions)나 **성도들의 기도**(prayer of the faithful), 즉 다른 사람들을 위한 기도가 있었다. 봉독의 분량은 정해지지 않았지만, 몇 구절을 포함했던 것은 분명하다.

2-3세대 후의 『사도전승』(*Apostolic Tradition*)이 이러한 세부사항들을 확증한다. 서술된 두 개의 성찬은 모두 특별한 경우인 세례식과 성직 서임에 거행된 것으로, 어느 쪽도 성찬에 앞서 또 다른 기념식이 있을 경우에 여전히 분리될 수 있었던 말씀 예배에 대해서는 언급을 하지 않는다. 심지어 오늘날에도 로마가톨릭 예전 전통에서 성금요일에는 말씀 예배가 분리될 수 있으며, 성찬과는 별개로 원래의 단순함을 유지한다.

이것은 안톤 바움스타크(Anton Baumstark)가 발견한 법칙, 즉 대축일에는 가장 오래된 요소가 가장 오래 지속될 가능성이 높다는 법칙을 설명해 준다.[4] 따라서 가톨릭 예전 전통에서는, 성금요일 예배의 전반부는 저스틴의 저술에서 보았던 것처럼 성구들, 시편찬송, 설교, 그리고 중보기도라는 두드러질 정도의 단순함을 보여준다.

---

3 Cyril Richardson, ed., *Early Christian Fathers*, p. 287.
4 이것은 안톤 바움스타크(Anton Baunmstark)의 유명한 제2 법칙인데 그의 다음 저서에 나온다. *Comparative Liturgiology* (London: A. R. Mowbray, 1958), p. 27. 제1 법칙은 시간이 흐르면서 고대의 요소은 보다 현대의 목록들에 의해 중복되는 경향이 있다는 것이다. 따라서 불필요한 중복이 최종적으로 확인되면, 이전 것들이 제거된다는 것이다 (p. 23).

성금요일 중보기도의 형식(기도로의 초대, 무릎 꿇고 하는 침묵기도, 모두가 일어서서 하는 마무리기도)은 초기 것으로 그 형식이 고대 예전 자료로 거슬러 올라가는 형태를 가지고 있다는 것을 의미한다. 아우구스티누스는 우리가 상상할 수 있는 한 간결하고 갑작스러운 시작에 대해 다음과 같이 말해준다.

> 나는 교회에 들어가서 사람들과 늘 하던 대로 인사를 나누었다. 그리고 강사가 수업을 시작했다.[5]

그러나 그렇게 단순한 것은 오래 지속되지 않았다. 침전물을 쌓아가는 강물을 생각해 본다면, 쌓여가는 예배 지층의 연속되는 층을 상상할 수 있다. 이는 예전의 항목들도 움직이거나 완전히 떨어져 나간다는 사실을 제외하곤, 발전 과정을 그려볼 수 있는 유용한 방법으로 지진도 그렇게 완전히는 똑같이 복제할 수는 없을 것이다!

가장 먼저 없어진 것은 4세기에 사라지기 시작한 율법서와 선지서로부터 나온 **구약 성구집**(Old Testament lections)이었다. **세례예비자의 해산**(dismissal of catechumens: 세례를 기다리는 사람들)은 동방교회에서는 여전히 남아 있지만, 서방교회에서는 6세기가 끝날 때쯤에 사라졌다. 세례예비자들은 선포된 말씀을 들을 수는 있지만 성도들의 기도, 평화의 입맞춤이나 성찬의 어떤 행위에도 참석할 수가 없었다. 중보기도나 성도들의 기도 역시 로마예식에서는 7세기쯤에는 말씀 예배로부터 사라졌다.

가장 오래된 층의 나머지인 인사, 서신서, 응창 시편, 복음서 성구, 그리고 설교는 살아남았다. 시간이 지남에 따라, 특히 이 초기 층의 예전 순서의 시작 부분에 더욱 많은 축적이 이루어졌다.

---

5 Augustine, Sermon #324, *Patrologia Latina* (Paris: J. P. Migne, 1863) 38, p. 1449.

두 번째 층은 노래와 기도 둘 다를 포함하는 도입의 자료들을 대표한다. 이런 부착물들은 기독교 예배가 대중화되고 더욱 정교해진 후인 5세기에 시작된 것으로 보인다. 기능적으로 볼 때 이들 중 다수는 성직자를 제단으로 인도하고 각자가 예배를 시작하려고 자리를 잡는 것과 같은 그런 중요한 행위들을 장식하려는 경향이 있었다. 마치 우리가 단순한 행동을 결코 완전히 신뢰하지 못하는 것처럼, 침묵으로 행해지는 행동들은 그 중요성과는 상관없이 항상 말이나 합창의 수반을 요청하는 것 같다.

이러한 발전들은 기독교 세계의 각기 다른 장소와 시간에 일어났다. 우리는 서방 로마 예식에서 일어난 발전의 개요만을 제시할 수 있다. 앞에서 아우구스티누스 시대의 예배가 얼마나 간결하게 시작되고 있는가를 보았다. 그러나 아우구스티누스 사후 수십 년이 못 되어 **입당송**(introit), **키리에**(Kyrie), **대영광송**(Gloria in excelsis), 그리고 **본기도**(collect) 같은 **도입 예식**(introductory rite)이 나타났고, 지금도 사용되고 있다. 예전적인 발전의 이 두 번째 층은 관련 없는 첨가물들의 결과들인 것처럼 보인다. 미사의 가변부분 순서 중 첫 번째인 입당송은 시편의 절을 음악에 맞춘 방식으로 원래는, 제단으로 향하는 성직자의 행렬에 수반되는 이동 음악이었다.

5세기 후반 로마에서는 성도들의 오래된 기도가 성경과 설교 사이에 위치하는 **연도**(litany: 일련의 청원으로 되었으며, 각 청원은 되풀이되는 응답으로 이어진다) 형식으로 된 기도로 대체되었다. 응답은 헬라어 표현인 키리에 엘레이손(Kyrie eleison 주여 자비를 베푸소서)이었다.

비록 비잔틴 예식에서는 완전한 연도들이 여전히 남아있지만, 7세기가 시작될 때쯤 로마에서는 청원 자체가 사라졌다. 그러나 로마 예식에는 헬라어가 심지어 로마 그리스도인들의 예전 언어였던 시기의 아주 작은 흔적인 **키리에 엘레이손**만이 남았다. 중요한 것은 성도의 기도와 연도가 사라짐으로써 로마의 말씀 예배는 중보기도가 없는 상태가 되었다는 점이다.

첨가된 세 번째 항목은 대영광송(Gloria in excelsis, 지극히 높은 곳에서는 하나님께 영광), 또는 보통 대송영이라 부른 것이었다. 대영광송의 기원은 동방교회였지만, 말씀 예배의 한 부분으로 이것을 사용하는 것은 서방교회에단 한정되었다. 그리고 동방예전에서는 삼성송([Trisagion], "holy God, holy mighty, holy immortal One")이 동등한 역할을 담당하였다. **본기도, 개회기도**는 입당 예식을 종결시킨다.

본기도는 서방교회의 기도 형식으로 일반적으로 다음과 같은 구성으로 이루어진 공식적인 문학적 패턴을 따른다.

(1) 하나님의 이름을 부름
(2) 하나님의 일부 속성을 언급하는 관련 구절
(3) 청원
(4) 결구
(5) 끝맺는 송영

말씀 예배의 이 시점에서, 본기도는 도입 예식을 종결시키며, 그날의 성구를 소개하는 기능을 한다. 본기도는 성찬에서도 사용된다.

본기도들은 미사 순서의 또 다른 다양한 부분이다. 본기도의 편집본은 미사를 위한 기도문이 담겼던 유용한 성례집들(sacramentaries)의 중요한 부분을 이룬다.

요약해 본다면, 5세기와 6세기는 도입 예식에서 대단히 정교해졌다. 가장 오래된 층의 간단한 인사와 성구로 직접 옮겨가는 것은 두 번째 층에 있는 입당송이라는 웅장하고 음악적인 행진과 **키리에, 대영광송**과 본기도였다.

그러나 아직도 중세기 초반에 점진적으로 축적된 세 번째 층이 있다. 오늘날은 공적 예배의 인도자가 예배당에 들어가기 전에 성구보관실에서 아주 짧은 개인기도로 예배 인도를 준비하는 것이 일반적이다. 이런 개인

기도는 점차 성구보관실에서 빠져 나와 성단소로 이동했다. 그런 개인기도는 구체적인 특성을 띠는 경향이 있었는데, 기본적으로 집례자(presider)의 자격 없음에 대한 **사죄**(apologies)와 자신이 집례(preside)하는 예배가 하나님께 드릴만한 것이 되게 해달라는 청원기도였다. 이런 기도들은 그 때도 지금처럼 개인주의적이고, 주관적이며, 내면적인 경향이 있었다.

그런 것 자체가 질적으로 나쁜 것은 아니다. 그러나 이런 개인기도가 공적 예배로 통합됨으로써 그 기능이 바뀔 때, 중요한 변화가 일어났다. 그것은 느리고 미묘한 변화였고, 공적인 종교회의에서 토론되거나 결정될 그런 정도의 변화는 아니었다. 그것은 하나님께서 행하신 것을 기뻐하러 모인 회중들의 모임으로부터 전능자 앞에서 자신들의 죄를 탄식하러 모인 개인들의 집회로 이동하는 강조점의 변화를 시사했다.

동방교회는 말씀과 성찬의 순서에서 참회기도로 향하는 이런 변화의 대부분을 피할 수 있었으나, 서방교회는 이것이 주된 것이 되고 말았다.

그 결과로 나타난 것이 말씀 예배의 맨 처음에 첨부된 개회기도의 **준비예식**(preparatory rite)이었다. 이것은 시편 43(42)편으로 시작한다. 그중 라틴어 역본의 4절은 "내가 하나님의 제단에 올라가나이다"와 같은 적절한 본문을 제공한다. 14세기는 시편 앞에 삼위일체의 축복을 넣었다. 성찬대 밑에서 하는 이런 기도들의 다음에 오는 것은 **고백기도**(confiteor), 또는 **고백**(confession)의 기도와 **사죄선언**(absolution) 혹은 **용서**(pardon)의 선언으로 사제가 진정으로 시작할 준비가 되기 전의 정화하는 단계로 작동한다. 참회하는 언어인 고백은 중세, 종교개혁의 많은 부분과, 그리고 현대 성찬의 경건함을 형성했다. 이어서 시작 전에 사제가 제단에 다가가서 거기에 입을 맞출 때 짧은 기도가 동반되었다.

중세에 더 추가된 것은 응창시편(psalm), **층계송**([gradual], 시편이 성단소의 "계단"에서 낭송되었기 때문에, 라틴어 gradus로부터 파생됨) 등의 음악적 정교함이었다. 이들은 원래는 구약성경 구절 이후의 순서였다. 그런데 이러한 것들이 없어진 후 층계송은 서신서 뒤 순서로 옮겨져서 단일구절로 축소되어 **알렐루야**(alleluia) 혹은 **트랙트**(tract 참회하는 경우를 위해)와 같은 다른 노래하는 항목에 합쳐졌다. 중세기에 **속창**(sequences)으로 알려진 알렐루야의 비성경적인 고심작들이 번성하였지만, 1570년에 사실상 폐지되었다.

중세에(서방에서)는 설교 직후 **니케아 신경**(Nicene Creed)이 추가되었다. 이것은 아리우스주의(그리스도의 신성을 부정하는)에 대한 저항 행위로서 생긴 것으로 보인다. 아마도 스페인에서 유래한 것으로 보이는 이런 신경을 고백하는 행위는 샤를마뉴 대제(Charlemagne)에 의해 촉진되었고, 로마에서는 11세기 초기까지 채택되지 않았다. 그러나 동방에서는 6세기에 미사 자체 순서의 일부로 채택되었다.

이 모든 발전들의 결과로 나온 것이 16세기가 물려받은 말씀 예배이다. 종교개혁자들은 이것에 약간의 변화를 주었으며, 반동종교개혁(Counter-Reformation) 측에서는 이보다 더 적은 변화만 주었다. 도표 9는 일시적인 경우라도 사라진 항목들을 표시하기 위해서 괄호를 사용하여 다양한 층을 도표로 만들었다.

좋든 싫든, 개신교 종교개혁자 자신들도 참회 요소가 많이 포함되어 있고, 구약의 성서정과와 중보기도가 누락된 중세 후기의 이러한 예배에 의해 형성되었다. 만약 종교개혁자들이 예식의 역사에 대해서 좀 더 알았더라면 그들은 후기 중세 교회의 과도한 참회 형식에서 벗어날 수 있었을지 모른다. 그러나 그런 지식이 없었기 때문에 역사가 그들을 자유롭게 해 줄 수가 없었다. 종교개혁자들은 설교, 회중 찬송, 그리고 자국어로 된 예식을 발전시키는 데 있어서 서방 기독교에 크게 기여했다. 루터는 1523년 저서인 『**미사예식서**』(*Formula Missae*)에서 말씀 예배에 거의 변화를 주지 않았다.[6] 그는 입당송(introit), **키리에**, 대영광송, 층계송, 그리고 알렐루야와 노래로 하는 신경 같은 음악적 요소들을 좋아했다. 그는 개회기도와

---

6   Bard Thompson, ed., *Liturgies of the Western Church* (Minneapolis: Fortress Press, 1961), pp. 106-22.

비성경적인 속창(sequences)들을 제거했다. 그러나 특별히 층계송 이후에 독일어로 된 회중 찬송을 하도록 고무하였다. 1525년 루터는 독일 미사(Deutsche Messe)를 만들었고, 더 많은 자국어 찬송가와 설교 후에 다른 표현으로 바꾼 주기도문을 소개했다.[7]

비록 루터가 의도하지는 않았지만, 말씀 예배(때때로 예배의 좀 더 오래된 역사들에서 전-성찬[ante-communion]으로 언급됨)는 길고 느린 과정을 거쳐 자연스럽게 루터교회의 통상적인 주일예배가 되었다. 따라서 그렇게 오랫동안 결합되어 있던 것이 말씀 예배와 성례전으로 나누어지고 말았다. 18세기 계몽주의로 인해서 대부분의 루터교회 국가들에서 주 1회의 성찬이 사라졌다. 하지만, 1978년판 『루터교회 예배서』(Lutheran Book of Worship, 1978)는 6세기의 양식으로 회귀하였다. 그리고 이것은 계속해서 2006년판 『복음주의 루터교회 예배』(Evangelical Lutheran Worship, 2006)의 양식이 되었다.

[도표 9. 말씀 예배]

첫 3세기	4-6세기	중세
인사(greeting)		시편 43편
		고백의 기도(confiteor)
	입당송(introit)	
	(연도[litany]), 키리에 응답(Kyrie response)	
	대영광송(Gloria in excelsis)	
	본기도(collect)	
(구약 성서정과 [Old Testament lections])		
(시편[psalm])		
서신서(Epistle)		

---

7 Thompson, *Liturgies*, pp. 123-37.

(시편[psalms])	층계송(gradual), 알렐루야 (alleluia), 트랙트(tract)	(속창[sequence])
복음서(Gospel)		
설교(Sermon)		
		니케아 신경(Nicene Creed)
(세례예비자의 해산 [dismissal of catechumens])		
(성도의 기도 [prayer of the faithful])		

예배 전에 "짧은 고백과 용서의 순서"(Brief Order for Confession and Forgiveness)가 있고, 열 개의 음악적 설정이 제공된다. 비록 『복음주의 루터교회 예배』가 통상적인 주일예배 양식으로 주장한 것은 말씀 예배와 성찬 둘 다이지만, 예배서에는 사용을 원하는 회중을 위한 "말씀 예배"(The Service of the Word)를 위한 별도의 순서도 포함되어있다. 성찬이 거행되지 않을 때의 순서는 고백과 용서, 모임 찬송, 인사, **키리에, 대영광송**, 본기도(그날의 기도), 첫 번째 성구, 시편, 두 번째 성구, 복음 환호송, 복음서 낭독, 설교, 찬송, 신경, 기도(중보), 평화의 인사, 봉헌, 찬양, 말씀에 대한 감사, 주기도문과 축도와 파송이다. 이 양식은 6세기 로마의 그리스도인들에게 친숙한 것으로 보였을지 모른다.[8]

개혁파 전통에서는 초기 교회를 따른다는 가정 하에 큰 변화가 일어났다. 비록 그 독창성은 스트라스부르의 종교개혁자 마르틴 **부처**(Martin Bucer)로부터 기인하지만, 존 칼빈(John Calvin)이 **1542년**(스트라스부르그 제네바)에 저술한 『교회 기도의 형식…고대 교회의 관습에 따라서』(Form of

---

8 로마 미사의 발전에 대한 종합적인 서술을 보려면 Uwe Michael Lang, *The Roman Mass: From Early Christian Origins to Tridentine Reform* (Cambridge:; Cambridge University Press, 2022)를 참조하라.

Church prayer …According to the Custom of the Ancient Church)⁹가 이 전통이 확산되는 근원적인 역할을 하였기 때문에, 우리는 주로 칼빈을 살펴볼 것이다.

예배는 상당히 참회하는 모습이며, 또한 교훈적이다. 이런 전통은 중세의 사죄의 분위기를 풍긴다. 그 예식은 우리는 "어떤 선을 행할 능력도 없으며 그래서 우리의 결핍 때문에 우리는 거룩한 계명을 끝없이, 계속해서 범한다"는 격렬한 고백의 기도로 시작된다.

용서의 선언이 잇따르고, 부처가 소개한 항목인 십계명의 노래가 뒤를 잇는다. 즉흥기도(Extempore prayer)가 드려지고, 운율 있는 시편을 부른다. 그리고 말씀의 조명을 위한 본기도(초기 기독교 예배에서는 일반적인 것으로 추정되었지만, 오히려 개혁파가 끼친 독특한 공헌이 되었던 항목)를 드리고, 성구와 설교가 뒤따른다.¹⁰ 긴 목회적 중보기도, 청원기도, 주기도문을 다른 말로 바꾸어서 표현한 후에 끝을 맺는 축도가 뒤따른다.

칼빈은 매주 성찬을 하는 것을 선호했지만, 성찬을 자주 받는 것에 익숙하지 않았던 보수적인 제네바의 관리들 때문에 좌절되었다. 그러나 중요한 것은 개혁파 전통에서 성무일과가 아니라, 말씀 예배가 주일예배의 모델이라는 점이었다. 시편을 노래하는 것은 개혁파 예배의 특징이 되었으며, 예배의 엄격한 참회와 규율적인 특징에 대조적인 기쁨을 불러일으켰다.

『웨스트민스터 예배 모범』(The Westminster Directory)¹¹은 1645년 영국과 스코틀랜드, 그리고 아일랜드의 국교회 예배에 청교도식 접근법을 강요함으로써 15년 동안 『공동기도서』를 대체시켰으며, 『스코틀랜드 공동예배서』(Scottish Book of Common Order)의 권위를 종식시켰다. 『예배 모범』은 규정집 이상이고, 기도서라기에는 부족하다. "하나님의 공동예배"(Publique

---

9   Thomas, pp. 197-208.
10 Hughes O. Old, *The Patristic Roots of Reformed Worship* (Zurich: Theologischer Verlag, 1975), pp. 208-18.
11 Thompson, *Liturgies*, pp. 354-71.

Worship of God) 순서는 다음과 같다.

목사는 회중을 예배로 초청하며, "그분[하나님]께 그토록 가까이 다가가기에는 자신들이 사악하고 자격이 없으며, 스스로는 이런 큰일을 행할 능력이 전혀 없음을" 그들에게 상기시키면서 기도를 시작한다. 말씀의 봉독("**연속 읽기**[*lectio continua*]에 근거하여 통상적으로 신구약에서 각 한 장씩"), 하나의 시편을 노래함, 중보기도(긴 목회적 고백과 중보기도), 말씀 설교, 감사의 기도, 주기도문, 노래로 부르는 시편(a sung psalm), 그리고 축도가 뒤따른다. 이 말씀 예배는 수 세기 동안 대부분의 영어권 개혁파 전통에서 기본적인 예배 구조를 제공하였다. 설교는 분명히 청교도 예배의 중심이다. 중세기적이며, 변증법적이고, 참회하는 접근법이 불가피해 보이지만, 구약성경 성구집(lections)의 회복, 회중 찬송에 대한 높은 평가, 설교의 중요성은 확실히 확보되었다.

2013년판 장로교회 (U.S.A) 찬송가집인 『예배를 위한 모임』(*Gathering for Worship*)은 초기 유형에 대한 역사적 인식을 포용하면서도 종교개혁 경향을 반영하는 『주일예배서』(*The Service for the Lord's Day*)를 제공한다. 첫 부분은 "모임"으로 예배로 부름, 찬양의 찬송가, 시편 또는 영가, 개회기도 고백과 용서, 평화, 찬양의 노래이다.

두 번째 부분은 "말씀"으로 말씀의 조명을 위한 기도, 봉독(개정 공동성서정과[Revised Common Lectionary])에 의해 제공된 성구들과 시편 한 편, 성가 혹은 복음 환호송, 혹은 알렐루야, 묵상, 설교, 제자도로의 초청, 찬송가, 캔티클, 시편 혹은 영가, 믿음의 확증, [세례와] 회중 기도이다.

세 번째 부분은 "성찬"으로 성찬이 없는 경우도 포함하며, 봉헌, 감사기도, 그리고 주기도문이 있다.

마지막 부분은 "파송"으로 찬송가, 영가, 캔티클, 또는 시편, 위탁과 축도와 나아감이다. 『주일예배서』는 매주일 성찬을 하라고 권면하지만, 많은 교회는 이 양식을 따르지 않고 있다.

영국성공회의 종교개혁자들(Anglican Reformers)은 대륙의 종교개혁자들로부터 20년간의 현지 예전 경험에 근거한 자발적인 조언의 혜택을 받고 다른 결정들을 했다. 기본적으로 사룸 예식([Use of Sarum], 살리스버리 대성당의 라틴 예식)의 말씀 예배를 보수적으로 개정한 크랜머의 1549년 예식은 입당시편송, 주기도문, 정화를 위한 본기도, **키리에**, **대영광송**, 인사, 그날의 본기도, 그리고 왕을 위한 본기도로 시작되었다.[12] 그리고 서신서와 복음서가 직후에, 다음으로 니케아 신경과 설교가 뒤따른다. 그 후에 예배는 권면과 성찬으로 이동한다. 중보기도가 **삼성송**(Santus) 직후에, 그리고 고백이 수찬 전에 오는 식으로 두 항목이 성찬으로 옮겨졌다.

1552년판에서는 입당시편송이 사라지고, 정화를 위한 본기도 직후에 십계명이 첨가되는 식으로 개혁파의 방향이 일시적으로 흔들렸다.[13] 중보기도가 설교와 봉헌 바로 다음으로 돌아왔으며, 고백이 이제 권면의 뒤를 이어, '마음을 드높이'(sursum corda)의 직전에 행해진다. **키리에**는 사라지고, **대영광송**은 성찬에서 마지막 축도 직전으로 밀려났다. 성찬이 거행되지 않을 때는 일반적인 중보기도 후에 예배를 끝내도록 하는 예식규정이 마련되었다. 이것으로 천 년 동안 연합했던 말씀 예배와 성찬이 분리되었다.

3세기 동안 이 "전(前)-성찬" 혹은 설교로 하는 "두 번째 예배"는 대부분의 주일에 아침기도와 연도의 다음 순서가 되었다. 성찬은 대부분의 교구 교회에서는 자주 거행되지 않았다.

그 후 이 양식이 점차적으로 자리를 잡아갔다. 1979년판 미국 『공동기도서』는 구약봉독과 시편찬송이 중요한 자리를 점하며, 고백이 경시되는 것을 보여준다.

---

12 Thompson, *Liturgies*, pp. 245-68.
13 Thompson, *Liturgies*, pp. 269-84.

말씀 예배는 "하나님의 말씀"(The Word of God)이라는 제목하에 인사, 정화를 위한 본기도, 키리에(또는 삼성송[Trisagion]), 대영광송, 그날의 본기도, 두 세 개의 성구들(시편, 찬송가, 또는 성가가 삽입된), 설교, 니케아 신경, 또는 사도신경, 회중기도, 선택 사항인 죄의 고백, 그리고 평화를 포함한다. 요컨대, 이것은 6세기 유형이 반복되는 것이다. 다른 국가들의 『공동기도서』들과 1980년의 『대안예식서』(Alternative Service Book)에서도 비슷한 변화가 이루어졌다.

퀘이커교 예배(Quaker worship)에는 반드시 구어가 포함되는 것은 아니다. 그들 예배의 중심은 침묵으로 하나님을 기다리는 것이다. 일정한 시간 동안 집중한 후에, 성령의 인도로 사람들은 일어서서 말할 수 있다. 그러나 규율이 엄하고, 성급하게 말하는 것이나, 자기 생각대로 말하는 것을 대단히 꺼려한다. 비록 19세기에 일부 미국교도들(American Friends)은 신학적이고 사회적인 차이 때문에 분열되었지만, 그러한 예배는 우리가 살펴보았던 어떤 다른 전통들의 유형에도 맞지 않는다. 정통파 교도들(Orthodox Friends)은 점점 더 복음주의가 되었고, 좀 더 전통적인 개신교 예배를 포용했다. 정반대로 자유파 퀘이커(Hicksite Quakers)는 보다 자유로운 사회관, 즉 노예제 폐지를 옹호하고 설교에 대한 강조를 전적으로 받아들였다. 오늘날 퀘이커교 내의 예배 형식은 여전히 다양하고 다면적이다.

감리교(Methodism)는 아침기도회, 연도, 설교로 하는 전-성찬(ante-communion)이라는 영국성공회의 주일예배 유형을 따랐다. 『북미 감리교 주일예배서』(Sunday Service of the Methodists in North America)(1784)는 말씀 예배에서 신경을 제외하는 것 외에도 소소한 변화를 주었다.[14] 주된 변화인 찬송가에 대한 기대는 감리교 예배를 다른 예배와 달리 따뜻한 느낌으로 만들어주었다. 일부 영국 감리교도들은 영국성공회의 아침기도를 고수하려는 경향이 있었다. 웨슬리가 죽은 다음 해인 1792년 말씀 예배의 인쇄된 텍

---

14 *John Wesley's Prayer Book* (Akron: OSL Publications, 1995).

스트가 경시됨으로써, 존 훼슬리(John Wesley)가 미국에 있는 자신의 추종자들을 잘못 판단했다는 것이 입증되었다.

19세기 미국 감리교도들에게 무슨 일이 일어났는가?

감리교의 공식적인 교회법인 『장정』(Discipline)은 19세기에 대한 간단한 개요만 싣고 있다.

"아침 예배는 찬송, 기도, 구약에서 한 장, 신약에서 한 장을 봉독하고 설교하도록 하라."

모든 것을 감안할 때 비록 한 달에 한 번 하는 성찬이 첨부되기는 했지만, 그것은 말씀 예배라기보다는 약간은 아침기도처럼 들린다. 19세기 감리교는 개척자(변경) 전통의 부흥 운동에 가깝게 움직였다.

부흥 운동이 약해지자 감리교는 20세기 초에는 유미주의로, 20세기 중반에는 역사주의로 점차 방향을 틀었다. 그리고 이것은 기독교 예배 초기의 뿌리를 회복하기 위한 공통의 관심사를 가진 교회 일치 운동 시대로 대체되었다. 연합감리교도들에게 이것은 『말씀과 식탁 예배』(A Service of Word and Table)로 구체화되었다. 성찬식(Holy Communion)이 없는 "예배의 기본적인 양식"(The Basic Pattern of Worship)은 다음과 같은 것을 포함한다. 모임, 인사. 찬송, 개회기도와 찬양, 조명을 위한 기도, 성구, 시편, 성구, 찬송가 또는 노래, 복음서 성구, 설교, 말씀에 대한 응답(예를 들어, 그리스도의 제자도로의 초청, 세례, 또는 신경), 관심사와 기도, 고백, 용서, 평화, 봉헌, 감사의 기도, 주기도문, 찬송, 또는 노래, 축도와 함께 파송, 그리고 나아감이다.

19세기 초반에, 미국 서부에서 갑자기 나타난 **개척자(변경) 전통**(Frontier Tradition)은 말씀 예배에 완전히 새로운 기능을 가져왔다. 개척지의 그리스도인들은 기독교로 개종시키기를 원했던 불신자들을 대상으로 사역하였고, 그들을 위한 예배의 한 형식이 필요하게 되었다. 이것은 광대한 지역으로부터 온 대중을 한 자리에 모아 설교, 영적지도, 개종자들을 위한 세례, 마지막으로 성찬을 거행하기 위해서 개최되었던 **천막 집회**(camp meetings)로부터 발전되었다. 이런 새로운 방법들은 변경 지역에서 효과적이었고, 점차 보다 조용하고 안정적인 지역인 동부해안지역의 예배 생활에서도 받아들여지게 되었다.

그 결과로 생긴 것이 삼중구조로 된 말씀 예배 형식으로서 오늘날 미국 개신교의 가장 일반적인 것이다. 이 형식은 또한 매주일 미국 전역의 텔레비전에서 볼 수 있다.

첫 번째 부분은 찬송과 찬양의 예배로 시작하는데 음악에 많은 중점을 둔다. 독실한 성도들의 감정을 표현하는 복음성가라는 특별한 찬송 형태가 발전되었는데, 이는 심오하게 자기 성찰적이고, 고도로 개인주의적이었다. 예배의 첫 부분은 또한 기도와 성경 구절의 봉독을 포함했다.

두 번째 부분은 설교로서 이것은 과거에도 그랬지만, 지금도 대단히 선교적이고, 영혼들을 회심으로, 회심한 자들에게는 그들의 헌신을 새롭게 하도록 초대한다.

그 모든 것은 마지막 추수에서 절정에 달한다. 이는 회심한 사람들은 앞으로 나아와서 세례를 받거나, 자신들의 새로운 존재에 대한 어떤 다른 표시를 함으로써 자신들의 삶에 일어난 변화를 인정하라는 부름이다. 비록 설교가 예배의 가장 긴 부분이기는 하지만, 모든 부분은 신중하게 통합되어 있다.

20세기 초에 시작된 **오순절 전통**(*The Pentecostal Tradition*)은 확립된 구조보다는 거룩한 즉흥성을 선호했다. 그중 가장 극적인 형식은 방언과 통역의 은사를 사용하는 것이다. 그러나 더 중요한 것은 "전통"으로부터의 자유와 성령으로 말미암은 즉석 노래, 간증, 그리고 성경 낭독이라는 예기치 않은 가능성을 강조하는 것이다. 이러한 맥락에서 공동예배를 조직하는 것은 성령님의 움직임이다.

이 모든 전통들 —개신교와 로마가톨릭— 에 있어서 최근의 발전들 중 한 가지 확실한 것은 첫 6세기의 우선순위에 대한 민감성이다. 우리는 이제 종교개혁자들이 말씀 예배를 너무나 참회, 교훈, 훈계에 집중하게 만듦으로써, 중세의 전제들에 얼마나 사로잡혀 있었는가를 안다. 심지어 최근에 예배에서 회개하는 부분을 보다 많이 제거했음에도 많은 사람이 여전히 야단맞기 위해서, 죄송한 마음을 품고, 나쁜 점을 고치려고 예배드리러 간다는 감정을 제거해 주지는 못하고 있다. 그리고 우리는 개척자(변경) 전통과 오순절 전통을 통해 성령과 전도의 극적인 표현에 대한 개방으로 되돌아가는 것을 알 수 있다.

보다 새롭고(그리고 보다 오래된) 개혁에 대한 원동력의 대부분은 가톨릭 교회의 제2차 바티칸 공의회의 『거룩한 전례에 관한 헌장』으로부터 나왔다. 이 문서는 미사에서의 단순성과 명료성을 지시하고, "성경이라는 보물은 더 풍성하게 열려져야 한다"(『거룩한 전례에 관한 헌장』, 제51절), 주일설교는 규범적이 되어야만 한다(『거룩한 전례에 관한 헌장』, 제52절) 그리고 "복음서와 설교 후에 '공동기도' 또는 '성도의 기도'가 회복되어야 한다(『거룩한 전례에 관한 헌장』, 제 53절)"라고 강조했다.

1970년 『로마 미사경본』(Roman Missal, 1970)에서 그 결과를 명확히 볼 수 있다. "미사 순서"(Order of Mass)는 입당송, 인사, 축도 예식, 또는 참회 예식, 또는 둘 다 안 함, **키리에, 대영광송**, 개회기도, 제1봉독, 응창성시, 제2봉독, 할렐루야, 또는 복음 환호송(gospel acclamation), 복음서, 설교, 신앙고백, 그리고 일반적인 중보기도들이다. 그것은 여기에서 언급된 개신교 전통들의 가장 새로운 의식들과 거의 교환될 수 있을 뿐만 아니라, 또한 1500년 이전에 로마의 그리스도인들이 매주일 했던 것과도 거의 비견할 만했다.

참회를 위한 준비 과정들이 많이 약화되었고, 구약 성구집, 응답 찬송가(responsorial psalmody), 설교, 그리고 성도의 기도에 대한 강조가 회복되었다.

1980년대에 말씀 예배에 두 개의 새로운 변형된 형태가 나타났다.

첫 번째 변형은 종종 **구도자 예배**(seeker service)로 알려져 있으며, 불신자에 대한 복음 전도가 우선순위이다. 그것은 익숙한 형식으로 된 뮤지컬

공연으로 시작하는데, 종종 구도자들이 고민하는 문제를 제시하거나 해결하기 위해서 짧은 연극(skit)이나 모놀로그를 번갈아 하기도 한다. 이어서 나오는 이야기는 때로는 성경적 토대를 활용하여, 때로는 성경과 관계없이 이 문제를 더 깊이 추구한다. 이러한 교회들은 헌신된 구성원들을 위해 평일 밤에 소그룹, 혹은 가정 모임을 통한 보다 심층적인 기독교 훈련을 제공한다.

두 번째 변형은 오순절 전통으로부터 유래한 것으로 종종 **찬양과 경배** (*Praise and worship*)로 부른다. 예배의 전반부를 일반적으로 전 회중이 부르는 찬양으로 채우고, 통상적으로 가사를 스크린에 자막으로 띄운다. 후반부는 설교나 종종 가르침이라고 부르는 것에 할애된다. 이 모델은 전 세계의 대형교회와 이러한 대형교회의 양식을 모방하는 소규모 교회에서 볼 수 있다.

2. 말씀 예배의 신학

전통적인 말씀 예배의 기본은 인간의 말을 통해서 전달되고 표현된 하나님의 말씀을 듣고 응답하는 것이다. 하나님은 봉독된 성구와 인간이 선포하는 설교를 통해 우리에게 말씀하신다. 말은 예배에서 자신을 주는 수단으로 기능한다. 말을 통해서 우리는 다른 사람에게 제시되고, 하나님은 우리에게 제시된다. 말은 우리의 생각, 우리의 감정, 그리고 우리의 존재 자체를 표현하여 다른 사람들도 이를 공유할 수 있도록 한다. 말은 또한 우리로 하여금 과거를 경험하고, 현재를 인정하며 미래를 그려볼 수 있게 한다. 하나님은 인간의 언어를 통하여 하나님 자신을 우리에게 주신다. 그리고 우리는 하나님의 능력으로 말미암아 응답하는 우리의 말을 통해서 우리 자신을 하나님께 드린다. 이렇게 함으로써 우리는 우리의 목소리를 시간과 공간을 초월한 성도들의 공동체와 합치게 된다.

구조적으로 볼 때, 이런 형태의 예배는 성구로 낭독되고, (만약 있다면) 설교로 해설되는 하나님의 말씀을 중심으로 삼는다는 것을 의미한다. 이것은 분명히 종교개혁자들이 의도한 것이었으며, 낭독과 선포를 통한 하나님 말씀의 중요성 또한 제2차 바티칸 공의회 이후 로마가톨릭교회의 미사에서 훨씬 명백해졌다. 한 종교개혁 본기도는 하나님께서는 "우리가 배울 수 있도록 모든 성경을 기록하게 하셨다"(롬 15:4를 참조)라고 선포했다. 오늘날 공인된 그 "모든"은 구약과 신약 모두가 예배의 일부분이 되어야만 한다는 것을 의미한다.

신앙공동체의 공동의 기억을 전달하기 위해서, 그 서면 기록 ─성경─을 반복해서 읽어야만 한다. 공동의 기억은 교회에 그 자체의 정체성을 부여한다. 이러한 기억들을 계속해서 재천명하지 않는다면, 교회는 단순히 선한 의지는 있지만 어떤 진정한 정체성도 없는 사람들의 집합일 뿐이다.

성경을 읽고 강해함으로써 그리스도인들은 노예 상태로부터의 탈출, 정복, 포로 생활, 메시아에 대한 소망, 성육신, 십자가에 못 박히심, 부활, 그리고 사명이라는 이스라엘과 초기 교회의 경험들을 자신들의 삶에 회복시키고 적용한다. 교회의 생존은 바로 이스라엘이 그러했던 것처럼 이러한 기억과 소망을 강화하는 데 달려있다. 예배는 사실상 구원사의 재천명이다.

물론 낭독하고 그것을 해설하는 중에 일어나는 것은 과거 사건에 대한 회상만이 아니다. 성경에서 기록된 사건들 속에서, 기독교공동체는 모든 역사를 분명히 해 주는 의미를 식별한다. 의미를 담고 있는 역사적인 사건들은 성경에 연대순으로 기록되어 있고, 기독교공동체에 과거의 사건은 물론, 현재와 미래를 해석하는 단서를 제공한다. 그것은 마치 극작가가 모든 것을 설명하기 위해서 연극에 등장하는 것과 마찬가지이다.

말씀 예배를 탁월하게 묘사한 것 중 하나는 "성경 예배"이다. 성경을 봉독하는 것─선택적이든, 또는 연속적이든─은 기본이다. 구어는 인간의 여생에 있어서 의사소통의 주요 방식이 될 것과 마찬가지로, 계속해서 중심에 있을 것이 틀림없다. 성경에서 이야기하는 공동의 기억을 전달하는 것은 이 예배에 있어 결정적이다.

설교의 중요성은 성경의 중심성과 밀접하게 연결되어 있다. 선포의 신학에 대한 많은 지침서가 있다.[15] 설교는 그 과정에서 하나님께서 우리에게 말씀하신다는 확신에 근거를 둔 소통의 한 형식이다. 설교자는 하나님을 대신해서(*for*), 성경으로부터(*from*), 교회의 권위에 의해서(*by*), 사람들에게(*to*) 말한다. 하나님의 능력, 성경의 근원, 교회로부터의 권위, 그리고 사람들에 대한 관계라는 네 개의 항목은 설교를 이해하는 데 필수적이다.

우리 자신의 능력으로 설교한다고 믿는 것은 주제 넘은 일이다. 하나님께서는 우리의 목소리를 사용하여 하나님의 말씀을 전하신다. 우리가 말하는 것 자체는 거의 능력이 없다. 그러나 복음에 나타난 하나님의 능력을 통해서 우리의 목소리는 증언하는 능력을 가지게 된다. 설교를 통해서 교회는 하나님의 구원하시는 은혜의 복음을 알린다. 그렇지 않다면 우리는 근엄한 강의를 듣는 것이지 설교를 듣는 것이 아니다.

비록 다른 모든 학습 방법도 성경을 해석하는 데 도움이 될 수 있지만, 설교는 하나님의 말씀에 근거한다. 성경에 근거한 설교는 성경 본문으로 시작할 필요가 있다. 그리고 이로 인해 본문을 어떻게 선택해야 할까하는 질문이 제기되었다. 성서정과를 사용하여 설교하는 것의 가치 중 하나는 좋아하는 구절들만 설교하는 사적인 규범보다는 (비록 완벽하지 못하지만)

---

15 설교와 말씀에 대한 많은 신학 중에서, 다음을 보라.
Fred B. C. Cradock, *Preaching* (Nnpashville: Abingdon Press, 1985); David G. Buttrick, *Homiletic* (Philadelphia: Fortress Press, 1987); Richard L Eslinger, *A New Hearing* (Nashville: Abingdon Press, 1987); Henry James Harris, *The Word Made Plain: The Power and Promise of Preaching* (Minneapolis: Augsburg Fortress Press, 2004); Anna Carter Florence, *Preaching as Testimony* (Louisville: Westminster John Knox Press, 2007); Kenyatta R. Gilbert, *The Journey and Promise of African American Preaching* (Minneapolis: Fortress Press, 2011); Thomas G. Long, *The Witness of Preaching, Third Edition* (Louisville: Westminster John Knox Press, 2016).

하나의 보편적인 규범을 우리에게 제공하는 것이다. 우리는 개인의 신앙이 아니라, 오히려 교회의 신앙을 설교한다. 교회는 우리를 조사하고, 허가함으로써 우리가 성도들의 보편적 공동체의 신앙을 설교할 때 그것을 대변할 수 있는 권한을 부여한다. 설교는 듣는 것으로 이루어진다. 설교를 들을 수 있고, 설교에 응답할 수 있는 신실한 사람들로 이루어진 회중은 설교에서 필수적인 부분이다. 말씀의 청자가 있음으로 인하여, 하나님은 설교를 통해서 하나님 자신을 드러내신다. 중재자로서 설교자는 하나님이 사람들에게 말씀하시는 것을 듣고, 사람들이 하나님께 말하는 것을 듣는다.

하나님께서 성경과 설교를 통해서 우리에게 말씀하실 뿐만 아니라, 우리 역시 하나님께 말씀을 드린다. 이것은 기도, 성시, 송가(頌歌, canticle), 찬송을 통해 일어난다. 이 점에서 예배를 계시와 응답으로 이해하는 것이 유용하다. 하나님께서 주도하시고, 우리는 우리의 말로 하나님의 말씀에 응답한다. 그러나 우리는 다만 하나님께서 하셨던 일 때문에 응답할 수 있다.

기도는 간구, 찬양, 감사, 고백, 탄원, 중보, 봉헌, 그리고 다른 것 등 많은 형태를 취한다. 이들 각 형태는 다소 다른 방식으로 작용하지만, 창조주를 향한 피조물의 목소리라는 공통점이 있다. 우리는 용서를 구하거나, 찬양을 드리거나, 또는 다른 사람을 위한 탄원을 할 수 있다. 그러나 그 기능이 무엇이건 방법은 유사하다. 예컨대, 우리가 고백하고, 기뻐하고, 또는 탄원할 때, 깊이 느끼는 인간의 필요와 피조물에 대한 관심을 명확하게 표현하는 것이다. 기도는 우리에게 우리의 궁극적인 관심사를 정확한 말로 하나님께 표현하는 기회를 제공한다. 그것은 모든 예배의 필수적인 부분이다. 말씀 예배에서 중보기도의 중요성은 개신교와 가톨릭 모두에게 아무리 강조해도 지나치지 않다.

부분적으로는 에큐메니컬한 『개정공동성서정과』 덕분에, 서방 그리스도인들 사이에서 시편찬송(psalmody)이 재발견되고 있다. 시편은 성구를 대체하는 것이 아니고, 성구에 대한 응답이거나 주석이다(*The psalms are not substitutes for lessons: they are responses to or commentaries on Lessons*). 많은 예배에서 시편이나 송가(canticle)는 성구들 사이에 들어가있다. 그것들은 방금 봉독한 것에 대한 회중이나 합창대의 기쁨에 찬 반응을 나타낸다. 시편은 하나님께서 행하신 것에 대한 우리의 놀라움과 경이(때로는 우리의 절망)를 분명하게 표현한다. 그것들은 어떤 때는 완전하고도 철저하게 개인적인 내용을 담고 있고, 또 어떤 때는 구원 역사를 요약한다. 추가적으로, 예전에서 시편은 예배로의 초대나 찬양을 시작하는 행위로도 사용된다. 성경의 나머지 책들에 있는 시적인 부분들과 소수의 초기 기독교 찬송가인 **송가**(canticle)는 시편과 같은 방식으로 작동한다.

4세기에 그리스도인들은 찬송가로 성경의 시를 보충하기 시작했다. 찬송가는 기도와 마찬가지로 풍성하고 다양한 방식으로 작용한다. 찬양, 감사, 선포, 회개, 기원, 봉헌의 찬송가와 긴 목록으로 된 다른 목적의 찬송가들이 있다. 찬송가는 기도와 시편처럼 보통 하나님께 말하고 하나님의 행하심을 자주 인용한다. 그러나 찬송가는 멜로디, 하모니, 그리고 리듬을 추가함으로써 또 다른 차원인 우리의 의미에 미묘한 차이를 주는 능력을 더해 준다. 찬송은 참여, 즉 우리의 몸 전체를 포함하는 음악이라는 다른 층을 추가함으로 보통의 말보다는 좀 더 강렬하게 하나님께 말씀드리는 형식을 제공해 준다. 제4장에서 언급했던 것처럼, 찬송가, 영적인 노래, 복음성가, 그리고 떼제 예배에서 볼 수 있는 것과 같은 성가들은 모두 인간의 관심사와 세상에서의 하나님의 임재를 표현한다. 예전적으로 찬송은 예배의 각기 다른 부분들 사이에서 상당히 미묘한 연결 역할을 하는데, 어떤 경우에는 구두로 하는 예식규정을 필요 없게 만든다.

마지막으로 예배에는 서로 대화하는 시간이 있는데, 특히 인사, 광고, 다양한 구두로 된 예식규정들("… 합시다"), 대화, 신경, 평화의 인사, 그리고 축도와 파송 등이 그렇다. 이들은 그저 필수적인 행동이 아니라 우리가 하나님께 나아가는 공동체적 본질을 반영한다. 우리는 하나님을 만나러 와서 먼저 우리 이웃을 만난다. 그리스도인들은 그리스도의 제자들로 이루어진 공동체로서 예배하고, 서로 대화한다. 인사와 대화는 우리를 격려하고 신호를 제공해 주지만, 신조는 우리가 구어로 상징되는 교회의 신앙을 함께 고백함으로써 서로를 세워 가는데 도움을 준다.

하나님께서 우리에게 말씀하시며, 우리는 하나님께 말씀을 드린다. 그리고 우리는 서로 대화한다. 이 모든 것은 말씀 예배에서 필수적인 부분이다.

3. 말씀 예배의 실제적이고 목회적인 측면

오직 역사적이고 신학적인 우선순위에 기초할 때만, 우리는 예배 리더십에 수반되는 실제적이고 목회적인 최선의 결정을 내릴 수 있다. 실제적인 결정은 전통에 따라 다르다. 로마가톨릭교회, 루터교회, 그리고 성공회 교인들에게 그러한 결정은 주로 예식서에서 제공하는 가장 적합한 자료를 선택하는 것과 가능한 한 가장 적절한 설교를 선포하는 것도 포함한다. 이런 전통들에서도 절기를 위해 작성된 기도(즉흥적인 기도[ex tempore])에 점점 더 개방적이 되어 왔다. 이런 전통들에서는 예배를 계획하고 준비하는 데는 신실한 식별력이 요구된다. 목회적인 결정은 우리가 교회력의 어디 쯤에 있고, 예배는 어디서 열릴 것이며, 무엇보다도 실제로 예배를 드릴 사람을 고려해서 내려져야 한다.

개혁교회, 개척자(변경) 전통, 감리교 전통의 사람들에게는 훨씬 더 많은 결정이 필요하다. 대부분은 교단 예식서들이 있지만, 많은 목사는 자신만의 **예배 순서**(order of worship)를 고안하는 것을 선호한다. 전부는 아니지만, 내려야 할 많은 결정은 예배 순서에 관한 것이다. 개교회의 예배 순서들은 중요하고 역사적이며 신학적인 사안들을 자주 무시한다. 그 결과 정당한 목회적 관심사를 약화시킨다. 때때로 예배 순서는 바로 전임 목사의 유산이다(극복하기 가장 어려운 전통은 대개 가장 최근의 전통이다). 그리고 때때로 예배 순서는 모든 이해를 무시하는 시스템에 따라 고안된 것처럼 보인다!

너무도 명백한 사실이지만, 단 하나의 "옳은" 예배 순서는 없다. 그럼에도 불구하고 예배 순서가 지역에 따라 결정되는 전통들에 있어서, 예배의 순서를 계획할 때 유념해야 하는 몇 가지 기준을 제시하는 것이 도움이 될 수 있다.

첫째, 우리는 이러한 예배에서 성경, 즉 성경 전체의 중심성을 깨달아야 한다. 성경에 대한 지식이 약해짐에 따라, 예전은 예배에서 하나님의 말씀을 더욱 풍성하게 섭취하는 것의 중요성을 재발견해야 한다. 하나님의 말씀은 스스로 말씀하시고, 성구는 설교자가 설교에서 그것을 언급하든지 않든지 간에 낭독될 수 있다(사실상 낭독되지 않으면 안 된다).

둘째, 인사에서부터 축도로 움직일 때, 예배에는 명확한 **진행 감각**(*sense of progression*)이 있어야 한다. 예를 들어, 주기도문이 어느 위치에 있어야 하는지에 관한 어떤 명백한 지시는 없다. 그러나 우리는 "흐름"이나 움직임의 느낌으로 도입하는 행위 유형에서부터 선포와 헌신으로 전개되는 것을 알 수 있다.

셋째, 기능의 명료성(*clarity of function*)에 대한 필요성이다. 일반적으로 같은 기능을 가지고 있는 예배의 행위는 하나가 되어야 한다. 예배 순서에 있어 설교가 성경봉독과 얼마나 멀리 떨어져 있는가를 보면 매우 놀랍다. 그렇지만 하나님의 말씀을 읽고 설교하는 것은 다른 어떤 두 행위보다 기능 면에서 거의 비슷하다. 헌금, 봉사, 그리고 다른 사람들을 위한 기도 역시 비슷한 목적을 가지고 있다. 각 행위의 기능에 관해서 질문해 봐야 한다.

그것은 무엇을 하는가?

그 목적은 무엇인가?

보통 이런 질문은 각 행위의 연결성을 명확하게 해 줄 것이다. 목회적인 책임을 다하기 위해서, 예배 순서는 기능의 명확성으로 인하여 회중이 쉽게 따라 갈수 있도록 설계되어야 한다.

　예배의 순서를 정하는 기본적인 문제 외에 공통적으로 문제가 발생하는 몇 군데가 있다. 첫 번째는 우리가 보통 모임과 흩어짐의 과정과 이러한 예배의 준비 단계와 마지막 행위 사이에 사람들이 어떻게 소통하는지에 민감하지 않았다는 점이다. 그러나 이런 것들은 예배의 중요한 부분들로서 단순히 음악으로 가리기보다 좀 더 신중하게 고찰되고 계획되어야 할 필요성이 있다. 예배 장소 외의 공간들은 반갑게 맞이하는 분위기를 만들어야 하고, 서둘러서 드나들기보다는 그 장소에 머물러서 사람들과 교제하고 싶게 만들어져야 한다.

　예배에서 참회하는 부분의 문제는 이미 언급하였다. 자격 없음을 고백하는 것은 목사가 공적 예배를 인도하기 전에 성구보관실에서 하는 개인적인 기도로 이해될 수 있지만, 그렇다고 공적 예배를 시작하는 데 회개의 행위가 가장 좋은 방법이라는 것을 의미하는 것은 아니다. 그 부분은 대부분의 예배에서 없어도 괜찮다. 회개의 부분이 있을 때, 그런 행위로의 초청이 공동체가 공동으로 이 행위에 참여하도록 인도할 방법을 고려하라. 현대 사상은 회개의 예식이 가끔있는 것이고, 특히 대림절과 사순절에 적합하다고 생각하는 경향이 있는 것으로 보인다.

　시편은 노래로 부르는 것이 이상적이다. 이를 수행하는 데는 운율적 의역(찬송가[hymns])으로부터 선창자나 합창대가 다양한 길이의 구절을 노래하고 회중이 후렴에 합류하는 각종 설정까지 다양한 방법이 있다. 현대의 많은 찬송가는 시편을 위한 응창(應唱)과 곡조(tunes) 또는 성가(chants)를 싣고 있다. 이러한 대부분의 응답하는 노래 방식은 특히 찬양대가 함께 할 때 회중들이 쉽게 배울 수 있다. 많은 현대 찬송가는 시편에 바탕을 두고 있고, 회중 레퍼토리의 일부가 될 수 있다. 시편을 노래로 부를 수 없을 때(만약 이런 상황이 정말로 있다면) 회중은 자신들을 반으로 나누는 중앙 통로를 가로질러 번갈아서 그 시편들을 크게 부를 수 있다. 대부분의 에큐메니컬한 성서정과에 있는 것처럼, 시편이 함께 읽은 성경본문들과 밀접하게 관련되어 있으면 그 의미가 더 잘 통할 수 있다.

목회기도(pastoral prayer)의 가장 큰 문제는 종종 모든 것을 하려고 시도하지만, 아무것도 하지 못하게 된다는 점이다. 목회기도는 최선의 상황에서 회중의 가장 깊은 감정과 욕구를 훌륭하게 표현할 수 있다. 일부 목사들이 이런 은사를 가지고 있으나, 우리 중에는 그렇지 못한 사람도 있다. 목회기도는 과부하가 걸리는 경우가 너무 잦고, 마치 한 번에 다 하는 것이 최선인 것처럼 고백, 감사, 중보기도, 그리고 사이사이에 모든 것들을 포함시키고자 한다. 이런 형태의 기도를 우리에게 물려주었던 개혁주의 전통은 너무나 자주 기도를 교육의 수단으로 사용하려는 유혹에 빠졌다.

16세기나 21세기의 그리스도인들이 얼마나 지도가 필요가 한 지와 관계없이 우리는 이것을 기도의 좋지 못한 기능으로 여긴다. 목회기도는 예를 들어 우리를 중보나 감사기도로 인도하면서 우리의 비전을 확대시킬 수 있다. 한 가지를 잘 하는 것이 많은 것을 잘 못하는 것보다 낫다. 훨씬 많은 복음주의와 개척자(변경) 교회(Evangelical and Frontier churches)에서는 목회기도가 성도를 설교에 대한 반응을 하도록 초대하는 역할을 한다는 것은 주목할 가치가 있다. 이러한 상황에서, 목사는 회중에게 앞으로 나와서 혼자, 혹은 지명된 목사들과 함께 제단 난간에서 기도하도록 초청할 수 있다. 이러한 중보적 접근 방식은 목사의 시적인 언어보다는 목사로서의 존재가 더 많이 요구될지도 모른다. 그럼에도 불구하고, 하나를 잘 하는 것이 많은 것을 잘 못하는 것보다 나을 수 있다.

합창음악의 기능, 특히 성가에는 많은 문제가 있다(제4장 참조). 성가는 만약 봉독된 성경 구절과 잘 연결되는 것으로 신중하게 선택되기만 한다면 흔히 말씀선포의 한 부분으로 사용될 수 있지만, 단순히 간주곡으로 사용한다면 상당한 문제가 있다. 성서정과는 포괄적인 설교에 유용한 만큼 좋은 합창을 위해서도 유용하다. 성가가 하나님의 말씀에 대한 음악적 주석으로 기능을 한다면 그것은 예배에 큰 자산일 수 있다. 그리고 하나님의 영이 모든 연령대의 회중들에게 일하시기 때문에 다양한 음악적 표현을 포용해야 한다. 교회는 함께 찬송가와 노래를 부르고 찬양으로 기뻐하는 사역을 회중에게서 빼앗지 말라.

서방의 예배에서 신경은 상당히 늦게 추가되었으며, 아주 불필요한 것이었다. 그러나 신경은 특히 교리적 설교 후에 교회를 하나 되게 하는 신앙을 함께 확인함으로 말씀에 대한 적절한 응답이 될 수 있다. 최근에 만들어진 신앙진술서가 어떻게 이런 방식으로 기능할 수 있는가에 대해서 알기는 어렵다. 고대의 사도신경과 니케아 신경은 모든 그리스도인이 함께할 수 있다. 모든 다른 신앙진술서들은 교파적이거나 지역적이며 보편적 교회 신앙의 상징으로서의 기능을 하지 못하지만, 그것들은 우리의 신앙을 선포해야 할 보편적 필요성을 입증한다. 그렇더라도, 니케아 신경과 사도신경에만 "신경"이라는 명칭을 남겨두고 회중이 낭송하는 다른 신앙진술에는 "신앙의 확증"이라는 명칭을 사용하는 것이 최선일 것이다.

헌금을 드리건, 다른 사람을 위한 섬김이건, 혹은 다른 사람들을 위한 기도이건 간에 봉헌 행위는 선포되고 들은 것에 대한 최선의 응답인 것 같다. "교회의 관심사"(Concerns of the Church)는 어려운 사람들을 위한 도움을 요청하는 진술일 수 있다. 중보기도는 교회, 권력을 가진 자, 궁핍하거나 슬픔에 빠진 사람들, 지역공동체, 세계공동체, 그리고 (일부 전통에서는) 죽은 자도 포함해서 전 인류에게 다가가는 것이다. 명백히, 이것은 예배의 가장 세상적인 부분이다. 우리가 다른 사람과 같지 않은 것에 대해서 하나님께 감사하는 것은 너무나 쉽다. 중보기도는 모든 사람의 필요함에 대해 우리의 눈을 뜨게 해주고 마음을 열어주며, 우리 편에서는 성장과 사랑이라는 중요한 행위이다.

말씀 예배는 형식에 있어서는 계속해서 진화할 것이지만, 교회로 하여금 기억하고 소망하는 것을 가능하게 한다는 점 때문에 거의 동일한 기능을 유지할 것이다. 이스라엘의 존속이 회당 예배에 달려있었던 것과 마찬가지로 교회의 존속은 말씀 예배에 달려 있다.

제6장 용어들

absolution : 사죄선언
alleluia : 할렐루야
ante-communion : 전(前)-성찬
camp meeting: 천막 집회
canticle : 송가(頌歌), 캔티클
collect : 본기도
confession, prayer of : 고백 기도
confiteor (see confession, prayer of) : 고백 기도(고백 기도를 보라)
dismissal of the catechuments : 세례예비자의 해산
ex tempore : 즉흥적인
extempore prayer : 즉흥 기도
general intercessions : 일반적인 중보기도
Gloria in excelsis : 대영광송
gradual : 층계송
introductory rite : 도입 예식
Kyrie eleison : 주여 자비를 베푸소서
litany : 연도

Nicene Creed : 니케아 신경
opening prayer : 개회기도
order of worship : 예배 순서
pardon, declaration of : 용서의 선언
pastoral prayer : 목회기도
prayer of the faithful (see general intercessions) : 성도(신자)의 기도(일반적인 중보기도를 보라)
preparatory rite : 준비 예식
Revised Common Lectionary : (개정 공동 성서정과)
sacramentary : 성례집
sequence : 속창
sursum corda : 마음을 드높이
synagogue : 회당
tract : 트랙트
Trisagion : 삼성송
Westminster Directory : 『웨스트민스터 예배 모범』

제7장

감지할 수 있게 된 하나님의 사랑

안토니오 에두아르도 | 알론소캔들러신학대학원 신학 문화 분야 아퀴나스 조교수

이전 장들에서는 예배에서 음악과 말을 통해 들을 수 있는(audible) 하나님의 사랑에 대해 살펴봤다. 그러나 기독교 예배에서 매우 중요한 또 다른 매개체가 있는데, 바로 성례전이라고 알려진 참여적 행위이다. 성례전은 하나님의 사랑을 듣고, 보고, 만질 수 있게 한다. 성례전은 많은 그리스도인의 삶에서 중요한 역할을 한다. 따라서 본서의 후반부에서는 성례전을 살펴보겠다. 먼저 전통적으로 성례전이라고 부르는 것들을 전반적으로 다루고, 이어지는 세 장에서 각 성례전을 개별적으로 연구하겠다.

성례전은 행위와 말, 그리고 (대개) 물질을 포함하는 표지의 한 형태이다. **존 칼빈**은 아우구스티누스의 말을 반복한다.

> 사용되는 물질에 말씀을 더하라. 그러면 그 자체가 일종의 보이는 말씀인 것처럼 성례전이 될 것이다.[1]

좀 더 구체적으로, 성례전에서 말씀은 빵, 포도주, 기름, 물과 같은 물질을 사용하는 행위의 일환이 된다.

---

1 "Tractus on John," 80, 3, *NPNF*, 1st series (New York: Christian Literature Co., 1890), 7:344; 그리고 John Calvin, *Institutes*, IV, xiv, 4, *Library of Christian Classics* 21, p. 1279.

기독교 예배에서 (매일공중기도나 말씀 예배에서의) 말과 (성례전에서의) 제정된 표지는 서로를 강화한다. 악수와 말로 하는 인사는 서로 경쟁하지 않는다. 서로의 따스함과 의미를 강화한다. 세례의 물 씻음은 용서하시는 하나님의 행동에 대한 말을 강조한다. 먹고 마시는 것과 마찬가지로, 기독교 예배에서 말과 행동은 아주 밀접하다. 우리에게 들을 수 있는 귀를 주신 그 하나님께서는 우리에게 볼 수 있는 눈도 주셨다.

예배는 인간이 서로 소통하는 방식에 충실하다. 말("사랑해")은 입맞춤의 의미를 전달하지만, 입맞춤은 말이 할 수 없는 것을 한다. 우리가 하나의 매개체만 선택해야 한다면, 인생의 아름다움과 색채의 상당 부분을 잃게 될 것이다. 그러나 우리는 고개를 끄덕이거나, 손을 흔들거나, 포옹하는 행위를 통해 많은 것을 말한다. 이러한 수행된 표지는 그 자체로는 특별한 것이 아닐지라도 우리가 말로 표현하는 것에 더해지는 수많은 행동의 일부이다. 이러한 드러내는 행동은 우리가 무엇을 의미하고, 우리가 누구인지를 다른 사람에게 알릴 때 사용하는 수단이다. 정도의 차이만 있을 뿐, 말도 마찬가지다.

신약 시대 이래로 교회는 하나님과 사람의 만남을 표현하는 데 필요한 어떤 제정된 표지들을 제공했다. 이러한 표지들은 거룩한 것을 의미했고, 육체적 감각으로는 인식할 수 없는 하나님의 자기 주심을 감지할 수 있게 표현하는 방식이 되었다. 성례전은 우리로 "여호와의 선하심을 맛보아 알고"(시 34:8), 만지고, 듣고, 심지어 냄새 맡도록 한다. 성례전에서 물질적인 것은 제정된 표지가 나타내는 것을 경험하게 함으로써 영적인 것의 매개체가 된다. 물론, 우리가 일상에서 사용하는 많은 것 중 극히 일부만 성례전으로서 기능한다. 곧 살펴보겠지만, 어떤 것을 성례전으로 지정할지를 합의하는 과정은 복잡했다.

예배에서 보편적으로 사용해 왔던 제정된 표지들의 수는 제한적이었고, 의미를 잘 전달하는 표지들을 유지하는 데에는 보수주의적인 성향이 내재한 것 같다. 오늘날 일반적으로 사용되는 표지들은 기독교 역사의 어느 시기에서도 익숙했을 것이다. 그렇게 일반적으로 인식되는 표지들은 말처럼 빠르게 변하지 않는다. 아마도 그래서 우리는 출생, 결혼, 질병, 죽음과 같은 인생의 위기에서 이러한 제정된 표지들의 전통적인 표현을 기본적으로 사용하는 것 같다.

이번 장에서 우리는 교회가 성례전에서 경험한 것에 대한 기독교적 성찰의 점진적인 변천 과정을 확인해 보겠다. 이 논의의 일부는 수 세기 동안 그리스도인들이 성례전에서 경험했던 것을 설명하기 위해 선택했던 가장 덜 부적절한 용어에 익숙해지도록 하는 데 할애될 것이다. 그런 다음에 오늘날 예배에서 성례전이 갖는 역할과 의미를 해석해 보도록 하겠다. 마지막으로 이러한 해석이 가져온 결과 중 일부를 한번 추적해 보겠다.

1. 성례전에 대한 성찰의 역사

박해나 2020년의 코로나19 팬데믹과 같은 질병과 관련된 몇 가지 주목할 만한 사례가 있기는 했지만, 수 세기 동안 성례전 관행은 갑작스럽거나 크게 변하지 않았다. 성례전 관행의 변천은 대부분 새싹이 천천히 트는 것과 같았다. 성례전을 이해하는 새로운 방식들도 몇 차례의 논쟁을 제외하고는 빠르게 발전하지 못했다. 오늘날 우리가 필수 용어로 간주하는 많은 용어도 교회사의 첫 천 년 동안에는 몰랐던 것들이었다. 심지어 성례전의 개수조차도 교회의 역사 대부분 동안 확정되지 않았었다.

또 한번 우리는 그리스도인들에게 성례전을 가능케 했던 유대인의 사고와 관습으로 시작해야 한다. 기독교의 성례전 생활이 유대교 이외의 다른 종교에서 진화했다고 상상하기는 어렵다. 유대인들은 초월적인 하나님과 인간 역사의 실제 사건에 구체적으로 관여하시는 하나님 사이에서 긴장을 유지했다. 하나님은 신의 뜻을 밝히는 사건과 물질을 통해 알려지시지만, 결코 그러한 사건과 물질이 하나님과 혼동되지는 않았다. 그리고 인간은 합당한 행동과 생각으로 하나님께 응답했다.

여기서 기독교가 유대교에게 진 가장 큰 빚은 하나님과 인간이 서로 소통하기 위한 수단으로 특정한 행동과 물리적인 것을 사용한다고 여겼던 유대인 특유의 사고 방식이다. 하나님은 여전히 창조 세계와는 절대로 혼동되지 않는 초월적인 존재로 계셨다. 그러나 생명이 없는 물체들조차도 하나님으로 여겨지지 않으면서 "하나님"과 소통하는 힘을 얻을 수 있었다. 불기둥, 구름, 화산, 매일 먹는 빵, 이 모두가 하나님은 아니지만 하나님을 계시하는 방식이 될 수 있었다. 따라서 유대교는 물질적인 것과 영적인 것을 잘못되게 나누지 않았다. 심지어 물과 같은 평범한 물질도 하나님의 사랑을 우리에게 전달할 수 있었다. 유대교와 기독교에서 물질적인 것과 영적인 것은 깊이 연결되어 있다.

우리는 구약성경 전체에서 하나님의 뜻과 목적을 의미하는 극적인 행동에서 다양한 형태의 예언적 상징을 접한다. 그 행동들은 종종 사건들을 나타낼 뿐 아니라 시작하도록 돕는다. 예레미야 선지자는 쇠 멍에를 만들어 매거나 토기를 깨뜨렸다. 그리고 그러한 행동을 통해 하나님께서 유다를 어떻게 하실 것이고 사람들이 어떻게 반응해야 하는지를 보여준다. 그러한 행동은 그들이 예상하는 바로 그 사건의 일부이고, 따라서 하나님의 뜻을 성취하는 힘을 가진다.

매 식사를 거룩한 사건으로 이해하는 것도 유대교에서 비롯됐다. 유대교에서 인간의 가장 일반적인 사회적 활동인 식사는 참석자들 사이의 유대감을 형성할 뿐 아니라 하나님께 찬양과 감사를 드리는 기회가 되었다. 식사는 단순히 육체적인 필요를 넘어 공급자이자 주인, 동반자이신 하나님을 만나는 방편이 되었다.

유대교는 인간이 행동을 통해서도 하나님께 다가갈 수 있다는 사실을 발견했다. 음식과 음료를 제물로 바치는 일은 하나님과 관계를 맺고 유지하는 방식이 되었다. 제물을 바치는 행위의 형태와 해석은 복잡하지만, 핵심적인 개념은 하나님과 교제하기 위해 자신의 존재 자체를 완전히 바친다는 표현으로 가치 있는 물건을 사용한다는 것 같다.

기독교의 성례전 생활은 이러한 신앙과 관습에 깊이 뿌리 내리고 있다. 많은 첫 그리스도인 중 다수는 유대인들이었기 때문에 이러한 사고 방식과 행동 방식은 그들에게 자연스러웠다. 초월적인 창조주 하나님에 대한 그들의 믿음은 창조된 물질을 하나님이 금하신 우상숭배에 빠지지 않으면서 예배를 위한 영적인 수단으로 자유롭게 사용할 수 있게 했다. 그것은 아직 우상의 족쇄를 떨쳐버리지 못한 믿음이 약한 지체들에 대한 책임감으로 인해 절제된 자유였다(고전 8장).

복음서는 예수님과 제자들이 유대교의 성례전 양식을 따르고 있음을 보여준다. 제자들은 아마도 유대교의 정결 예식의 관습을 따라 예수님의 사역 초기에 세례를 베풀기 시작했던 것 같다(요 4:2). 예수님 자신도 세례 요한으로부터 세례를 받으셨는데, 복음서 저자들은 이 사실을 "모든 의를 이루기 위해서"(마 3:15)였다고 (다소 어렵게) 설명한다. 다른 유대인들과 마찬가지로, 예수님에게도 연례 유월절 기념제는 그들의 역사에서 결정적인 순간을 다시금 소생시켰다. 유월절 식사는 그 자체가 하나님께서 유대인들을 특별한 백성으로 만들기 위해 행하셨던 일을 기억하는 제정된 이야기였다. 이러한 관습은 예수님과 제자들에게 매우 자연스러운 것이었다. 새 언약을 세우기 위해서, 또는 그러한 사건을 기념하는 새로운 방편으로서, 이러한 익숙한 관습을 변형하는 일은 아주 당연했을 것이다.

예수님께서 제자들에게 무엇을 하라고 의도하셨는지는 명확하지 않다. 성경학자들은 신약성경에서 예수님께서 세례를 베풀고(마 28:19), 죄를 사하고(요 20:23), 또는 먹고 마시며 그를 기념하라는 말씀을 실제로 하셨는지(고전 11:24-25)에 대해 논쟁한다. 다른 한편으로, 초기 교회가 예수의 이름으로 이러한 관행을 계속하는 것이 그분의 뜻을 따르는 것이라고 여겼다는 데에는 의심의 여지가 거의 없다. 예수님은 세례를 받으셨고, 죄를 용서하셨고, 유월절 절기를 지키셨다. 이런 의미에서 예수님의 말씀에 대한 기록보다 그분의 행위가 성례전을 위한 좀 더 굳건한 토대가 된다.

더욱 깊은 차원에서 예수님 자신은 하나님의 가시적인 현현으로서 *최초의 성례전*이시다. 교회는 예수님이 하셨던 일을 하면서 하나님이 나타내셨던 그분의 성례전적 사명을 이어갔다.[2]

교회는 예수님이 부활하신 때부터, 즉 복음서가 글로 기록되기 수십 년 전부터 예수님의 행동을 계속해서 반복했다. 따라서 성경에 기록된 내용은 교회가 이미 오래전부터 지켜왔던 성례전 관행을 보여준다. 주의 만찬에 대한 다양한 **제정사**(마 26:26-29; 막 14:22-25; 눅 22:15-20; 고전 11:23-26)는 주님의 명령 그 자체에 대한 것만큼 여러 지역의 교회들이 주님의 뜻을 이행했던 것에 대해서도 말해줄 수 있다.[3] 간략하게 말하면 성례전은 기록된 성경보다 오래되었다.

따라서 그리스도께 순종한 교회의 행위는 성례전의 기초에 대한 중요한 증거다. 첫 그리스도인들은 이러한 행위를 통해 그들이 예수님의 의도로 이해했던 것에 신실히 응답하고자 애썼다. 예수님의 제자들이 세례를 베풀고(행 2:41), 안수하고(행 6:6), 기도하고(행 2:42), 치유하고(약 5:14), 함께 떡을 떼던(행 2:46) 사도적 관행은 바로 그러한 신실한 응답의 행위였다. 사도들의 이러한 행위는 적어도 예수님의 말씀에 대한 기록만큼 그분의 의도를 나타낸다. 이는 성례전에 관한 예수님의 의도를 해석할 때, 복음서의 몇몇 구절에만 국한하지 않고, 더 자세한 내용을 제공하는 신약성경의 사도행전과 여러 서신서도 활용할 수 있다는 뜻이다.

신약성경은 후대 사람들이 성례전이라고 부를 것에 대한 언급으로 가득하다. 선교의 열정으로 불타는 교회에서 기대했을 수 있듯이, 그중 세례에 대한 언급이 가장 많았다. 그다음은 주의 만찬에 대한 언급이다. 안수, 치유, 인침, 용서와 같은 다른 신성한 행위에 대한 언급도 여기저기에

2　E. Schillebeeckx, *Christ the Sacrament of the Encounter with God* (New York: Sheed and Ward, 1963)의 중심 주제이다.

3　Joachim Jeremias, *Eucharistic Words of Jesus* (New York: Scribner's, 1966), pp. 106-37을 참조하라.

서 보인다. 이러한 사례들은 우리에게 사도적 관행에 대해 자세하게 말하지는 않는다.

이러한 관행이 참여자들에게 무엇을 의미했는지에 대한 설명은 더더욱 찾아보기 힘들다. 그러나 전체적으로 볼 때, 우리는 사도교회의 성례전 신앙과 실천에 대한 풍성하고 다양한 통찰을 무수하게 발견할 수 있다. 사도적 관행에 대한 다양한 견해는 마치 보석의 여러 면과 같다. 보석을 제대로 감정하려면, 모든 면이 반짝이도록 회전시켜야 한다. 안타깝게도 교회는 역사 속에서 단지 한두 면만 보고 나머지는 무시하는 경향이 있었다. 우리는 이어지는 장들에서 성례전에 대한 균형 잡힌 관점을 갖기 위해 이러한 성경의 다양하고 풍성한 측면을 살펴보도록 하겠다.

따라서 교회는 신약성경을 율법이나 규례의 책이 아니라 성례전 사역을 위한 기본적인 규약으로 본다. 성경은 우리에게 예식 규정(rubrics)이나 체계적인 성례전 신학을 제공하지 않지만, 대신 이러한 것들이 세워질 수 있는 굳건한 토대를 마련해준다. 다양하고 흩어져 있는 단편들을 통해 우리는 더 넓고 깊은 실재와 나사렛 예수를 통해 부어주신 사랑에 대한 의례적 행동, 말, 물질 요소로 신실하게 반응한 초기 그리스도인들을 엿볼 수 있다. 따라서 우리는 초기 기독교 성례전 관행에 대한 제한적으로 일관된 견해에 안주하지 않도록 주의하면서 성경이 제시하는 매우 다양한 관점을 받아들여야 한다.

우리는 오늘날의 성례전 실행에 관한 질문의 명확한 답을 초기 교회에서 찾으려는 것도 신중해야 한다. 초기 기독교의 저술가들조차도 성례전을 신학 연구의 대상으로 여기기보다는 성례전을 경험하는 것에 더 관심을 보였다. 우리가 생각하는 많은 용어와 범주는 훨씬 뒤에 만들어진 것들이다. 이와 동시에, 우리는 기독교 시대의 첫 몇 세기에 교회가 성례전을 사용한 것에서 많은 것을 배울 수 있다.

성례전에 일반적으로 사용하는 헬라어 미스테리온(mystérion)에서 기본적인 통찰력을 제공한다. 일반적으로 번역되는 "신비"는 오해의 소지가 있다. 신약성경에서 이 용어는 인간의 이성을 초월하는 하나님의 비밀스러운 생각을 뜻하고, 따라서 이러한 비밀은 하나님이 허락하신 이들에게만 드러나야 한다. 마가복음 4:11에서 예수님은 제자들에게 "하나님 나라의 [미스테리온]을 너희에게는 주었으나" 외인은 비유에 의존해야 한다고 말씀하신다. 바울은 예수님 자체, 사도의 설교, 영으로 말해지는 것, 하나님의 숨겨진 지혜를 언급할 때 사용한다. 우리가 같은 용어로 성례전을 부를 때 얻는 기본적인 통찰은 **미스테리온**이 하나님께서 우리에게 드러내는 행위를 의미한다는 것이다. 이러한 하늘의 비밀은 전적으로 하나님의 자기 주심의 행동에 달려있다.

안타깝게도 테르툴리아누스가 2세기 초에 이러한 실재를 설명하기 위해 사용한 라틴어, **사크라멘툼**(*Sacramentum*)에는 그러한 풍성한 심원함이 전혀 없다. **사크라멘툼**은 군인이 충성하겠다는 맹세나 약속을 지키겠다는 서약을 가리켰던 용어이다. 그것은 훨씬 더 법률적이고, **미스테리온**이 함축하는 신의 인격적인 자기 주심이라는 우주적인 차원이 없다. 그러나 서방교회는 3세기부터 계속해서 그 용어를 사용했다. 역사적으로 사크라멘툼에는 하나님과 인간의 만남에서 인간의 반응을 암시하는 장점이 있다.

어떤 용어가 사용되었든, 초기 교회에서 성례전은 논쟁되기보다는 경험되었다. 다른 영역에서는 이단이 많았지만, 예배에서 물질을 사용하는 것에 비난했던 이들에 반대하며 성례전을 변호했던 가끔의 경우를 빼면, 교회 생활에서 이 영역은 상대적으로 평온했다.[4] 우리에게는 익숙한 정확한 정의가 초기 교회에는 존재하지 않았다. 아무도 교회에 성례전이 뜻하는 바를 철저하게 정의하라고 강요하지 않았기 때문이다. 성례전의 정확한 개수나 세례식 때 성령이 임하시는 순간, 성찬 요소가 성별되는 순간과 같은 개념은 초기 교회가 이해할 수 없었을 것이다. 천 년이 넘도록 성

---

4 즉, 물질의 영역을 영의 영역을 창조한 신에 대항하는 타락한 창조자-신의 악한 창조로 여기는 강력한 반-물질주의적 관점을 채택했던 영지주의 그리스도인들이다.

레전이 몇 개인가에 대한 합의도 없었다. 아우구스티누스에게 성례전의 목록에는 세례반, 세례 때 소금 주기, 참회의 재, 십자가, 주기도, 부활절 등이 포함되었다.

따라서 우리가 성례전에 대해 알고 있는 초기 실행과 성찰은 간접적이고 단편적이다. 테르툴리아누스는 3세기 초에 "세례에 관하여"(*On Baptism*)라는 짧은 논문을 썼지만, 신학보다는 실제적인 조언을 더 많이 말한다. 그의 『참회에 관하여』(*On Penance*)는 신학에 대해 좀 더 말하기는 하지만, 대부분은 실제적인 조언이다. 『사도전승』(*Apostolic Tradition*)에서 우리는 실제 예식을 엿볼 수 있지만, 설명은 거의 없다. 암브로시우스, 요한 크리소스토무스, 몹스에스티아의 테오도르, 예루살렘의 키릴로스는 막 세례 받은 그리스도인들을 대상으로 했던 강론에서 새로운 그리스도인들이 방금 전에 처음으로 경험했던 것에 대해서 좀 더 자세하게 설명해 준다. 이러한 (기독교 신앙의 "신비" 또는 성례전에 입문하는 과정을 뜻하는 "미스타고지"[mystagogy]에서 유래한) 신비에 대한 강론은 4세기부터 시작되지만, 흥미진진한 만큼 난해하다. 성찬식 때 어떤 일이 일어나는가에 관한 이러한 간명한 진술로 서방과 동방에서 이후에 전개된 국면들을 다시 해석하는 것은 우리에게 솔깃한 일이다.

그러나 이것은 우리의 관심사지 그들의 관심사는 아니다. 더욱이 우리는 4세기에 살고 있지 않다! 아우구스티누스는 성찬에서 그리스도가 현존한다는 것을 실제적이고 상징적으로 모두 해석하면서 모순처럼 보이는 견해를 제시한다. 그러나 우리에게 일관성 없게 보일 수 있는 것은 우리의 범주와 그의 범주는 다르고, 우리의 배타적인 언어가 그의 언어에 비해 상대적으로 빈곤하게 보인다는 사실을 드러낼 뿐이다.

그럼에도 아우구스티누스는 성례전에서 경험했던 것에 대해 교회가 어떻게 이해해야 하는지를 권고했다. 그는 빵과 포도주가 몸과 피를 나타내는 것처럼 성례전은 신성한 표지로서 그것이 의미하는 것을 나타낸다고 설명하면서 성례전의 정의를 내리는 시도를 시작했다. 가장 중요한 것은

"보이는 형태"와 "보이지 않는 은혜"라는 그의 표현으로, "성례전은 보이지 않은 은혜의 보이는 형태"라는 중세 후기(그라티아누스와 롬바르드)의 표준 정의를 만들었다. 또한, 아우구스티누스는 보이는 성례전 자체(사크라멘툼)와 성례전의 능력(res)을 구분했다. 보이지 않는 은혜가 없으면, 성례전 자체의 능력은 없다. 오직 이 보이지 않는 능력이나 힘만이 성례전을 효과 있게 할 수 있다.

성례전 역사에서 또 다른 중요한 발전은 도나투스 논쟁에서 비롯되었다. 도나투스파로 알려진 북아프리카 분리론자들은 올바른 사람들만이 올바른 성례전을 수행할 수 있다고 믿었다. 이러한 믿음에 반하여 아우구스티누스는 성례전에 대한 교회의 사고에 영원히 남게 될 몇 가지 개념을 전했다.

첫째, 아우구스티누스는 도나투스파가 부당하게 세례를 받았지만, 그럼에도 진정한 세례를 소유했다고 주장했다. 왜냐하면, 성례전은 집례한 사람들이 아니라 하나님께 달려 있기 때문이다. 성례전의 힘은 집례자의 도덕적 품성이나 교리에 좌우되는 인간적인 것이 아니라, 하나님 자신의 목적을 위해서 성례전을 사용하시는 하나님께 달려 있다. 이것은 성례전에 관한 가장 중요하면서도 가장 논란이 되는 신학적 진술이다. 다른 사람들은 이것을 **사효론**(ex opere operato), 즉 하나님은 인간 집례자와는 관계없이 단순히 행해진 일을 통해 일하신다는 교리로 발전시켰다. 아우구스티누스의 큰 공헌은 성례전의 근원이 인간의 힘이 아니라 신의 힘이라는 사실을 분명하게 한 것이다.

도나투스파가 진정한 세례를 받았다면, 그것은 가톨릭교회의 법에 반하고 세례가 주는 유익이 없는 세례였다. 분리를 고집하던 그들은 세례가 입회시키는 공동체의 사랑과 자비를 누릴 수 없었다. 아우구스티누스는 성례전에 대한 정확한 정의로부터 이러한 결론을 도출하지는 않지만, 여기에는 훨씬 뒤에 식별될 차이 - (은혜를 전달하는) **유효한** 성례전 또는 **무효한** 성례전, (교회법을 따른) **정식** 성례전 또는 **비정식** 성례전, 그리고 (유익을 주는) **효력 있는** 성례전 또는 **효력 없는** 성례전 - 의 근원이 함의되어 있다. 그러나 아우구스티누스가 이 방향으로 구부린 작은 가지는 성례전 신학과 교회법의 커다란 가지로 자라게 된다.

초기 교회로부터 성례전에 대해 배울 수 있는 내용을 요약해 보도록 하자. 성례전의 수는 확정되지 않았고, 어떻게 실행되어야 하는지도 규정되지 않았다. 누가 성례전을 받을 수 있고, 누가 성례전을 집례할 수 있는가의 문제가 더 중요했지만, 이것조차도 명확하지 않은 것 같다.

분명하고 독특했던 것은 그리스도인들이 성례전에서 하나님의 자기 주심을 경험했고, 이러한 표지-행위를 기뻐했다는 사실이다. 오랜 후에 **존 칼빈**은 성찬에 대해 이렇게 말했다.

> 성찬은 너무나도 고귀한 비밀이어서 나의 머리로 이해할 수 없고, 나의 말로 선포할 수도 없다는 사실을 고백하는 것이 부끄럽지 않다. 좀 더 분명히 말하자면, 나는 성찬을 이해하기보다는 경험한다.[5]

이는 초기 그리스도인들의 성찬에 대한 증언을 요약한 것이라고 할 수 있다.

중세 시대에는 성례전에 대한 좀 더 구체적인 정의와 좀 더 전문적인 용어가 등장하기 시작했다. 오늘날 성례전에 대한 우리의 접근법 대부분은 중세 후기에 등장한 용어들을 사용하지 않고는 생각하기 어려울 정도로 당시의 발전으로부터 큰 영향을 받았다. 그러나 이러한 발전은 이상할 정도로 늦게 일어났다. 빵과 포도주가 그리스도의 몸과 피로 변한다는 것을 설명하는 데 사용되고 종교개혁 당시 심각한 분열의 원인이 되었던 화체설(transubstantiation)이라는 용어조차도 13세기에 이르기 전까지는 교회

---

5   Calvin, *Institutes*, IV, xvii, 32, p. 1403.

의 주요 문헌에 등장하지 않았다.[6] 중세에 이르기까지 그리스도인들은 그리스도께서 성찬에 현존하신다는 사실을 받아들였지만, 어떻게 현존하시는지에 대해서는 거의 의문을 품지 않았다. 9세기 중반, 프랑스 북부의 수도사였던 파스카시우스 라드베르투스(Paschasius Radbertus)와 라트람누스(Ratramnus) 사이에 있었던 그리스도의 성찬 현존의 본질에 대한 그리 심각하지 않았던 신학 논쟁은 2세기 후에 있을 아주 중대한 논쟁을 위한 토대가 되었다.

11세기에 프랑스 신학자 베렌가리우스(Berengarius)는 그리스도인의 사상과 실천 모두에서 점차 힘을 얻고 있던 성찬 현존에 대한 편협한 실제적 해석에 맞서 좀 더 풍성한 상징적 해석을 제시하고자 이전의 논쟁을 부활시켰다. 베렌가리우스는 결국 성찬에 대한 그의 상징적인 이해를 철회할 수밖에 없었지만, 11세기에도 그리스도인들이 성찬에서의 그리스도의 성례전적 현존을 정확히 어떻게 이해해야 하는지에 대한 보편적인 설명은 없었다. 12세기 후반이 될 때까지도 성례전의 개수에 대한 다양한 의견이 있었다. 1140년, 성 빅토르의 휴(Hugh of St. Victor)는 종려나무 잎 축복, 재 받기, 무릎 꿇기, 신경 암송 등을 성례전 목록에 넣었고, 1179년 제3차 라테란 공의회는 "사제 서품…죽은 자 매장"을 성례전으로 언급했다. 요약하면, 초기 교회부터 12세기에 이르기까지, 많은 성례전 교리와 관행, 심지어 무엇을 성례전으로 간주하는지에 대한 정확한 개념에 대해서도 여전히 상당한 이견을 보였다.

한편, 대중의 관행과 신심은 계속해서 변화했다. 7세기부터 고해 관습은 심각한 범죄자만을 위한 공적 의식에서 모든 사람을 위한 사적 의식으로 바뀌는 급격한 변화를 겪었다. 서방에서 입회는 느리지만 확실하게 분리되었다. 이보다 느리기는 했지만, 교회는 결혼식에 대한 통제를 강화했

---

6 이 용어와 그 의미의 변화에 대한 논의는 다음을 참조하라. Piet Schoonenberg, "Transubstantiation: How Far Is This Doctrine Historically Determined?" *The Sacraments, an Ecumenical Dilemma* (New York: Paulist Press, 1966), *Concilium* 24, pp. 78–91.

다. 치유는 거의 전적으로 죽음하고만 연관되게 되었고, 종부(병자) 성례로 알려지게 되었다. 성찬 예식은 굉장한 구경거리로서 미사를 거행하는 것으로 점점 더 바뀌었고, 사람들은 거의 성찬을 받지 않았고, 평신도는 거의 참여하지 않았다. 부대적인 의식들이 점점 지배적인 예식들이 되면서 성직 서임식마저도 바뀌었다.

12세기는 성경과 신학자들의 가르침을 종합하고, 이전에 배웠던 것을 정리하고, 그러한 지식을 다루기 쉽게 분할하는 시기였다. 성례전 신학은 비약적으로 발전했다. 가장 큰 영향력을 끼쳤던 것은 교수이자 (짧은 기간) 파리의 주교였던 피터 롬바르드(Peter Lombard)의 저작물로, 그의 『네 권으로 된 명제집』(Four Books of the Sentences)은 1150년경에 마무리되어 거의 500년간 기독교 교리에 관한 기본 교재가 되었다. 서방에서 이 책은 이전의 모든 중요한 발전이 이후에 상세화되는 과정에서 깔때기 같은 역할을 했다. 롬바르드는 중요한 단락에서 다음과 같이 말한다.

> 이제 새 언약의 성례전, 즉 세례, 견진, 빵을 축복하는 성찬, 고해, 종부(병자) 도유, 서품, 결혼에 대해 살펴보자. 이중 어떤 것들은 세례처럼 죄를 없애고 도움이 되는 은혜를 베푼다. 다른 것들은 결혼 예식처럼 단순한 타개책에 불과하다. 다른 것들은 성찬과 서품처럼 은혜와 능력으로 우리를 강하게 만든다.[7]

반세기 만에 이것은 성례전의 표준목록이 되었고, 이후 여러 공의회에서 교리로 만들어졌다.

롬바르드는 이러한 일곱 성례전 각각에 대한 초기의 가르침을 요약한다. 그는 아우구스티누스를 따라 "구원을 약속하고 의미할 뿐인" (할례와

---

[7] Elizabeth Frances Rogers, *Peter Lombard and the Sacramental System* (Merrick, N.Y.: Richwood, 1976), IV, ii, 1, 85에 있는 내용.

같은) 옛 언약의 성례전과 "구원을 주는" 새 언약의 성례전을 구분한다.[8] 롬바르드는 아우구스티누스가 처음으로 사용한 언어를 사용하여 성례전을 "신성한 것(res)의 표지"라고 정의한다. 아우구스티누스는 (우리의 감각으로 분명히 알 수 있는) 사크라멘툼과 (성례전의 열매인) 레스를 구분했다. 그러나 롬바르드는 (외적이고 가시적인) **사크라멘툼** 그 자체, (내적 열매인) **레스**, 그리고 (두 가지, 즉 표지와 실재가 결합한) **사크라멘툼**, 이렇게 셋으로 좀 더 세밀히 구분한다. "하나님이 베푸시는 은혜의 표지이자 보이지 않는 은혜의 표현이고, 그 형상을 지니고 그 원인이 되기에 성례전이라고 부르는 것은 적절하다"라는 롬바르드의 진술은 앞으로 일어날 발전을 암시한다.[9] 따라서 성례전은 나타낼 뿐 아니라 신성하게 한다. 다음 세기의 신학자들은 이에 관해 자세히 연구할 것이다.

또 다른 지점에서 롬바르드는 성경을 되돌아본다. 13세기에 접어들면서, 성례전은 그리스도만이 제정하실 수 있었다는 사실을 당연하게 생각하게 되었고, 종교개혁의 폭발을 일으킨 "내적 은혜의 보이는 형태"라는 정의가 더해졌다. 그러나 롬바르드는 그리스도께서 세례와 성찬을 제정하셨다는 것은 분명하다고 말하긴 하지만, 나머지는 사도들이 제정했다는 초기의 믿음을 따르고, 병자 도유는 "사도들에 의해 제정되었다"라고 설명한다.[10] 후대의 가톨릭 신학자들은 이에 대해 롬바르드를 따르지 않았다. 그들은 모든 성례전이 그리스도에 의해 제정되었다고 주장했다.

13세기 신학자들인 **스콜라학자들**은 다른 문제들과 씨름했는데, 특히 성례전에서 올바른 집례자, 받는 사람, 은혜의 효력과 작용에 관련된 질문들이었다. 당시는 체계적인 신학 발전이 눈부시게 일어난 시기였지만, 교회의 성례전 경험은 상징과 의례 행위, 성례전에 참여하는 이의 반응을 최소화하는 방식으로 점점 더 말로 바뀌었다. 이 시기에 공식화된 언어의

---

8 Rogers, *Peter Lombard and the Sacramental System*, IV, i, 6, p 82.
9 Rogers, *Peter Lombard and the Sacramental System*, IV, i, 4, p. 80.
10 Rogers, *Peter Lombard and the Sacramental System*, IV, xxii, 3, p. 221.

명확성은 지금까지 지속되었고, 이후의 모든 논의는 당시에 고안된 용어와 연관되어 있다. 15세기와 16세기의 피렌체 공의회와 트리엔트 공의회는 13세기 때 수행된 신학 작업을 공식적으로 승인했다.

이 모든 작업을 가장 훌륭하게 요약한 것은 1439년 피렌체 공의회가 토마스 아퀴나스의 13세기 논문인 "신앙 개조와 교회의 성례전에 관하여"(On the Articles of Faith and the Sacraments of the Church)를 바탕으로 발표한 **아르메니아인을 위한 칙령**(*the Decree for the Armenians*)이다. "아르메니아인을 위한 칙령"은 "은혜를 포함하고 성례전을 합당하게 받는 모든 사람에게 은혜를 베푸는" 일곱 성례전의 전통적인 목록을 나열하는 것으로 시작했다.[11] 각각의 성례전에는 세 가지가 필요하다. 바로 (물과 같은) 적절한 **물질**, ("내가 너에게 세례를 주노라..." 세례 문구와 같은) 적절한 말이나 **형식**, 그리고 지명된 **사역자**로, 그 사람은 "교회가 그를 통해 이루려는 것을 수행할 의도," 다시 말해, 교회가 (세례를 베푸는 것처럼) 성례전에서 하려는 것을 정확하게 수행할 의도를 가져야 한다. 이 말은 사제는 연극 연기를 하거나 교회가 지정한 것 외의 다른 목적을 위해 적절한 물질과 형식을 사용하면서 성례전을 집례하지 않는다는 것을 뜻한다. "성례전 중 세 가지, 즉 세례, 견진, 서품은 다른 모든 것과는 다르게 지워지지 않는 인호(character), 어떤 영적 표지를 영혼에 새기기 때문에, 같은 사람에게는 반복되지 않는다."[12] 그다음에 공의회는 각 성례전에 대한 올바른 물질, 형식, 집례자, 받는 자에게 주어지는 혜택을 명시한다.

이러한 성례전적 이상은 정연하고 일관되지만, 신약성경과 초기 신학자들의 저술과는 크게 달랐다. 시간이 지나면서 성례전은 점차 하나의 제도, 신중하게 실천되는 삶의 방식이 되어, 인간의 모든 중요한 여정이나 추이에서 적절한 성례전을 거행했다. 출생, 성장, 결혼, 서품(안수), 병은

---

[11] Text in Ray C. Petry, ed., *A History of Christianity* (Englewood Cliffs, N.J.: Prentice-Hall, 1962), p. 324.
[12] Petry, *A History of Christianity*, p. 325.

각기 특정한 성례전으로 표시되었다. 그리스도인은 성찬 성례에서 성장했고, 고해 성례를 통해 떨어진 믿음을 회복했다. 각 성례전의 효과는 신중하게 이끌어 내어졌다. 그래서 성례전의 작용을 방해하지 않는 올바른 마음가짐으로 받는 사람은 그 정해진 은혜를 받을 수 있었다.

이러한 중세 후기의 발전이 가져온 결과는 무엇인가?

마침내 제도적 교회는 성례전에서 경험하는 것을 구체적으로 분명하게 설명했다. 아리스토텔레스 철학의 도구를 사용하여, 교회는 성례전에서 무엇이 일어나는지에 대해서 이성적으로 논리정연하게 설명할 수 있게 되었다. 그러나 이는 약점이기도 했다. 이 시대의 스콜라 신학자들에게서 볼 수 있는 것은 성례전의 이상이 경험적 범주보다는 거의 전적으로 이성적 범주에서만 설명되었다는 점이다. 은혜의 작용에 대한 이러한 깔끔한 구분에서 우리는 너무 많이 안다는 것의 위험을 느낄 수 밖에 없다. 또한, 우리가 다루는 것은 철학적으로 쉽게 해결할 수 있는 것이 아니라 하늘의 신비라는 사실을 잊도록 만들 수 있다.

삶 전체를 포용하고 목회 돌봄의 모든 측면을 다루는 성례전 제도가 등장했는데, 이는 인간의 독창성이 만들어 낸 훌륭한 산물이었지만, 동시에 문제이기도 했다. 현실에서 우리의 철학이 설명할 수 없는 방식으로 어떤 일들이 일어날 때, 인간의 독창성은 한계에 부딪힌다. 이러한 정확한 제도는 로마가톨릭이, 특히 종교개혁 이후에, 성례전을 과도할 정도로 법률적인 방식으로 다루고 성례전의 유효성 문제를 지나치게 강조하도록 만들었는데, 이러한 강박 상태는 18세기에 극에 다다랐다.

성례전은 하나님께 달려있다는 **사효론**(*ex opere operato*)을 확인하는 데 필요한 주장은 집례자의 선함과는 무관한 은혜를 올바르게 긍정하는 것에서, 성례전을 받는 사람과는 관계없이 기계적으로, 거의 **대가로 주어지는** (quid pro quo) 은혜라는 개념으로 왜곡될 수 있었다. 훨씬 더 자유로운 **준성사**(sacramentals)는 식사 기도, 성수 사용, 자선 등과 같은 딱히 정해지지 않은 경건한 의식들로, 그 유익은 실행하는 사람들의 내적인 마음가짐에 따라 달라졌다(인효론[*ex opere operantis*]). 더 나아가 전체적으로 성례전 제도는 안수받은 성직자의 사역과 밀접하게 연관되어 있었다. 세례식과 결혼식만 평신도가 집례할 수 있었고, 서방에서는 대개 주교만이 견진과 서품을 베풀 수 있었다. 여성들은 응급 시에만 세례를 베풀고 남성과 결혼에 참여할 수 있었다.

이러한 성례전 제도에 의구심을 품는 사람들조차도, 하나님의 행동 방식에 대해 너무 많이 알고 있다는 지혜에는 의문을 품기는 하지만, 인간의 필요를 돌보는 이 제도의 포괄성과 철저함에 감탄을 마지않는다. 중세 후기에 성례전을 일곱 개로 제한한 것, 그 일곱이 모두 그리스도께서 제정하셨다는 믿음, 꽉 맞물려 있는 제도의 전체 구조도 문제가 될 수 있었다. 하나님의 자기 주심의 행동 방식이라는 숭고한 주제를 다룰 때, 스콜라 신학자들의 깔끔한 구분과 구별이 경외와 경이를 대체하기에는 충분치 않을 수 있다.

이렇게 정교하게 구상된 제도에 대한 저항이 마침내 마르틴 루터라는 인물을 통해 폭발했다. 루터는 그의 『교회의 바빌론 유수』(*On The Babylonian Captivity of the Church*)(1520)에서 성례전 제도에 가장 강력한 타격을 입혔는데, 그 책에서 그는 가톨릭교회가 미사를 보호하기 위해 쌓아 올렸던 성벽을 연이어 깨뜨렸다. 극단적인 분노로 쓴 이 글은 논리적인 설명이 아니라, 성례전 제도 전체를 향한 맹렬한 비난이었다. 그 영향력은 과장하기 어려울 정도로, 이후 개신교의 성례전에 관한 모든 사상을 형성했다. (외적인 성례전 자체의 필요성에 이의를 제기하는) 퀘이커교나 구세군 같은 군소 집단을 제외한 모든 주요 개신교 전통은 그리스도께서 두 개의 성례전만을 제정하셨고, 따라서 성례전은 둘 뿐이라는 루터의 결론을 받아들였다.

루터는 신약성경에서 그리스도의 말씀이 명확하게 기록된 것, 즉 그리스도께서 분명하게 명령하신 구절이 있는 것만이 성례전이라고 주장하면서, 중세 후기의 선배들보다 더 엄격하게 제한했다. 루터조차도 고해와 관련해서는 애를 먹었다. 왜냐하면, 요한복음 20:23이 예수 그리스도의 명령에 가깝기 때문이다. 그리스도께서 제정하신 것만이 아닌 다른 것도 받아들인 12세기까지의 만연했던 자유를 루터도 누렸다면, 종교개혁은 다른 길로 나아갔을 것이다. 그러나 루터는 성례전은 반드시 "그리스도에 의해 제정되어야 한다"라는 13세기의 조건에 사로잡혀 있었다. 그는 "어디에서?"라고 질문함으로써 이 중세의 조건을 논리적인 결론으로 이끌었다.

루터의 공격에 맞서 로마가톨릭의 트리엔트 공의회(1545-63)는 이렇게 주장했다.

> 누구든 새 율법의 모든 성례전을 우리 주, 예수 그리스도께서 제정하지는 않았다고 말하거나, 성례전이 일곱 개보다 많거나 적다고 말하면 … 그 사람을 파문하라.[13]

트리엔트 공의회는 일곱 성례전이 제정된 곳이나 교부들의 반대되는 의견에 대해서는 자세히 말하지 않았다. 반면에 개신교는 두 개의 성례전에만 신적 권위가 있다고 주장했다. 유감스럽게도, 성례전의 수는 알 수 없다거나 일부 성례전은 그리스도의 관행을 따라 사도들이 제정했을 수 있다는 주장에 더는 동의할 수 없었다. 중세 말기의 개념들은 가톨릭교도들뿐 아니라 개신교도들에게 더 이상 받아들여지지 않는다.

루터가 성례전 제도의 성직주의와 아리스토텔레스 철학, 이행칭의(以行稱義)를 비판한 것은 분명하지만, 성례전 제도가 산산이 부서지는 걸 원치는 않았을 것이다. 그러나 그는 성례전 제도를 산산조각 냈고, 개신교 내에서 그 조각들은 다시 합쳐지지 않았다. 루터와 동시대 사람들은 초기

---

13 "Canons and Dogmatic Decrees of the Council of Trent," in Philip Schaoff, ed., *The Creeds of Christendom* (Grand Rapids: Baker, n.d.), 2, p. 119.

교회에 대해 그들이 안다고 생각했던 것보다 덜 알았고, 우리가 알고 있다고 생각하는 것보다도 훨씬 덜 알았다. 그리고 그 제도를 개혁하겠다는 열정에 사로잡혀 때때로 성례전의 인간적인 측면과 탄생부터 죽음에 이르기까지 인간의 가장 깊은 요구를 다루는 능력을 간과했다. 물론 중세 제도가 완전했던 것은 아니다. 그러나 인간의 필요에 대해 깊이 공감하는 포괄적인 방식으로 목회 돌봄을 제공했다.

성례전 제도의 한 부분에 압력을 가하면 다른 부분이 왜곡될 것이 분명했다.

고해 성례가 폐지되었을 때, 죄인은 이 성례전이 보증했던 것과 같은 용서에 대한 구체적인 확증을 어디서 찾을 수 있었을까?

그 결과는 성찬을 참회의 성례전이 되도록 강요한 것으로, 중세 후기의 신심에서 이미 발견된 변화이다. 종교개혁 이래로, 개신교 성찬은 참회와 감사의 성례전으로서 이중의 의무를 수행했다. 결국 용서받고자 하는 인간의 깊은 욕구는 단순히 고해가 폐지되었다는 이유로 사라지지 않았다. 그 욕구는 성찬으로 옮겨갔을 뿐이다. 따라서 개신교에는 세례와 참회의 성찬이라는 두 개 반의 성례전이 있다는 말이 더 정확할 것이다.

견진의 성례전 지위를 빼앗은 것에도 마찬가지로 문제가 있었다. 종교개혁은 견진을 세례와 재결합시키는 대신에 교리문답 교육을 마친 사람들의 졸업식처럼 표현되는 교훈적인 경험으로 바꾸는 궁극적인 결과를 가져왔다. 기독교 교육의 대부분은 이런 모호한 결의를 기반으로 했다. 견진의 효력에 대한 중세의 이론적 설명이 더 나았던 것은 아니었지만, 적어도 가톨릭에서 견진은 인간 교육의 행위라기보다는 하나님의 선물로 여겨졌다.

결혼식과 안수식은 유지되었으나 성례전으로서는 아니었다. 실제로 안수식이 성례전으로 여겨지지 않고 있는가에 대해서는 논쟁의 여지가 있다. 많은 개신교에서 안수식은 지울 수 없는 인호를 수여하는 것으로 여겨진다. 왜냐하면, 어떤 이유로 성직을 떠났던 사람이 돌아왔을 때 다시 안수하지 않기 때문이다. 역설적이지만 개신교는 세속 직업에 들어가는 사람들을 위한 유사한 통과의례를 개발하지 않았다.

성례전으로서의 치유를 잃은 대가로, 개신교 목회자들과 회중은 건강을 회복하는 데 하나님의 도우심을 수행하고 받는 의례를 갖지 못하게 되었다. 최근에 이러한 형태의 성례전적 사역을 서서히 회복되고 있다.

종교개혁은 성례전과 관련하여 무엇을 성취했는가?

그 결과의 많은 부분, 특히 성찬 예배를 그리스도인 생활의 중심에서 주변부로 밀어낸 것은 의도하지 않은 것이었다. 회복은 시간이 훨씬 지난 후에야 초기 감리교, 제자회(Disciples of Christ), 옥스퍼드 운동(Oxford Movement)에서 일어났다. 루터는 삶의 방식으로서 세례에 대한 뛰어난 통찰력을 제시했지만, 그의 후계자들도 이를 제대로 다루지 못했다. 칼빈은 이성, 성경주의, 거룩한 신비 앞에서의 경외감을 동시대 사람들보다 더욱 잘 융합했다. 그는 초기 교회의 이해에 가장 근접했고, 2세기 후 존 웨슬리와 감리교도들에게 반향을 일으키는 유산을 남겼다.

성찬을 자주 받지 않던 중세 말기의 관행을 너무 급진적으로 바꾸지 않았다면, 평신도에게 잦은 성찬식을 돌려주려는 많은 종교개혁의 시도는 엄청난 유익을 얻었을 것이다. 종교개혁자들 역시 중세 말기의 자녀들이었지만, 그들은 간소화된 자국어 예식, 회중 참여, 회중 찬송, 교리 교육을 잘 받은 평신도, 설교에 대한 새로운 강조를 통해 성찬 예배에서 분명한 이득을 얻었다.

종교개혁을 둘러싼 많은 논쟁을 특징짓는 극적인 수사학적 언어에도 불구하고, 아우구스티누스와 성례전에 대한 사고의 중세적 장치는 버려지기보다는 유지되었다. 루터는 화체설을 반대하면서도, 공간적 현존의 관점에서 성찬에 대해 생각하는 데 전념했다. 그리고 많은 종교개혁자는 성례전을 하나님의 행위로 이해하면서 **사효론**의 본질을 지켰다. 그들에게 성례전에서 주체는 하나님이시고, 인간은 하나님이 성례전을 통해서 우리에게 유익을 주시려고 선택하신 일의 수혜자이다. 칼빈이 이해한 성례전은 "우리의 보잘 것 없는 능력에 가장 합당하도록 눈에 보이는 표징"으로, 그리스도께서는 이를 통해 "보증과 징표를 주신다."[14] 이러한 접근법은 하나님은 우리를 향한 뜻을 이루시기 위해 이 세상의 물질과 행위를 사용하신다는 사실을 주장한다는 점에서 노골적으로 성례적이다. 성례전의 효력은 우리에게 달려 있지 않은 은혜의 선물이다. 인간은 성례전에서 하나님의 선물을 받거나 거부할 자유가 있지만, 하나님은 성례전을 일어나게 하신다.

우리는 16세기 종교개혁의 일부였던 재세례파의 흐름과 그 흐름에서 비롯된 다양한 "신자세례"(信者洗禮, believer's baptism) 교회들에 대해 거의 다루지 않았다. 일반적으로 이러한 교회들은 성례전이 어떤 식으로든 은혜를 **사효적으로** 베푼다는 개념을 강하게 거부했다. 그들이 거부한 이유는 유아든 성인이든 성례전을 받은 사람들이 실제로 거룩한 삶을 살게 되었다는 증거가 거의 없었기 때문이다. 성례전은 은혜를 베푸는 것이라기보다는 신실하게 반응할 만큼 성숙하고 헌신한 사람에게 순종하라는 그리스도의 명령에 더 가깝다. 이러한 그리스도의 명령은 성례전이라기보다는 **규례**(ordinances, 법령)였다.

하나님은 성례전을 받는 사람들이 실제로 경건한 삶을 살려고 노력하는 한에서만 그것들을 통해 일하신다. 이러한 이해의 중요한 강점은 어떻게 하나님의 은혜가 이 세상을 살아가는 그리스도인의 삶에서 눈에 보이는 실제적인 효과를 갖게 하는지를 강조했다는 점이다. 순종하는 삶 자체가 은혜의 표지였다. 경건한 삶과 삼위일체의 이름으로 세례를 베풀고, "나를 기념하여" 주의 만찬을 받으라는 예수님의 명령을 받아들이는 것 사이의 이러한 연결은 18세기 영국의 존 웨슬리와 19세기 미국의 알렉산더 캠벨(Alexander Campbell) 같은 후대의 개혁가들을 계속해서 도전했다.

---

14 Calvin, *Institutes*, IV, xvii, 1, p. 1361.

18세기에는 성례전 신학에서 좀 더 미묘한 변화가 일어났는데, 종교개혁 때의 변화보다 훨씬 더 극단적이었다. 이는 하나님이 현재에 개입하시거나 뜻을 이루시기 위해 물질과 행동을 사용하신다는 개념을 거부했던 계몽주의의 비신성화(desacralizing) 경향에서 비롯되었다.

이러한 견해들은 하나님께서 성례전을 통해 목적을 이루신다는 전통적인 가톨릭과 종교개혁의 관점을 서서히 약화시켰다. 비신성화 경향은 성례전에서 하나님의 역할을 경시했고 인간의 역할을 재세례파보다 훨씬 더 크게 과장했다. 성경주의는 여전히 확고하여 그리스도인들은 예수님의 가르침에 따라 두 개의 성례전만 인정했다.

많은 개신교 전통에서 두 성례전은 경건한 기념 행위가 되었다. 성례전은 인간들이 하나님께서 과거에 무엇을 하셨는지 기억하는 장이었다. 성례전은 인간으로 더 도덕적인 삶을 살도록 고무한다는 점에서 엄청난 실천적 가치를 지녔다고 인정받았다. 하나님께서 과거에 역사하신 것을 기억하는 것은 더 나은 삶을 살게 하는 강력한 동기가 되었다. 그러나 비신성화된 개신교는 지금 일하시는 하나님이 아니라 과거에 하나님께서 행하신 일을 강조했다. 매개는 인간이다. 우리가 기억하고, 우리가 행동한다.

울리히 츠빙글리(Ulrich Zwingli)가 1525년에 쓴 논문인 "세례에 대하여"(Of Baptism)에서 이러한 움직임의 징후가 보였다. 그러나 그의 주의 만찬에 대한 이해에서는 잘 드러나지 않았다. 츠빙글리는 여전히 하나님께서 예배에 관여하신다고 믿는 신성한 세계에서 살았다. 그러나 18세기를 지나면서, 실질적인 분열은 성례전을 통해 일하시는 하나님을 믿는 가톨릭과 종교개혁의 전통적인 개념을 따르는 사람들과 성례전은 기본적으로 경건한 기념 예식이라고 믿는 사람들 사이에서 일어났다. 후자에는 성공회 주교들로부터 변방 침례교도들에 이르기까지 다양한 개신교도들이 포함되었다. 심지어 벤 프랭클린(Ben Franklin)도 일부 기도서 개정 작업에 참여하여, 예수님을 기억하는 것이 인격 향상에 실질적으로 유익이 됨을 보여줬다. 이러한 종류의 합리주의가 중세 시대의 경건을 아리스토텔레스 철학의 외피 안에 가두었다면 18세기 합리주의는 외형적인 것 외에는 아무것도 없는 철저하게 비성성화된 우주를 만들었다.

이러한 이해에 따르면 하나님은 더 이상 성례전을 신적 행위로 만들지 않으신다. 인간이 하나님에 대한 인간의 행동과 반응을 통해 성례전을 가능하게 한다. 후자는 하나님의 명령을 기억하고 적절하게 반응하는 능력을 생성하는 데 있어 인간의 열정에 전적으로 의존하기 때문에 훨씬 더 많은 제약을 받았다. 그 능력은 하나님을 기억하고 행동을 바꾸는 열정을 지속시키는 데 자주 실패했다. 이것은 겟세마네-유형의 경건이었고("그리스도께서 그러셨다면, 최소한 당신은 그럴 수 없습니까?"), 그 열정은 오래 못 갈 때가 많았다. 성찬 참여는 신앙의 자양분이라기보다는 신앙의 테스트에 가까웠다. 그 결과, 일부 지역에서는 18세기 후반까지 매주 성찬식을 거행했던 루터교와 같은 개신교 전통들에서 성찬 예배는 크게 줄어들었다.

이러한 개신교의 변화에 비추어 볼 때, 중세 가톨릭의 **사효론** 교리의 가치는 분명하다. 만일 성례전이 단지 경건한 기념 예식이거나 가치 있음에 대한 시험이라면, 중요한 예배의 중심이 될 가능성은 거의 없다. 오히려 성례전은 예수님의 "이것을 행하라"는 명령에 순종하는 율법주의적 행위일 뿐이다. 전통적으로 성례전의 목적은 선한 윤리적 행동을 유발하는 것이 아니라 인간이 하나님께 나아가도록 하는 것이었다(그럼으로써 행동에 정말로 영향을 미친다!).

오늘날 개신교는 루터, 칼빈, 웨슬리의 전통적 견해에 따라 하나님께서 성례전 안에서 일하시고, 그것을 신적 자기 주심을 위한 은혜의 방편으로 삼으신다고 믿는 사람들과 하나님이 이미 행하신 일을 다시 기억하게 만드는 인간의 행위로 성례전을 이해한 계몽주의의 비신성화 경향을 따르는 사람들로 분열되어 있다. 이러한 분열은 종교개혁자들과 당대의 로마 가톨릭교도들 사이의 분열만큼이나 크다. 다행스럽게도, 두 접근법 모두 냉각 상태는 아니다. 지난 수십 년 동안, 우리는 성례전에서 일어나는 하나님의 자기 주심을 더욱 분명하게 보게 되었고, 의사소통과 관련하여 성례전의 인간적인 측면도 좀 더 많이 깨닫게 되었다.

2. 성례전에 대한 새로운 이해

최근 몇십 년 사이에 서방 기독교가 성례전을 이해하는 방식은 크게 바뀌었다. 이러한 변화는 교단의 경계를 넘어 기독교 세계의 많은 영역에서 신앙과 실천 모두를 바꾸었다.

성례전 관행에서 가장 눈에 띄는 변화는 제2차 바티칸 공의회 이후 로마가톨릭에서 나타났지만, 변화는 약 천 년만에 처음으로 매주 성찬을 받는 것이 로마 가톨릭 신자들에게 보편화되기 시작한 20세기 초부터 진행되고 있었다.

예전 회복 운동(Liturgical Movement)은 늘어난 성경 공부, 확대된 회중 참여, 공동체로서의 교회에 대한 강조라는 방향으로 더 많은 변화를 가져왔다. 제2차 바티칸 공의회는 (특히 교회와 성례전에 관한) 교리 제시와 예배에서의 광범위한 변화에서 유의미한 진전을 이루며 이러한 과정을 가속했다. 제2차 바티칸 공의회 이후에 있었던 전례서 개정은 각 성례전의 외형에 큰 변화를 가져왔는데, 특히 고해와 치유가 가장 눈에 띄게 바뀌었다. 그러나 성례전을 법률적인 용어(특히 유효성과 규칙성의 용어)로 다루는 것에 벗어나 사람들의 삶의 열매(효력)에 더 관심을 기울이는 것으로 나아가는 움직임은 크게 두드러지지 않았다.

개신교 내에서 동등한 의미의 변화가 감지되었는데, 바로 더 깊은 성례전적 신앙이 광범위하게 성장했다는 것이다. 최근 수십 년 동안 많은 교회에서는 분기별로 거행되던 성찬식이 월별, 주별로 더 자주 거행되고 있다. 최근에 성찬식이 주일예배의 규범으로 회복되면서 회중 행위로서의 세례에 관한 관심도 함께 높아졌다. 감지하기 쉽지는 않지만, 더욱 중요한 것은 예배를 단순히 지적 교훈의 경험이나 감정적 분출로 여기는 것에서 우리의 몸과 감정, 지성 등 모든 것을 아우르는 것으로 점점 더 인식하게 되었다는 점이다. 다양한 전통에 속한 그리스도인들이 인간 관계와 하나님과 인간의 만남에서 의례가 행하는 중요한 역할에 대해서 점점 더 민감해지고 있다.

많은 사람은 재의 수요일에 재를 묻히는 의식 같은 의례가 설교만큼이나 예배의 일부인 것을 깨닫게 되었다. 이러한 변화가 끼친 영향은 예배보다 더 광범위한 것을 반영하는 것 같다. 우리는 완전한 인간이 된다는 것이 무엇을 뜻하는지 더 많이 깨닫게 되었다. 성례전에 대한 되살아난 관심은 성례전이 얼마나 인류학적으로 심오하고, 인간이 된다는 것을 얼마나 밀접하게 반영하고 있는지를 보여준다.

이러한 새로운 관심은 성례전의 표지 가치, 즉 얼마나 의미를 잘 전달하는가에 초점을 맞췄다. 만일 유효성만 중요하다면, 점적기(點滴器)로도 세례를 베풀 수 있다. 다시 말해, 할 수 있는 가장 적은 것으로도 진정한 성례전을 행할 수 있다. 그러나 표지 가치가 중요하다면, 상당한 양의 물이 보이고, 들리고, 심지어 간접적으로 느껴질 때, 세례 예식은 깨끗하게 함과 씻음에 관해 훨씬 더 많은 의미를 전달할 것이다. 예식의 질을 높이기 위해 이것이 중요하다는 것을 예배 준비 담당자들은 잘 안다.

우리가 하는 일이 하나님이 하시는 일을 인간의 용어로 얼마나 잘 전달하는가?

이런 의미에서, 우리가 성례전에서 행하는 일의 표지 가치를 높이는 것이라면, 중요하지 않은 세부 사항은 없다. 성례전의 인간성은 성례전이 다른 이들과 소통하고 관계 맺는 보통의 인간적인 방식을 얼마나 면밀하게 따르는지에서 나타난다. 따라서 예배를 인도하는 이들에게는 성례전이 모든 감각에 관여하는 방식뿐 아니라 목소리와 몸으로 소통하는 모든 방식에 매우 민감해야 할 무거운 책임이 따른다.

성례전적 실천의 변화는 종종 우리가 성례전에서 경험하는 것을 이해하는 새로운 방식을 반영한다. 지난 세기에 있었던 가장 중요한 발전은 독일에 있는 마리아 라흐 수도원의 베네딕트회 수도사인 독일 신학자 오도 카젤(Odo Casel)과 함께 시작되었다. 카젤의 신학은 기독교 예배란 과거 사건의 실재를 재현함으로써 우리에게 그것이 다시금 주어지도록 하는 시간의 신비(time mystery)라고 강조했다. 그는 13세기의 스콜라 신학자들의 용어 사용을 자제했고, 교회의 구원사에 대한 공동의 기억을 통해 그리스도인 개개인이 어떻게 이러한 사건들을 "우리 자신의 거룩한 역사로" 인정하고 살아갈 수 있는지를 보여주는 데 집중했다.[15]

에드워드 쉴레벡스(Edward Schillebeeckx)와 같은 학자들과 관련된 20세기 네덜란드와 벨기에에서의 신학 발전은 훨씬 더 획기적인 진전을 이끌었다. 쉴레벡스의 『그리스도, 하나님과의 만남의 성례전』(*Christ the Sacrament of the Encounter with God*)은 제2차 바티칸 공의회 시대의 성례전 신학에 대한 가장 영향력 있는 연구이다.[16] 그 책에서 쉴레벡스는 그리스도를 **최초의 성례전**(primordial sacrament)으로 제시한다. 우리는 그리스도를 통해서 하나님을 만나기 때문이다. 눈에 보이는 성례전은 하나님과의 은혜로운 인격적 관계를 경험할 수 있도록 돕는 수단이다. 쉴레벡스가 사용한 범주는 정적이고 법률적인 용어가 아니라 인격적인 인간의 관계다. 여기서 칼빈의 통찰력 일부가 나타나는 것 같다. 다른 곳에서는 현대의 현상학적 철학이 중요한 역할을 한다.

다양한 요인이 성례전에 대한 새로운 접근법들을 형성했다. 성경학은 성례전에 대한 풍성하고 복잡한 성경적 증거에 대한 우리의 이해를 명확하게 해줬고, 역사학은 성례전에 대한 기독교적 경험과 성찰의 더딘 발전의 과정을 규명했다. 에큐메니즘은 우리가 세계교회협의회의 『세례, 성

---

15 Burkhard Neunheuser, ed., *The Mystery of Christian Worship and Other Writings* (Westminster, Md.: Newman Press, 1962), p. 124.

16 Schillebeeckx의 *The Eucharist* (New York: Sheed and Ward, 1968)도 참조하라.

찬, 직제』(Baptism, Eucharist, and Ministry) 문서와 회원 교회들의 다양한 반응에서 볼 수 있듯이, 기독교의 분파들로 그들의 독특한 경험을 나누고 다른 이들의 경험을 전용하도록 했다.[17] 신약성경과 초기 기독교의 공통 유산에 대해 더 잘 이해하게 됨으로써 옛 논쟁들은 하지 않게 되었다. 현대의 커뮤니케이션 이론, 인류학, 사회학 연구는 성례전의 인간적인 측면을 명확히 했고, 인간과 인간, 인간과 하나님이 어떻게 관계하는 지에 대한 더 깊은 이해를 이끌었다.

최근의 성례전 신학 연구는 이러한 풍성한 다양성을 받아들여 현재의 교회에 말하는 방식으로 과거의 분열을 극복하고자 한다. 프랑스 신학자 루이-마리 쇼베(Louis-Marie Chauvet)는 언어 이론과 의례 연구를 통해서 성례전을 공동체적으로 구현된 상징적 중재 행위로 강조했다. 쇼베에게 성례전은 은혜를 몸 - 전통, 문화, 제도의 몸 - 에 좌우되게 하시는 하나님의 방식이다.[18] 성례전은 몸에 좌우되는 가장 강력한 신앙의 표현으로 존재하기 때문에 쇼베의 연구는 성례전에서 몸을 더욱 진지하게 받아들이려는 노력이다. 많은 현대의 성례전 신학자들이 그들의 접근법과는 관계 없이 이러한 통찰력의 결과를 받아들이고 있다. 즉, 성례전은 그것을 거행하는 사람들이 살아가는 문화와 전통을 포함한 그들의 모든 몸을 포용하는 방식으로 거행되어야 한다. 성례전은 단순한 공식이나 생각나게 하는 것이 아니다. 그리스도인의 사회적, 윤리적 삶과 깊이 연관된 기독교 정체성의 영광스러운 표현이다.

이러한 요소들을 고려할 때, 오늘날 우리는 그리스도인의 삶에서 성례전의 역할을 어떻게 가장 잘 표현할 수 있을까?

---

[17] 이 문서의 연구 자료는 다음 링크에서 확인할 수 있다. https://www.oikoumene.org/resources/documents/baptism-eucharist-and-ministry-faith-and-order-paper-no-111-the-lima-text(accessed February 12, 2023).

[18] 그의 책 제목인 *The Sacraments: The Word of God at the Mercy of the Body* (Collegeville, MN: Liturgical Press, 2001)에서 알 수 있다.

그리스도인들에게 성례전이 무엇을 의미할 수 있는지, 최대한 간결하게 현대적인 용어로 진술해 보고자 한다.

첫째, 성례전에 대한 모든 만족스러운 이해는 **하나님께서 성례전을 통해 일하신다**는 믿음으로 시작되어야 한다. 즉, 성례전은 인간의 도덕적 품성, 능력, 또는 의도가 아니라 성례전을 사용하시는 하나님께 달려있다. 외형적이고 가시적인 형태는 인간이 만들고, 세대에 따라 세부적으로는 다를 수 있지만, 내적 은혜는 하나님께 달려있다. 비록 인간은 하나님께서 제공하시는 것을 방해할 수 있지만, 성례전의 실재와 열매, 즉 레스(res)는 하나님께 달려있다. 이런 의미에서, 성례전에서 신적 은혜의 객관성에 대해 말할 수 있다.

물론 이것은 아우구스티누스가 도나투스파와 논쟁할 때 매우 단호하게 사용했던 개념들이다. 성례전은 집례자의 도덕적 인격에 좌우되지 않고, 하나님께만 달려있다. 인간은 성례전을 일으켜야 할 의무에서 벗어나 있다. 오직 하나님만이 그렇게 하실 수 있다. 따라서 대안적인 비신성화의 입장은 매우 불만족스럽다. 왜냐하면, 성례전을 인간의 힘에 의존하게 만들고, 성례전의 열매가 성례전에 접근하는 열정의 정도에 좌우되도록 만들기 때문이다. 이것은 주시는 하나님과 받는 인간의 역할을 혼동케 한다. 사효론 교리의 일부 형태는 신적 행동을 중요하게 인식하도록 하는 보호 수단으로서 필수적인 것처럼 보인다. 그러나 은혜를 거부할 수 없게 만들거나 인간을 완전히 수동적으로 내버려 둘 정도로까지 밀어붙여서는 안 된다.

칼빈이 분명하게 이해했듯이, 성례전은 우리를 하나님께 인도하기 위해서 하나님이 고안하신 하나님의 방법이다. 칼빈은 이렇게 말한다.

> 우리의 자비로우신 주님께서는 우리의 능력에 자신을 맞추셨다 … 그는 자신을 낮추셔서 이런 땅에 속한 요소들을 통해서도 우리를 자신에게로

이끄시고, 신령한 복의 거울을 육신의 형태로 우리 앞에 두신다.[19]

하나님께서는 우리를 가장 잘 아시고, 우리의 신앙이 강해져야 할 필요를 아신다. 창조주는 피조물인 우리를 어떻게 대해야 하시는지 가장 잘 아신다. 따라서 성례전은 하나님께서 행동하시는 방식이다. 성례전은 경건한 기념 예식 그 이상이다. 왜냐하면, 성례전에서 하나님께서는 "영적인 것을 눈에 보이는 것 아래에 두시기 때문이다"라고 칼빈은 계속해서 말한다.

둘째, 하나님께서는 자기 주심을 통하여 성례전 안에서 일하신다. 하나님은 성례전을 주도하신다. 성례전에서 주어지는 것은 기계적으로 에너지를 주입하는 어떤 추상적인 개념이 아니라, 하나님과의 자비로운 인격적인 관계이다. 우리는 하나님 자신이라는 하나님의 선물을 받는다. 기독교는 하나님은 사랑이시고, 사랑의 진정한 본질은 자기를 주는 것이라고 선포한다. 여러 성례전에서 다양한 방식으로, 예를 들어, 한 성례전에서는 용서와 화해로, 다른 성례전에서는 용납하심으로, 하나님은 때와 상황에 적절한 형태로 우리에게 자기를 주시는 행동을 하신다.

선물은 우리 자신을 다른 이들에게 주는 인간의 방식이다. 하나님께서도 성례전에서 똑같이 일하신다. 실제로 하나님께서 성례전에서 우리에게 주어지셨기 때문에, 우리는 더 넓고 깊은 방식으로 우리 자신을 다른 이들에게 줄 수 있게 되었다. 성례전에서처럼 하나님께서 자신을 우리에게 주시는 행동을 하실 때, 우리는 다른 예배자들과 하나가 되고, 온 세상을 섬길 수 있게 된다. 따라서 성례전은 하나님께서 먼저 자신을 주셨던 행동으로부터 나온 능력을 통해서 우리가 행하는 모든 걸 바꾸는 힘을 가지고 있다.

---

19 Calvin, *Institutes*, IV, xiv, 3, p. 1278.

하나님의 자기 주심은 결코 성례전에만 국한되지 않는다. 구약성경과 신약성경은 과거에 하나님께서 인간에게 자신을 주셨던 방식에 대한 연대기다. 종종 하나님의 자기 주심은 교만하고 힘센 자들이 아니라 온유하고 미천한 자에게 예상치 못한 형태와 방식으로 베풀어질 때가 많다. 하나님은 창조, 율법과 예언, 선택된 백성이 삶에서 우리에게 자신을 주셨다. 하나님은 "자기를 비워 종의 형체를 가지신"(빌 2:7) 인간 예수님 안에서 우리에게 자신을 주셨다. 성경은 하나님께서 과거에 자기를 주신 일을 기록한다. 과거 사건의 실재는 성경을 읽고 해석할 때 우리에게 현재화되지만, 계속되는 현재 행동의 실재는 성례전에서 우리에게 주어진다. 성례전은 하나님의 자기 주심의 본질에 대한 또 다른 약속이다. 세 개의 약속, 즉 구약, 신약, 성례전 모두는 우리의 유익을 위해 자신을 주고자 하시는 하나님의 뜻을 우리로 알게 한다.

셋째, 성례전을 통해서 하나님의 자기 주심은 **감지할 수 있는** 사랑, 즉 촉각, 미각, 시각, 청각, 후각을 통해 지각할 수 있는 사랑으로 나타난다. 그리스도인들에게 하나님의 자기 주심은 하나님의 사랑이 베풀어지는 것으로 인식되고, "사랑 안에 거하는 자는 하나님 안에 거하고, 하나님도 그의 안에 거하신다"(요일 4:16). 어떤 방식으로든 드러나지 않는 사랑은 없다. 사랑과 같은 강력한 인간의 감정은 우리가 사랑하는 사람과 관계를 맺는 방식에 반영된다. 사랑은 사랑의 대상에게 자신을 드러낼 수 있는 표지-행위를 끊임없이 찾는다. 사랑은 포옹이나 입맞춤, 선물 주기, 또는 누군가를 위한 설거지와 같은 단순한 행위 등과 같은 애정 어린 형태를 취하기도 한다. 어떤 이는 사랑의 가시적인 표현으로 편지를 쓰거나 병문안을 가거나, 전화를 건다. 이러한 가시적인 표지-행위는 사랑으로 여겨진다. 우리는 다른 사람들이 우리에게 행하는 방식으로 그들이 우리를 사랑한다는 것을 안다.

이것은 추상적인 원리가 아니다. 그저 사람들의 본성일 뿐이다. 우리는 보여 질 필요가 있다. 하나님께서는 예수 그리스도 안에서 완전한 신적 사랑을 우리에게 보여주셨다. 그러나 우리에게 이 사랑은 계속해서 보여야 한다. 하나님의 사랑은 우리의 여러 삶의 단계와 상황에 따라 다양한 방식으로 나타난다. 사랑이신 하나님은 다른 사람을 사랑하겠다는 평생의 약속을 하도록 우리를 도우시려고 자신을 우리에게 주신다. 자기 주심의 또 다른 형태는 공동체가 우리의 건강 회복을 위해 기도할 때 목격된다. 누군가가 목회 사역을 위해 받은 은사를 공동체가 함께 기뻐할 때 사랑은 가시화된다. 이런저런 방식으로, 하나님의 사랑은 행동을 통해 우리에게 감지된다. 우리가 악수, 입맞춤, 포옹을 통해 우리의 사랑을 표현하여 다른 사람들로 그 사랑을 인식할 수 있게 하는 것처럼, 우리는 성례전을 통해 하나님의 사랑을 알게 된다. 우리는 행동을 통해 인간의 사랑을 알 수 있게 한다. 하나님의 사랑도 다르지 않다.

하나님의 자기 주심의 사랑은 공동체 내의 사랑의 관계를 통해서 감지된다. 성례전이 (하나님과 인간의) 수직적인 관계를 포함하지만, (인간과 인간의) 수평적인 관계도 포함한다. 성례전은 철저하게 사회적이다. 성경의 모든 이야기에서 하나님은 신실한 자들의 공동체 안에서 행동하기로 선택하신다. 성례전은 그리스도인들이 사랑과 믿음과 소망으로 서로를 세울 수 있도록 공동체 안에서 기능한다.

성례전은 공동체 안에서 두 가지 방식으로 사랑을 감지할 수 있게 하는 매개체이다. 성례전은 새로운 사랑의 관계를 형성하고, 이미 형성된 사랑의 관계를 유지하고 강화한다. 두 사람이 결혼하여 서로에게 자기를 줄 때, 하나님은 두 사람의 관계가 깊어지도록 공동체를 통해 도움과 복을 주시는 행동을 하신다. 신앙의 공동체가 없는 안수식은 희극에 가깝다. 세례식과 입교식에서 우리는 공동체 안에서 새로운 사랑의 관계로 나아간다. 하나님께서 그리스도의 몸 안에서 우리를 연합시키시기 때문이다. 우리가 아플 때 하나님은 돌봄의 사랑을 입증하시려고 공동체로 우리를 둘러싸게 하신다. 죽음은 우리가 하나님의 은혜로 그리스도 안에서 영원한 생명으로 넘어가는 또 다른 전환점을 표시한다. 성찬식은 가족 식사처럼 우리에게 영양분을 공급하고, 화해는 우리가 비틀거리며 넘어지려고 할 때 가족으로 회복시킨다. 이러한 공동체의 모든 표지 안에서, 우리는 교회 안에서 새로운 관계를 맺거나 이미 맺어진 사랑의 관계를 유지함으로써 사랑과 믿음과 소망으로 세워진다.

어떤 경우든, 이러한 사랑의 관계가 열매를 맺도록 공동체의 행동 안에서 일하시는 이는 하나님이시다. 믿음의 공동체는 성례전의 외형적, 가시적 형태를 수행하기 위해 행동한다. 그러나 **사크라멘툼**은 **레스**, 즉 하나님의 사랑이라는 내적 주심이 없이는 아무것도 아니다. 물론 그러한 사랑은 하나님이 창조하신 온 세상을 향한 선교를 통해 흘러넘친다. 중세 신학의 전문적 개념을 참고하자면, 성례전을 "올바르게 받는다는 것"은 하나님의 사랑을 다른 이들과 서로 나누는 일을 수반한다. 선물을 올바르게 받는다는 건 선물을 준 사람의 의도대로 사용하는 것을 뜻하기 때문이다.

이어지는 장에서 성례전을 하나씩 탐구하면 이러한 내용 중 많은 부분이 좀 더 명확해질 것이다. 각 성례전의 외형을 자세히 살펴보겠지만, 주된 관심사는 우리가 무엇을 하는지가 아니라, 하나님의 사랑이라는 실재가 각 경우에서 어떻게 나타나는가이다. 특히, 우리가 물질, 형태, 집례자라는 복잡한 사항에 몰두하려는 유혹에 빠질 때, 기억해야 할 것은 바로 이것이다. 궁극적으로 중요한 것은 각 성례전에서 우리가 무엇을 하는가가 아니라, 하나님께서 무엇을 하시는가이다.

3. 성례전성

따라서 예배 인도자들은 그들의 성례전 사역을 회중이 성례전이 온전히 받아들일 수 있도록 하는 것으로 이해해야 한다. 다시 말해, 성례전을 잘 거행하기 위해서는 성례전성에 대한 감각이 필요하다. 이에 반대되는 것은 성례전적 미니멀리즘(minimalism)의 한 형태로, 유효한 성례전이 되는데 최소한 필요한 것만으로 거행한다. 필요하다면 점적기로 세례를 베풀 수 있고, 그 세례는 유효한 것이 될 것이다. 그러나 죄를 용서하시는 하나님의 씻기시는 행위라는 극적인 표현은 거의 전무할 것이다.

우리는 먼저 인간이 어떻게 비언어적인 방식으로 서로 관계를 맺는지 살펴봐야 한다. 감지할 수 있는 표현을 요구하는 사랑은 가장 좋은 지침이 된다. 이런 의미에서, 우리는 성례전의 인간성을 다루고 있다. 우리는 말과 행동이 일치해야 한다. 따라서 "빵이 하나이므로, 우리는 여럿이지만 한 몸입니다"라고 말하면서 포장된 미리 잘린 빵을 사용하는 것은 우리의 말과 시각적으로 모순된다. 성찬식에서 빵을 떼어 나누는 행위는 그리스도의 몸의 하나 됨을 선포하는 중요한 형태 중 하나다. 이 행위로 인해 성찬식에 붙여진 최초의 이름 중 하나가 "떡(빵)을 떼기"였다(행 2:46). 이것을 시각화하는 한 가지 방법은 성찬식을 말하지 않고 모든 동사를 극화하여 거행하는 방법을 생각해 보는 것이다. 교회에서는 권장하는 방법이 아니지만, 신학생들에게는 좋은 실습이 될 수 있을 것이다.

이 모든 것의 이면에는 윌리엄 템플(William Temple)이 "성례전적 우주"(sacramental universe)라고 불렀던 것에 대한 심오한 감각이 있다.[20] 시인들은 때로 신학자들보다 이를 더 잘 감지했다. 조지 허버트(George Herbert)는 다음과 같이 썼다.

>가르쳐 주소서, 나의 하나님, 나의 왕이시여!
>당신께서 보시는 모든 것에서,
>그리고 내가 무엇을 하든지,
>당신을 위해 그것을 하게 하소서.

---

20 William Temple, *Nature, Man, and God* (London: Macmillan, 1940), p. 473.

하나님께서 만지시고 소유하신 것이
금보다 더 귀하기 때문입니다.²¹

성례전적 우주에 대한 이러한 감각은 일상의 많은 경험이 하나님의 사랑을 드러내는 순간이 될 수 있음을 의미한다. 그러나 우리가 성례전성에 민감할 때만 가능하다.

이쯤이면 분명해질 것 같은데, 그리스도인들 대부분이 초기 시대에 그랬던 것처럼, 나도 역시 성례전의 수가 확정되지 않았다고 생각한다. 그렇지만, 성례전성을 (자연이 경외심을 불러일으킬 수 있는 것처럼) 자연 신비주의와 혼동하지 않으려면, 우리는 성례전적 우주의 가능성은 최초의 성례전으로서 예수 그리스도 안에서 성육신하신 삼위일체 하나님의 두 번째 위격에서 비롯된다는 사실을 반드시 인정해야 한다.

성례전성에 대한 이러한 이해는 예배에 실질적인 영향을 끼친다. 무엇보다 성례전성에 대한 이러한 풍성한 이해를 바탕으로 예배를 수행하는 사람들은 그들의 리더십이 성례전과 다른 예전 행위의 온전한 표지 가치를 표현하길 원할 것이다. 예배에서 사역자의 몸은 은혜의 성례전적 수단이 된다. 우리가 성찬을 베풀 때, 누군가의 손에서 재빠르게 낚아채는 것이 아니라, 진정으로 주는 행위여야 한다. 집례자와 다른 예배 사역자들은 그들의 몸이 무엇을 말하고 있는지 알아야 한다. 무엇보다 그들의 몸은 "이것은 하나님의 사랑을 나타내는 중요한 행위입니다"라고 말해야 한다.

성례전성에 대한 이러한 이해는 성례전에 대한 옛 질문들을 새로운 방식으로 제기하는 가상예배라는 최근의 방식에도 도움을 줄 것이다. 그러한 질문들을 그리스도인들이 역사를 통해 성례전을 이해하고 거행했던

---

21 George Herbert, "The Elixir," in *The Temple* (1633).

다양한 형태 안에 넣고 고려해 보는 것은, 교회의 살아있는 전통 안에서 새롭게 등장하는 관행에 대한 더 풍성한 대화에 도움이 될 수 있다.

> 우리는 세례나 성찬을 거행할 때 물리적 근접성과 관련하여 성찬의 은혜를 어떻게 생각해야 하는가?
> 디지털 예배 공간에서 물질성과 구현성에 대해 생각한다는 것은 무슨 뜻인가?
> 우리는 교회가 극복하려고 노력했던 성례전적 미니멀리즘의 관행으로 되돌아가는 것을 어떻게 막을 수 있는가?

온라인 공간에서 어떤 성례전을 어떻게 거행할 수 있는지, 거행해도 되는지, 또는 거행해야 하는지에 대한 질문에 대해 교단마다 매우 다른 답을 내놓을 수 있다. 그러나 그러한 관행을 반사적으로 수용하거나 거부하기보다, 성례전 신학은 공동체가 영과 진리로 성례전 예배를 드릴 수 있는 분별력을 갖도록 돕는 풍성한 자원이다.

오늘날 교회들이 그러한 질문들을 어떻게 생각하든, 표지 가치의 풍성함은 항상 최고로 중요할 것이다. 예를 들어, 침수로 하는 세례는 삶을 변화시키는 사건을 가장 풍성하고 강력하게 증명한다. 침수된 사람들은 물에 흠뻑 젖음으로써 극적으로, 시각적으로 변화된다. 그들은 달리 보이고 달리 느껴진다. 우리가 단순히 물을 뿌리거나 붓는다고 하나님의 사랑이 덜한 것은 아니지만, 하나님의 사랑에 대한 증거는 훨씬 덜 실체적이다. 성례전의 인간성을 다룰 때, 우리는 하나님이 행하시는 것뿐만 아니라 인간이 인식하는 것도 매우 진지하게 받아들여야 한다. 그리고 이것은 단순히 지성의 문제가 아니라 모든 감각의 인식에 관한 문제이다.

따라서 성례전성은 우리의 온전한 인간성을 충분히 진지하게 받아들이는 것이다. 시편 저자는 이렇게 썼다.

> 여호와의 선하심을 맛보아 알지어다(시 34:8).

맛보고, 보고, 만지고, 듣고, 냄새 맡는 것, 이 모두는 하나님께서 자기를 우리에게 나타내기 위해 주신 선물이다. 성례전은 이러한 선물에 대한 특별한 약속이고, 그리스도인이 된다는 것이 무엇을 의미하는지의 핵심이다.

제7장 용어들

Babylonian Captivity of the Church, On the : 『교회의 바빌론 유수』
Council of Trent : 트리엔트 공의회
the Decree for the Armenians: 아르메니아인을 위한 칙령
ex opere operato : 사효론
institution narrative: 제정사
Liturgical Movement, The : 예전 회복 운동

mystérion : 미스테리온
ordinance : 규례
res : 레스 (sacramentum et res를 보라)
sacrament : 성례전
sacramental : 준성례전
sacrementum : 사크라멘툼 (*sacramentum et res*를 보라)
sacramentum et res : 성례전과 실재
transubstantiation: 화체설

제8장

기독교 입회

L. 에드워드 필립스 | 캔들러신학대학원 역사신학 및 기독교 예배학 부교수
토드 E. 존슨 | 풀러신학대학원 예배학 교수·예배–신학예술 브렘센터 신학 원장

그리스도인으로 태어나는 사람은 없다. 우리는 명확한 윤리적, 신앙적 헌신을 포함한 독특한 삶의 방식을 가진 공동체의 일원이 됨으로써 그리스도인이 된다. 이러한 존재의 변화는 우리를 신앙으로 이끌기 위해 하나님께서 행하신 일을 선포하는 성례전으로 표시된다.

이번 장에서, 우리는 그리스도인들이 성도들의 공동체에 입회하는 것을 어떻게 경험하고 이해하는지를 살펴볼 것이다. 기독교 입회에서 감지될 수 있는 하나님의 사랑은 다양한 단계와 의례 행위를 포함한다. 핵심적인 의례 행위는 물을 몇몇 방식(침수나 관수, 살수)으로 사용하는 것과 함께 말로 하는 선언("내가 너에게 세례를 주노라," 또는 "당신은 세례를 받습니다," 등)을 수반하는 **세례**의 실제 행위이다. 그러나 세례는 세례 후보자나 그들의 부모를 교육하고 상담하는 기간과 같은 몇 가지 형태의 준비 과정이 선행되고, **견진**(confirmation), **성유**(chrismation), **확약**(affirmation), **공적 고백**(public confession) 등으로 다양하게 알려진 후속 행위가 뒤따른다. 많은 그리스도인에게 입회의 마지막 단계는 **첫 번째 성찬**이다. 이 책에서는 그리스도인을 만드는 전체적인 의례 과정을 **기독교 입회**라고 칭하겠다. 개별 부분들의 명칭은 해당 부분을 논의할 때 제시하겠다.

실천과 그에 대한 이해, 예식과 이유, 예배학과 성례전 신학을 구분하는 게 항상 쉬운 일은 아니지만, 이번 장에서 시도하고자 한다. 먼저 우리는 그리스도인들이 기독교 입회에서 무엇을 해왔고 지금 무엇을 하고 있는지를 살피겠다. 그런 다음에 이러한 다양한 행위에 대한 그리스도인들의 이해를 검토하겠다. 마지막으로, 목회적 적용을 위한 몇 가지 결론을 도출하겠다.

1. 기독교 입회의 역사

입회 관행에서 나타나는 현재의 변화는 기나긴 변화의 역사에서 가장 최근에 일어난 것이다. 우리는 또다시 유대교에서 뿌리를 찾아야 한다. 그 근원은 예언적 상징주의와 하나님과의 만남을 위한 행동과 사물 사용에 깊숙이 자리 잡고 있다. 물질적인 것이 영적인 것에 영향을 끼칠 수 있다는 유대인의 믿음은 이러한 성례전에서 매우 중요하다.

가장 눈에 띄는 입회의 유대교 전례는 **할례**로, 이스라엘과 하나님 사이의 언약 관계 안에 남성들을 두었던 의례 표지다. (그리스도인이 보기에) 옛 율법의 성례전이었던 할례는 생후 8일 된 유대인 남아를 하나님께서 신과 왕이 되어 주시기로 언약하신 백성과 평생토록 관계를 맺도록 했다. 그리스도인 저술가들이 할례는 구원을 약속하고 의미하는 것 이상의 일을 할 수 없다고 주장했을 때조차도, 한 사람이 의례 행위를 통해 하나님의 백성 안에 접붙여진다는 개념은 지속되었다.

1세기 유대교가 이방인 남녀 개종자들에게 **개종자 세례**(proselyte baptism)를 베풀었는지는 확실치 않다. 우리는 유대교가 결국 개종자들에게 세례를 베풀었다는 사실을 알고 있지만, 그러한 관행이 기독교를 모방한 것은 아닌 것 같다. 사해 근처에서 살았던 1세기 쿰란공동체는 영적 정화의 표지로서 매일 씻는 의례를 행했다. 베드로전서 3:2이 "세례는 … 육체의 더러운 것을 제하여 버림이 아니요, 하나님을 향한 선한 양심의 간구니라"라고 인정하듯이, 물로 씻는 행위는 분명히 정화의 자연스러운 표지이다. 사도행전 22:16도 이를 반영한다. "세례를 받고 너의 죄를 씻으라." 그러나 쿰란의 일상적인 씻는 의례에서 기독교 세례라는 한 번의 행위로 나아갔다는 것은 개념적으로 너무 확대한 해석이다.

그러나 예수님과 다른 많은 사람에게 세례를 베푼 세례 요한의 영향력에 대해서는 의문의 여지가 없다. 바울은 "요한이 회개의 세례를 베풀어 백성에게 말하되 내 뒤에 오시는 이를 믿으라 하였으니 이는 곧 예수라"(행 19:4)라고 설명하면서, 세례 요한의 세례를 잘 요약한다. 요한의 세례는 회개의 세례이자 앞으로 오실 메시아에 대한 종말론적인 기대의 세례였다. 윤리적이고 기대에 찬 세례였다. 교회는 예수 자신이 "이와 같이 하여 모든 의를 이루려고"(마 3:15) 순응하는 일환으로 요한의 세례에 순종하셨다는 사실을 잊을 수 없었다. 따라서 세례를 받으시고, 제자들로 세례를 베풀게 하신(요 4:2) 예수님 자신의 행위가 갖는 무게는 세례에 최고의 권위를 부여했다. 이에 더해, 예수님은 그의 세례와 자신이 받으실 고난과 죽음을 동일시하셨다(막 10:38과 눅 12:50). 세례는 그리스도의 희생적인 죽음의 형상이 되었다. 회개와 메시아적 소망, 죽음은 모두 복음서에서 세례로 표현된다.

교회가 사용한 다른 행위들은 **안수하는 것과 기름을 바르거나 붓는 것**이었다. 이 행위들은 모두 능력과 복을 전달하거나(창세기 27장에서 야곱을 축복하는 이삭, 창세기 48장에서 손자들을 축복하는 야곱) 능력을 증명하는 것(사무엘상 16:13에서 다윗에게 기름을 붓는 사무엘)을 의미했다. 제사장이나 왕의 능력은 기름 사용과 관련이 있어 보인다. 기름 부음(도유)와 "그리스도"와 "메시아"라는 단어의 연관성은 헬라어와 히브리어에서 분명하게 드러난다. 그 단어들의 의미는 "기름 부음 받은 자"이기 때문이다. 도유와 안수는 얼마 지나지 않아 "왕 같은 제사장직"(벧전 2:9; 계 5:10)에 새로 들어가는 자들을 위한 성령의 선물을 받는 것을 의미하게 되었다.

훨씬 더 모호한 것은 신약 시대에 로마 제국에서 유행했던 다양한 이교도 신비 종교 입회 예식들의 영향이다. 확실히 일부 비밀 종파 입회 예식과 기독교 입회 사이에는 두드러진 유사점이 있다. 그러나 그것은 발상의 원천이라기보다는 교회에 당혹감을 안겨주는 원인이었을 것이다. 순교자 유스티누스는 대략 155-157년 사이에 로마에서 쓴 글에서 이교도의 예식을 진정한 기독교 예식을 "사악한 악마"가 모방한 것이라고 일축했다.[1]

신약성경은 실제 입회 관행을 살짝만 보여준다. 그러나 우리가 신약성경에서 보는 것은 이후의 모든 발전에 결정적인 요소가 되었다. 세례에 대한 가장 자세한 기록은 사도행전 8:35-38에 나오는 빌립이 에티오피아 내시에게 세례를 베푸는 장면이다. (아래에서 괄호로 묶인) 37절은 일부 사본에는 없지만, 다른 사본들에는 나온다. 그 전체 구절은 다시 볼 만한 가치가 있다.

> 빌립이 입을 열어 이 글에서 시작하여 예수를 가르쳐 복음을 전하니, 길 가다가 물 있는 곳에 이르러 그 내시가 말하되 보라 물이 있으니 내가 세례를 받음에 무슨 거리낌이 있느냐? [빌립이 이르되, 만일 그대가 마음을 다하여 믿으면 받을 수 있느니라 하니 내시가 응답하여 이르되, 예수 그리스도께서 하나님의 아들이심을 내가 믿노라 하니라.] 이에 명하여 수레를 멈추고 빌립과 내시가 둘 다 물에 내려가 빌립이 세례를 베풀고

이 구절은 빌립이 에티오피아 내시를 가르친 일종의 교리 교육(catechesis)으로 시작한다. 그다음에 내시는 정확한 교리적 진술로 신앙을 고백했다. 그 후에 그들은 물 "로"(*eis*) 내려가 빌립이 내시에게 세례를 베풀었다. 사도행전의 설명은 오늘날에도 여전히 행해지는 세례의 본질적인 핵심이다.

---

[1] Justin Martyr, *I Apology*, 62장과 66장을 보라.

사도행전 8:37의 신앙고백은 삼위 모두, 즉 아버지와 아들, 성령이 아니라 삼위일체의 제2위이신 예수 그리스도께 초점을 맞춘다. 최초의 기독교 세례는 "예수 그리스도의 이름"으로 베풀어졌다는 것을 보여주는 다른 본문들도 있다(행 2:38; 8:12, 16; 10:48; 19:5; 22:16). 바울은 로마서 10:19에서 짧은 교리적 진술을 한다.

> 네가 만일 네 입으로 예수를 주라 시인하면.

그리고 빌립보서 2:11에서 반복한다.

> 모든 입으로 예수를 주라 시인하여.

따라서 마태복음 28:19에서 부활하신 예수님께서 제자들에게 "아버지와 아들과 성령의 이름으로 세례를 베풀라"라고 가르치시면서 명백하게 삼위일체적인 세례 문구를 제공하셨다는 것은 역사적인 궁금증을 유발한다.

마태복음에 나오는 이 부활 후의 이야기는 실제 예배 실천의 발전에 있어서 두 번째 단계를 나타내며, 복음 전도자에 의해 주님의 말씀으로 다시 읽혀졌을 가능성이 매우 높다. 역사적 사례가 무엇이든 간에, 삼위일체적 세례 문구를 사용한 1세기 문헌, 『디다케』 7장이 확증하듯이, 매우 이른 시기부터 세례 문구에 삼위일체 이름이 사용되었다. 사실상 그 이후의 모든 세례 예식은 똑같은 삼위일체적 문구를 사용했다.

안수를 증명하는 것은 훨씬 더 복잡하다. 에티오피아 내시의 이야기는 안수를 언급하지 않지만, 이 행위는 사도행전에서 모호하고 상반되는 구절들에서 반복적으로 등장한다. 이것은 성령을 받는 것과 세례의 관계에 관한 질문을 제기한다. 사도행전 2:38은 회개, 세례, 죄의 용서를 성령의 선물과 연결한다. 그러나 가이샤라에서는 세례 전에 성령을 받았다(행

10:47). 사마리아에서는 새로 세례 받은 사람들이 안수받기 전까지 세례를 받지 못했다(행 8:17). 에베소서에서는 세례 후에 "바울이 그들에게 안수하매 성령이 그들에게 임하셨다"(행 19:6). 이러한 기록에서 두 가지를 알 수 있을 것 같다. 성령과 세례는 직접적이고 밀접하게 연결되어 있고, 안수나 인침(도유, 고후 1:22; 엡 1:13, 4:30)은 세례 받은 자들에게 임하신 성령을 강조함으로써, 이러한 연관성을 증언하는 것으로 보인다.

시간이 지남에 따라 교회가 확장하면서 실제적인 문제들이 나타나기 시작했다. 히브리서는 세례를 받았던 사람들의 배교에 관한 질문을 제기한다.

> 한번 빛을 받고 하늘의 은사를 맛보고 성령에 참여한 바 되고 … 타락한 자들은 다시 새롭게 하여 회개하게 할 수 없나니(히 6:4-6).

이 문제는 그 이후로도 교회를 계속 괴롭혔다.
배교자를 어떻게 다뤄야 하는가?

2세기 초의 『헤르마스의 목자』(*Shepherd of Hermas*)는 이 문제에 좀 더 관대했다. 저자는 어떤 사람들이 세례 이외의 회개를 부정한다고 인정하면서, "위대하고 거룩한 부르심[세례] 후에 사람이 마귀와 죄의 유혹에 빠지면, 그 사람에게는 회개할 기회가 한 번 있다. 그러나 반복적으로 죄를 짓고 회개하는 것은 무익하다"라는 것에 수긍한다.[2]

현재 가장 난처한 문제는 신약성경의 기록이 유아세례와 양립할 수 있는지에 대한 여부이다. 신약성경에는 유아세례를 옹호하거나 반대하는 명백한 증거가 없다. 유아세례를 실행하는 사람들은 온 집안이 세례를 받았다고 말하는 오이코스(*oikos*, 집) 구절들(행 16:15과 33; 18:8; 고전 1:16)이 가

---

[2] Mandate IV, iii, 6. Kirsopp Lake, trans., *The Apostolic Fathers* (Cambridge: Harvard, 1965), 2:85.

족이나 거주 노예들의 자녀들을 포함하는 것으로 보인다고 확신한다. 아버지가 대개 온 집안의 종교를 결정했기 때문에, 세례도 집안에 속한 모든 사람에게 적용되었을 것이라고 그들은 주장한다. 유아세례를 시행하지 않는 사람들은 세례를 받을 사람의 회개와 믿음에 대한 요구(막 16:16; 행 2:38)가 유아의 세례를 불가능하게 한다면서 유아세례를 반대하는 경향이 있다.

신약 시대에 유아세례가 행해졌었다고 주장하는 신학적 근거가 있기는 하지만,[3] 역사적 증거만 고려한다면, 우리는 "3세기 초에 저술된 테르툴리아누스의 논문 "세례에 관하여" 21장이 유아세례를 분명하게 언급한 최초의 문헌이고, 테르툴리아누스는 그 관행에 반대했다"라는 에버렛 퍼거슨(Everett Ferguson)의 주장에 동의해야 한다.[4] 실제로 테르툴리아누스는 "어린아이들"의 세례를 개탄하는데, 그들이 자라면서 세례 때 그들을 보증했던 후견인들을 당혹스럽게 하거나 심지어 "위험에 빠뜨릴" 수 있다고 여겼기 때문이다. 테르툴리아누스의 글과 거의 같은 시대에(아니면 그보다 조금 일찍) 저술된 『사도전승』의 한 단락은 교회에게 "어린이들에게 먼저 세례를 베풀고, 그다음 남자들에게 세례를 주고, 마지막으로 여자들에게 세례를 주라"(『사도전승』 21장)라고 지시한다.[5] 그 문서는 분명히 오랜 익숙한 관행에 대해 말하고 있다.

그러나 얼마나 오래된 것인가?

사도 시대인가, 아닌가?

---

3 Oscar Cullmann, *Baptism in the New Testament* (London: SCM Press, 1950)는 고전적인 논쟁을 제공한다.

4 Everett Ferguson, *Baptism in the Early Church: History, Theology, and Liturgy in the First Five Centuries* (Grand rapids, MI: Wm B. Eerdmans, 2009), 362. Kurt Aland, *Did the Early Church Baptize Infants?* (London: SCM Press, 1963), p. 10도 참조하라.

5 *The Apostolic Tradition Reconstructed: A Text for Students,* trans. Paul F. Bradshaw (Joint Liturgical Studies 91, London: Alcuin Club and the Group for Renewal of Worship; Norwich, Norfolk: Hymns Ancient and Modern, 2021), p. 24.

어느 쪽이든 증거는 없다. 그럼에도 5세기경에는 유아세례가 널리 퍼져 있었다. 중세 시대에는 사실상 모든 그리스도인이 유아세례를 시행했다.

2세기 교회는 신약성경이 우리에게 제공하는 암시 이상으로 입회 관행에 대한 세부적인 사항들을 말해준다. 『디다케』 7장에 따르면, 세례를 받게 되는 사람들은 세례를 집례하는 사람들과 함께 사전에 금식해야 한다. 세례는 흐르는 찬물에서 하는 것이 바람직하지만, 그러한 물이 없으면, 물을 "아버지와 아들과 성령의 이름으로 후보자의 머리에 세 번" 붓는다.[6] 수십 년 후, 순교자 유스티누스는 가르침, "그에 따라 살겠다는" 약속, 기도, 금식을 포함하는, **학습**(catechumenate, 세례를 위한 문답 교육)으로 알려진 세례 준비기간에 대해 좀 더 자세히 설명한다. (위에서 언급했듯이 150년경) 유스티누스에 따르면, 세례는 "물이 있는 곳"에서 베풀어지고, 후보자는 삼위일체의 이름으로 씻겨진다. 그다음에 세례를 받은 자들은 교회가 모인 곳으로 인도되어 처음으로 공동기도와 **평화의 입맞춤**, 성찬을 함께 한다.[7]

그다음 세기에는 훨씬 더 많은 정보가 테르툴리아누스의 논문 "세례에 관하여"(200년경)와 그의 다른 저서들 이곳저곳에 나타난다. 테르툴리아누스는 세례를 받게 될 사람들을 위한 "기도, 금식, 무릎 꿇기, 철야"를 포함하는 엄격한 규율을 명시한다.[8] 그는 세례를 받는 가장 엄숙하고 적당한 때가 ("부활절"을 뜻하는) 파스카(Pascha)라고 말한다. 오순절은 두 번째로 선호되는 날이지만, 사정에 따라 어느 때라도 괜찮다. 일반적인 집례자는 주교이고, 그가 부재하면 다음으로 권한을 부여받은 사제와 부제다. 그러나 "평신도에게도 권리가 있다. 똑같이 받은 것은 똑같이 주어질 수 있기

---

6 *Didache*, 7 and 9, in Cyril Richardson, ed., *Early Christian Fathers* (Philadelphia: Westminster Press, 1953), pp. 174-75.
7 First Apology, 61 and 65 in Richardson, *Early Christian Fathers*, pp. 282, 285.
8 Tertullian, "On Baptism," 20, *ANF* (New York: Charles Scribner's: 1899), 3:678-79.

때문이다."⁹ 세례 받기 바로 전에 "마귀, 그의 허세와 졸개들"과 단절한다(renunciation). 후보자들은 "우리 주께서 규정하신 것보다 더 광범위한 심사를 받은" 후에 "세 번 침수된다."¹⁰ 그런 다음에 모세가 아론에게 제사장직을 부여하기 위해 기름을 부었던 것처럼, "온전히 성별된 기름을 부음 받게 된다." 그다음에 "야곱이 그의 손자들을 축복했던 것처럼 축복하고, 성령을 부르고 초대하는 안수를 받는다."¹¹ 그리고 막 세례를 받은 이들에게 약속의 땅을 상징하는 "우유와 꿀을 섞은 음료"를 건네는 행위에서 또 다른 구약성경의 이미지가 나타난다(출 3:8).

『사도전승』은 이 모든 걸 확증하고, 광범위에 걸친 세부 사항을 제공한다. 특히, 3년까지 지속될 수 있는 엄격한 학습에 대해서 말한다. 몹시 힘든 이 기간에 예비 신자들(catechumens)은 가르침을 듣고, 말씀 예배에 참석하지만, 신자들과 함께 기도하고, 평화의 입맞춤을 하거나, 성찬식에 참여할 수 없었다. 매년 뛰어나고 적합한 후보자들(선택된 자들)을 구별하여 그들의 행동을 평가했다(궁극적으로 심사로 의례화되었다). 그들은 매일 축귀식(exorcism)과 함께 집중적인 준비기간을 거친다. 부활주일 이른 아침에 세례를 받는 경우(그리고 이후의 관행에 따라서는 가능한 경우), 후보자들은 우리의 성금요일과 성토요일에 해당하는 날에 금식한다.

입회 과정의 절정은 늦은 밤이나 이른 일요일 아침에 일어났다. 닭이 울 때, 물을 위한 기도를 한다. 후보자는 옷을 벗고, 주교는 축귀와 감사의 기름을 준비한다. 그다음, 사탄과 단절한 후, 각 후보자는 축귀의 기름으로 몸 전체에 부음을 받고 물속으로 들어간다. 그리고 세 가지 질문을 받는데, 사실상 (오늘날까지 서방교회에서 세례의 신경으로 사용하는) 사도신경에 나오는 내용이다. 삼위의 각 위에 대한 신앙을 확인할 때마다 후보자

---

9   "On Baptism," 17, ANF, 3:677.
10 "De Corona," 3, in E. C. Whitaker, Maxwell E. Johnson ed., *Documents of the Baptismal Liturgy*, rev. ed. (Collegeville, MN: Liturgical Press, S.P.C.K., 2003), p. 45.
11 Tertullian, "On Baptism," 8, *ANF*, 3:672.

는 물에 잠기게 된다. 세 번째 씻음 후, 새로 세례를 받은 사람은 물 밖으로 나오고 "예수 그리스도의 이름으로" 감사의 기름을 부음 받는다. 그런 다음, 새로 세례를 받은 사람들은 옷을 입고 모여 있는 교회로 간다. 거기서 주교는 "당신의 성령으로 충만하도록 합당하게 만들어 주시고, 그들에게 당신의 은혜를 베푸소서…"라고 하나님께 간구하면서 각 사람에게 안수한다.[12] 그다음에 주교는 각 사람에게 거룩한 기름을 붓고 머리에 안수한다. 마지막으로 주교는 그들 각각의 이마에 십자가 성호를 그리면서 삼위의 이름으로 인을 치고(consignation - 위탁), 평화의 입맞춤을 한다.

새 그리스도인들은 이제 처음으로 기도와 평화의 입맞춤, 성찬식에서 회중과 함께 하게 된다. 전체 예식은 다양한 행위로 구성되는데, 도유, 씻음, 안수, 노래, 성호 긋기, 포옹(평화의 입맞춤), 먹고 마시기 등 모두 강한 촉각을 포함한다.

다른 니케아 공의회 이전 자료들은 몇 가지 세부 사항을 더한다. 3세기 『사도계율』(*Didascalia Apostolorum*)은 특히 옷을 벗고 세례를 받은 관행을 고려할 때 "여성에게 기름을 붓는 … 여성 부제의 사역은 특히 필요하고 중요하다"라고 하면서 "여성 부제"가 필요하다고 강조한다.[13] 에제리아(Egeria)에 따르면, 4세기 후반 예루살렘에서는 사순절이 시작될 때 부활주일에 세례 받을 사람들의 명단이 기록을 보관하는 장로에게 제출된다. 그들의 생활 방식을 조사한 후, 매일 3시간 동안 교리 교육과 축귀를 시작한다. 5주 후에, 그들은 사도신경을 배워 암송해야 하고, 7주 후에는 한 사람씩 주교 앞에서 암송해야 하고, 주교는 그들이 사도신경을 이해했는지 점검한다. 에제리아는 부활절 철야에서 그다지 낯선 것을 언급하지 않았

---

12 Bradshaw, *The Apostolic Tradition Reconstructed*, 25, n. 36. 여기서 Bradshaw는 모든 판에 성령을 받기에 합당한 것에 대한 명시적인 기도가 포함되어 있는 것은 아니기 때문에 본문이 난제라고 설명한다.

13 R. Hugh Connolly, ed., *Didascalia Apostolorum*, 16 (Oxford: Clarendon Press, 1969), p. 147.

지만, 부활절 8일째 되는 날에 주교는 새로 입교한 사람들에게 그들이 처음으로 막 경험했던 모든 성례전에 대해 가르쳤다고 언급한다.[14]

새로이 세례를 받은 사람들에게 성례전의 의미에 대해 가르치는 방법을 오늘날 **신비 교리 교육**(mystagogical catechesis)이라고 한다. "미스타고지"(mystagogy)라는 단어는 "신비"와 "삶의 방식"을 뜻하는 헬라어에서 유래한다. 다행히 이러한 신비 교리 교육 중 일부는 밀라노의 암브로시우스, 예루살렘의 키릴로스(또는 그의 후임자), 안디옥의 요한 크리소스토무스, 그리고 몹스에스티아의 테오도르의 강론 형태로 남아있다. 암브로시우스는 새 그리스도인들에게 귀와 콧구멍을 열고 축복하는 의식인 **에바다의** 의미에 대해서 말한다(막 7:34). 그다음에 그는 도유에 관해 설명한다.

> 당신은 운동선수가 레슬링 시합을 준비하는 것처럼, 그리스도의 운동선수로서 기름으로 발려졌다.[15]

세례 후에, 막 세례 받은 이들의 발을 씻기는 예식이 있지만, 암브로시우스는 로마에서는 그 예식을 하지 않는다고 말한다.

키릴로스는 훨씬 더 많은 세부 사항을 제공하고 상징적 의미에 대해 상세히 설명한다.

> 당신은 옷을 벗었고, 머리부터 발끝까지 축귀의 기름이 발려졌다. 그리고 존귀한 감람나무인 그리스도 안에서 참여자가 되었다.[16]

14　*Egeria's Travels*, 45-47, ed. and trans., John Wilkinson (London: S.P.C.K., 1974), pp. 143-46.

15　*Concerning the Sacraments*, Ⅰ, 4, in Whitaker, Johnson, ed., *Documents of the Baptismal Liturgy*, p. 304.

16　*Mystagogical Catechesis* 2, in Whitaker, Johnson, eds., *Documents of the Baptismal Liturgy*, p. 77

테오도르는 후원자의 역할과 새로 세례를 받은 이들에게 밝은 옷을 입히는 것과 같은 다른 사항에 대해서도 말한다. 요한 크리소스토무스는 "그리스도시여, 이제 나는 당신을 섬기겠습니다"라는 단절 후의 **충성**(adhesion) 또는 서약에 대해 말한다. 그는 또한 동방교회의 전형적인 수동태 세례 문구, "아무개는 아버지와 아들과 성령의 이름으로 세례를 받노라"를 사용하는데, 이는 서방교회가 나중에 채택한 능동태 세례 문구, "아무개여, 내가 당신에게 세례를 베푸노라…"와 대조적이다. 크리소스토무스는 후보자의 머리가 세 번 물속으로 내려지고 올려졌다고도 말한다.[17]

이러한 예식들 가운데 가장 당혹스러운 부분은 다양한 기름 붓기와 성호 긋기이다. 기름 붓기는 오늘날 목욕할 때 비누가 사용되는 것처럼 원래는 몸에 기름을 바르는 것이었다. 따라서 세례의 목욕이나 운동경기를 준비하는 행위를 의미했다. (때때로 기름으로) 십자가 모양으로 성호를 긋거나 표시하는 것은 새로 세례를 받은 사람에게 인을 치거나 확실한 정체성을 부여하는 하나의 방식이다.

그러나 초기 그리스도인들의 입회에서 도유와 성호 긋기의 순서는 지역마다 달랐다. 초기 시리아 예식은 제사장과 왕의 신분, 성령의 선물이라는 의미를 전달하는 세례 전 도유에 대해서만 알았다. 일부 지역에서는 이미 4세기 초에 세례 후 도유를 성령의 선물과 관련지어 생각했다. 암브로시우스는 "사제의 기원 때, 영적인 인침, 성령이 주어진다"라고 말하면서 일곱 가지 은사를 나열한다(사 11:2 이하).[18] 키릴로스는 도유를 "성령의 상징"이라고 부른다.

17　*Stavronikita Series* No. 2.26, in Whitaker, Johnson, eds., *Documents of the Baptismal Liturgy*, p. 100. Edward Yarnold, *The Awe-Inspiring Rites of Initiation* (London: St. Paul, 1972)도 참조하라.

18　*Concerning the Sacraments*, III, 8, in Whitaker, Johnson, eds., *Documents of the Baptismal Liturgy*, p. 308.

요약하면, 초기 교회의 입회 예식에는 공동체 전체가 참여했다. 많은 역사적인 교회에서, 모든 입회 예식은 긴 교리 교육을 마치는 부활절에 거행되었고, 부활절 철야 때의 도유, 윤리적 단절, 신조 고백, 씻음, 안수, 십자가 성호 긋기, 첫 번째 성찬 등, 다양한 행위로 구성되었다. 세례 후 (신비) 교리 교육이 이어졌다. 회심의 전 과정은 첫 번째 심사부터 최종적이고 완전한 헌신에 이르기까지, 모두 의례화되었다. 그리고 그 과정은 결국 부활의 경축과 직접적으로 연결되었다.

이 중 많은 것이 중세 시대로 접어들면서 바뀌게 되었다. 동방에서는 마지막 도유를 위해 주교가 성별한 성유(올리브기름과 향유)를 사용하여 사제가 전체 예식을 수행함으로써 입회의 전체 과정이 하나로 묶여있었다. 동방 예식에서 이 부분은 **성유식**(*chrismation*)으로 알려져 있다. 이것은 서방교회에서 주교만이 할 수 있다고 주장되는 안수에 해당한다. 그러나 서방교회에서는 전체 과정이 분열되고 사유화되는 방향으로 서서히 진행되었다. 예식의 통일성은 긴 시간에 걸쳐 알아차리지 못한 사이에 무너졌고, 중세 시대가 끝날 무렵에 완전히 해체됐다. 예를 들어, 1533년, 머지 않아 영국의 여왕이 될 엘리자베스 1세는 생후 삼일째 되는 날에 세례와 견진을 받았는데, 이는 얼마 되지 않아 1549년판 『공동기도서』(*Book of Common Prayer*)에 의해 불가능해졌다. 불행히도 이러한 변화들 대부분은 신학적이지 않은 이유에서 비롯되었다.

이탈리아의 모든 대도시에는 주교가 있었고, 그래서 입회의 모든 부분을 부활절과 같은 때에 피사나 파르마, 플로렌스에 있는 **세례당**(*baptistery*)과 같은 장소에서 한 번에 받을 수 있었다. 그러나 기독교가 지리적으로 광대한 북유럽의 종족 교구로 퍼지면서, 주교가 예식에서 담당하는 순서에 모든 사람을 데려오는 것이 불가능해졌다. 이탈리아에서 가능했던 것이 다른 지역에서는 가능하지 않았고, 입회에서 주교가 맡은 순서는 그저 뒤로 미뤄졌다. 그러나 갈리아와 스페인, 아일랜드 같은 곳에서는 사제들이 예식 전체를 행하도록 허용하는 실험이 있었다.

암브로시우스가 그의 논문인 "신비에 관해서"(Concerning the Mysteries)에서 견진(confirmation)의 동사 형태를 인침의 문맥에서 사용하기는 했지만, 그 기원은 확실치 않다.[19] 5세기에 "견진을 베풀다"는 주교의 세례 후 도유와 안수에 쓰였지만, 9세기가 되어서야 "입회 예식의 이 부분에서 사용되는 표준 용어가 되었다."[20] 서서히 그 의미는 "완성하다"에서 "강화하다"로 바뀌었다.

다른 요인들도 변화를 가져왔다. 교육 과정으로서의 학습(catechumenate)은 유아에게 아무런 의미가 없었다. 5세기 이래로, 아우구스티누스 신학의 압박과 세례 받지 않은 유아는 하나님 나라에 들어갈 수 없다(요 3:5)는 두려움은 출생 후 수일 내에 유아에게 세례를 베푸는 관습이 생기도록 했다. 그럼에도 13세기 후반까지 일부 지역의 사람들은 세례를 받기 위해 부활절 절기까지 기다렸다.

다른 요인들로 인해 입회의 여러 부분이 분리되었다. 유아세례 후 첫 번째 성찬은 중세 시대가 이를 때까지 잘 이어졌다. 12세기 후반까지만 해도 유아들은 포도주에 담근 사제의 새끼손가락을 그들의 입에 대는 방식으로 성찬을 받았다. 성별된 포도주를 흘리는 것에 대한 두려움은 결국 나이에 상관없이 모든 평신도가 포도주를 받지 못하도록 했다. 아이들은 이성의 나이에 이를 때까지 성찬이 허락되지 않았다. 그러나 16세기 "트리엔트 공의회 이전까지 유아 성찬은 … 서방 가톨릭교회에서 최종적으로 폐지되지 않았다."[21] 견진은 분별할 수 있는 나이가 될 때까지 연기되었는데, 그 나이는 적어도 7세를 의미하게 되었다. 이는 수많은 중세 사람에게, 그리고 종교개혁이 일어나고 한참 지난 후에도 주교를 만난다는 것은

---

19 *Concerning the Mysteries* 42, in Whitaker, Johnson, eds., *Documents of the Baptismal Liturgy*, p. 311.
20 J. D. C. Fisher, *Christian Initiation: Baptism in the Medieval West* (London: S.P.C.K., 1970), p. 148.
21 Fisher, *Christian Initiation*, p. 106.

현실적으로 어려웠기에 견진을 받는다는 건 거의 불가능했다. 견진은 바람직했지만, 세례와는 달리 구원의 필수 조건은 아니었다.

중세 후기에 이를 때까지, 유아들은 출생 후 8일 이내에 교구 교회의 세례반에 담기는 사적 예식을 통해 세례를 받았다. 그런 다음 7세가 된 이후에 혹 주교를 우연히 만나게 되면 (마찬가지로 대개는 사적 예식을 통해) 견진을 받을 수 있었다. 그리고 이 나이가 되면 견진을 받은 여부와는 관계 없이 성찬을 받을 수 있었다. 입교의 전체 공동체가 참여하고 부활절과 밀접하게 연결된 특성은 입교의 통일성과 함께 산산이 부서졌다. **세례반**에 유아를 담그는 관행은 중세 시대가 저물어 가면서 그들의 머리에 성별된 물을 붓는 것으로 서서히 바뀌었다.

개신교 종교개혁자들은 세례에서 두 가지 중요한 진보를 이루었다. 그들은 세례가 공적 의식이 되어야 하고 (라틴어가 아닌) 자국어로 진행되어야 한다고 주장했다. 1549년판과 1552년판 『공동기도서』는 모두 "가장 많은 사람이 모이는 일요일과 다른 거룩한 날에" 세례가 집례되어야 한다고 주장한다. 종교개혁자들은 또한 예식을 간소화했다. 루터의 1526년 『새로 개정된 세례 예식』(Order of Baptism Newly Revised)[22]은 그의 첫 번째 예식(1523)과는 달리 가톨릭 세례 예식의 일부가 되는 몇 가지 의례 행위, 즉 아이에게 숨 불어 넣기, 유아의 입에 소금 넣기, 첫 번째 축귀, 에바다, 두 번의 도유, 불이 켜진 초 수여 등을 뺐다. 루터는 흰 세례 예복 사용은 유지했다. 이는 부수적인 의식들을 간소하게 정리한 것이지만, 칼빈은 더 나아가 "그것들을 폐지하여 사람들이 예수 그리스도께 직접 나아가는 것을 방해하는 장애물이 더 이상 없도록 했다."[23] 그 대신에 칼빈은 교훈적인 권면을 추가했다.

---

22 Ulrich S. Leopold, ed., *Luther's Works* (Philadelphia: Fortress, 1965), 53, pp. 107-9.
23 Rubrics in "The Form of Prayers and ⋯ Manner of Administering the Sacraments," text in J. D. C. Fisher, ed., *Christian Initiation: The Reformation Period* (London: S.P.C.K., 1970), p. 117.

영국성공회는 처음에 중세의 의식들 대부분을 유지했다. 축귀와 교회 세례반까지의 행렬(둘 모두 1552년에 폐지되었다), 아이의 몸 전체를 세례반에 세 번 담그기, 하얀 세례 예복(유아 세례복)과 도유(둘은 모두 1552년에 폐지되었다), 그리고 (청교도들에게 걸림돌이 된) 십자가 성호 표시는 그대로 유지되었다. 이 예식은 1662년판 『공동기도서』에서는 거의 바뀌지 않았다. 18세기에 존 웨슬리(John Wesley)는 같은 예식을 조금만 수정하여 사용했다. 젊은 시절에 웨슬리는 예식규정집(rubrics, 혹은 전례 법규)에서 지시하는 대로 유아를 세례반에 담그는 것을 고집했지만, 만년에는 대안적인 방식으로 물을 뿌렸다.

가장 급진적인 변화는 성인 신자들만이 적절한 세례 후보자라고 주장했던 **재세례파**(Anabaptists) 사이에서 일어났다. 그들은 정결한 삶과 교리를 아는 자들에게만 세례가 베풀어져야 한다는 견해를 고수했다. 그들은 모든 사람으로 구성된 국가교회보다 신자들로 구성된 순수한 교회를 더 선호했다. 재세례파는 화해에 대해서도 마찬가지로 확고했다. 세례를 받았던 배교자들과의 교제를 금지했다. 그들은 공적 참회의 기간을 거친 후에야 화해될 수 있었다.

가장 초기의 재세례파들은 주로 물을 부어 세례를 베풀었다. 영국 침례교와 같은 일부 집단은 결국 침수를 요구하게 되었지만, 메노나이트와 같은 일부 재세례파는 물을 붓는 방식으로 행했다. 일부 로마가톨릭교도들과 개신교도들은 물에 담그는 방식으로 계속해서 유아에게 세례를 베풀었지만, 이것은 18세기에 이르러 사실상 사라졌다.

초기 재세례파의 세례 예식인 발타자르 휩마이어(Balthasar Hübmaier)의 "세례를 위한 방식"(A Form for Baptism)은 후보자가 먼저 감독으로부터 신앙을 점검받고 그다음에 회중에게 소개되어야 함을 제시한다. 그 예식은 성령께서 후보자의 마음을 충만케 해달라고 간구하는 기도, 수정된 사도신경에 대한 교리적 질문, 단절, 자발적인 순종과 세례를 받고자 하는 열망에 대한 질문, 세례, 기도, 안수, "그리스도인들의 교제"로의 환대를 포함한다.²⁴ 비록 유아세례는 거부했지만, 휩마이어와 필그림 마펙(Pilgrim Marpeck)와 같은 일부 재세례파는 공적인 **헌아식**(infant dedication)을 옹호했다. 신자들만 세례를 받았기 때문에, 재세례파들과 침례교도들 모두에게는 별도의 입교 예식(confirmation)이 필요하지 않았다. 초기 교회에서 그랬던 것처럼 기독교 입회는 한 번의 행사로 완료되었다.

퀘이커교도들은 훨씬 더 급진적인 단계로 나아갔다. 그들은 성경이 외형적인 행위를 명령하지 않았고, 대신 내적인 "성령세례"를 명령했다고 주장하면서, 모든 외형적인 행위를 제거했다. 20세기 오순절파는 이 둘을 구별한다. 그들은 (일반적으로) 성인 신자들만을 위해 물세례를 베푸는데, 대개 삼위일체의 이름으로 행하는 침수 방식을 취한다. 그러나 성령세례는 성령의 은사를 별도로 나타내는 것이다.

견진(confirmation)은 종교개혁자들에게 문제였다. 루터는 예식을 만들지는 않았지만 "만약 모든 목사가 아이들의 신앙을 점검하면…그들에게 안수하고, 그들에게 견진을 베풀라"고 말하면서 반대하지 않았다.²⁵ 마르틴 부처(Martin Bucer)는 견진과 아이들의 교리 지식에 대한 시험을 연결함으로써 개혁교회와 성공회의 이후 방향을 정했다. 부분적으로는 재세례파에 대한 방어 수단으로 부처는 스트라스부르그에서, 비록 목사가 아이들에 손을 뻗어 축복하는 것으로 끝을 맺기는 했지만, 다른 무엇보다 시험과 졸업식에 가까운 견진(입교) 예식을 도입했다.²⁶

칼빈도 견진에 대해 "세례를 해친다"라고 혹평한 후에 부처를 따랐다. 그는 "아이들이나 청소년기에 가까운 자들이 교회 앞에서 그들의 신앙에 대해 말하도록 하는 교리문답"을 선호했다.²⁷ 영국성공회는 "모국어로

---

24 Rollin S. Armour, *Anabaptist Baptism* (Scottdale, Pa.: Herald Press, 1966), pp. 143-44에서 인용.
25 Fisher, *Reformation Period*, p. 173.
26 Fisher, *Reformation Period*, pp. 174-78.
27 Calvin, *Institutes*, IV, xix, 13, p. 1461.

신앙고백, 주기도문, 십계명을 말할 수 있는 자들로" 견진을 제한하는 데 동의했다(1549년판 『공동기도서』). 주교가 집례자로서 이마에 성호를 긋고 (1549) 그들의 머리에 안수한다(1549와 1552). 개신교들에서는 세례가 아닌 견진(입교)이 성찬에 참여할 수 있는 조건이 되었다. 따라서 수 세기 동안 시행되던 유아 성찬은 중세 후반에 종식을 고하게 되었다.

이러한 발전은 견진이 인간의 지식, 즉 교리 교육 학습에 의존하게 되는 불행한 결과를 초래했다. 하나님의 은혜로운 행위를 나타내는 안수의 성례전적인 의미가 졸업 행사를 위해 사라지게 되었다. 종교개혁자들의 교회사에 대한 잘못된 이해는 그들로 견진을 지키게 했지만, 이는 일관된 신학과 실천에 새로운 문제를 초래했다. 나중에 청교도들은 신앙의 고백 (profession of faith)이라는 대체 행위를 고안했다. 여기에는 성례전적인 함축이 없고, 단순히 개인의 신앙을 공적으로 고백하는 것으로, 종종 지역 교회의 기반이 되는 언약을 인정하는 것과 관련이 있었다.

대체로 종교개혁은 입회 예식에 무언가를 더하기보다는 많은 것을 제외시켰다. 최근에는 로마가톨릭교도들과 개신교 전통들이 종종 한데 모이면서 새로운 방향들로 나아가고 있다.

가장 일반적인 움직임은 입회 예식의 통일성을 회복하는 방향으로 나아가는 것이다. 가장 눈에 띄는 예는 로마가톨릭의 『**어른 입교 예식**』(*Rite of Christian Initiation of Adults*)에서 나타났다. 이것은 회심의 전 과정을 의례화하여 회중이 개인의 신앙 성장을 함께 나누도록 하는 확대된 학습(catechumenate)의 회복을 보여준다. 학습은 수개월 또는 수년에 걸쳐 세 단계 또는 관문으로 나뉘어 진행된다. 이것은 탐구자(inquirer)가 예비 신자(catechumen)로 받아들여지는 상태에 도달하는 것으로 시작하여, 학습이 거의 끝나는 사순절이 시작될 때 선발 또는 등록으로 이어지고, 부활절 때 세 가지 입회 성례전을 받은 것으로 마무리된다. 사순절은 깨달음 또는 조명의 기간으로 사용되는데, 세 번의 일요일에 심사와 축귀, 사도신경과 주기도문의 수여와 암송을 함으로써 기념된다. 이 전부는 오늘날 세상에서 선교하는 교회의 삶에 맞도록 다듬어진 초기 실천의 회복이다. 가톨릭의 "어린이 세례 예식"(Rite of Baptism for Several Children)과 "미사에서의 견진 예식"(Rite of Confirmation within Mass)은 간소화되었고, 회중 참여는 확대되었다. 그리고 성경의 사용을 더욱 강조했다. 이제 어린이 세례는 부모 쪽에 더 큰 책임이 있음을 입증한다.

루터교회, 성공회, 연합감리교회, 장로교회는 입회 예식의 통일성을 강조하는 데 있어 각기 다른 과정을 밟아왔다. 그들은 견진(입교)을 분리된 별개의 예식으로 대단치 않게 여기지만, 전체 회중의 세례 언약의 확증, 재확증, 또는 갱신이라는 후속적인 의식을 도입한다. 성공회『공동기도서』(1979) 예식은 가능한 한 주교가 집례할 것을 권장한다. 세례 받는 모든 사람에게 안수하고, 십자가 성호를 그을 때 성유가 사용될 수 있다. 예식은 다른 사람들을 위한 견진, ("성찬의 교제 안으로") 받아들임, 재확인으로 이어질 수 있다. 전체 예식은 일반적으로 성찬식의 맥락에서 준비된다. 루터교 예식은 세례 직후의 안수와 위탁을 포함한다.

별개의 예식인 "세례의 확증"은 견진(입교), 교인이 된 것에 대한 환영, 교인의 신분 회복을 위한 기회를 제공한다. 1989년 연합감리교회의 "세례 언약 예식"(Services of the Baptismal Covenant) 역시 물세례와 안수를 결합하고, 연합감리교회에 소속되고 지역 교회의 교인이 된 것을 환영하는 것에 더해 세례 언약에 대한 확증과 재확증의 시간을 제공한다. 주요한 기도인 물을 위한 감사는 감리교 의례에서 60년 만에 회복되었다. 전체 회중은 매해, 특히 부활절, 오순절, 만성절, 또는 주님의 수세일 예배에 참여하여 그들 자신의 세례를 재확인하도록 권장된다. 장로교의 개혁도 비슷하다.

오늘날 로마가톨릭 신자들의 부활 성야(Easter Vigil)의 일부인 "세례 언약의 갱신"(Renewal of Baptismal Promises)도 언급되어야 한다. 성공회 신자들과 루터교 신자들은 그때 "세례 서약의 갱신"(Renewal of Baptismal Vows)을 한다. 연합감리교회에서는 대안적으로 새해를 시작할 때 언약 갱신 예식을 한다.

대부분의 새로운 입회 예식에서 주목할 만한 공통점은, 단절로 표현되는 윤리적인 방향 재설정, 사도신경의 삼위일체적 확언으로 표현되는 교리적 신앙, 물을 위한 축복, 세례의 씻음, 안수 또는 인침, 첫 번째 성찬식 등 필수적인 행위에 집중한 것이다. 여러 번의 도유, 에바다, 소금 주기, 흰옷, 불을 밝힌 초와 같은 부수적인 행위들은 선택 사항이 되거나 제거되는 경향이 있다. 20세기와 21세기의 개혁은 많은 초기 관행의 회복과 이후 발전에 대한 비판적인 접근을 포함한다.

2. 기독교 입회의 신학

신약성경에서 세례는 종말론적인 맥락에서 회개를 촉구하는 세례 요한의 세례로 시작한다.

> 회개하라 천국이 가까이 왔느니라(마 3:32).

세례는 하나님의 나라가 임박했다는 기대 속에서 베풀어졌다. 세례는 하나님의 나라로 들어가는 입구이다.

> 사람이 물과 성령으로 나지 아니하면 하나님의 나라에 들어갈 수 없느니라(요 3:5).

수 세기에 걸쳐 의식들이 변화하면서, 그리스도인들이 입회에서 경험한 것을 이해했던 방식에도 똑같이 중요한 변화가 있었다. 우리는 의식들이 표현한 개념과 그 개념들을 형성하는 데 어떻게 도움이 되는지 살펴보지 않고서는 의식들 자체를 이해할 수 없다.

입회에 대한 신약성경의 증언은 대단히 흥미로우면서 복잡하다. 성경에는 초기 그리스도인들에게 입회가 어떤 의미였는지에 대한 암시와 메타포가 가득하지만, 그러한 개념에 대한 체계적인 설명은 없다. 그럼에도 이러한 성경적 메타포는 하나님께서 입회 의식을 통해 하시는 일을 이해하려는 모든 이후의 노력에 기초가 된다. 입회에 대한 신약성경의 주요 메타포는 다음과 같이 다섯 가지로 정리될 수 있다.[28]

(1) 그리스도와의 연합

우리는 입회의 메타포에 대한 논의를 예수 그리스도와의 연합으로 시작하겠다. 바울은 다음과 같이 표현한다.

> 무릇 그리스도 예수와 합하여 세례를 받은 우리는 그의 죽으심과 합하여 세례를 받은 줄을 알지 못하느냐? 그러므로 우리가 그의 죽으심과 합하여 세례를 받음으로 그와 함께 장사되었나니 이는 아버지의 영광으로 말미암아 그리스도를 죽은 자 가운데서 살리심과 같이 우리로 또한 새 생명 가운데서 행하게 하려 함이라. 만일 우리가 그의 죽으심과 같은 모양으로 연합한 자가 되었으면 또한 그의 부활과 같은 모양으로 연합한 자도 되리라(롬 6:3-5).

똑같은 개념이 골로새서 2:12에서 반복된다. 세례는 세례 받는 각 사람에게 예수의 죽음과 그를 통한 부활의 가능성에 참여한다는 의미를 전달한다. 그리스도께서 행하신 일은 세례에서 호명된 사람을 위해 행하신 일이다. 세례는 그리스도의 인격과 사역 모두와의 연합을 통해 거룩한 사건이 개인에게 주어지면서 역사의 절정을 개인화하고 내면화하는 것이다. 우리는 그분과 함께 사제가 되고, 그분과 함께 죽고 부활한다. 수장되었

---

[28] 보다 상세한 설명을 위해서는, James F. White, *Sacraments as God's Self Giving* (Nashville: Abingdon, 1983), 2장을 보라.

다가 다시 올라오는 것을 암시하는 세례당을 고안한 고대의 관습은 그리스도의 죽음과 부활을 문자 그대로 공유하는 방식이었다.

(2) 교회로의 편입

이 주제와 아주 밀접하게 연관된 주제는 교회로의 편입이다. 바울은 "한 성령으로 세례를 받아 한 몸이 되었다"(고전 12:13)고 말한다. 성경에서 가장 평등주의적인 진술은 누구든지 "그리스도와 합하기 위하여 세례를 받은 자는 … 헬라인이나 종이나 자유인이나 남자나 여자나 다 그리스도 예수 안에서 하나이니라"(갈 3:27-28; 고전 12:13도 보라)라는 바울의 단언이다. 세례는 후보자의 나이와 관계없이 교회로 들어가는 표지이다. 그래서 세례반은 교회 건물 입구 쪽에 있는 경우가 많고, 일부 의식들은 건물과 사람들 가운데로 들어오는 입장 행렬을 포함한다.

(3) 새로운 탄생

입회는 또한 새로운 탄생이다. 그리스도의 죽음과 부활과의 연합과 새로운 몸, 즉 교회와 결합하는 것은 밀접하게 연관된다. 새로운 탄생에 대한 요한의 이미지는 예수님과 니고데모의 대화에 나타난다.

> 사람이 물과 성령으로 나지 아니하면 하나님의 나라에 들어갈 수 없느니라(요 3:5).

이 이미지에는 자기의 과거인 옛 아담은 뒤로하고 그리스도 예수 안에서 새로운 피조물이 되었다는 이미지가 함축되어 있다. 디도서 3:5("우리를 구원하시되…중생의 씻음과 성령의 새롭게 하심으로 하셨나니")은 **팔리게네시아**(*paliggenesía*) 또는 중생이라는 핵심 단어를 사용한다. 새로운 탄생은 가장 여성적인 이미지이고, 일부 초기 교회의 세례반은 임신한 여성이 연상되도록 고안되었다. 세례는 자궁(womb)과 무덤(tomb) 모두로 표현된다.

(4) 죄의 용서

세례에 대한 가장 명확한(그래서 종종 간과되는) 의미는 죄의 용서를 나타내는 물로 씻는 행위이다. 사도행전 22:16에서 아나니아는 "세례를 받고 너의 죄를 씻으라"(고전 6:11도 보라)고 명령한다. 베드로전서(3:21)와 히브리서(10:22)는 세례를 외적 씻음과 내적 정화에 비유한다. 세례와 용서의 관계는 사도행전 2:38에서 분명하게 나타난다.

> 너희가 회개하여 각각 예수 그리스도의 이름으로 세례를 받고 죄 사함을 받으라 (행 2:38).

이것은 니케아 신조에서 "사죄를 위한 한 번의 세례"라는 교리가 되었다. 세례에서 씻음과 세례 전의 도유는 용서를 가장 명백하게 표현하는 행위이다. 세례 후에 새 흰옷을 입히는 것은 새로운 깨끗한 양심과 그리스도로 옷 입는다는 개념을 강화한다(갈 3:27).

(5) 성령을 받음

성령을 받는 것은 복잡한 메타포인데, 그 이유는 부분적으로 서방교회에서 입회 의식이 결국 분리되면서 성령을 받는 것의 역할과 시점에 대한 의문이 제기되었기 때문이다. 이 메타포가 교회로의 편입과 연관된 것으로 이해된다면, 이러한 문제 중 일부는 사라진다. 교회는 성령이 활동하시는 공동체적 환경이다. 성령으로 충만한 공동체의 일원이 되는 것은 성령을 받는 것이다. 『사도전승』은 교회가 성령을 알고 경험하게 되는 장소라고 말하면서, "성령과 거룩한 교회 안에서"라는 표현을 반복한다.

위에서 인용된 사도행전 2:38은 "그리하면 성령의 선물을 받으리니"라고 이어서 말한다. 예수님께서 세례를 받으실 때 성령께서 비둘기처럼 보이면서 나타나셨다(마 3:16). 앞에서 살펴본 것처럼, 때때로 성령의 오심은 안수와 같은 입회의 한 순서에서 가장 분명하게 나타나는 것 같다(행

19:1-7). "조명" 또는 "빛을 받음"(히 6:4), "거룩하게 됨"(고전 6:11)과 같은 다른 이미지들은 입회에서의 성령의 활동을 뜻하는 것처럼 보인다. 갓 세례를 받은 사람들에게 소금(지혜)이나 불 켜진 초(준비)를 주는 행위와 비둘기라는 시각적인 상징은 입회에서의 성령의 역사를 강조한다.

신약성경의 설명에서 가장 중요한 증언은 입회의 의미가 그에 대한 어떤 단일한 해석보다 훨씬 더 심오하다는 것이다. 우리의 과제는 다섯 가지 주요 메타포 모두를 공평히 다루는 균형 잡힌 이해를 갖는 것이다. 신약 시대 이후의 모든 발전은 이러한 균형 잡힌 이해의 기준에 타당하게 설명할 수 있어야 한다. 입회는 여러 면을 가진 보석이다. 빛을 반사하는 모든 면을 보기 전까지 우리는 그것의 완전한 광채를 감지할 수 없다.

다섯 가지 메타포를 최대한 간결하게 진술한 것은 순교자 유스티누스의 『제일 호교론』(*First Apology*)에 나오는 입회에 대한 두 가지 짧은 설명일 것이다. 그는 "그리스도를 통해 새롭게 되는 것," "그리스도인들이 모인 곳으로 인도되어 환영받는 것," "우리가 새로운 생명을 받은 것과 같은 방식으로 새로운 생명을 받는 것," 죄의 회개와 "조명이라고 부르는" "물로 씻김"에 대해서 말한다.[29] 이레니우스(Irenaeus)는 세례를 물로 설명하면서, 이러한 주제들 가운데 몇 가지를 결합한다.

> 마른 밀가루는 한 덩어리로 반죽이나 빵으로 합쳐질 수 없다 … 따라서 하늘로부터 오는 물이 없이는 많은 우리가 그리스도 예수 안에서 하나가 될 수 없다.[30]

알렉산드리아의 클레멘스는 "조명"이라는 주제를 좋아했다. 다른 교부들도 선호하는 주제들이 있었지만, 종합적으로 꽤 균형 잡혀 있는 것으로

---

29 *First Apology* 61, 65 in Cyril Richardson, ed., *Documents of the Baptismal Liturgy*, p. 32.
30 *Vs. Heresies*, III, xvii, 2 in Henry Bettenson, *The Early Christian Fathers* (London: Oxford University Press, 1963), p. 129.

보인다. 한 장소나 의식, 저자에게서 찾을 수 없는 것은 다른 곳에서 나타날 가능성이 크다.

안타깝게도 이러한 균형은 늘 외부로부터 압력을 받아왔다. 이 경우에는 의도치 않은 방식으로 발생했다. 아우구스티누스 자신은 이러한 메타포들을 상당히 균형 있게 사용했다. 그러나 은혜와 자유의지, 죄의 신학을 놓고 펠라기우스와 논쟁한 결과로, 세례를 두 종류의 죄, 즉 아담의 죄로부터 물려받은 원죄와 우리 자신이 실제로 짓는 자범죄에 대한 처방으로 이해하는 방향으로 교회를 강하게 밀어붙였다.[31] 아우구스티누스 자신은 성인이 될 때까지 세례를 받지 않았다는 것이 약간 역설적이지만, 원죄에 대한 기존의 개념을 체계적으로 발전시킨 결과, 사람들은 세례 받지 않고 죽은 아이들이 원죄로 말미암아 지옥문으로 끌려갈 수 있다는 두려움으로 인해 유아세례를 서두르게 되었다.

중세 시대의 전체적인 발전은 죄의 용서, 특히 유아의 경우 원죄의 용서를 강조하는 쪽으로 편향되었다. 앞에서 살펴보았듯이, 부활하신 그리스도와의 연합에 대한 부활절-중심의 묘사는 소극적으로 다뤄졌고, 중세 유럽에서 시민사회 자체였던 교회로의 편입에 대해서는 상대적으로 덜 설명되었다. 유아들만 세례를 받게 되면서 새로운 탄생은 그 극적인 의미를 대부분 잃었다. 서방교회에서는 성령의 일에 대한 가르침이 매우 빈약했는데, 세례가 이에 대한 좋은 예였다. 피터 롬바르드(Peter Lombard)는 세례에 대해 많이 말했지만, 결국 "면죄"라는 한 단어로 요약된다.[32] 죄의 용서는 입회에 대한 성경적 증거에서 중요한 부분을 차지하지만, 너무 지배적으로 되어서 다른 주제들을 밀어내게 될 때, 우리는 입회에서 하나님이 하시는 일에 대해 편파적인 이해를 갖게 될 수밖에 없다.

---

31 *Enchiridion*, 43-52; *NPNF*, 1st Series (New York: Christian Literature Co., 1890), 3:252-54.

32 *Sentences*, IV, ii-vi, in Elizabeth Rogers, ed., *Peter Lombard and the Sacramental System*, pp. 85-116.

중세 시대의 발전 가운데서 가장 안타까운 것은 견진에 대한 이해였다. 우리는 견진을 주교만 할 수 있는 것으로 제한하는 보수적인 경향으로 인해, 입회의 일부였던 것이 서방교회에서 어떻게 독자적인 의식으로 분리되었는지를 살펴보았다. 그 이후의 역사 속에서 견진 의식은 신학을 요구하는 관행이 되었다. 피터 롬바르드는 견진에 대해 별로 말하지 않았지만 (2페이지), 중세 초기 교회가 제공했던 모든 것을 말했다.

> 그 성례전의 덕목은 능력을 위한 성령의 열매로, 그분은 세례에서 죄의 용서를 위해 주어지셨다.

롬바르드는 또한 견진이 "온전한 그리스도인이 되기 위해서" 필요하다고 말한다.[33] 5세기 리에즈의 파우스투스(Faustus of Riez)의 설교는 "우리는 생명을 위해 세례에서 거듭나고, 투쟁을 위해 세례 후에 견진을 받는다"라는 용어를 처음으로 분명하게 제시하면서, "견진을 받다"와 "능력을 받다"를 동일시하도록 했다.[34] 이것들은 원자료(raw materials)였고, 중세 스콜라 신학자들이 그들의 체계를 구축할 때 토대로 삼은 사실상의 유일한 원자료였다.

1439년 아르메니아인을 위한 칙령(Decree for the Armenians)은 중세 후기의 발전(또는 발전의 부족)을 다음과 같이 요약한다.

> 이 성례전에서 성령은 능력을 주시려고 우리에게 주어지신다 …그래서 그리스도인은 그리스도의 이름을 담대히 고백할 수 있게 된다.[35]

---

33 *Sentences*, IV, vii, 3, p. 117.
34 "Homily 29, On Pentecost," excerpt in Whitaker, Johnson, eds., *Documents of the Baptismal Liturgy*, pp. 257–58.
35 In Ray C. Petry, ed., *A History of Christianity* (Englewood Cliffs, N.J.: Prentice-Hall, 1962), p. 32.

물질은 "기름과 발삼으로 만든 성유로… 주교에 의해 성별된다. 형식은 … 의 이름으로 내가 당신에게 구원의 성유로 성호를 긋고 견진을 베푸노라'이다." 통상적인 집례자는 주교이지만, 때때로 주교가 성별한 성유를 가지고 사제가 집례할 수 있다. 세례와의 연결이 끊어지면서, 견진은 현수 분사(주절의 주어와 문법적으로 결합되어 있지 않은 분사 – 역자주)가 되었다.

종교개혁 무렵에, 세례와 견진, 첫 번째 성찬은 가톨릭과 개신교 모두에서 서로 분리된 독립 예식들이 되었다. 트리엔트 공의회는 중세 후기의 관행과 신앙을 공고히 했을 뿐이다. 개신교 내에서 세례에 대한 활발한 논쟁이 전개되기는 했지만, 개신교도들 대부분과 가톨릭교도들 사이에서 세례는 중요한 논란거리가 아니었다. 종교개혁자들이 입회에 대한 신약성경의 다섯 가지 메타포를 쉽게 정리하지는 않았지만, 우리는 그것들 가운데서 어떤 중추적인 개념을 짚어볼 수 있다. 세례 받지 못하고 죽는 유아들에 대한 두려움은 그들을 덜 괴롭혔고, 따라서 죄의 용서가 덜 중요하게 여겨지는 경향이 있었다. 그러나 선택 교리와 같은 새로운 고려 사항은 새로운 압력을 가했다.

루터는 가장 심오한 통찰력을 보여준다. 그러나 그의 통찰력은 아직도 완전히 채택되지 못하고 있다. 루터는 세례에서 "그리스도께서 우리에게 주어지셨다"라고 말하면서, "약속"으로서의 세례를 특별히 강조한다. 의심과 죄를 이기는 세례로 인하여 신앙이라는 평생의 언약 관계가 이어진다. "세례는 평생토록 유효하기 때문이다." 실제로 루터는 가장 깊은 절망의 순간에 "나는 세례를 받았고, 나의 세례를 통해서 거짓말을 하실 수 없는 하나님께서 나와의 언약으로 자신을 구속하셨다"라고 주장할 수 있었다.[36] 그리고 "이 땅 위에서 세례보다 더 큰 위안은 없다"라는 그 유명한

---

36 "The Holy and Blessed Sacrament of Baptism," *Luther's Works*, 35, p. 36.

말을 외친다.37 루터는 그리스도의 삶 전체를 세례 영성, 즉 자기 세례를 평생 살아내는 삶이라는 관점으로 바라보는 가능성을 제시한다. 루터는 또한 예수 그리스도와의 연합과 죄의 용서를 그의 주요 이미지로 종종 강조한다.

츠빙글리는 세례가 주로 헌신의 표지라는 새로운 개념을 도입했다. 그는 로마서 6:3-5을 표상적으로 해석하면서 자신의 주장을 뒷받침한다. 츠빙글리에게도 세례는 그리스도와의 연합이다. 그러나 그는 "어떤 외형적인 요소나 행위도 영혼을 정화할 수 없음은 분명하고 명백하다"라며 물질적인 표지를 경계한다. "따라서 물-세례는 외형적인 의식, 즉 우리가 주 예수 그리스도께 통합되고 접붙여지며 그분을 위해 살고 그분을 따르겠다는 외적인 표지에 불과하다"라고 결론짓는다.38

세례를 고백의 상징, 또는 언약의 표지로 이해하는 츠빙글리의 개념은 루터처럼 세례를 따뜻한 내적 관계의 근원이라기보다는 외적인 기록 사항으로 간주하는 경향이 있다. 츠빙글리는 또한 유아세례를 헌신 예식으로 간주하는 선례를 만들었다.

칼빈은 세례를 단순히 고백의 "상징 또는 표시"로 이해하는 츠빙글리의 견해를 개탄했다. 칼빈은 용서나 정화와 그리스도와의 연합을 통해 구원하는 세례의 능력을 강조했다. 그러나 그의 주요 메타포는 "그리스도께 접붙여져서 하나님의 자녀로 여겨질 수 있도록 교회공동체로 받아들여지는 것"으로 보인다.39 그는 유아세례에 대한 재세례파의 비난을 반박하고자 했다. 칼빈은 유아들도 언약 안에 있고 교회의 일원이라고 주장했다.

재세례파는 "어린아이들은 이해력이 없어서 가르칠 수 없다. 따라서 주님의 명령을 왜곡하지 않고, 그의 높은 이름을 오용하지 않으며, 그의 거

37　"The Holy and Blessed Sacrament of Baptism," p. 34.
38　"Of Baptism," G. W. Bromiley, ed., *Zwingli and Bullinger* (Philadelphia: Westminster Press, 1953), p. 156.
39　Calvin, *Institutes*, IV, xv, 1, p. 1303.

룩한 말씀을 어기지 않고는 그들에게 세례를 베풀 수 없다"라고 주장했다.[40] 분명히 그들에게 세례는 인간의 믿음과 회개에 달려있었다. 이미 거듭난 이들만이 세례의 언약에 참여할 수 있었다. 비록 재세례파의 교회에 대한 개념이 칼빈의 개념과는 매우 달랐지만, 중생한 신자들의 무리 안으로 편입하는 것은 그들의 주요 주제였을 것이다. 그들 중 다수에게 세례는 물과 성령뿐만 아니라 끊임없는 박해 속에서 그들 자신의 고난과 순교의 피도 포함했다(요일 5:6-8). 그들은 마치 모든 삶이 세례인 것처럼 배웠고, 그렇게 살았다.

1549년과 1552년 세례 예식에 포함된 성공회 기도문은 성경적 메타포들이 놀라울 정도로 균형을 잘 맞추고 있다. 부분적인 이유는 그 기도문들이 성경적 이미지들을 모으는 경향이 있었기 때문이다. "종교 조항"(The Articles of Religion)은 세례를 "중생 또는 새로운 탄생의 표지"라고 불렀는데, 이 문구는 세례가 중생을 일으키는지 아니면 단순히 의미하는지에 대한 논쟁의 원인이 되었다. 성공회는 견진을 유지했지만 1552년경에 이르러서 견진은 객관적으로 은혜를 주는 예식이라기보다는 강해지도록 기도하는 예식이 되었다.

존 웨슬리는 유아세례 이후 그리스도인의 삶에 회심이 필수적인 부분이라고 주장함으로써 문제를 더욱 복잡하게 만들었다. 그는 명확하지 않은 이유로, 성공회 세례 예식 대부분을 유지하는 가운데 견진을 생략했다. 19세기 감리교도들은 이미 세례 받은 사람들을 위해 수련 기간을 거친 후 "회원 가입"(Reception of Members) 예식을 제정했다. 이것은 결국 유아 때 세례를 받은 사람들이 "정회원"으로 받아들여지거나 (1964년 이후에는) 입교 전까지는 "예비 회원"으로 부르는 것으로 대체되었다. 미국 감리교에는 1964년 전까지 공식적인 입교 예식이 없었다. 세례와 교회 회원 자격

---

40 Menno Simons, "Foundation of Christian Doctrine," *Complete Writings*, ed., C. Wenger (Scottdale, Pa.: Herald Press, 1965), p. 120.

과 관련하여 예비 회원과 정회원을 구별하는 것은 연합감리교에서 논쟁의 주제로 계속해서 남아있다.

최근에 기독교 입회를 이해하려는 노력에서 몇 가지 중요한 발전이 있었다. 기독교 입회는 많은 논란과 일부 깨달음의 중심이 되었다. 1943년, 칼 바르트가 스위스 신학생들을 대상으로 했던 강의는 큰 반향을 일으켰고, 5년 후에 『세례에 대한 교회의 가르침』(*The Teaching of the Church Regarding Baptism*)이라는 제목으로 영어로 처음 출간되었다.[41] 거기서 바르트는 유아 세례는 "어쩔 수 없이 애매한 세례이고" 그 사건을 이해할 능력이 있는 성인만이 세례를 받아야 한다고 주장했다. 본질적으로 바르트의 접근법은 인지적인 것으로, 세례는 세례 받은 이에게 "표상" 또는 "메시지"이다.

그에 반해서 또 다른 스위스 신학자인 오스카 쿨만(Oscar Cullmann)에게 세례는 단순히 한 사람에게 어떤 정보를 제공하기보다는 신앙이 가능해지는 공동체 안에 그 사람을 놓아둔다는 점에서 원인적이다. 쿨만은 잠재적으로 그리스도께서 모든 사람을 위해 죽으셨고, 이는 한 사람이 교회에 편입되고 믿음의 환경에서 성장할 가능성을 받아들일 때 실현된다고 주장했다.[42]

20세기 신약성경 학자인 요하킴 예레미아스(Joachim Jeremias)와 쿠르트 알란드(Kurt Aland)도 엄격한 역사적인 근거로 이 싸움에 끼어들었다.[43] 세계교회협의회의 중요한 에큐메니컬 일치 문서인 『세례, 성찬, 직제』(*Baptism, Eucharist, and Ministry*)가 분명하게 보여주듯이, 그 논쟁은 절대로 해결되지 않았다.[44] 침례교도들부터 로마가톨릭교도들까지 모든 기독교 단체들은 그들 자신의 관행과 가르침에 대한 의구심을 표한다. 침례교도들은

---

41 Karl Barth, *The Teaching of the Church Regarding Baptism* (London: SCM Press, 1948).
42 Oscar Cullmann, *Baptism in the New Testament* (London: SCM, 1950).
43 Joachim Jeremias, *Infant Baptism in the First Four Centuries* (Philadelphia: Westminster, 1962) and *The Origins of Infant Baptism* (Philadelphia: Westminster, 1963); Kurt Aland, *Did the Early Church Baptize Infants?* (Philadelphia: Westminster, 1963).
44 *Baptism, Eucharist, and Ministry* (Geneva: World Council of Churches, 1982), p. 4.

아이들을 교회 밖에 있는 존재로 취급하는 것에 대해 불안감을 느끼고 있고, 로마가톨릭교도들은 세례 받은 아이들이 교회 생활의 일부가 되지 못하는 경우가 너무 많다는 사실을 우려한다.

유아세례와 신자세례에 대한 논쟁의 대부분은 성례전의 본질에 대한 좀 더 기본적인 질문에서 비롯된 것처럼 보인다.

단약 성례전이 하나님의 자기 주심의 행위라면, 유아나 다른 사람은 그 혜택을 받을 수 없는가?

다른 한편으로, 만약 우리가 기본적으로 하나님의 주도권에 대한 의식적이고, 신실한 반응인 규례(ordinance)에 대해 말하고 있다면, 이성의 나이에 도달하지 못한 사람에게 세례가 적절할까?

따라서 유아세례론자들과 신자에게만 세례를 베푸는 사람들은 결코 의견의 일치를 볼 수 없다. 하나님의 행위 또는 하나님께 반응하는 인간의 행위라는 성례전에 대한 완전히 다른 개념으로 시작하기 때문이다.

물론 이것은 유아에게 세례를 베풀지 않는 전통에 속한 그리스도인 부모들이 그들 자녀와 교회의 관계를 어떻게 이해해야 하는지에 대한 질문을 제기한다. 아우구스티누스가 유아일 때 어머니인 모니카가 그를 학습(catechumenate)에 가입시킨 것과 같은 헌아식(infant dedication)에 대한 역사적인 증거가 이따금 산발적으로 발견된다. 종교개혁 시대에 재세례파는 그들의 자녀들에게 세례를 베풀지 않았지만, 아이의 탄생에 대한 감사를 포함하는 것으로 진화한, 아이의 이름을 짓는 예식을 발전시켰다. 다른 신자세례 전통들의 부상은 유아에게 어떤 예식이 적절한가에 관한 질문을 더욱 널리 퍼지도록 했다. 산업혁명이 일어났던 19세기에 아동 노동에 대한 심각한 우려가 있었다. 그때 영국 침례교도들은 아이의 탄생을 감사하는 예식을 만들어 하나님의 눈에 아이는 값싼 노동력 이상의 가치가 있음을 인정하도록 했다.

20세기에 이러한 헌아식은 신자세례 전통들 사이에서 급증했고, 심지어는 유아세례 교회들에도 영향력을 끼쳤다. 일부 유아세례 전통의 신학자들은 유아세례의 효용성에 의문을 품기 시작했다. 성인이 된 세례 받은 자 중에 교회와 거의 접촉하지 않는 이들의 수가 점점 더 늘어나고 있기 때문이다. 이는 세례가 국가교회의 시민 종교 관습에 지나지 않는다는 주장으로 이어졌다. 더 나아가, 『세례, 성찬, 직제』 문서에서 지적하듯이, 초교파적으로 결혼하는 시대에 헌아식은 유아세례 전통과 신자세례 전통에 속한 부모에게 유용한 타협안이 될 수 있다.

헌아식을 제정하고 실행하는 데 있어 한 가지 어려운 점은 참고할 수 있는 기존의 교단 예식이 없다는 것이다. 신자-세례 교회들의 예식들은 다소 즉흥적이어서 경우마다, 목회자마다 다 다르다. 유아세례 전통들에서 헌아식을 포함한 예배서는 거의 없음에도 불구하고, 부모들의 요구를 들어주기 위해 때때로 헌아식을 실행한다. 그러한 경우, 헌아식의 의미는 성찬식과 교회의 정회원이라는 다른 측면들과 관련하여 목회적인 도전에 직면하게 된다. 헌아식을 공식적으로 허용하는 유아세례 전통들에서는 이러한 목회적, 신학적 사안을 거의 다루지 않는다. 예를 들어, 복음주의언약교회(Evangelical Covenant Church)는 지난 세 권의 예배서(1960, 1981, 2023)에 헌아식을 수록했지만, 세 가지 예식은 서로 다른 예식으로, 예식에 대한 서론과 예식 자체 모두에서 신학적 주제가 다르다.

최근에는 헌아식에 관한 신학적, 실천적 사안 외에도, 기독교 입회의 다양한 개별적인 예식들의 통일성에 대한 사안들이 관심을 끌게 되었다. 물론 신자세례는 하나의 의례이기 때문에 이 문제가 해결되지만, 유아세례를 베푸는 자들이 성찬을 나누는 하나님의 온전한 가족의 일원으로 유아들을 받아들이지 않는다는 것은 점점 더 이상하게 여겨지고 있다. 일부 교단에서 세례와 안수, 성찬은 나이에 상관없이 입회 때 모두 함께 실행된다. 유아들에게 소량의 성찬 포도주를 주고, 작은 빵 조각을 유아의 입술에 놓는다. 세례 받은 아이들의 성찬을 거부하는 것은 그리스도의 몸의 일원이 되는 것이 이제는 개념적으로 생각할 수 있는 능력에 달려있다는 것 같다. 아동 발달을 더 많이 배울수록 그러한 제한에 대한 의문은 더욱

커진다.⁴⁵

유아세례-신자세례 논쟁과 관련된 또 다른 쟁점은 재세례에 관한 질문이다. 우선, 세례가 신실하고 진실한 인간의 헌신이고, 그래서 후보자가 자신의 신앙이 약해졌다고 믿는다면, 세례는 반복될 수도 있다. 그러나 세례가 무엇보다도 우리를 지탱하는 하나님의 선물이자 약속이라면, 세례를 다시 베푸는 것은 그 약속에 대한 하나님의 신실하심에 의문을 품는 것이 된다. 여러 면에서, 이 점에 대한 동의가 이뤄지지 않으면 그 논쟁은 해결되지 않는다. 그렇지만, 오늘날 많은 유아세례 교회는 교회력 절기 때(부활절, 오순절, 만성절, 주현절은 세례 갱신을 위한 대표적인 날들이다) 교인들에게 그들의 세례 언약을 재확인하는 의식을 제공한다. 이것은 유아세례 교회에서 재세례에 대한 적절한 대안이 될 수 있다.

역사적으로, 재세례의 문제는 개인의 감정이나 선택에 대한 우려보다는 세례의 유효성에 대한 우려와 관련이 있었다.⁴⁶ 이 문제는 적어도 카르타고의 키프리아누스와 로마의 주교가 이단 종파에서 세례 받았던 사람이 보편교회로 들어올 때 세례를 다시 받아야 하는가에 대한 문제를 놓고 논쟁했던 3세기로 거슬러 올라간다.⁴⁷ 오늘날 기독교 교회는 그리스도인들이 소속 교단을 다른 교단으로 바꿀 때 같은 문제에 직면한다. 교회 전통들 사이의 일치를 인정하기 위한 중요한 조치는 다른 교회에서 받은 세례의 유효성을 상호 인정하는 것으로, 세계교회협의회의 『세례, 성찬, 직

---

45 Urban T. Holmes, *Young Children and the Eucharist*, rev. ed. (New York: Seabury Press, 1982). Also Ruth Meyer, ed., *Children at the Table* (New York: Church Pub., 1995).
46 일부 초기 기독교 지도자들은 신자가 자기 세례의 유효성을 의심하기 시작할 때 발생하는 목회적 문제를 인식하고 있었다. 예로, L. Edward Phillips, "The Proof Is in the Eating: Dionysius of Alexandria and the Rebaptism Controversy," in *Studia Liturgica Diversa*, Maxwell E. Johnson and L. Edward Phillips, eds. (Portland: Pastoral Press, 2004), pp. 53-64를 보라.
47 J. Patout Burns, "On Rebaptism: Social Organization in the Third Century Church," *Journal of Early Christian Studies* I, 4 (1993): 367-403을 보라. 이에 대한 일반적인 논의를 위해서는, Maxwell E. Johnson, *The Rites of Christian Initiation* (Collegeville, MN: The Liturgical Press, 2007), pp. 92-95를 보라.

제』에서도 분명하게 표현된 소망이다.

세례 신학에 대한 지금까지의 간략한 역사적 개요가 보여주듯이, 실제적인 문제는 전체적인 문제를 연구하지 않고서는 해결될 수 없다.

입회 자체는 무엇인가?

무엇보다 중요한 것은 풍성하고 다양한 성경적 이미지를 균형감 있게 회복하는 일인 것 같다. 입회는 개인의 죄에 대한 용서이지만, 교회로의 편입이기도 하다. 하나님의 선물이지만 인간의 진실한 반응이기도 하다. 그것은 쉬운 멍에이면서(마 11:28-30), 동시에 어려운 길이다(마 7:13-14). 20세기 후반 이래로, 서방교회에서 입회 예식들이 발전하고 있는 것은 위에서 살펴보았던 다섯 가지 성경적 주제의 균형이 회복되고 있다는 희망적인 신호이다.

3. 기독교 입회의 실제적이고 목회적인 측면

입회 예식과 신학에 대한 현재의 논쟁으로부터 수많은 목회적 가능성이 발생한다. 세 가지 주요한 실천적 관심사를 언급하고자 한다. 무엇보다도 입회는 전도이다. 입회를 통해 성장한 초기 교회에서는 이것이 분명했다. 이는 지난 몇 세기 동안에 일어난 엄청난 선교적 확장에도 불구하고, 현대 교회가 더디게 배운 교훈이다. 입회는 교회가 성장하는 방법이다.

여기에는 몇 가지 실천적인 함의가 있는데, 좀 더 규정적이고 규범적인 방식으로 표현하겠다. 독자들은 이러한 규정에 모두 동의하지 않을 수 있다. 그러나 최소한 우리가 살펴본 역사적 기술의 영향에 대한 논의가 시작될 수 있기를 바란다.

첫째, 입회는 더 이상 "마구잡이," 즉 제한이 없고, 무계획적이면 안 된다. 아이에게 세례를 베풀어 달라고 전화하는 낯선 사람이나 "예약 없이"

세례를 받기 위해 통로를 따라 무리를 지어 걸어오는 잘 모르는 사람들에게 우리는 목사가 그들에게 교리 교육 과정을 시작하자며 기쁘게 요청할 것이라고 정중하게 말해줘야 한다. 최소한 목사는 세례 전에 부모들이나 예비 후보자들을 방문해야 하고, 세례 이후에도 종종 많은 것을 이룰 수 있다. 그것은 교회가 믿지 않는 부모들에게는 "아니요"라고 말해야 한다는 것을 뜻한다.

그러나 입회를 위한 요구 사항을 설명하는 과정에서 목사는 그리스도인들이 믿는 것에 관해 증거할 수 있는 유일한 기회를 얻게 될지도 모른다. 성인 탐구자에게는 일종의 학습(catechumenate)에 등록하는 것을 의미한다. 『사도전승』이 말하는 3년 과정의 학습은 다소 엄격했을 수 있지만, 그 과정을 모두 마친 사람들은 그들의 신앙을 위해 죽을 각오가 되어 있었다(그리고 많은 경우 죽었다). 로마가톨릭의 "어른 입교 예식" 및 유사한 예식들은 모든 그리스도인이 진지하게 연구할 가치가 있다. 이 과정은 탐구자(새교우)가 완전한 결합을 향해 성장하는 동안 공동체로부터 전적인 도움을 받도록 할 뿐 아니라, 회중에게는 자기 신앙의 기초를 재점검하게 한다.

둘째, 세례를 베푸는 것과 교육하는 것은 서로 연결되어 있다(마 28:19-209). 교회력은 특히 주님의 수세일, 부활절, 오순절, 만성절에 입회의 의미에 대해 설교할 기회를 제공한다. 많은 그리스도인이 입회에 대해 혼란스러워하는 것은 당연하다. 그들에게 입회에 관해 설명하는 신비 교리 교육(mystagogical catechesis)과 같은 것을 경험해 본 적이 없기 때문이다. 그러나 그들은 더 많은 것을 알아야 할 자격이 있다. 그래서 입회의 증인으로 섬길 때마다 그들을 위해 하나님께서 이미 무엇을 하셨는지 다시 기억할 수 있어야 한다. 세례는 외부에서뿐만 아니라 내부에서도 교회를 세운다. 이는 기독교 입회가 전도 그 이상임을 뜻한다. 기독교 입회는 그리스도인 형성을 위한 지속적인 작업이다.

셋째, 입회에서 의례 행위와 도구의 표지 가치는 매우 중요하다. 입회 의례는 기본적으로 행위를 의미한다. 말만으로는 충분할 수 없는 무언가가 일어난다. 그 행위는 행위로서의 표지 가치에 대한 무관심이나 무신경함으로 인해 모호해지지 않고 말할 수 있도록 허용되어야 한다.

입회는 공동체의 행위이다. 그래서 공동체는 반드시 참여해야 한다. 전 회중이 후원자이다.

공동체가 없는데 어떻게 한 개인이 그 몸에 편입할 수 있겠는가?

많은 개신교도는 그리스도의 부활을 매주 기념하기 위해 전 회중이 참여하는 일요일 예배에서 입회가 일어나야 한다고 주장한다. 다른 전통들은 지금 이 방향으로 움직이고 있다. 함께 모인 공동체 그 자체는 그리스도의 몸으로의 편입을 나타내는 가장 중요한 표지이다.

세례는 씻음이다. 세례는 전체 회중이 보고, 듣고, (사실상) 느낄 수 있는 물을 요구하는 매우 촉각적인 행위이다. 이 경우에 있어서 침수로 세례를 베푸는 교회들은 더 깊은 성례전적 감각을 지닌다. 많은 로마가톨릭과 개신교 교회의 현재 관행에는 시설과 실행 모두에 결함이 있다. 세례는 강력한 정화라기보다는 (풍자됐듯이) "드라이클리닝"에 더 가깝게 보인다. 우리의 관심사가 하나님께서 활동하시는 생명의 넘침(flood, 범람)이라는 의미를 전달하는 것이라면 풍부한 물이 이를 가장 잘 전달한다. 즉, 작은 그릇 크기의 세례반으로는 충분하지 않고, 오늘날 사용되는 세례반은 그 기능을 해내지 못할 것이다. 중세와 종교개혁 이후의 세례 받은 아기를 담글 수 있을 만큼 컸다. 그것은 루터가 분명히 선호했고, 영국성공회의 예식 규정이 항상 명시했으며(비록 지난 200년 동안에는 무시되었지만), 새로운 로마가톨릭과 성공회 예식이 처음으로 제안한 방식이었다. 그러나 이는 오늘날 많은 유아세례 교회가 가진 것들과는 다른 시설과 실행을 의미한다.

우리가 원하는 것이 하나님이 행하신 것을 행위로 보여주는 것이라면, 몇 방울의 물을 뿌리는 행위(좀 더 일반적으로는 적시는 행위)는 매우 적절하지 않다. 물을 적실 때 보여지고 들려질 수 있다면 붓는 것이 더 낫다. (유아를) 물에 살짝 담그거나 (아이들과 어른들을) 물에 깊이 잠기게 하는 행위가 당연히 가장 좋다. 분명히 말하지만, 형식적인 물 뿌리기의 문제는 그것이 무효하게 될 것이라는 게 아니다. 하나님의 선물인 물의 차고 넘치는 풍성함(extravagance)을 나타내는 인간의 상상력이 부족하다는 것이 문제이다. 만약 그 행위가 자기 생각을 말하도록 놓아두면, 우리는 실제로 사람들을 씻을 것이다. 무엇보다도 우리는 세례를 그리스도인의 귀여운 행위로 만들지 말아야 한다. 중심은 하나님이시지 아기가 아니다.

안수와 도유는 극적인 행위로, 그 자체로 증거가 되도록 해야 한다. 안수와 도유는 관련된 모든 사람의 세례명을 사용함으로써 가능한 한 개인적으로 행해져야 한다. 각 후보자는 개별적으로 안수와 도유를 받아야 한다. 전체 회중이 세례 재확인이나 갱신에 참여할 때, 전 회중에게 (재세례가 아니라는 것을 시사하며) 물을 뿌리는 행위는 매우 바람직하다. 세례를 반복하는 것은 절대로 아니지만, 재확인이나 갱신은 하나님께서 세례에서 우리를 위해 행하신 일을 생생하게 기억하게 한다. 오늘날 많은 교회는 매해 갱신 또는 재확인 예식을 실행하고 있다.

넷째, 교회들은 입회의 전체 과정에서 통일성이 잘 보이도록 해야 한다. 이상적으로는 새로운 예식들이 제안하듯이, 핵심적인 입회 예식의 모든 부분은 회중이 참여하는 일요일, 특히 부활주일에 수행되어야 한다. 주교가 있는 교회에서는 주교가 통합된 전체 의식을 집례할 수 있을 때, 보편교회를 분명하게 드러낼 수 있다. 이는 유아와 성인에게 개별적으로 "요구에 따라 세례를 베푸는" 관행을 줄인다는 것을 의미할 것이다.

세례, 안수, 첫 성찬은 함께 실행되어야 한다. 그리스도의 몸인 교회에서 준회원이나 예비 회원을 암시하는 것은 비성경적이고 모순적이다. 하나님께서 행하실 때, 불완전하거나 예비적이지 않다. 하나님의 행동은 무조건적인 자기 주심이다. 사람이 받은 세례를 나중에 거부하더라도, 하나님께서는 입회에서 우리를 받아주겠다고 하셨던 그 약속을 끝까지 지키신다. 입회 의식의 통일성은 이를 증거해야 한다. 최소한 세례와 첫 성찬은 한 짝이다. 초기 교회가 성찬식을 모든 그리스도인이 정기적으로 반복하는 입회의 부분이라고 이해했던 것은 옳았다. 세례와 안수 또는 도유를 받은 사람들은 나이에 상관없이 바로 주의 식탁으로 초대 받아야 한다. 누구든지 주님의 몸의 지체가 되기에 충분한 나이라면, 주님의 식탁에 초대 받기에도 충분한 나이다. 기본적인 논리는 이렇다. 우리는 태어나고(세례), 그런 다음 먹는다(성찬). 이것은 자연적 출생의 경우이며 예수 그리스도의 가족으로 태어난 모든 사람도 그래야 한다.

제8장 용어들

adhesion: 충성
affirmation: 확인
affirmation of baptismal promise: 세례 약속의 확인
anointing with oil: 기름 부음, 도유
Apostles' Creed: 사도신경
baptism: 세례
baptismal font: 세례반
baptistery(baptistry): 세례소
catechumenate: 학습
chrism: 성유
chrismation: 성유식, 견진
chrisom robe: 유아 세례복
Christian initiation: 기독교 입회
circumcision: 할례
communion, first: 첫 성찬
confirmation: 견진, 입교
consignation: 위탁
elect: 선택

enlightenment: 조명
ephphatha: 에바다
first communion: 첫 성찬
infant dedication: 헌아식
kiss of peace: 평화의 입맞춤
laying on of hands: 안수
mystagogical catechesis: 신비 교리 교육
pedobaptism: 유아세례
proselyte baptism: 개종자 세례
public profession: 공적 고백
reaffirmation of baptismal promises: 세례 약속의 재확인
renewal of baptismal promises: 세례 약속의 갱신
renunciation: 단절
Rite of Christian Initiation of Adults: 『어른 입교 예식』
scrutinies: 심사
signing: 성호 긋기

제9장

성찬

L. 에드워드 필립스 | 캔들러신학대학원 역사 신학 및 기독교 예배학 부교수

성찬은 기독교 예배에서 가장 독특한 의례이다. 또한 세계 곳곳에 있는 수많은 교회와 공동체에서 매일, 매주 거행되는 성찬은 그리스도인들 사이에서 가장 널리 사용되는 예배 형태이다. 제6장에서 초기 시대 이래로 성찬을 위해 전반부를 형성했던 말씀 예배에 대해 살펴보았다. 이제 우리는 그 후반부인 식탁을 다루겠다.

다양한 그룹은 전반부와 후반부를 합쳐 "성찬"(eucharist)(즉, 감사)이나 "주님의 만찬"(Lord's supper)(고전 11:20), "떡을 떼기"(행 2:46; 20:7), "신성한 전례"(divine liturgy), "미사"(Mass), "거룩한 교제"(holy commuion), "주님의 기념"(Lord's memorial) 등 다양한 이름으로 부른다. 후반부 자체로만은 "성찬"(eucharist), "신자들의 미사"(mass of the faithful), "희생 제물"(offering of sacrifice)(테르툴리아누스), "식탁 예식"(service of the table), "희생"(sacrifice), "봉헌"(offering) 또는 "아나포라"(anaphora)(헬라어로 "봉헌")로도 종종 불린다. 1세기 말 이래로 "성찬"은 사용할 수 있는 것 중 가장 서술적인 용어였다. 우리는 이 용어를 가장 자주 사용하게 될 것이다.

어떻게 불리든 간에 기독교 전체에서 그 내용은 거의 똑같다. 바로 최후의 만찬에서 예수님의 행동에 기반한 신성한 식사이다. 기독교 세계에는 다양한 관행이 존재하지만, 예식들이 취하는 형태는 놀라울 정도로 일관성을 보여준다. 모든 교회는 신약성경의 저자들이 예수님의 말씀과 행

동, 목적을 해석했던 것을 충실히 따른다. 모든 교회에서 발전해 온 성찬 예식들에서 광범위한 유사성은 예수님이 이러한 유형의 예배에 남긴 흔적을 보여준다. 따라서 성찬식이 기독교 예배의 가장 독특한 형태인 것은 당연하다. 성찬은 그리스도의 권위를 지니고 있다.

이 장에서 우리는 시대에 따른 그리스도인들의 성찬 예식들, 성찬 거행에서 경험한 것에 대한 이해, 이러한 역사가 목회 활동에 끼치는 영향에 대해 간략하게 살펴보겠다. 다뤄야 할 내용이 많으므로, 어느 주제든 그것에 대해 시간을 오래 끌지는 않겠다. 그러나 역사적, 신학적, 실천적 사안들에 대한 기본적인 개요에 대해서는 살펴볼 필요가 있다.

1. 성찬 실행의 역사

가장 초기의 그리스도인들은 유대인들이었고, 성찬의 유대적 배경은 기독교 예배의 모든 기원과 마찬가지로 중요하면서 복잡하다. 이와 관련하여 유대인 예배의 두 장소, 즉 성전 제의와 가족 식사가 중요하다. 우리가 제6장에서 논의했던 것처럼, 회당의 모임 관습도 영향을 끼쳤을 것 같지만, 이에 대한 증거는 찾기 힘들다.

주전 7세기 이후로 유대교의 희생 제사는 예루살렘 성전에서 국가적으로 행해졌다. 모든 희생 제의는 국가로서 하나님과 관계를 맺고 개인적으로 하나님과의 친교를 이루려는 공동체적인 수단으로 발전했다. 제사는 삶의 방식이었고, 매일 아침과 저녁에 성전에서 드리는 희생 제사는(출 29:389-39) 곳곳에 있는 경건한 유대인들의 기도에서 기억되었다. 희생 제사의 이미지는 주님의 만찬이 제정되는 이야기에서 나타나고("많은 사람을 위하여 흘리는 바 나의 피 곧 언약의 피니라," 마 26:28), 신약성경 신약 전반 특히 히브리서에서 반복된다.

우리는 회당에서의 예배가 기독교의 말씀 예배에 어떤 영향을 끼쳤는지 이미 살펴봤지만, 회당 예배가 1세기 교회의 공적 기도와 예배의 기원에 원인이 되었는지는 명확하지 않다. 예수님 당시의 팔레스타인 회당 예배에 대한 학자들의 의견은 다양하다. 회당은 주로 사회 활동과 교육에 중점을 둔 커뮤니티 센터였던 것 같다. 유대인 남성들은 때때로 회당에 모여 개인적으로 매일기도를 드렸지만, 이것은 성전 파괴 이후 회당에서 예식이 발전한 방식으로 공적 예배가 되지는 못했을 것이다.[1]

2세기 중반까지(아니면 조금 이른 시기까지) 유대인 기도의 표준 형식은 하나님께서 행하신 일로 인해 하나님을 송축하는 것이었다. 하나님에 대한 송축과 감사는 모두 하나님의 백성을 위해 행하신 하나님의 권능을 이야기했다. 기도 형식은 히브리 기도 전체에서 찾아볼 수 있다. 그러한 기도들은 신조의 기능을 한다. 기억해 내기를 원하는 행위들을 낭송함으로써 하나님은 송축 받으신다. 따라서 기도는 선포의 한 형태이기도 하다.

유대인의 식탁 기도에서도, 예를 들어, "포도나무의 열매를 맺게 하신 하나님, 당신을 송축합니다…"와 같이 감사를 표하는 행동을 낭송함으로써 하나님을 송축하는 유사한 사고 방식이 작용한다.

이미 성취된 하나님의 역사에서 미래에 기대되는 일들을 이루어달라고 하나님께 간구하는 방향으로 바뀌는 것은 자연스러운 발전이다.

> 당신의 도시 시온에 당신의 쉐키나[영광]를 회복하시고, 예루살렘에 예배의 질서를 회복하소서(주후 70년 이후).

---

[1] 고대 유대교에 대한 학자들의 논의에 대해서는 Heather A. McKay, *Sabbath and Synagogue: The Question of Sabbath Worship in Ancient Judaism* (Leiden: Brill, 1994), 반론에 대해서는 Pieter W. Van der Horst, "Was the Synagogue a Place of Sabbath Worship before 70 CE?" in *Jews, Christians, and Polytheists in the Ancient Synagogue: Cultural Interaction during the Greco-Roman Period*, Steven Fine, ed. (Baltimore Studies in the History of Judaism. New York: Routledge, 1999), pp. 56–82을 보라.

더 강력한 역사를 위한 간구는 하나님께서 이미 행하신 일의 선포 다음으로 이어진다. 유대인의 기도 형식과 내용은 기독교 성찬기도의 패턴, 특히 신조기도를 통해 하나님을 송축하는 틀에 영향을 끼친 것으로 보이지만, 그리스도인들은 "송축하다"보다는 "감사하다"라는 동사를 선호했다.

가족 식사에서 기도를 송축으로 똑같이 이해하는 것은 중요했지만, 행위도 똑같이 중요했다. 최후의 만찬은 분명히 신성한 식사였지만, 예수님께서 제자들과 나누신 다른 모든 식사도 마찬가지였다. 유대인의 모든 식사는 가족 또는 가까운 친구들과 나누는 거룩한 사건이었다. 공관복음서가 주장하듯이 최후의 만찬이 유월절 식사였다면 예수님과 제자들은 유대력에서 가장 엄숙한 행사, 유대인들이 메시아가 나타나기를 소망하고 기도했던 축제를 거행하고 있던 것이다. 예수님은 익숙한 패턴의 명시된 말과 행동을 사용하여 메시아가 실제로 오셨음을 나타내셨다. 유대인들은 오늘날까지 유월절 밤 축제(Passover Seder)를 계속해서 행한다. 예수님이 메시아셨다고 인정하는 그리스도인들은 성찬(감사)을 대신 기념한다.

복음서에 나오는 것처럼 예수님은 유대인의 유월절 축제라는 절정의 시간을 사용하여 새 언약을 세우셨다. 공관복음서(마태복음, 마가복음, 누가복음)에 따르면 최후의 만찬 때 예수님은 출애굽기 12:25-27에서 명시된 전통적인 유월절 식사를 하셨다. 유월절은 이집트의 포로 상태에서 구출된 것을 기념하는 해방 절기이다. 1세기 팔레스타인의 유월절 식사 형태에 대한 증거는 거의 없지만, 이후의 유대인 관습에서는 아이들이 "이 예식의 의미가 무엇인가요?"(출 12:26)라고 묻는 것이 관행이 될 것이다. 식탁의 상석에 있는 연장자는 **하가다**(*Haggadah*, 유월절 의례)에 나오는 표준적인 해석으로 대답할 것이다. 예수님께서 성찬을 제정하실 때 이 하가다를 모델로 삼아 말씀하셨을지 모른다. 그러나 이에 못지않게 중요한 것은 특별한 음식을 먹고, 빵(떡)을 떼고, 포도주잔을 나누는 행위이다. 의례를 통해 하나님께서는 과거의 사건들로 인해 송축을 받으시고, 그 사건들은 구원하는 능력으로 다시금 현재화된다. 그리고 장래의 유익을 베푸시도록 하나님께 간청한다. 먹는 것과 마시는 것, 감사로 기억하는 것과 기대하는 것은 모두 함께 어우러진다.

신약성경은 성찬 제정에 대해서 몇 가지 이야기를 하고, 예루살렘과 드로아, 고린도에서 거행되었던 성찬도 잠깐 보여준다. 그러나 신약성경에는 부활 전의 예수님과 제자들, 군중의 식사와 부활 후의 예수님과 제자들의 식사에 관한 이야기들도 있다. 함께하는 식사는 예수님 사역의 중요한 표지로, 그분의 부활 후에도 계속되었다. 신약성경에는 두 개의 병행적인 **제정사**(institution narratives)가 등장한다. 마가복음 14:22-25과 마태복음 26:26-29는 꽤 비슷하고, 고린도전서 11:23-26과 누가복음 22:15-20 은 매우 유사하다. (일부 사본에서) 두 개의 잔을 언급하는 누가의 기록은 독특하다. 제정사들 사이에 나타나는 근소한 차이들은 그 기사들이 서로 다른 장소에 있던 여러 지역 교회가 성찬을 거행할 때 했던 말과 행위를 묘사한 것이라는 이론으로 설명될 수 있다. 그들은 모두 최후의 만찬에서 주님의 의도와 말씀, 행동을 따르고 있다고 이해했을 것이다.

제정의 말씀은 중요한 차원들을 지니고 있다. 피로 맺은 언약에 대해 말하는 제정의 말씀은 그 문맥을 고려할 때 희생제사적이다. 모든 기사, 특히 누가의 기사는 앞으로 도래할 하나님 나라를 기대하는 (유월절 자체와 마찬가지로) 종말론적인 방향을 지향한다. 신선하고 충격적인 해석이긴 했지만, 예수님께서는 식사의 음식과 행동에 대해 유대인들이 유월절 식사를 해석했던 관습을 단순히 따르셨다.

바울과 누가의 기록에서 핵심 단어는 **아남네시스**(anámnesis)이다. 아남네시스의 온전한 의미를 전달하는 영어 단어는 없다. 기억(remembrance), 회상(recalling), 표상(representation), 새롭게 경험하기(experiencing anew)는 모두 근접한 표현일 뿐이다. 유대인들이 유월절 식사에서 "우리는 이집트에서 노예였습니다 … 그리고 하나님께서 우리의 선조들을 이집트에서 끌어내지 않으셨다면, 우리와 우리 자손, 우리 자손의 자손은 여전히 이집트에서 바로의 노예로 살고 있을 것입니다"라고 말할 때 그들이 표현하는 것을 헬라어로 담아낸다. 이러한 의례의 말에서, 식탁에 모인 이들은 출애굽 이야기의 살아있는 수혜자이고 동시대의 참여자임을 인식했다. "우리는 노예였습니다 …" 아남네시스는 이러한 말과 행동을 반복함으로써, 예수님의 제자들이 그분의 식탁에 모였던 것처럼, 예수님의 추종자들이 예수님의 임재를 다시금 경험한다는 의미를 표현한다.

제정의 행위는 말씀 못지않게 중요하다. 영국 학자인 그레고리 딕스(Gregory Dix)는 성찬의 "네 가지 행위 형태"(four action shape)를 중시했다.[2] 마가복음 14:22은 이렇게 기록한다.

> 예수께서 떡을 **가지사 축복하시고 떼어** 제자들에게 **주시며**.

이러한 같은 행위들은 다른 곳 - 오병이어의 기적(막 6:41)과 엠마오 도상의 이야기(눅 24:30), 심지어는 이교도로 가득한 배 안(행 27:35) - 에서도 언급된다. 유월절 식사에서 사용된 음식은 실용적인 행위뿐 아니라 상징적인 행위도 포함했다(쓴 나물에 담그기, 무교병 먹기). 딕스의 가장 중요한 공헌은 성찬이 기본적으로 행위라는 사실을 상기시킨 것이다. 그는 네 가지 핵심적인 행위, 즉 취하고, 감사하고(또는 축복하고), 떡을 떼고, 주는 행위를 고찰했다. 네 가지 행위 중에서 감사하는 것과 빵과 포도주를 주는 것이 오늘날 더 중요하게 여겨지고 있다.

요한복음은 최후의 만찬과 관련하여 유다와의 대화를 제외하고 실제 식사에 대해서는 상세히 설명하지 않는다. 그러나 세족(foot washing)이라는 또 다른 표지-행위에 대해서 유일하게 기술하고 있다(요 13:3-17). 초

---

2 Gregory Dix, *The Shape of the Liturgy* (Westminster: Dacre, 1945)는 Joseph Jungmann's *Mass of the Roman Rite,* 2 vols. (New York: Benziger, 1951-55); and Yngve Brilioth's *Eucharistic Faith and Practice* (London: S.P.C,K., 1953)와 함께 성찬 연구의 현대 고전들이다. 특히, Dix의 영향력은 남인도 교회 예식이 1950년에 처음으로 등장한 이래로 거의 모든 전례 개정 작업에 지대한 영향을 끼쳤다.

기 교회는 이것을 명령이 아니라 시연된 비유로 이해했던 것이 분명하다. 이 이야기 외에는, 성찬식에서 이것이 사도의 관습으로 여겨졌다는 증거가 우리에게는 없다. 그러나 세족 행위는 4세기 밀라노에서 입회 의식의 일부가 되었다. 그리고 종국에는 형제교회(Church of the Brethern)[3] 일부 오순절파, 일부 침례교파, 제칠일안식교 등과 같은 다양한 개신교 집단에서 성찬식의 일부가 되었다. 1955년 이래로, 많은 교회의 세족 목요일에서 세족 행위가 회복되었다.

  최후의 만찬의 시기를 추정하는 것은 해결되지 않은 논쟁거리이다. 공관복음서는 최후의 만찬을 유월절 식사로 표현한다. 그러나 요한복음은 "유월절 축제 전"(13:1)이 성전에서 양이 도살당하는(해 질 무렵에 시작되는) 날이었다고 말한다(18:28도 참조). 요한의 연대순에 따르면, 양을 제물로 바치는 일과 예수님의 십자가 처형이 동시에 일어난다. 일부 현대 신약성경 학자들은 최후의 만찬이 유월절 전날 저녁에 있었다는 요한의 날짜를 따르지만, 많은 다른 학자는 최후의 만찬을 실제 유월절 식사로 진술한다. 어떤 경우든, 그리스도의 수난과 죽음이라는 절정의 사건은 유월절 축제라는 맥락에서 일어나고 그 축제의 색채를 짙게 띠고 있다.

  당시는 아직 용어가 만들어지던 중이었기에, 우리가 그 단어를 적절하게 사용할 수 있다면, 신약성경으로부터 1세기 성찬에 대한 간략한 정보를 얻을 수 있다. 사도행전 2:46은 예루살렘 교회가 "집에서 떡을 떼며 기쁨과 순전한 마음으로 음식을 먹었다"라고 말하는데, "떡을 떼는 것"은 의례 식사를 나타내는 초기 용어로 여겨진다. 바울은 고린도 교회를 향해 "주의 만찬"에 합당하지 않게 참여하는 것을 엄중히 경고하면서 성찬과 "주의 죽으심을 그가 오실 때까지"(고전 11:26) 선포하는 것을 연결한다. 훗날 개신교도들은 "주의 만찬"이라는 용어에 끌리게 된다. 바울은 그 식사가 단순히 "떡을 떼는 것" 이상이라고 이해하여, 공동체 안에서 주의 몸

---

3 Church of the Brethren, *Pastor's Manual* (Elgin, Ⅲ.: Brethren Press, 1978), pp. 27-58.

을 분별하지 못하고 합당하지 않게 먹고 마시는 죄를 짓는 자들을 병과 죽음으로 위협한다. 그럼에도, 바울에게 주의 만찬은 여전히 온전한 식사라는 사실도 분명하다.

바울이 떠나려고 설교하던 중에 유두고가 잠이 들었던 드로아에서 성찬에 대한 또 다른 모습을 잠깐 보게 되지만, 성찬 자체에 대해서는 거의 배우지 못한다. 유다서에는 독특한 내용이 나오는데, 고린도에서의 문제와 비슷한 문제를 안고 있다.

> 그들은 기탄 없이 너희와 함께 먹으니 너희의 애찬[agápais]에 암초요 자기 몸만 기른다(유 1:12).

아가페 또는 애찬은 교회의 첫 두 세기 동안 온전한 식사였다. 실제로 그 어원을 볼 때, 아가페 식사는 확실히 다른 형태의 의례 식사라기보다는 기독교 성찬을 뜻하는 또 다른 말인 것 같다. 그러나 3세기에 이르러 아가페 연회와 형식적인 의례 식사로서의 성찬이 분리되었다는 증거가 발견된다. 『사도전승』은 아가페와 주의 만찬을 구분하기 위해 많은 노력을 기울인다. 주의 만찬이 언제부터 온전한 식사가 아닌게 되었는지는 알 수 없다. 비티니아의 이교도 로마 총독이었던 플리니우스가 트라야누스 황제에게 보낸 초기(112년경) 서한에 증거가 약간 있다. 이 편지는 비티니아에 있던 그리스도인들이 일요일 이른 아침의 성찬식과 저녁의 애찬에 익숙해졌지만 박해로 인해 애찬은 포기했다는 의미로 해석될 수 있다.

그러나 『사도전승』에서 애찬은 성직자가 참석한 가운데 개인 후원자들이 특별한 경우에 베푸는 교회의 만찬이었다. 남은 음식은 가난한 사람들에게 보내졌다. 안타깝게도 애찬은 부자들에 의해 남용되어 4세기 교회 공의회에 의해 금지되었다. 동방정교회에서 전례 후에 나누어주는 성별된(그러나 성찬용은 아닌) 빵(*antidoron*)은 잔존물일지 모른다. 애찬은 18세기 형제회와 메노나이트, 모라비안교도들 사이에서 부활했고 지금도 많이 실행되고 있다.[4] 존 웨슬리는 1738년 애찬을 채택하여 1738년 감리교에 도입했다. 오늘날 애찬은 에큐메니컬 행사에서 성찬을 거행할 수 없을 때 사용되도록 종종 장려된다.

부족한 내용을 알기 위해 신약성경 시대 말기의 성찬 관행을 다시 살펴보려는 마음이 들 수도 있지만 이는 위험하다. 우리는 1세기 성찬에 대한 우리의 지식이 매우 제한적이라는 점을 인정해야 한다. 2세기와 3세기에는 더 많은 증거가 나타난다. 『디다케』(*Didache*)는 기독교 성찬기도의 가장 오래된 예를 보존하고 있다. 이 특별한 기도에는 잔에 대한 감사, 그다음에는 빵에 대한 감사, 그리고 식사 후에는 잔에 대한 마지막 축복이 있는데, 누가복음에 기록된 주의 만찬의 순서와 매우 유사한 패턴이다. 『디다케』는 세례를 받지 않은 사람들에게 성찬을 주지 말라는 엄격한 경고, "예물을 제단에 드리기" 전에 형제나 자매와 화목하라는 가르침(마 5:23-24), 그리고 "이 [빵] 조각이 산들 위에 흩어졌다가 모여 하나가 된 것처럼, 당신 교회도 땅 끝들에서부터 당신 나라로 모여들게 하소서"[5]라는 유명한 문구도 포함되어 있다. 이 문구와 다음에 이어지는 문구는 종말론적인 분위기가 강하게 풍긴다. 『디다케』 14장은 "깨끗한" 제물에 대한 말라기 1:11을 인용하고 특히 성찬을 제사의 언어로 언급한다.

155년경에 저술된 유스티누스의 『제일 호교론』(*First Apology*)에서, 우리는 오늘날 우리에게도 익숙한 성찬식에 대한 최초의 윤곽을 발견할 수 있다.

> 우리는 기도[청원과 중보]가 끝난 뒤에 서로에게 입맞춤으로 인사합니다. 그런 다음에 형제들의 수장에게 빵과 물이 섞인 포도주가 건네지고, 그는 그것을 받아 아들과 성령의 이름을 통해 우주의 아버지께 찬양과 영광을

---

4 Church of the Brethren, *Pastor's Manual*, pp. 27-58.
5 *Didache*, 9-10, 14, Cyril Richardson, ed., *Early Christian Fathers* (Philadelphia: Westminster Press, 1953), pp. 175-76, 178.

올려드립니다. 그리고 아버지로부터 그러한 것들을 받을 수 있는 자격을 얻게 된 것에 대해 긴 감사를 드립니다 … 수장이 감사를 드리면 모든 사람은 [아멘으로] 동의하고, 우리가 부제라고 부르는 사람들이 성별된[문자적으로, 감사를 드린(eucharistized)] 빵과 포도주와 물을 현재 참석한 이들에게 줍니다. 그리고 불참자들에게 가지고 갑니다.[6]

평화의 입맞춤(롬 16:16; 벧전 5:14)은 사랑과 연합의 표지로 중보기도를 종결 짓고 봉헌으로 이어지게 했다. 동방에서 평화의 입맞춤은 이 순서를 유지했지만, 서방에서는 최근에 일부 교회들이 개정하기 전까지 그 순서를 잃었다. 수장(president, 주교 또는 집례하는 사제)이 드리는 감사기도의 문구가 이 단계에서는 아직 유동적이었던 것이 분명하다.

유스티누스는 일요일 성찬에 대한 두 번째 설명에서 수장이 "정성을 다해 같은 모양으로 기도와 감사를 마친다"라고 말하는데, 이는 기도가 다소 즉흥적이었다는 것을 보여준다. 그는 또한 부제들이 아픈 사람들과 감옥에 갇힌 사람들에게 빵과 포도주를 가져다주는 것을 이야기하면서, 확대된 성찬과 종내에는 성찬식과 성찬식 사이에, 교회에서 성별된 빵과 포도주를 보존하는 초기 선례를 세웠다. 가난한 사람들을 위해 모으기도 한다.

초기 성찬에 대한 가장 중요한 정보의 출처는 또다시 『사도전승』이다. 이 문헌에 따르면, 새로운 주교가 임명되면 곧 모든 사람이 그에게 평화의 입맞춤을 한다. 그런 다음 부제들이 빵과 포도주의 봉헌물을 그에게로 가져오면, 주교는 "모든 사제와 함께 봉헌물에 손을 얹고" 감사의 기도를 시작한다. 사제들은(침묵으로) 기도에 동참하는데, 이는 후에 **공동집전**(concelebration)으로 알려진다. **대감사**(성찬기도, 아나포라, 성별기도)는 집례자와 회중 사이의 대화로 시작된다.

---

6 *First Apology* 65, Richardson, *Early Christian Fathers*, pp. 285-86.

주교 서품 후의 성찬기도문의 문구는 개신교들과 로마가톨릭교도들 모두가 모방하여 널리 사용하고 있다. 그것은 로마가톨릭 성찬기도문 II의 기본 자료이다. 다음은 그 기도를 적당히 재구성한 것이다.

> 주님께서 여러분 모두와 함께 [하십니다].
> 그리고 모든 사람이 말하게 하십시오:
> 당신의 영과 함께.
> 그리고 그가 말합니다:
> [여러분의] 마음을 드높여
> 그리고 사람들이 말합니다:
> 주님께 [그것들을] 드립니다.
> 그리고 그가 다시 말합니다;
> 주님께 감사합시다.
> 그리고 사람들이 말합니다.
> 그것이 합당하고 옳습니다.
>
> 하나님, 당신의 사랑하는 자식(child)[7] 예수 그리스도를 통해 당신께 감사를 드립니다. 그는 마지막 때에 당신께서 당신의 뜻에 따라 구원자와 구속자와 천사로 우리에게 보내신 분이고, 당신의 떼어놓을 수 없는 말씀으로 그를 통해 만물을 지으시고 기뻐하셨습니다. 그는 당신께서 하늘에서 처녀의 태로 보내어 잉태되게 하셨고, 성육신하여 성령과 처녀에게서 태어난 당신의 아들로 나타내셨습니다. 그는 당신의 뜻을 이루시고 당신을 위해 고통 받으실 때 [그의] 손을 뻗어 거룩한 백성을 얻으셨고, 당신을 믿는 자들을 고통

---

7 예수 그리스도를 지칭할 때 아들(son) 대신 자녀(child, 또는 라틴어로는 "종"으로 번역될 수 있음)라는 단어를 사용한 것은 이 기도가 아주 오래된 것임을 나타낸다. 예수에 대한 수식어로 "자녀"를 사용한 예가 2세기에는 더러 나타나지만, 3세기 이후에는 나오지 않는다.

에서 해방하셨습니다. 그가 자발적인 고난으로 넘겨지셨을 때, 죽음을 멸하시고 마귀의 결박을 끊으시고 지옥을 짓밟고 의인에게 조명하셨습니다. 그리고 한계를 정하시고 부활을 나타내셨습니다. 빵을 가지고 여러분에게 주시며 말씀하셨습니다. 받아서 먹으라. 이것은 너희를 위해 부서질 내 몸이라. 마찬가지로 잔을 주시며 말씀하셨습니다. 이것은 너희를 위하여 흘리는 나의 피라. 이것을 행할 때 나를 기억하라. 따라서 우리는 그의 죽음과 부활을 기억하고, 우리를 당신 앞에 서서 당신을 섬기기에 합당하다고 여겨 주신 당신께 감사하며 빵과 잔을 바칩니다. 그리고 우리는 [당신의] 거룩한 교회의 봉헌물에 당신의 성령을 보내주시고, 진리에 대한 믿음이 강해지기 위해 성령의 충만함으로 거룩한 것에 [참여하는] 모든 이를 하나로 모아주시고, 당신의 자식 예수 그리스도를 통해 당신께 찬양과 영광을 돌리며, 그를 통해 아버지와 아들과 성령이신 당신께 영광과 존귀를 이제와 영원히 당신의 거룩한 교회에서 돌릴 수 있기를 간구합니다. 아멘.[8]

최근에 『사도전승』에 실린 성찬 기도문의 문구는 개신교도들과 로마가톨릭교도들 모두가 모방하여 널리 사용하고 있다.

기도는 "마음을 드높여"로 번역되는 **수르숨 코르다**(*sursum corda*)를 포함한 대화로 시작한다. 그리고 주교와 함께 감사에의 참여로 초청한다. 이것은 여전히 많은 성찬기도가 시작하는 방식이다. 이어지는 전례들 대부분은 최종적으로는 이사야 6:3과 요한계시록 4:8에 근거한 **상투스**(*sanctus* [삼성송] - "거룩, 거룩, 거룩")로 넘어간다. 『사도전승』은 삼성송을 언급하지 않는데, 삼성송이 사용되지 않았었거나, 언급할 필요가 있다고 여기지 않

---

8 Paul F. Bradshaw, Maxwell E. Johnson, and L. Edward Phillips, *The Apostolic Tradition* (Minneapolis: Augsburg Fortress, 2002), pp. 38, 40에 있는 번역문으로, 설명을 위해 일부 수정했다. 이 성찬기도문의 본문은 1970년판 『로마 미사 경본』의 성찬기도문 II로 채택되었고, 1979년판 『공동기도서』의 성찬기도 B, 예식 II에 수록되었다. 초기 교회의 이 기도문은 3세기보다 오늘날 더 많이 사용되는 것 같다.

앉기 때문인 것 같다. 삼성송-이후는 예수 그리스도 안에서 하나님께서 하신 일에 대한 감사로 이어지고, 그리스도의 사역에 대해 말한다. 그리고 **제정 말씀**으로 이 부분을 마무리한다. 이것은 실로 성찬기도에 예수님의 제정 말씀이 포함된 가장 초기의 예일 것이다. 4세기 주교들이 성찬 예식의 역사적 근거에 대해 신자들을 교육해야 할 필요성을 느꼈기 때문에 제정 말씀을 포함하게 되었다는 주장은 오늘날 널리 받아들여지고 있다.

제정사 다음에는, 기억되는 내용을 요약하고 하나님께 빵과 잔을 바치는 **아남네시스-봉헌**(anámnesis-oblation)이라고 알려진 부분을 볼 수 있다. 『사도전승』의 마지막 부분은 성령을 보내시고 참여하는 사람들의 친교를 풍성하게 해달라고 하나님께 요청하는 성령의 임재 간구 또는 **에피클레시스**(epiclesis)이다. 『사도전승』은 성령으로부터 바라는 혜택을 언급한다. 회당기도가 감사에 관한 이야기로부터 더 많은 도우심을 간구하는 것으로 자연스레 나아가는 것처럼, 여기서부터 산 자와 죽은 자 모두를 위한 중보기도로 이어지는 것은 자연스러운 흐름이다. 『사도전승』은 그 방향으로 나아가지 않았지만, 그것이 자연스러운 전개였기 때문에 결국 대부분 성찬기도는 중보를 포함하게 되었다. 그런 다음에 전체 기도는 순교자 유스티누스의 글에서 볼 수 있는 것처럼 삼위일체적 찬양의 송영과 회중의 "아멘"으로 마무리된다.

그러면 이 모든 것이 왜 그렇게 중요한가?

『사도전승』은 기독교 예배의 중심 행위의 중심 기도의 원형을 제공한다. 우리는 수 세기가 동안에 성찬기도가 기독교 신앙에서 가장 일반적인 신학적 진술이었다는 것을 알게 된다. 그 구조는 삼위일체적이다. 성부 하나님께 감사하고, 성부 하나님 앞에서 성자 하나님의 일을 기념한다. 그리고 성부 하나님께 성령 하나님을 보내달라고 간구한다. 형식은 완전히 유대교적이다. 하나님이 과거에 행하신 일을 낭송함으로 찬양하고, 그 일을 계속해 달라고 간구한다. 내용은 또한 철저히 기독교적이다. 하나님께서 예수 그리스도 안에서 행하셨고, 성령을 통해 계속해서 행하시는 일을 기억한다.

이 중심적인 기도는 기독교공동체의 신앙을 신실하게 나타낼 수 있는 사람을 요구했다. 『사도전승』은 이렇게까지 말한다.

> 하나님께 감사하는 것을 기계적인 암기로 배운 것처럼, 우리가 위에서 했던 말을 똑같이 반복할 필요는 없고, 각자의 능력대로 기도할 것이니 … 오직 그로 정통신앙에 맞는 기도만 하도록 하라.[9]

안수 받은 성직자의 가장 중요한 기능 가운데 한 가지는 전체 교회의 신앙을 요약하고 기도로 선포할 수 있는 장로와 주교의 능력이다. 2세기 안디옥의 이그나티우스(Ignatius of Antioch)가 "주교나 그가 위임한 사람에게" 성찬의 집례를 제한했던 것은 당연하다.[10] 모든 목사는 회중을 위한 신학자로, 공동체 최고의 표현인 성찬기도를 통해 공동체의 신앙을 진술하도록 그들에게 위임받았다.

『사도전승』 이후 여러 해 동안 성찬기도는 계속 발전했는데, 주로 수르숨 코르다 다음에 감사를 드리라는 초청의 말이 확장되었다. 이것은 **감사송**(preface)으로 불리고, 감사의 낭송으로 시작한다. 서방에서 감사송은 절기나 의식에 따라 달라질 수 있다. 동방교회의 의식과 일부 개신교 의식에서, 감사송은 변하지 않거나 표준화되어 있다.

이 패턴의 성찬기도에 능숙해지면, 마치 명시된 형식으로 소네트(10개의 음절로 구성되는 시행 14개가 일정한 운율로 이어지는 14행시 – 역자주)를 쓸 수 있듯이, 즉흥적으로 기도하는 것이 가능하다. 제2차 바티칸 공의회 이후 서방에서 채택된 성찬기도 대부분의 패턴은 다음을 포함한다.

---

9   Bradshaw, et al., *The Apostolic Tradition*, p. 68.
10   "To the Smyrnaeans," 8, in Richardson, *Early Christian Fathers*, p. 115.

- 대화(dialogue)
- 감사송(preface)
- **삼성송**(sanctus)과 **베네딕투스**(benedictus – 스가랴의 노래)
- **삼성송**-이후(post-sanctus)
- (preliminary epiclesis, 예비적 성령임재의 간구)
- 제정사(words of institution)
- 아남네시스-봉헌(anámnesis-oblation)
- **에피클레시스**(epiclesis, **성령임재의 간구**)
- (중보기도[intercessions])
- 송영(doxology)
- 아멘(Amen)

  1~3세기에는 즉흥적인 기도가 일반적인 관행이었지만, 4세기에 이르러 우리는 다소 고정된 기도문이 사용되기 시작하는 것을 보게 된다. 가장 초기의 기도문 가운데 하나는 이집트 트무이스(Thmuis)의 주교였던 사라피온(Sarapion)이 4세기 중엽에 기록한 것이다. 가장 독특한 요소는 삼위일체 하나님의 두 번째 위격이신 "로고스"로 향한 **에피클레시스**이다.[11] 니케아 공의회 이후 시대에는 지중해 주변 지역 곳곳에서 다양한 성찬 예식들이 발전했다(도표 2를 보라). 모두 공통된 특징을 갖고 있다. 6세기에 이르러서는 말씀 예배와 성찬식이 결합하여 이후 천 년간 유지되었다.

  4세기와 5세기, 6세기에는 문체와 어법에서 중요한 차이가 나타나는데, 민족의 다양성을 증명하면서도 목적의 일관성을 유지한다. 이것들에 대한 비교연구는 방대한 학문이다. 우리는 여기서 지중해 연안의 전례 계보(liturgical families)를 시계 반대 방향으로 따라가면서 풍성한 다양성을 조금

---

11 R. J. S. Barrett-Lennard, *The Sacramentary of Sarapion of Thmuis* (Bramcote, Notts, U. K.: Grove Books, 1993), p. 27.

만 제시할 수 있을 뿐이다.

전형적인 알렉산드리아나 이집트의 성찬기도는 전통에 따르면 알렉산드리아에서 사역한 복음서 저자 마가의 이름을 딴 기도로 대표된다. 이러한 의식들에서 감사송(preface)은 구약성경에서 유래한 하나님의 창조와 구속의 역사를 길게 낭송하고는 한다(많은 서방 전통의 성찬기도에는 눈에 띄게 빠져 있다).

동쪽으로 더 가면 우리는 안디옥과 예루살렘의 중요한 문헌을 보유하고 있는 안디옥 또는 서시리아 계보를 만나게 되는데, 가장 잘 알려진 예는 성 야고보 전례이다. 이 전례는 "주님 앞에 떨며 서서"라는 찬송가 가사의 출처로 많은 이에게 친숙하다. 이 계보의 특징은 감사송에 천상의 점호가 있다는 것이다. 삼성송-이후는 옛 언약과 새 언약의 역사에 대한 낭송에서 "거룩" – "당신은 거룩하십니다"라는 말로 다시 돌아간다. 아르메니아 예식은 후기 비잔틴의 영향을 받았지만, 근본적으로는 이 계보에서 비롯되었을 가능성이 있다.

동시리아 계보는 가장 난해한 계보로 에뎃사의 성 아다이(Addai)와 성 마리(Mari) 전례에서 유래했다. 동시리아 계보는 이단과 이슬람에 의해 고립되었던 까닭에 비교적 다른 영향을 받지 않고 계속해서 사용되었다. 이처럼 동시리아 계보의 기원은 매우 오래 되었으며, 그 지역의 3세기 관습을 반영하는 것으로 여겨진다. 논란의 여지가 가장 많은 측면은 제정사가 빠져있다는 것이다. 동시리아 계보는 이런 이유로 다른 역사적 기독교 전례들 사이에서 독특하다고 할 수 있다. **에피클레시스**는 중보기도 다음에 마지막에 나온다.

알렉산드리아의 바실리우스라고 알려진 초기 형태는 소아시아의 가이사랴의 성 바실리우스(St. Basil of Caesarea) **전례 계보**로부터 큰 영향을 받았다. 왜냐하면, 주후 357년경에 바실리우스 자신이 그 전례를 이집트로 가져왔을 수 있기 때문이다. 이것은 최근 수년간 그 가치를 널리 인정받고 있으며, 최근 다양한 교단이 사용하는 성찬기도문의 기초가 된다. 성 바실리우스가 개정한 것으로 보이는 후기 형태에는 성경이 더 많이 참조되고 있고, 전 세계 정교회가 주로 사순절 기간에 열흘 동안 사용한다.

바실리우스 예전은 오늘날 세계에서 두 번째로 가장 많이 사용되는 성찬 예식인 성 요한 크리소스토무스 또는 비잔틴 전례에 어느 정도 의존하고 있다. 성 요한 크리소스토무스 전례도 안디옥 구조를 반영한다. 요한 크리소스토무스는 4세기 말에 안디옥의 주교였다. 삼성송-이후와 중보기도는 상대적으로 짧고 전체 기도는 앞에서 언급된 전례들 대부분과 비교할 때 간결한 것으로 보인다.

서쪽으로 방향을 돌려, 로마 계보를 잠시 살펴보면서 비로마 서방 예식들을 분류해 보고자 한다. 비로마 서방 예식들은 전체적으로는 갈리아 전례로 알려져 있고, 암브로시우스(또는 밀라노)와 모사라베(스페인), 켈트(아일랜드에서 시작되어 켈트족 선교사들에 의해 퍼져나갔다), 프랑크 게르만의 좁은 의미로 볼 때 갈리아로 세분된다. 비록 그 기원은 정확하지 않지만, 이러한 예식들과 동방 예식들 사이에는 연관성이 있다. 암브로시우스 예식은 밀라노 대교구에서, 모사라베 예식은 스페인의 톨레도 대성당의 한 예배당에서 여전히 사용되고 있다. 화려한 언어, 삼성송과 제성사를 제외하고 날이나 절기에 따라 바뀌면서 놀랄만한 다양성을 제공하는 성찬기도는 공통된 특징이다. 이러한 예식들이 라틴어를 사용했다는 것은 중세 시대에 다양한 라틴 전례 전통이 있었다는 것을 의미한다.

암브로시우스가 로마에서 새롭게 등장하는 많은 것을 예시하고, 남아 있는 북아프리카 전례의 단편들이 유사성을 일부 보여주기는 하지만 (논쟁의 여지는 있지만, 만약 로마에서 작성되었다면) 『사도전승』 이후 두 세기 동안, **로마 예식**(Roman Rite)으로 알려진 로마의 교황 전례를 위한 문서들에는 차이가 있다. 몇몇 초기 성례집, 입회식과 서품식, 다양한 제식규정서, 또는 예식규정집을 포함한 다양한 미사를 위한 사제의 기도문 모음집을 발견할 때, 로마를 덮은 안개가 걷힌다. 가장 오래된 성례집 중에서 레오(또는 베로나) 성례집은 300개 이상의 미사에서 사용되었던 고유기도문을 보존하고 있고, 그중 상당수는 교황 레오 1세(440-461) 때부터 전해 내려온 것으로 추정된다.

젤라시우스 성례집 구판에는 성찬기도문과 특히 미사 전문(canon)을 다듬은 것으로 보이는 교황 젤라시우스 1세(492-496)에 의해 형성된 개회기도문과 감사송이 포함되었을 수 있다. 로마 전례에서 미사 전문은 삼성송 이후의 기도에서 가장 변하지 않는 부분을 가리킨다. 그레고리우스 성례집은 로마 예식을 개혁하고 카논의 마지막에 주기도문을 고정시킨 교황 그레고리우스 1세의 이름을 딴 것이다.

중세 초기 서방교회에는 다양한 성례집이 보급되었다. 샤를마뉴는 제국의 통합을 위해 표준화를 추구했고 로마 성례집 진본의 사본을 요청했다. 교황 하드리아누스 1세(772-795)는 아헨에 있는 제국 사령부에 사본 하나를 보냈지만, 교구에서 사용하기에는 심히 충분하지 못한 것으로 밝혀졌다. 샤를마뉴의 교회 관련 고문 중 하나, 아마도 아니얀의 베네딕투스(Benedict of Aniane)가 당시 제국 곳곳에서 사용되던 다양한 갈리아 예식에서 가져온 자료를 "부록"으로 추가했다. 2세기 후, 합쳐진 성례집은 게르만 황제들에 의해 로마에서도 시행되었다. 결과적으로 로마 예식은 성물에 대한 추가적인 기도와 감사송, 성찬 후 기도를 포함한 다양한 갈리아 의식에 동화되었다. 이러한 간략한 역사적 개요에서 볼 수 있듯이, 그 발전은 매우 복잡하다! 이는 중세 가톨릭 예배가 획일적이었다는 오해를 불식시킬 것이다.

중세 시대 내내 성찬기도는 안정적으로 유지되었다. 그러나 성찬기도와 다른 주요 행위, 즉 빵과 포도주를 주는 행위는 점점 더 성직자와 사람들의 가치 없음에 대한 주관적인 사죄나 기도로 점철되었다. 그것들은 참회와 성찰의 어조를 띄는 경향이 있었다. 제단에 향을 피우고, 사제의 손을 씻는 것과 같은 부수적인 행위들은 봉헌 때 하는 집례자의 사적 기도와 합쳐졌다.

아뉴스 데이(Agnus Dei, "하나님의 어린양")는 7세기 후반에 혼합(교황과 교구 교회들의 일치를 상징하는 유풍으로, 포도주에 빵 조각들을 넣어 섞는 것)과 마찬가지로, 떡을 떼는 순서에 도입되었다. 개인적인 기도가 빵과 포도주를 주는 행위 전후로 들어갔다. (집전자의 손과 집기를 씻는) **세정식**은 성별된 포도주 한 방울과 빵 부스러기에 대한 중세 후기의 신중함을 반영하며 발전했다. 중세 후기에는 마지막 복음서(요 1:1-18)가 추가되었고, 현대의 한 교황은 몇 가지 마무리 기도를 덧붙였다. 이러한 점강적인 요소들은 제2차 바티칸 공의회 이후 빠르게 사라졌다.

도표 10은 종교개혁자들이 물려받은 구조를 보여준다. 위대한 감사를 요약하고 교회의 신앙을 선포하는 성찬기도의 원래 기능에 대한 이해는 오랫동안 잃어버리고 있었다. 이러한 일이 일어났기 때문에, 그것은 (서방에서는) 말씀 예배의 일부로 또는 (동방에서는) 아나포라(anaphora)의 도입으로 신경에 속하게 되었다.

[도표 10. 로마 전례 교회의 성찬식]

『사도전승』	4-6세기	중세
(평화의 입맞춤) 봉헌	성물에 대한 기도 성찬기도	봉헌기도와 의식
성찬기도 여는 대화 감사	감사송 상투스(삼성송)	
제정사 아남네시스/성찬 봉헌 (에피클레시스)	중보기도	
삼위일체적 송영 아멘	주기도문 평화의 입맞춤 빵을 떼기	
		아뉴스 데이(하나님의 어린양) 혼합 사제의 사죄("주님, 저는 무가치한 자입니다.")
	성찬 노래	
빵과 포도주 나눔		침묵기도 세정식
	성찬 후 기도 축복과 해산	
		(마지막 복음서)

2. 종교개혁부터 현재까지의 성찬

성찬기도 전후에 자리잡았던 중세의 주관적인 기도는 종교개혁이 주목한 것 중 하나가 되었다. 성공회의 겸손한 접근의 기도("우리는 주제 넘게 당신의 식탁에 오길 원치 않습니다.")는 이러한 경건 유형의 좋은 예이다. "우리는 당신의 식탁 아래 있는 부스러기도 모을 자격도 없습니다"라는 그 기도의 사죄는 종교개혁의 가장 생생한 이미지일지 모른다.

그러나 개신교 종교개혁자들은, 비록 그 누구도 성찬기도가 가진 고대의 중요성을 이해하지는 못했지만, 매우 중요하고 긍정적인 조처를 했다. 그들은 미사를 자국어로 진행하고 간소화했으며, (츠빙글리와 재세례파를 제외하고) 잦은 성찬식을 회복하고자 필사적으로 노력했다. 그러나 성찬을 거의 받지 않거나 일 년에 한 번만 받는 것에 익숙했던 평신도들에게 잦은 성찬식은 일부 루터파 지역을 제외하고 광범위한 성공을 거두기에는 너무나도 급진적인 시도였다.

루터는 미사를 개혁하기 위해 그의 라틴어 예식인 1523년 『미사 예식서』(Formula Missae)와 자국어 예식인 1525년 『독일어 미사』(Deutsche Messe)로 최초는 아닐지라도 가장 강력한 박차를 가했다.[12] 루터는 "많은 오물과 찌꺼기로부터 모인 망가지고 가증스러운" 미사 전문에 이르기 전까지는 보수적이었다. 그는 그것을 단순하게 제정사와 **상투스**로 대폭 줄였다.[13]

---

[12] 성찬식을 개혁하기 위해 노력한 첫 5년 동안에 만들어진 가장 중요한 개신교 전례의 연대기는 다음과 같다.

1521 Andreas Karlstadt, Wittenberg Christmnas Mass (German)
1522 Kaspar Kantz, "Evangelical Mass" (German)
1523 Martin Luther, *Formula Missae* (Latin)
Thomas Müntzer, "German Evangelical Mass"
Ulrich Zwingli, *De Canone Missae Epicheiresis* (Latin)
John Oecolampadius, *Das Testment Jesu Christi* (German)
1524 Diobald Schwarz, *Teutsche Messe* (German)
Guillaume Farel, *La Maniere et fasson* (French)
"Worms Mass" (German)
Martin Bucer, *Grund und Ursach* (German)
1525 John Oecolampadius, *Form und Gstalt* (German)
Ulrich Zwingi, *Action oder Bruch des Nachtmals* (German)
Döber, Mass for Nuremberg Hospital Chapel (German)
Martin Luther, *Deutsche Messe*.
Irmgard Pahl, ed., *Coena Domini I* (Freiburg, Switzerland: Universitätsverlag, 1983)을 보라.

[13] "Formula Missae." in Bard Thompson, ed., *Liturgies of the Western Church*, p. 108. 이 책과 Jasper and Cuming *Prayer of the Eucharist*는 개신교 예식의 텍스트를 위해 참고되어야 한다.

그는 성별의 순간을 제정의 말씀에 정확히 두었던 로마가톨릭교회를 일거에 더욱 중세풍으로 만들었다. 루터는 자국어로 된 찬송가를 추가할 것을 주장했다. 그의 독일어 미사는 빵과 포도주를 들어 올리는 행위와 빵을 분배하는 동안에는 "독일어 **상투스**"나 다른 찬송가를, 잔을 줄 때는 찬송가나 **아뉴스 데이**를 불러야 한다는 가르침을 포함하는 많은 의식 절차를 그대로 유지했다.

츠빙글리의 1523년 『미사 전문에 대한 비판』(*Attack on the Canon of the Mass*)은 미사 전문을 그의 라틴어 기도문 4개로 대체했다. 1525년에 츠빙글리가 저술한 『주의 만찬 행위 또는 활용』(*Action or Use of the Lord's Supper*)은 루터의 개혁을 평범하게 보이도록 했다. 이에 남게 된 것은 일 년에 네 차례 실행되는 간소한 기념식과 친교 식사였다.

스트라스부르그에서 했던 마르틴 부처의 연구는 칼빈의 전례 활동 대부분에 있어 기반이 되었고, 츠빙글리의 예식과 함께 개혁주의 성찬 전통을 형성하는 데 도움이 되었다. 스트라스부르그에서는 디오발트 슈바르츠((Diobald Schwarz)가 부처를, 제네바에서는 기욤 파렐(Guillaume Farel)이 칼빈을 앞섰다. 칼빈이 1542년에 저술한 『교회 기도의 형식』(*Form of Church Prayers*)은 개혁주의 전통을 결정적으로 형성하게 한 그의 선배들의 업적을 보여준다. 그 책은 존 녹스가 1556년에 제네바에서 쓴 『기도의 형식』(*The Forme of Prayers*)을 통해 이후에는 스코틀랜드판을 통해 영어권 세계로 전해졌다. 개혁주의 전통에서 성찬은 매우 교훈적인 특징을 보여준다. 개혁주의 전통은 성찬식에 대한 정당한 성경적 근거로서 성찬기도 외에 제정의 말씀 봉독을 포함한다. (고전 11:27-32을 반영하는) 식탁의 울타리(fencing of tables)는 악인이 성찬에 참여하는 것을 막기 위한 것이었다.

재세례파의 관행도 매우 다양했다. 크게 발전한 찬송가에만 공을 들인 극도의 단순함이 그들 성찬식의 특징이었다. 16세기 후반과 17세기 초에 영국 청교도들은 고정된 전례들을 피할 수 없었지만, 1645년 『웨스트민스터 예배 모범』(*Westminster Directory for Worship*)은 성찬기도 모델의 윤곽을 보여주기는 했지만, 결국 성례집과 예식규정집을 대체했다. 퀘이커교도들은 당연히 외적인 성례전을 거부하면서 그리스도로 인한 조용하고 내적인 양육을 주장했다.

첫 번째 성공회 『공동기도서』인 1549년판은 영국 남부의(로마 전례를 지역적으로 사용한) 사룸 예식(Sarum rite)과 종교개혁 신학이 눈에 띌 정도로 보수적으로 혼합된 자국어 성찬식을 싣고 있다. 1549년판 『공동기도서』 성찬 신학의 많은 부분은 의도적으로 모호하게 만들어져서, 가톨릭과 개신교의 해석 모두를 허용했다. 3년 후에 이 기도서는 모호한 내용 대부분을 제거하고 과감하게 개편한 기도서로 대체되었다. 미사 전문은 두 부분으로 나뉘었다. 봉헌은 희생 제사라는 전통적인 느낌을 없애기 위해 성찬 후로 옮겨졌다. 1559년판과 1604년판, 1662년판에 약간의 변화는 있었지만, 영국에서는 기본적으로 1552년판 예식이 여전히 공식적으로 사용되고 있다.

존 웨슬리는 그의 1784년판 『주일예배서』(Sunday Service)에서 1662년판 『공동기도서』의 성찬식을 약간만 축약해서 사용했다. 웨슬리가 크게 공헌한 두 가지는 매주 성찬식을 거행하는 성찬의 부흥을 이끈 것과(찰스 웨슬리와 함께) 166곡의 장엄한 성찬 찬송을 담은 모음집을 만든 것이다. 여기에는 수 세기 동안 개신교의 성찬 신앙에 빠져 있던 희생적, 종말론적, 성령론적인 강조점이 풍성하고 다양하게 포함되어 있지만, 웨슬리의 추종자들은 결국 그의 강력한 성찬 규율과 성찬 찬송가들을 잃고 말았다. 웨슬리 예식의 축약된 형태는 미국에서 계속 사용되고 있다.

오순절파와 은사주의파는 주의 만찬 때 정해진 형식을 사용하거나 사용하지 않는 데 있어 매우 다양하다. 그들은 성령께서 자발적인 요소를 통해 어떤 패턴에도 자유롭게 간섭하실 수 있어야 한다는 데 동의한다. 성찬 빈도는 매주 하는 것에서부터 좀처럼 하지 않는 것까지 다양하다.

최근 많은 교회는 고대 교회가 행했던 많은 관행을 회복하는 데 집중하는 경향을 보여주는데, 모두 20세기 예전 회복 운동의 주목할 만한 에큐메니컬한 작업에 의존한다. 이 운동의 지지자들은 일반적으로 중세의 발전 대부분이 초기 교회의 예배를 왜곡했다고 생각했다. 현대 서구 교회의 많은 예전적 변화는 회복 운동을 낳은 역사적 연구에 기반한다. 예전 개정의 결과들은 너무 비슷해서 표제지가 없으면 새로운 성찬식이 어느 전통에서 만들어진 것인지 알기 어려울 때가 많다.

1950년에 남인도 교회 예식이 처음 등장한 이래로, 많은 교회는 딕스가 쓴 사중 행위를 중심으로 성찬식을 구성해 왔다. 교회의 최고 신앙 진술로 성찬기도문의 중요성을 재발견한 것은 기존의 성찬기도를 개정하고 새로운 예들을 작성하도록 자극했다. 미국 루터교는 이러한 기도문을 1958년에 회복했다. 성찬 자체는 대부분 개신교 교회에서 더 자주 지켜지고 있다. 분기별로 거행되던 성찬식이 매월, 더 나아가 매주 거행되고 있다. 20세기 초 많은 성공회 교회에서도 성찬 거행의 빈도가 증가했다.

성찬기도가 다양해진 것은 공통되게 발견되는 발전이다. 이것은 가장 중요한 새로운 발전, 즉 다원주의를 절대선으로 솔직하게 받아들이고, 따라서 유연성과 적응성을 위해 노력하는 것을 반영한다. 그 결과, 1,500년 동안 단 하나의 미사 전문으로 제한했던 로마가톨릭교회가 이제는 어떤 경우에도 사용할 수 있는 여러 개의 성찬 기도문과 (미국에서는) 아이들과 함께 드리는 미사와 화해의 기간을 위한 다른 기도문들도 갖게 되었다. 오늘날 가톨릭교도들은 성물을 위한 기도문, 감사송, 성찬 후 기도문 등 다양한 종류의 기도문을 가지고 있다.

1979년판 성공회 『공동기도서』는 두 개의 전체 예식을 포함함으로써 다원주의를 반영하고 있다. 하나는 엘리자베스 시대의 언어로 된 것으로 두 개의 가능한 성찬기도문을 싣고 있고, 다른 하나는 오늘날의 언어로 된 것으로 네 가지 선택권을 제공한다. 세 번째 약술된 예식도 두 개의 성찬기도문을 담고 있다.

1978년 루터교 『예배서』(*Lutheran Book of Worship*)는 세 개의 완전한 음악 곡을 제공했는데, 전통적인 구성으로 되어 있는 성찬기도, 제정사만 있는 성찬기도, 제정사로 마무리하는 간략한 형식의 성찬기도 중 어느 것과도 함께 사용될 수 있다. 2006년판 『복음주의 루터교 예배서』(*Evangelical Lutheran Worship*)에서는 선택권이 10개의 음악곡으로 늘어났다. 처음 두 개는 20세기 전례 갱신 운동에 의존한 전체 성찬기도문을 담고 있다. 나머지 여덟은 "교회가 공통되게 지켜야 하는 것에 집중하면서, 예배가 지역적으로 형성되는 방식에 자유와 유연성"을 갖도록 허용한다.[14] 일곱 번째 곡은 히스패닉 음악적 표현을 사용하고, 스페인어로 가사를 인쇄함으로써 문화적 다양성에 대해 높아진 감수성을 보여준다.

연합감리교 예식에서는 1989년에 『연합감리교 찬송가』(*United Methodist Hymnal*)가 승인됨에 따라 중대한 변화들이 일어났다. 여기에는 네 가지 형태의 "말씀과 식탁 예식"이 포함되는데, 처음 세 가지 형태 사이의 가장 큰 차이점은 본문의 완성도에 있다. 고백과 사죄의 행위는 설교 다음에 나오고, 평화의 인사와 봉헌으로 이어진다. 대감사를 위해서는 5개의 음악곡이 제공된다. 예식 IV는 웨슬리에 의해 복원된 1552년판 『공동기도서』의 전통적인 용어와 존 머벡(John Merbecke)이 1550년에 작곡한 음악곡을 사용한다. 예식 IV에서는 4세기 반 만에 처음으로 크랜머의 성찬기도문 중 두 부분이 합쳐졌다. 연합감리교의 새로운 특징은 1992년판 『연합감리교 예배서』(*The United Methodist Book of Worship*)에 24개의 승인된 성찬기도문을 실었다는 것이다. 이 기도문들은 초기 갈리아 전례들이 그랬던 것처럼, 축제(오순절), 절기(사순절), 또는 행사(기독교 결혼)에 따라 달라진다.

미국 장로교도 1993년에 출간된 『공동예배서』(*Book of Common Worship*)와 보다 최근에는 찬송가집 『하나님께 영광을』(*Glory to God*)(2013)에서 전례 운동의 영향을 보여준다. 이 책들은 주일 성찬식을 위한 규범적인 패턴을 제공하지만, 실제로 그것을 따르는 장로교회들은 드물다.

---

14 *Evangelical Lutheran Worship* (Minneapolis, MN: Augsburg Fortress, 2006), p. 91.

성찬 예배에 미친 전례 갱신 운동의 영향력은 회중교회 전통들 사이에서도 분명하게 드러난다. 예를 들어, 침례교는 역사적으로 짧고, 즉흥적인 기도문과 함께 성찬의 정당한 근거로서 제정의 말씀을 사용해 왔다. 그러나 영국침례교연합(Baptist Union of Great Britain)이 만든 현대적인 예배서,『예배를 위한 모임: 제자들의 공동체를 위한 패턴과 기도』(*Gathering for Worship: Patterns and Prayers for the Community of Disciples*)(2005)에는 주로 딕스의 사중 행위 형태뿐 아니라『사도전승』의 성찬식으로 거슬러 올라가는 기도의 내용과 형태를 따르는 "에큐메니컬 순서"라는 제목 아래에 두 개의 성찬기도문이 실려 있다.

이러한 다양한 교단의 예배서를 통해서 우리는 그리스도의 이름으로 모이는 것 자체가 예배의 행위라는 이해, 두세 개의 일과(성경 봉독)와 시편찬송(psalmody)을 사용하는 온전한 말씀 예배의 사용, 다양한 성찬기도문, 세상을 섬기기 위한 파송을 강조하는 것에서 전례 갱신 운동의 영향력을 보게 된다. 오늘날 이러한 인쇄된 예배서 대부분은 교단 웹사이트에 있는 자료실을 통해 제공된다. 이로 따라, 예배의 의미와 실천에 대한 교육 자료뿐 아니라, 사용이 가능한 절기기도문과 음악곡도 크게 늘었다.

3. 성찬의 신학

세례의 경우와 마찬가지로, 신약성경에서 성찬의 맥락은 매우 종말론적이다. 최후의 만찬에서 제정의 말씀은 왕국의 임박한 도래를 시사한다.

    이 유월절이 하나님의 나라에서 이루기까지(눅 22:16).

심지어 왕국도 식탁 교제의 관점으로 이해될 수 있다.

> 너희로 내 나라에 있어 내 상에서 먹고 마시며(눅 22:30).

거기에는 주의 만찬이 미리 맛보고 예상하는 주님의 임박한 재림과 하나님 나라의 시작에 대한 강한 느낌이 있다. 각 성찬식은 기도와 기대로 하나님 나라의 도래를 불러일으키고 앞당긴다.[15]

그리스도인들은 다양한 방식으로 성찬을 이해했다. 그리스도인들이 성찬에서의 경험을 하나의 해석으로 축소하면 사실상 성찬의 능력 중 많은 부분을 놓치게 된다. 그러나 그러한 환원주의는 거부하기에는 힘든 유혹이다. 우리가 여기서 사용할 방법은 그리스도인들이 성찬에서 경험한 것을 설명할 때 사용해 왔던 여섯 가지 메타포를 기술하는 것이다.

우리는 스웨덴 웁살라(Uppsala)의 루터교 대주교였던 잉베 브릴리오스(Yngve Brilioth)의 용어를 다소 다르게 적용하면서 사용할 것이다. 그는 1926년에 출간된 『성찬 신앙과 실제』(*Eucharistic Faith and Practice*)에서 성찬에 대한 신약성경의 다섯 가지 메타포를 찾았다.

(1) 성찬(eucharist) 또는 감사
(2) 교제
(3) 기념 또는 역사적 사건
(4) 희생 제사
(5) 신비 또는 현존

이 목록에 우리는 성령의 역사라는 또 다른 성찬의 메타포를 추가하겠다.

---

15 Geoffrey Wainwright, *Eucharist and Eschatology* (New York: Oxford University Press, 1981)를 보라.

이러한 메타포들과 기타 가능한 것들이 신약성경에서 단편적인 형태로 나타나는데, 1세기 그리스도인들에게는 성찬의 형태를 보여주는 것보다 그 의미를 드러내는 일이 훨씬 더 어렵다. 그러나 유대교의 선례에서처럼 주의 만찬의 중심 행위 중 한 가지는 감사이다. 제정사에 대한 네 가지 기록은 모두 예수님께서 하나님께 감사하고 송축하셨다고 말한다. 예루살렘 교회가 "기쁨과 순전한 마음으로" 떡을 뗄 때(행 2:46), 참을 수 없는 기쁨의 행위에 감사가 빠졌다고 상상하기는 어렵다.

바울은 고린도전서 10:16-17 같은 본문에서 교제나 친교를 강조한다.

> 우리가 축복하는 바 축복의 잔은 그리스도의 피에 **참여함**(*koinōnía*)이 아니며 우리가 떼는 떡은 그리스도의 몸에 **참여함**(*koinōnía*)이 아니냐? 떡이 하나요, 많은 우리가 한 몸이니 이는 우리가 다 한 떡에 참여함이라(고전 10:16-17).

교회는 함께 먹는 자들의 연합이라는 유대인의 개념을 기반으로 세워졌다. 그 나눔 속에서 공동체는 그리스도를 받고, 하나의 빵은 공동체 구성원들의 연합을 나타내는 표지가 된다.

유대교 기도의 중심은 감사로 기념하는 "생각하고-감사하는" 과정이다. 바울과 누가가 모두 사용한 핵심 표현인 "나를 기념하라"(in *anámnesis of me*)는 이러한 과정을 강조한다. 기억하고, 상기하고, 다시 알고, 새롭게 경험하는 것은 분명히 성찬을 실행하는 주요한 목적 중 하나이다(눅 22:19와 고전 11:24-25). 기념은 성육신만이 아니라 창조로 시작된 그리스도의 모든 사역과 그리스도의 재림에 대한 기대를 포함한다(고전 11:26).

제정의 말씀은 피를 흘림으로써 세워진 언약을 상기케 하는 희생 제사의 언어를 사용한다. 히브리서는 특히 그리스도를 "흠 없는 자기를 하나님께 드린" 대제사장이자 제물로 비유하면서 풍부한 희생 제사의 이미지를 사용한다(9:14). 교회는 말라기 1:11의 "깨끗한 제물"이라는 표현을 일찍부터 사용하면서 그러한 이미지가 성찬에 적용되는 것이 얼마나 자연스러운지를 보여준다. 히브리서가 희생 제물과 성찬을 명확하게 연결하고 있지는 않지만, 히브리서 13:15에서도 "찬송의 제사"를 언급한다. 더 중요한 것은 바울이 예수님을 "자기를 비워 종의 형체를 가지신" 분으로 이해한 것이다(빌 2:7). 이러한 순종적인 희생은 성찬에 의해 기념된다.

최후의 만찬 때의 말씀에서, 그리스도께서는 빵과 포도주를 자기 몸과 피라고 동일시하심으로써 그의 현존을 말씀하신다. 바울은 위에서 인용된 말에서 먹고 마시는 것과 그리스도의 몸과 피에 참여하는 것을 동일시한다. 어떤 이들은 요한복음 6:51을 성찬에 관한 구절로 인용한다("내가 줄 떡은 곧 세상의 생명을 위한 내 살이니라"). 계시로서의 성찬 현존이라는 주제는 부활절 저녁에 저녁 식사를 하려고 엠마오에 있는 집에 들렀을 때, 부활하신 예수님을 마주친 두 제자에 대한 누가의 기록에서 찾을 수 있다. 이 제자들은 부활하신 예수님과 길을 함께 걸으며 많은 대화를 나눴지만, 예수님께서 식탁에서 빵을 취하시고, 축복하시고, 떼시고, 그들에게 주셨을 때 비로소 그를 알아보았다. 그 움직임에 "그들의 눈이 밝아져 그인 줄 알아보았다"(눅 24:31).

성령이 역사하시는 장소로서의 성찬이 성경에서는 명시적이지 않지만, 초기 기독교 문헌에는 나타나고 이후의 기도와 신학에서 중요한 역할을 한다. 그러나 고린도전서 12:13에서 바울은 성령의 하나 되게 만드시는 능력에 대해서 성례전적인 울림이 있고 성찬식을 암시하는 말로 이렇게 기록한다.

> 우리가 유대인이나 헬라인이나 종이나 자유인이나 다 한 성령으로 세례를 받아 한 몸이 되었고 또 **다 한 성령을 마시게 하셨느니라**(고전 12:13 강조 추가).

초기 교회에서는 이러한 기본적인 주제들의 균형이 잘 잡혀 있고, 온전한 신학으로 발전하지 못했고, 아주 정확하게 균형이 잡혔던 것은 아니지만, 그리스도인들이 왜 "이것을 행하기" 위해 모였는지를 이해하는 데 있어 이러한 개념들이 통용되고 있었다는 사실을 보여준다. 유스티누스의 『제일 호교론』에 있는 짧은 기록도 집례자가 "감사를 드리고," 모두가 "서로에게 입맞춤으로" 인사하고 "아멘"을 나누며, 함께 참여하는 친교에 대한 증거를 제시하면서 성찬에 대해 말하고 있다. 성경이 봉독되고 성찬 행위가 "나를 기념하기 위해" 행해지는 것으로 소개된다. 빵과 포도주를 "성육신하신 예수님의 살과 피"로 부르면서 (빵과 포도주를 문자적으로 피와 살이라고 여기는) 현존에 대한 실재적인 개념이 제시된다.[16] 『디다케』는 종말론적으로 기도한다.

> 당신의 교회가 땅끝에서부터 당신의 나라로 모이게 하소서.[17]

희생 제사에 대한 언급은 매우 이른 시기에 등장한다. 『디다케』는 성찬을 말라기 1:11의 "깨끗한" 제물에 비유하고, 『클레멘스 1서』은 제물(prosphorá)이나 성물(dōra)을 바치는 이들, 즉 성찬식 집례자들로 추정되는 이들에 대해 말한다.[18]

안디옥의 이그나티우스(Ignatius)는 성찬을 "불멸의 약"으로 말하면서 가장 강력한 현존의 이미지 중 하나를 제공하고, 이단인 가현론자들(Docetists)에 반대하면서 "성찬은 우리 구주의 살이다"라고 주장한다.[19] 그는 교회의 친교가 주교를 중심으로 이루어져야 한다는 것에 대해서도 똑같이 확고하다. 이레니우스(Irenaeus)는 "그분의 피인" 잔과 "그분의 몸인" 빵에 그리스도께서 현존하신다고 선포한다.[20] 키프리아누스는 시적인 표현으로 교제에 대해 말한다.

---

16 *First Apology*, 65-67, Richardson, *Early Christian Fathers*, pp. 286-87.
17 *Didache*, 9, Richardson, *Early Christian Fathers*, p. 175.
18 *First Clement*, 40 and 44, Richardson, *Early Christian Fathers*, pp. 62, 64.
19 "To the Smyrnaeans" 7; Richardson, *Early Christian Fathers*, p. 114.
20 "Against Heresies" 5, 2; Richardson, *Early Christian Fathers*, p. 388.

많은 곡물이 모여지고, 빻아지고, 함께 섞여 한 덩어리가 되는 것처럼, 하나의 빵을 만든다.

그래서 하늘의 빵이신 그리스도 안에서 우리는 모두가 결합하고 연합하여 한 몸이 된다는 것을 안다.[21]

『사도전승』에서 성령의 역사는 거룩한 교회의 제물에 성령을 보내시고 모인 사람들이 충만케 하시어 진리에 대한 믿음을 강화해 달라고 성부께 간청하는 성찬기도로 표현된다. 이 활동은 한 세기가 넘어서 예루살렘의 키릴로스가 작성한 신비 교리 교육(mystagogical catecheses)에서 좀 더 명확하게 정의된다. 그는 새로 입회한 사람들에게 성찬식에서 "우리는 자비로우신 하나님께 그분 앞에 놓인 성물에 그분의 성령을 보내셔서, 빵을 그리스도의 몸으로 만드시고, 포도주를 그리스도의 피로 만드시어, 성령이 만지시는 모든 이가 성화하고 변화되게(metabébletai) 해 달라고 기도한다"라고 알려준다.[22] 이것은 이후에 정교회가 성찬의 요소를 거룩하게 만들고 변화시키는 성령의 기능을 이해할 때 취했던 방향을 시사한다. 키릴로스는 최근까지 서방에서는 경시되었지만, 동방에서는 매우 중요해졌던 접근법의 모델이 된다.

이후의 발전에 대해 알고 있는 우리에게는 초기 그리스도인들이 실재적인 측면과 상징적인 측면 모두로 현존에 관해 이야기했던 방식이 당혹스럽게 여겨진다. 키릴로스는 같은 강의에서 빵과 포도주를 "그리스도의 몸과 피의 표지"라고 말한다. 아우구스티누스는 어떤 때는 실재적으로 들리고, 다른 때는 분명히 상징적으로 들리는 언어를 사용한다. 아쉽게도 이러한 모호성이 우리에게는 더 이상 가능하지 않지만, 4세기에 표현의 자유가 여전히 가능했다는 사실을 보는 것은 신선하다. 허용되는 용어의

---

21 Epistle 62, 13; *ANF* (New York: Charles Scribner's, 1899), 8:217.
22 "Mystagogical Catechesis V," *St. Cyril of Jerusalem's Lectures on the Christian Sacraments* (London: S.P.C.K., 1960), p. 74.

범위는 넓었다.

아우구스티누스는 희생 제물이라는 주제에 대한 통찰력을 제공한다. 아우구스티누스는 그리스도의 영원한 희생 제물(히 9:14)과 그리스도인과 그리스도의 연합이라는 개념을 바탕으로, "이것은 그리스도인의 희생 제물이다. 우리는 많지만, 그리스도 안에서 한 몸이다 … [교회는] 자신을 하나님께 바치는 제물로 드린다."²³ 따라서 성찬은 교회의 예배와 교회를 대신한 그리스도의 영원한 희생 제물이 결합한 것이다. 희생 제물에 대한 이러한 개념은 이후 수 세기 동안 모호해졌다.

기독교의 첫 천년은 성찬의 이해에 대한 신학적 구분이 단호하지 않았던 시기로 특징된다. 심지어 성찬에 대한 전문적이고 신학적인 토론을 위한 어휘도 부족하다. 다양한 용어가 사용되고, 저자들은 자기의 목적에 가장 적합한 것을 선택한다. 서방에서 일어날 징후가 성별을 완성하는 것은 제정사를 낭독하는 것이라고 시사했던 암브로시우스의 말에서 나타난다.

> 또한 성별은 어떤 말과 누구의 말로 일어나는가?
> 우리 주 예수 그리스도의 말씀이다 … 따라서 그리스도의 말씀은 이 성례전을 완성한다.²⁴

그러나 초기 시대에는 머리로 정의해야 하는 것이 아니라 마음으로 경험했던 것을 표현하는 데 놀라울 정도로 자유로웠다. 교회는 성찬을 논의하기보다는 경험했다.

9세기 서방에서 파스카시우스 라드베르투스와 라트람누스라는 두 수도사가 논쟁을 시작했는데, 둘은 모두 프랑스의 코르비 수도원 출신이었다. 파스카시우스는 성찬식에서 경험한 그리스도의 현존을 말로 압축하려고

---

23 "City of God," 10, 6, *NPNF*, 1st series (New York: Christian Literature Co., 1890), 2:184.
24 *On the Sacraments*, IV, 14, Jasper and Cuming, *Prayers*, pp. 144-45.

노력하면서 우리가 문자적 또는 실재적이라고 부르는 언어를 사용했다. 얼마 후 라트람누스는 똑같은 경험을 좀 더 영적이거나 상징적인 언어로 표현하려고 노력했다. 2세기 후 다시 논쟁이 일어났는데, 이번에는 훨씬 덜 우호적이었다. 성찬식에서 경험한 그리스도의 현존을 상징적인 언어로 표현하고자 했던 베렌가리우스의 노력은 단호하게 거부되었다. 그는 그리스도의 몸이 사제의 손으로 다뤄지고 쪼개지며, 성찬 참여자의 이로 부서진다는 노골적인 고백에 긍정하도록 강요받았다. 11세기부터 계속해서 성찬은 경건한 경험뿐 아니라 지적 고찰의 대상이 되었다.

이것이 잘못된 것은 아니지만, 안타깝게도 더 많은 논쟁적인 주제가 주목을 받고, 다른 주제들은 경건과 교리 발전 모두에서 소리 없이 시들해졌다. 감사하고 기뻐하는 마음보다는 참회하고 자기를 성찰하는 신심이 만연해졌다. 서방에서 미사는 비탄에 잠긴 신비가 주도하면서, 거의 전적으로 수난과 죽음, 부활에 초점을 맞추게 되었다. 중세의 성찬은 "대감사"(great thanksgiving)라기보다는 "대침울"(great melancholy)에 더 가까웠다! 예식이 점점 더 성직자 중심이 되고 성찬식은 드물거나 일 년에 한 번 있는 행사로 되어가면서, 공동체 의식이라는 강력한 의미는 사라졌다. 구약성경 일과는 없어졌고, 창조와 옛 언약의 구속사에 대한 언급도 로마 미사 전문에서 사라졌다. 따라서 그리스도의 사역에 대한 기념은 심각할 정도록 축소되었다. 종말론적인 차원은 이미 오래 전에 사라졌고, 로마 전례는 성찬에서 활동하시는 성령에 대한 명확한 진술 모두를 간과했다.

논쟁을 위한 두 영역만 남겨졌다. 그리스도는 어떻게 현존하시는가와 성찬이 어떻게 희생 제사가 되는가에 대한 것이었다. 중세 후기의 신학자들은 이 두 영역에 전념했다. 가장 중요한 발전은 빵과 포도주 경험이 그리스도의 실재를 전달한다는 설명에 동의한 것이었다. 베렌가리우스의 사례에서 보았듯이, 교회는 공간적 다양성에 대한 실재적인 언어를 향해 더듬으며 나아갔다. 그러나 화체설(transubstantiation)이라는 단어는 그러한 생각을 표현하려고 노력한 지 한참이 지난 후에야 등장했다. 그 용어는

1215년 라테란 공의회에서 "빵이 몸으로, 포도주가 피로 실체가 변화하는 것"(transubstantiation)이라고 말하기 전까지는 명확하게 사용되지 않았다.[25] 그 용어 자체는 이후 역사에서 의미가 계속 진화되었다. 스콜라 신학자들은 이용할 수 있는 최고의 철학적 도구들, 특히 아리스토텔레스 철학을 사용하여 이 기적을 묘사했다. 그래서 "빵의 실체가 그리스도의 몸으로, 포도주의 실체가 그리스도의 피로 바뀌었다"라고 표현될 수 있었다.[26] (감각으로 감지될 수 있는) 속성은 그대로 남아있지만, (내적 실재인) 실체는 모든 속성과 실체가 서로 일치하는 자연계의 모든 것과는 달리 기적적으로 변화된다. 이러한 합리주의의 승리는 그저 신비를 받아들이고 흠모하기보다는 설명하려고 노력했다.

모든 사람이 볼 수 있도록 사제가 빵과 잔을 높이 들어 올리는 거양(elevation)을 제외하고 사람들이 갈수록 더 성물과 접촉할 수 없게 된 관행이 행해졌던 것은 이러한 신학적 정의들과 밀접한 관련이 있다. 병존(竝存) 교리는 성별된 성찬 요소의 모든 방울과 부스러기에 그리스도 전체가 현존하신다는 것을 분명하게 했기 때문에, 평신도들은 그리스도의 피를 흘릴 수 있는 위험을 감수하면서까지 잔을 받아야 할 필요가 더 이상 없다고 여기게 되었다. 성찬식이 드물어지면서, 평신도의 역할도 최소화되었다. 사제는 평신도들을 대신해서 사람들 대부분이 이해하지 못하는 언어로 미사를 드렸다.

성찬을 희생 제사로 이해하는 사상도 발전하여, 미사는 원하는 목적을 이루기 위해 달래는 것으로 실행되었다. 미사는 갈보리 언덕에서의 고유한 희생을 반복하는 것이 아니라 기념하는 것이라는 복잡한 설명을 이해하지 못하는 사람들이 많았다. 이 시기에 속죄 이론들 대부분은 예수님의 죽음이 성부의 공의에 대한 요구를 충족시키는 것이라는 데 초점을 맞추

---

25 Henry Denzinger and Adolf Schönmetzer, *Enchiridion Symbolorum*, 33rd ed.ition (Rome: Herder, 1965), p. 260.
26 "Decree for the Armenians," Petry, ed., *A History of Christianity*, p. 328.

었고, 성찬은 이러한 구조에 너무나도 꼭 들어맞았다. 너무도 쉽게, 희생 제사의 좁은 개념은 성찬을 이미 영원토록 성취하신 은총에 대한 선포가 아니라 하나님의 은혜를 확보하는 수단으로 만들었다.

현존과 희생 제사는 중세 후기까지 크게 발전했지만, 이를 단기간에 교리로 구성하려 했던 역주는 균형 잡힌 해석을 훼손시켰다. 감사의 선포, 일치의 성례전, 모든 구속사의 기념, 성령의 현재 역사, 또는 메시아적 잔치에 대한 맛보기로서의 성찬에 충분히 관심을 두었다면, 교리의 발전은 꽤 달라졌을 것이다. 적어도 현재의 관점으로는 그렇게 보인다.

종교개혁을 통해서 우선순위가 바뀌었고, 성찬에 대한 균형 잡힌 이해를 회복하는 일에 제한적인 성공을 거두었다. 안타깝게도 종교개혁자들은 중세 후기의 참회 신앙으로 철저하게 형성되었기 때문에 그러한 사고방식을 그들의 예식에 반영했다. 종교개혁자들이 모두 동의한 사안은 거의 없었지만, 현존과 희생 제사에 대한 중세 후기의 접근법에는 거의 만장일치로 거부했다. (자국어 사용으로 촉진된) 종교개혁은 교회의 의미를 회복하고, 기념의 범위를 일부 개선하고, 현존과 희생 제사의 개념을 개혁하는 일에 놀라운 성과를 거두었다. 브릴리오스는 "성찬과 관련하여 교제[친교]의 개념을 회복한 것은 종교개혁의 가장 긍정적인 공헌"이라고 말한다.[27] 감사의 기쁨이라는 의미를 되찾는 성과는 뒤섞였고, 성령의 역사에 대한 인식은 칼빈에 의해 회복되었다. 그리고 박해를 겪었던 재세례파를 제외하고는 종말론적 인식이 희박했다.

루터는 그의 종교개혁 성명서인 『교회의 바빌론 유수』(1520)에서 로마 미사의 전문을 버렸는데, 거기에서 희생 제사 언어의 악취를 풍겼기 때문이다. 그는 희생 제사를 미사의 "세 번째 유수"로 여겼고, 그 결과 희생 제사에 대해 긍정적인 것을 거의 찾을 수 없었다.[28] 그러나 그는 현존의

---

[27] Brilioth, *Eucharistic Faith and Practice*, p. 97.
[28] 루터가 우리에게는 명시적으로 희생 제사의 언어를 사용하는 것으로 보이는 제정의 말씀을 제외하고 미사 전문을 버렸다는 사실은 매우 역설적이다.

개념을 놓고 씨름했다. 비록 루터는 화체설("두 번째 유수")을 거부하기는 했지만, 불에 달궈진 쇠가 쇠와 불 모두가 될 수 있는 것처럼 빵과 포도주의 자연적인 실체는 그대로 유지되면서, 빵과 포도주가 그리스도의 몸과 피의 실체가 된다고 주장했다. 그리스도께서는 그의 신성(편재성)으로 인해 어디에서나 현존하시고, 그의 신성에 의한 모든 능력이 그의 인성으로 전달되기 때문에 루터는 그리스도께서 천 개의 제단에 동시에 현존하실 수 있다고 주장했다. 이것은 여전히 현존의 개념을 공간적 용어로 설명하지만, 몇 가지 문제를 해결한다. 그리스도께서는 빵과 포도주 "안에, 와 함께, 그리고 아래에" 현존하신다. 루터는 미사의 "바빌론 유수"에 이의를 제기하면서도 그리스도의 성찬 현존에 대한 중세의 개념에 사로잡혀 있었다. 그래도 루터는 평신도가 성찬 잔을 되찾도록 했고("첫 번째 유수"), 자국어와 풍부한 회중 찬송을 사용함으로써 회중의 많은 참여를 회복시켰다.

종교개혁의 가장 큰 비극 가운데 하나는 의심의 여지 없이 현존의 개념에 대한 루터와 츠빙글리의 갈등으로 마르부르크 회의(1529)에서 절정에 달했다. 물질적인 것이 영적인 것을 전달할 수 있다는 개념을 참을 수 없었던 츠빙글리는 그리스도께서는 그의 신성으로 영적으로만 현존하신다는 견해를 가지고 루터의 현존에 대한 가르침을 반박했다. 츠빙글리의 강점은 교제와 신앙을 함께 고백하는 참여자들의 영적 연합, 즉 요소의 변화보다는 사람들의 변화를 강조한 것이었다.

칼빈은 이 두 입장을 중재하는 역할을 했지만, 이에 자기의 것을 많이 더했거나 더 정확히 말하자면, 초기 교회의 것을 회복시켰다. 우리를 가장 잘 아시는 하나님께서는 자기를 주실 때 외적 표지를 사용하신다. 우리의 죄와 부족한 믿음 때문에 그러한 표지는 필요하다. 우리를 향한 하나님의 사랑 때문에 그러한 표지는 효력이 있다. 우리는 성찬식에서 그리스도를 먹지만, 그것은 우리의 영혼을 하늘로 올리시는 성령의 역사를 통해서만 가능하다. 그리스도를 먹는 수단은 하나의 "신비로, 머리로 완전히 이해할 수 없고, 말로 표현할 수도 없다."²⁹ 칼빈은 성령의 역할과 신비성을 강조하면서 중세의 발전이 간과했던 초기 기독교의 일부 사상이라고 믿을 만한 것들을 찾아냈다. 칼빈은 또한 주의 만찬이 상호적 사랑이나 교제를 의미한다고 강조했다.

> 그리스도께서는 자기 자신을 우리에게 주시면서, 우리가 그분의 본을 따라 서로에게 서약하고 서로에게 우리 자신을 주도록 초청하실 뿐 아니라, 그분 자신을 모두에게 공통으로 주셔서 그분 안에서 우리 모두를 하나로 만드시니, 우리 가운데 상호적 사랑을 불러일으키는데 이보다 분명한 목표가 어디에 있겠는가?³⁰

칼빈에게 그리스도의 공간적 위치는 하늘로, 현대인의 귀에는 미숙하게 들릴 수도 있다. 그리고 칼빈이 희생 제사, 감사, 기념, 또는 종말론의 개념에 대해 긍정적인 기여를 한 것은 거의 없다. 그러나 칼빈의 신학은 성령의 사역에 대한 중요성을 회복한다.

재세례파 사이에서는 강한 교제 의식이 발전했는데, 타락한 세례 신자들과의 교제를 금함으로써 이를 강화했다. 순수한 교회는 박해받는 교회이기도 했는데, 이는 그들의 찬송가에 반영되었다. 박해의 위협 속에서 순교를 생각하고 있던 재세례파의 성찬식은 종말론적 열정을 생생하게 보여줬다.

크랜머의 성찬 교회에 대해서는 처음 두 개의 『공동기도서』에서 표현되는 것처럼 많은 논란이 있었다. 일반적으로 그의 견해는 츠빙글리의 견해와 다소 비슷하지만, 잦은 성찬식을 중요하게 생각했던 것으로 보인다. "그러나 주의 성찬을 더 높이 평가하고, 신실한 성찬식 준수는 하나님의

---

29 Calvin, *Institutes*, IV, xvii, 7, p. 1367.
30 *Institutes*, IV, xvii, 38, pp. 1415–16.

은혜를 동반한다고 강조하는 점에서 츠리히의 종교개혁자와 구별된다."[31] 기념의 차원이 강할 뿐 아니라 교제에 대한 츠빙글리의 의견들도 나타나기는 하지만, 다른 종교개혁 전통들처럼 츠빙글리는 수난에 초점을 좁게 맞춘다.

존 웨슬리에게는 종교개혁 논쟁 이후의 시대를 살았고, 교부들에 대한 깊은 지식을 가지고 있었다는 장점이 있었다. 많은 측면에서 칼빈에 가까웠던 웨슬리는 제네바 종교개혁가조차도 부족했던 균형을 이루었다. 이것은 존과 찰스 웨슬리의 『주의 만찬에 대한 찬송가』(*Hymns on the Lord's Supper*) 일부 – "그리스도의 고난과 죽음에 대한 기념으로", "은혜의 표지와 방편으로", "하늘의 서약인 성례전", "희생 제사를 의미하는 성찬", "우리 사람들의 희생 제사에 대하여", "성례전 이후에" – 에 반영되어 있다.[32] 마침내 웨슬리에게서 성찬의 희생 제사에 대한 강력한 긍정적 진술이 현존을 신비로 이해하는 교부-칼빈의 개념과 함께 나타난다. 교제와 마찬가지로, 종말론적 측면과 성령론적 측면도 생생하게 나타난다. 그러나 기념과 감사는 여전히 그리스도의 수난과 죽음에만 초점을 맞춘다.

20세기 후반에는 성찬에 대한 새로운 이해, 특히 좀 더 신중히 균형잡힌 접근법이 놀랍도록 발전했다. 브릴리오스의 책이 이 과정에 이바지한 바가 있지만, 많은 부분은 성찬 신학의 성경적, 역사적, 신학적 측면에 대한 폭넓은 에큐메니컬 접촉과 많은 연구를 통해 이루어졌다. 현존과 희생 제사라는 논쟁적인 영역이 큰 주목을 받았지만, 모든 영역에서 우리의 이해가 크게 증진되었다.

제2차 바티칸 공의회는 그리스도께서 미사에서 하나의 방식이 아니라 다양한 방식으로, 즉 집례자의 인격 안에, 빵과 포도주 안에, 성례전적 행

---

31 Cyril Richardson, *Zwingli and Cranmer on the Eucharist* (Evanston, Ill.: Seabury-Western Theological Seminary, 1949), p. 48.
32 J. E. Rattenbury, *The Eucharistic Hymnms of John and Charles Wesley* (London: Epworth, 1948), pp. 195-249.

위 안에, 말씀 안에, 회중 안에 현존하신다고 선포함으로써(『거룩한 전례에 관한 헌장』, 제7절), 현존에 대한 문제 전체를 다시 말하는 데 주목할 만한 공헌을 했다. 보다 최근에는 우리 가운데 있는 가난한 사람들 안에 그리스도의 현존이 다른 방식의 현존으로 인식되고 있다. 이러한 통찰을 천 년만 일찍 갖게 되었다면 역사는 얼마나 달라졌을까!

20세기 초, 가톨릭 전례 신학자인 오도 카젤(Odo Casel)은 미사를 공간적 신비라기보다는 시간적 신비로 나타내는 새로운 가능성을 열었다.[33] 다른 가톨릭 신학자들은 성찬식에서 성례전적 표지의 의미나 목적을 강조하는 의미변화(transsignification)라는 개념을 발전시키면서 또 하나의 길을 찾아내었다.[34]

의미변화의 개념에 따르면, 어떤 것의 의미가 그 존재 자체의 주요한 구성요소라면, 빵과 포도주는 그리스도의 몸과 피를 의미하게 됨으로써 성찬식 안에서 존재론적인 변화를 겪게 된다고 말할 수 있다. 유비로 설명하자면, 초콜릿 상자는 주는 표지-행위를 통해서 선물이 되고, 그러면 그것은 더 이상 단순한 초콜릿이 아니라 자기 줌의 수단이 된다.

목적 변화(transfinalization)라는 개념도 이와 비슷한데, 존재의 제일 범주로서 성찬의 텔로스, 즉 성찬의 목표 또는 목적의 범주를 강조한다.[35] 의미와 존재를 사실상 동등하게 여기는 이러한 개념들은 최근의 현상학적 철학의 통찰력을 인정하고 때로는 하나님께서 인간의 능력에 맞게 표지를 사용하신다는 칼빈의 이해를 반영하는 것으로 보인다.

이러한 새로운 접근법들이 로마가톨릭교도들에게는 널리 받아들여지지 않았지만, 많은 개신교도는 공통된 이해의 기초로 큰 관심을 보였다.

---

33 Odo Casel, *The Mystery of Christian Worship and Other Writings* (Westminster, Md.: Newman Press, 1962).

34 E. Schillebeeckx, *The Eucharist* (New York: Sheed and Ward, 1968); Joseph Powers, *Eucharistic Theology* (New York: Herder & Herder, 1967).

35 E. Schillebeeckx, "Transubstantiation, Transfinalization, Transignification," *Worship* 40, no. 6 (1966): 324–38.

이것이 어느 정도 가능해졌는지는 1982년에 출간된 에큐메니컬 문서인 『세례, 성찬, 직제』가 보여주고 있다.[36]

희생 제사에 대한 우리의 이해는 그것을 단순히 수난-속죄의 측면이 아니라 자기를 비워 종의 형체를 가지신(빌 2:7) 그리스도의 성육신 전체와 동일시함으로써 측량할 수 없을 정도로 넓어졌다. 신약성경과 초기 교회에 등장하는 희생 제사의 용어는 널리 인식되고 있다. 우리를 위한 그리스도의 영원한 제물 안에서 그리스도와 연합한 교회에 대한 아우구스티누스의 묘사와 같은 이미지를 회복한 것은 이미 성취된 그리스도의 사역이 갖는 독특성을 훼손하지 않으면서 좀 더 긍정적인 접근법을 가능하게 만들었다.

이제 기념은 창조부터 최후의 심판까지 그리스도의 모든 사역을 포함하는 가장 넓은 측면에서 이해된다. 중요하고 새로운 전례적 발전은 주의 만찬에 구약성경의 일과와 시편찬송을 다시 포함하고 옛 언약 안에 있는 하나님의 구속사를 낭송하는 서방의 성찬기도문을 되찾은 것이다. 기념은 성금요일과 부활절을 회상하는 것보다 훨씬 더 광범위하다.

감사는 기념에 대한 이해가 넓어지는 것과 함께 많은 현대 전례에서 풍성하게 표현되고 있다. 성찬은 다시 한번 즐거운 찬양의 자리가 되었다. 이렇게 될 수 있었던 일부 이유는 동방교회들과의 접촉 때문이다. 동방교회들은 우리가 교회에 가는 주된 이유는 우리가 어떤 죄인지 하나님께 말하기 위해서가 아니라 하나님께서 행하신 것을 찬양하기 위함이라고 늘 주장했다. 그리스도의 고난과 죽음이라는 비탄에 잠긴 신비조차도 궁극적으로는 기쁨이다.

---

36 *Baptism, Eucharist, and Ministry* (Geneva: World Council of Churches, 1982). 2020년 코로나19 팬데믹 이후 교회들은 그리스도의 실재적 현존과 예배자들의 물리적 현존이라는 "현존"의 신학적 이해에 대한 전례 없는 도전에 직면했다. 이러한 도전은 다양한 형태를 지녔지만 가장 중요한 것은 성찬식 거행을 위해 컴퓨터를 이용한 예배 형식을 사용하는 것에 관한 질문일 것이다. 여기서 그러한 질문들은 특정한 교회 공동체의 성찬 신학의 핵심으로 연결되기도 한다.

동방교회들은 서방 그리스도인들에게 성찬을 성령의 역사로 이해하는 것이 얼마나 중요한지를 일깨워 주었다. 사실상 모든 성찬기도문에는 분명한 **에피클레시스**가 있다.[37] 신학적인 성찰보다는 주로 경험을 바탕으로 움직이는 오순절파는 20세기 초부터 이러한 통찰을 귀중하게 여겼다.

교제의 새로운 가치에 대한 증거는 제2차 바티칸 공의회 이후의 자국어 전례 개혁, 빵과 포도주 모두를 두 손으로 받는 것, 완전한 회중의 참여를 위한 노력 등에서 볼 수 있듯 매우 풍부하다. 로마가톨릭과 마찬가지로 종교개혁의 교회들은 평화의 입맞춤 또는 평화의 표지를 회중의 행위로 회복시켰다.

덜 분명하기는 하지만 여전히 중요한 것은 예수 그리스도 안에서 모든 것이 완성될 것을 나타내는 하늘의 잔치를 바라보는 종말론적인 기대로서의 성찬에 관한 관심의 증가이다. 새로운 성찬기도들은 기독교 신앙의 이러한 측면을 명시적으로 표현하고 있다. 로마가톨릭과 개신교 모두가 회복한 환호송(acclamation)은 이에 대한 하나의 표지이다.

"그리스도께서 다시 오실 것입니다."

교회가 주의 만찬에서 경험한 것에 관한 이러한 새로운 이해에는 기뻐할 것이 많다. 이러한 해석들은 그리스도인들을 성경과 초기 교회의 증언에 더 가까워지도록 할 뿐 아니라 서로에게 더 가까이 다가갈 수 있도록 한다.

---

[37] 그러나 현재 로마가톨릭 미사 전문인 성찬기도 I에는 이것이 덜 명시적이다. 위에서 언급했듯이 여기에는 역사적인 이유가 있다.

4. 성찬의 실제적이고 목회적인 측면

목회적 실천은 최근 수년 동안에 교회의 이해가 얼마나 성장했는지를 반영해야 이 영역에서 최대한의 사역을 수행할 수 있다. 성찬식을 계획하고, 준비하고, 집례하는 일을 담당하는 사람들에게 이론과 실천은 밀접하게 연결되어 있다. 세례에 관해 언급했던 것과 마찬가지로, 여기에서 우리가 다룬 성찬에 대한 몇 가지 실천적인 함의를 좀 더 규정적이고 규범적인 방식으로 표현하겠다. 독자들은 이러한 규정에 모두 동의하지 않을 수 있다. 그러나 최소한 우리가 살펴본 역사적 기술의 영향에 대한 논의가 시작되기를 바란다.

첫째, 우선 건축 환경은 우리에게 열려 있는 가능성 전부는 아니더라도 많은 부분을 결정할 것이다. 최근 수년 동안에 서방의 많은 전통은 사제나 사역자가 사람들을 마주 볼 수 있도록 독립형 성찬대를 사용하는 방향으로 이동했다. 이것은 1964년에 새로운 로마가톨릭교회들에서는 의무적인 것이 되었고, 많은 개신교 교회가 이를 따르고 있다.[38]

집례자는 사람들을 마주 볼 수 있어야 할 뿐만 아니라, 만약 전통이 그렇다면 회중이 제단으로 쉽게 나아올 수 있어야 한다. 일부 전통에서는 주님의 식탁 주위에 모여 서거나, 무릎을 꿇거나 넓게 둘러앉는 행위를 회복시키고 있다. 옆에 있는 사람들과 함께 앞으로 나가는 행위는 교제와 헌신에 대한 강력한 비언어적 표지이다. 제대는 잘 보여야 할 뿐 아니라 접근성이 좋아야 한다. 점점 더 많은 교회에서 성찬식이 없는 날에도 제대는 기도와 봉헌 행위의 중심이 되고, 설교단은 선포의 중심이 된다. 이는 행동을 위해 준비된, 즉 사용되기 위해 고안되고, 실제로 사용되는 하

---

38 반면에 최근에는 사제나 집례자가 회중과 같은 방향을 바라보던 이전 관행의 가치를 알아보는 방향으로 나아가는 변화도 있다. 특히 제2차 바티칸 공의회 이전의 미사를 선호하는 로마가톨릭교도들 사이에서 이러한 변화를 확인할 수 있다.

나의 제대를 의미한다. 많은 교회에서 새롭게 개혁된 전례는 엄청난 제대를 제안하지 않고, 사용하지 않는 성경, 꽃, 초, 또는 기타 제단 장식품을 보관하는 용도로만 사용된다.

둘째, 주의 만찬은 말씀으로 보완되는 행위이다. 거의 모든 새로운 성찬식은 위에서 설명한 사중 행위 패턴을 기반으로 한다.

취하거나 준비하는 행위는 식사가 뒤따르고 식탁과 각 요소들이는 준비되어야 한다는 사실에 주의를 환기하는가?
우리는 성물에 대해 하나님께 감사하는 것을 표현하기 위해 우리의 목소리뿐 아니라 손도 사용하는가?
빵을 떼는 행위는 많은 이를 위해 떼어진 빵 한 덩어리의 연합을 분명하게 보여주는 표지인가?
빵이 각 참여자의 손에 전달될 때, 실제로 손이 닿는가?

이 모든 행위는 표지 가치가 가려지지 않고 표현될 수 있도록 신중한 주의를 요구한다. 좋은 의사소통을 위해서는 세심한 준비가 필요하다.

하나님께서는 집례자와 사람들을 통해서 일하시지만, 집례자는 의사소통을 가능한 한 분명하게 해야 할 책임이 있다. 설교할 때 중얼거려서는 안 된다. 성찬식을 거행할 때 소극적으로 행동해서는 안 된다. 이러한 행동과 말은 장식이 아니라, 사람들과 하나님을 교제하도록 돕는 사역에서 매우 중요한 것들이다. 우리는 주의 식탁에서 하나님께서 온전한 인간으로서 사람들을 얼마나 완전히 알고 사랑하시는지를 이해한다. 하나님 존재의 영광과 위엄은 변변치 않은 인간의 능력에 부응한다. 따라서 성찬을 집례하면서 우리의 손과 몸과 목소리로 하는 일은 인간이 관계를 맺고 소통하는 방식에 대한 세심함을 요구하는 중요한 사역이다. 음성 언어뿐 아니라 몸짓 언어도 있다. 따라서 우리는 두 가지 모두를 잘할 수 있도록 배워야 한다.

셋째, 빵과 포도주는 그 자체로 행위의 중요한 부분이다. 로마가톨릭 학교 학생들에게 빵이 그리스도의 몸이 된다는 것을 믿게 하는 것보다 제병이 빵이라고 믿도록 만드는 것에 더 많은 설명이 필요하다는 말을 해왔다. 그들이 본 것은 진짜 빵이다. 평범한 음식을 사용하는 것이 성찬의 핵심이다. 그리스도께서는 넥타르나 암브로시아, 즉 신의 음식과 음료를 선택하지 않으셨다. 인간의 음식과 음료인 빵과 포도주를 선택하셨다. 표지는 가짜가 아니어야 한다. 표지 가치의 대부분은 빵이 얇은 제병, 플라스틱으로 만든 "물고기 밥," 또는 빵으로 보이고, 빵의 맛이 나고, 빵의 냄새가 나는 것 이외의 무언가가 될 때 사라진다.

포도주도 마찬가지다. 오늘날에는 무알코올 포도주를 구입하여 마실 수 있지만, 적어도 포도 열매가 사용되어야 한다. 포도밭에서 볼 수 없는 인공적인 무언가가 사용돼서는 안 된다. 빵은 쉽게 떼어질 수 있는 빵이어야 하고, 너무 신선하지도 않고, 너무 오래되지 않아야 하며, 바닥에 떨어질 수 있는 부스러기를 만들어 내지 않도록 조심해야 한다. 빵을 떼는 행위는 신중하게 행해지면 예식에서 가장 의미 있는 부분 중 하나가 될 수 있다. 주는 행위도 중요하다. 선물을 주는 행위는 진정한 예술이 될 수 있다. 빵과 포도주를 주는 것도 예외는 아니다.

잔을 주는 행위에 관한 특별한 문제들이 있다. 하나 됨에 대한 가장 높은 표지 가치는 하나의 공동 잔으로 포도주를 주는 것이다. 그러나 실제로 본 사람은 거의 없어도 미국 문화권에 속한 사람들 대부분은 병균의 존재를 굳게 믿고 있다. 그러나 과도하게 불안해하는 사람들을 위해 빵을 공동 잔에 넣어 적시거나(intinction), 공동 잔에 담긴 포도주를 개인용 컵에 부어주거나, 개인용 컵에 이미 담긴 포도주를 나누어주면 이러한 두려움에서 벗어날 수 있을지 모른다. 현대에 이르기 전까지, 소비되는 빵과 포도주의 양은 작은 부스러기와 몇 방울이 아니라 꽤 넉넉했고, 물이 풍부하면 세례의 표지가 더욱 강해지는 것처럼, 확실히 더 높은 표지 가치를 가졌었다.

넷째, 아픈 사람을 위해 사역할 때 특별한 문제가 발생한다. 로마가톨릭은 아픈 사람들과 나이 든 사람들에게 성별된 빵을 때로는 매일 가져다주도록 훈련받은 (평신도도 포함될 수 있는) 특별 사역자(extraordinary ministers) 제도를 고안했다. 또 다른 제도는 교인 중 몇 사람이 사역자나 사제와 함께 병실 성찬 거행에 참여하는 것이다. 간략화된 것이기는 하지만, 그럼에도 주의 몸을 분별하는 진정한 공동 예식이다. 일부 교회들은 병실에서 사용하기 위한 성찬 예식을 갖고 있다. 아픈 사람들에게 성별된 빵과 포도주를 가져가는 일은 순교자 유스티누스 이래로 중요한 사역이었다.[39]

다섯째, 훌륭한 예배 리더들은 성찬에서 우리에게 베푸시는 그리스도의 관대한 자기 주심의 내적인 실재를 가장 잘 전할 수 있는 성찬식을 거행하기 위해서는 그 외적인 측면과 가시적인 측면 모두에서 사려 깊은 계획과 준비, 주의가 필요하다는 것을 알게 될 것이다.

39　코로나19 팬데믹 기간에 아픈 사람과 대면으로 참석할 수 없던 사람들을 위한 성찬 문제는 특별한 긴급성을 띠게 되었다. 우리는 교회들이 다양한 공중보건 문제를 모두 다루려고 시도하기보다는, 앞으로 있을지 모를 팬데믹에 대한 구체적인 계획을 그들의 지역 행정부와 상의할 수 있도록 권장할 것이다.

제9장 용어들

ablutions: 세정식
agape/love feast: 아가페/애찬
Agnus Dei: 아뉴스 데이(하나님의 어린양)
amen: 아멘
anamnesis: 아남네시스
anaphora (see eucharistic prayer): 아나포라 (성찬기도를 보라)
antidoron: 안티도론
apologies: 사죄
canon: 미사 전문
commixture: 혼합
concelebration: 공동 집례
concomitance: 병존
doxology: 송영
elevation: 거양
epiclesis: 에피클레시스 (성령임재의 간구)
eucharistic prayer: 성찬기도
extraordinary ministers: 특별사역자
fencing of tables: 식탁의 울타리
foot washing: 세족식
four action shape: 사중 행위
great thanksgiving: 대감사 (성찬기도를 보라)
Haggadah: 하가다
institution narratives: 제정사 (제정의 말씀을 보라)
intercessions: 중보기도
intinction: 빵을 포도주에 적시기
kiss of peace: 평화의 입맞춤
Liturgical Renewal Movement: 전례 갱신 운동
oblation: 봉헌
ordo/ordines: 제식규정서
Passover Seder: 유월절 밤 축제
post-*sanctus*: 삼성송-이후
prayer of consecration: 성별 기도 (성찬기도를 보라)
preface: 감사송
reservation: 보존
Roman Rite: 로마 예식
sacramentaries: 성례집
sanctus: 상투스(삼성송)
Sarum Rite: 사룸 예식
sursum corda: 수르숨 코르다 (마음을 드높이)
transfinalization: 목적변화(설)
transignification: 의미변화(설)
transubstantiation: 화체설
vernacular: 자국어
Westminster Directory: 『웨스트민스터 예배모범』
words of institution: 제정의 말씀

제10장

특별한 때를 위한 예식들

캐런 웨스터필드-터커 | 보스턴대학교 신학대학원 예배학 교수

인생은 반복되는 주기적인 일들과 단 한 번만 일어나는 일들로 가득하다. 사람은 일생동안 여러 번 병에 걸릴 수 있지만, 죽는 것은 단 한 번뿐이다. 기독교 예배에는 이러한 반복되는 주기적인 일들과 이러한 주기 내에서 한 번만 일어나는 특별한 사건들을 목회하는 방식들이 있다. 이렇게 특별한 경우에 드리는 예배들은 기독교인 공동체의 구성원들이 안정적인 인생 여정을 계속하거나, 새롭고도 돌이킬 수 없는 경험을 할 때 기독교 공동체가 사랑으로 돌본다는 사실을 보여준다.

인생 여정은 모든 그리스도인에게 우리가 하나님의 뜻이라고 알고 있는 것에 반하는 죄들을 포함한다. 모든 그리스도인은 죄인이고, 각자 그 사실을 알고 있다. 그러나 기독교 예배는 특별히 우리가 죄의 무게를 견딜 수 없을 때 이러한 상태를 다루는 방법들을 제공한다. 그리스도인들은 다양한 방식으로 회개하고 하나님께서 죄 사함을 위해서 일하신다는 사실을 확신하며 살 수 있다. 이 과정을 칭하는 다양한 이름이 있다. **참회**(penance)나 **고백**(confession)은 전통적인 용어이고, **화해**(reconciliation)는 오늘날 선호되는 용어이다. 화해는 하나님과 다시 연합된다는 수직적인 의미는 물론, 우리 이웃과의 재결합이라는 수평적인 의미도 제시하기 때문에, 본서에서는 화해라는 용어를 사용하겠다.

화해는 종종 병든 영혼을 위한 약으로 이해된다. 동시에 기독교는 병들거나 상처 받은 몸도 돌본다. 거의 아프지 않거나, 전혀 아프지 않고 건강하게 사는 몇몇 사람들도 있지만, 많은 사람이 주기적으로 아프다. 사도 시대 이래로 그리스도인들은 마음은 물론 **몸의 치유**(healing of the body)에도 관여해 왔다. 최근 수년간 기독교 예배에서 병자와 죽어가는 자에 대한 사역은 이전보다 많은 관심을 받았다. 질병은 많은 사람의 인생 여정에 중요한 부분이고, 교회는 이러한 때에도 함께 해야 한다.

일상의 평범한 생활과 마찬가지로 인생에 기쁨이나 위기가 찾아올 때도 기독교 예배가 필요하다. 인생의 고비는 사람들이 **결혼**(marriage, 대부분의 사람), **안수식**(ordination, 일부 사람), **종교적 서원**(religious profession), 또는 **위임**(commissioning, 일부 사람), 그리고 **죽음**(death, 모든 사람)과 같은 다양한 단계를 지날 때, 신앙공동체가 그들 각각의 주위에 모여 공동체의 사랑을 표현할 때 표시된다. 각각의 통과의례는 지나간 삶의 방식과의 결별, 새로운 삶의 질서로 나아가기 위해 문턱을 지날 때의 전이 혹은 이동, 그리고 새로운 삶의 방식이나 죽음 자체와의 결합이라는, 정도가 다른 세 단계를 반영한다. 이 중 몇몇은 장소의 전이(새 가정, 새 사역지, 새 공동체, 공동묘지)는 물론 시간의 전이(약혼, 신학공부, 수련 기간, 건강 악화)도 수반한다.

그리스도인들에게 이러한 과정들(passages)은 그 어느 것도 전적으로 개인적인 순간이 아니고 오히려 기독교공동체 전체가 나누는 관심사이다. 결혼은 새로운 가족 형성을 의미하고, 잠재적으로는 그리스도의 몸에 구성원을 추가한다. 죽어가는 외로움조차도 죽음이 우리를 교회로부터 떼어놓는 것이 아니라 보다 크신 승리자 그리스도께 옮기는 것이라는 사실을 믿는 믿음으로 완화된다. 이러한 지극히 개인적인 순간들은 보통 공동체적인 관심사로 기독교공동체 한가운데서 기념된다. 사랑의 공동체는 결혼, 안수식, 종교적 서원, 또는 위임 같은 기쁨의 순간과 죽음이라는 슬픔의 순간에도 우리를 감싸고 지지한다.

이러한 특별한 시기에 하나님께서는 인간공동체를 통하여 새로운 사랑의 관계를 맺으시고자 손을 내미신다. 이러한 새로운 관계는 부부관계나 유족과 같은 각기 다른 관계에서 다양한 방식과 다양한 종류의 사랑으로 표현된다. 성찬은 이러한 과정에서 사랑을 베푸는 교회 사역의 중요한 부분일 수 있다.

이러한 통과의례들은 안수식과 종교적 서원 또는 위임을 제외하고, 결코 그리스도인에게만 국한된 것이 아니라 모든 사람의 삶에 영향을 미친다. 인생의 위기가 관찰되는 방식에서 우리는 다른 어느 것에서보다 기독교 예배에서 지역문화의 영향을 더욱 분명히 알게 된다. 매우 다양한 관습들과 현지 관행들이 때로는 기독교 신앙과 갈등하고, 때로는 일치하고, 대개의 경우에는 무관한 채로, 이러한 때에 작용한다.

그리스도인들만 결혼이나 죽음과 같은 통과의례를 경험하는 것은 아니다. 그들은 다른 이들이 이러한 행사를 치르는 방식에 의해 영향을 받는다. 구체적인 경우를 다루는데 있어서 잘 알고 결정을 내릴 수 있도록 이런 경우에 나타나는 독특한 기독교적 증언과 문화적으로 결정되는 사항을 모두 아는 것이 매우 중요하다. 이를 통해 특정 상황을 다룰 때 정보에 입각한 결정을 내릴 수 있다. 특이하게도 한 사람과 기독교공동체의 관계가 약하면 약할수록, 종종 결혼식과 장례식과 같은 기독교 통과의례는 더욱 중요할 수 있다. 사실상 이런 경우가 어떤 사람과 신앙공동체의 유일한 접촉일 수도 있다. 따라서 이러한 통과의례들은 주변부 그리스도인들을 전도하는데 중요한 접촉점이 된다.

우선 인생 여정을 위한 예식들인 화해와 치유에 대해 살펴보겠다. 그다음에 기독교 결혼 예식과 안수식, 종교적 서원 또는 위임을 다룰 것이다. 다음으로 변화와 상실에 대해 이야기하는 목회 예식들을 살펴볼 것이다. 마지막으로, 죽은 자의 돌봄을 살펴볼 것이다. 각각은 인간적 요구가 매우 필요한 순간에 대응하는 효과적인 사역을 다룬다. 본서의 연구는 간략하지만, 오늘날 각 영역에서 나타나는 신앙과 실제의 몇몇 방향들을 보여줄 것이다.

1. 화해

　모두가 몸의 치유를 필요로 하는 것은 아니다. 그러나 모두가 영혼의 치유를 필요로 한다. 히에로니무스(Hieronymus, 영어: Jerome)은 세례와 화해를 죄로 인해 난파당한 후에 우리가 매달릴 수 있는 널빤지 조각으로 표현한다. 육체적인 치유와 마찬가지로, 화해는 세례와 분명한 유사점을 갖는다. 세례는 사랑에 기초한 영원한 관계의 성립을 가시적으로 만드는 결혼과도 비교되어 왔다. 그러나 이러한 관계에서조차도 갈등할 때가 있으며 화해를 위한 "중재"의 필요성이 생기는 때가 있다. 반복할 수 없는 세례와는 달리 이와 같이 화해는 반복되는 사건이다.

　신약성경에서 세례 받은 죄인들을 거의 언급하지 않는 것은 놀라운 일이다. 바울은 고린도 교회에 "내가 용서하지 아니하리라"(고후 13:2)라고 경고한다. 구약에는 탄원, 금식, 애통, 그리고 재를 뒤집어 씀 등의 회개하는 의식들에 대한 방대한 사례들을 볼 수 있다. 이후 여러 시대에 걸쳐 이 본문이 차지하는 중요한 역할을 생각해 보면 초기 교회가 죄를 용서하거나 용서 받을 수 있는 권한을 가장 명확하게 제시하는 구절인 요한복음 20:23에 별로 중점을 두지 않은 것은 놀라운 일이다. 복음서에서는 분명히 죄인의 회심을 촉구했고, 바울은 죄의 멍에를 죽음과 동등시했다. 신약성경에서 세례에서 이루어지는 정화 이상의 화해를 위한 의례 행위 증거는 찾아보기 힘들다.

　3세기 초에 쓰인 테르툴리아누스의 논문인 『참회에 관해서』(On Penance)는 초기에 있었던 화해의 실제에 관해 많은 것을 말해준다. 죄는 하나님께 대항하는 범죄일 뿐 아니라, (특별히 박해 시의) 그리스도인들 모두를 위험에 빠뜨리기 때문에 교회에 상처를 입히기도 한다. 참회는 배교와 같은

심각한 죄에 대해 일상의 박탈과 같은 엄격한 공적 훈련을 수반했다

마치 새로 세례를 받은 사람들이 첫 성찬에 참여하도록 허락받는 것과 마찬가지로, 회개하는 사람들은 부활절에 교회와 화해되기 전에는 성찬에서 배제되었다. 화해는 극심한 죄를 지어서 자신들이 받은 세례의 정화 효력을 파괴시켰던 사람들에게는 사실상 난파 후의 널빤지 조각이었다. 화해는 금식, 참회의 복장 착용, 금욕 기간을 포함했다. 테르툴리아누스에 따르면 화해의 예식은 통상 일생에 한 번 허락되었다. 테르툴리아누스는 화해를 지혈용 수축제가 상처를 치유하는 것과 꼭 마찬가지로 공동체 안에서 상처를 치유하는 방식으로서 약효가 있는 것으로 여겼다. 이렇게 하여 부활절 아침에 하나님과 상처받은 기독교공동체 모두에 잃어버렸던 양의 화해를 공적으로 축하하였다.

중세 시대에 화해에서 급진적인 변화가 일어났다. 사실상 어쩌면 원래의 형태를 그렇게 많이 바꾸었던 성례전은 치유 외에는 없을 것이다. 원래는 주교가 집례했던 화해를 사제들(presbyters)이 하게 되었고, 공개적이고 공적이던 것이 사적이고 비밀스러운 것으로, 일생에 한 번이나 두 번 행해지던 것에서 적어도 일 년에 한 번으로, 그리고 오늘날에는 매주 행하게 되었으며, 예외적으로 드물게 행했던 것에서 모두에게 요구되는 것으로 변화되었다. 범법에 대한 벌을 규정한 소책자인 **『켈트인의 참회』**(*penitentials*)[1]가 유럽 도처에 보급된 것이 이러한 변화의 주요 원인이 되었다.

7세기부터 켈트 도서들이 교회의 공적집회로부터 완전히 분리된 속죄 유형을 유행시키면서 그 영향력이 퍼져나갔다. 사실상 초기 아일랜드에서 고백을 들어주는 사람들의 일부는 남녀 평신도들이었으나 궁극적으로는 사제만이 이를 할 수 있게 되었다. 중세 후기 공의회들은 성찬을 받기

---

[1] John T. McNeil and Helena M. Gamer, *Medieval Handbooks of Penance* (New York: Columbia University Press, 1938)를 참고하라.

전에 고백이 필수적이라고 명하였다. 그리고 성찬과 고해 모두를 적어도 일 년에 한 번은 받도록 함으로써 두 성례전을 운명적으로 연결시켰다.

루터는 1529년에 "사제 앞에 선 평신도들이 고백하는 간단한 순서"(A Short Order of Confession before the Priest for the Common Man)를 저술했고, 2년 후에는 그것을 "평신도들에게 어떻게 스스로 고백하는 것을 가르쳐야만 하는가?"(How one Should Teach Common Folk to Shrive Themselves)[2]로 수정해서 썼다. 이 글들은 한 사람의 죄를 인위적으로 수와 표본으로 범주화하는 것을 피하고, 그 사람에게 화해가 제공할 수 있는 평화를 주는 것을 추구했다. 두 형식 모두 사제나 고해 신부에게 하는 사적인 고백이다. 다른 종교개혁자들은 자신들의 주일예배에 참회의 기도를 첨가하는 것으로 만족하였다.

20세기에 가톨릭교회는 화해의 성례를 위한 예식을 개정하였다. 제2차 바티칸 공의회는 속죄의 "의식과 문구"의 개정을 명령했다. 그러나 여기에는 1973년에 나타났던 3개의 독특한 의식 – "개인 속죄자의 화해에 대한 의식"(Reconciliation of Individual Penitents), "몇 사람이 개인적으로 하는 고백과 면죄를 받는 의식"(Several Penitents with Individual Confession and Absolution), "몇 사람이 함께 하는 총고해와 면죄를 받는 의식"(Several Penitents with General Confession and Absolution) – 에 있는 것과 같은 중요한 변화들에 대한 어떠한 암시도 없었다. 가장 논쟁의 소지가 되는 것은 마지막 의식(몇 사람이 함께 하는 총고해와 면죄를 받는 의식)으로 그 사용이 아주 제한적이었다. 이 세 가지 의식들 속에는 성경낭독에 관한 규정이 있다. 마지막 두 의식은 "공동체에 대한 성례전의 관계"를 극화시켰다. 모든 참여자는 하나님의 자비에 대한 총고해(general confession)와 찬양을 나눈다. 이 모든 과정은 죄의 공동체적 본질과, 하나님의 자비로 서로 간에 화해되어야 할 우리의

---

[2] *Luther's Works* 53, pp. 116-21. N.B. "Shrive"란 면죄를 받기 위해 고백과 참회의 과정을 거치는 것을 말한다.

필요를 강조함에 있어 초기 화해의 실천을 회복하는 동시에 진전시킨 것을 보여준다.

많은 개신교 회중은 다양한 유형의 **공동 화해 예식**(corporate services of reconciliation)을 시도하였다. 점차적으로 현대 개신교는 화해의 의례 행위가 죄의 영적 소외에 직면하는 구체적인 방법을 제공함으로써 인간의 깊은 욕구에 부응한다는 사실을 인식하고 있다. 루터교회에는 현재 "공동의 고백과 용서"와 "개인적인 고백과 용서"를 위한 예배가 있다. 미국성공회에서는 19세기 옥스퍼드 운동에서 회복된 실제를 따르며 사적인 "회개자의 화해"를 둔다. 미국 그리스도연합교회(United Church of Christ)는 그와 유사하게 "참회하는 사람"과 "공적인 화해회개"를 제공한다.

이들 대부분의 교회는 대부분의 주일예배, 특히 성찬에 참회하는 요소를 포함시킨다. 루터교회는 현재 성찬식 전에 예비적인 "고백과 용서를 위한 간단한 순서"(Brief Order for Confession and Forgiveness)를 제공하는데 이는 선택 사항이다. 미국성공회는 성찬 예전에서 사용할 상당히 유동적인 "참회의 순서"(Penitential Order)를 제공하고, 만약 이 순서가 빠질 때는 중보기도 후에 공동의 고백을 해야만 한다는 사실을 상당히 강하게 암시한다. 로마가톨릭교회와 개혁교회(Reformed Churches)는 주일예배의 통상적인 도입을 중세의 유산인 고백과 용서의 행위로 시작한다.

근래에 대림절과 사순절 같은 회개 절기와 재의 수요일 같은 의식에 대한 관심이 증대되어 왔다. 청교도 전통은 오랫동안 감사의 날들은 물론, 수치와 금식이라는 특별한 날들을 지켰다(Days of Humiliation and Thanksgiving). 그리고 감리교에는 철야예배와 언약예배의 오랜 전통이 있다. 1549년판 『공동기도서』에는 재의 수요일을 위한 예배가 있었는데, 여기서는 신명기 27장의 격렬한 저주가 수반된다. 이는 1662년 "하나님이 벌을 내리심(Commination), 또는 죄인들에 대한 하나님의 진노와 심판의 경고"(Denouncing of God's Anger and Judgement Against Sinners)로 개칭되었다. 최근 미국 장로교회의 공식적인 재의 수요일 예배는 긴 "참회의 교독문"에 이어 재를 뿌리고 성찬을 거행하는 순서로 구성되어 있다. 많은 교회에서는 재를 뿌리는 것을 선택 사항으로 하면서 재의 수요일을 다소 부드럽게 지키는 것이 일반화되었다. 공동 화해 의식이 내포하는 가치의 많은 부분은 본질적으로 특별한 때에 거행한다는 데에 있고, 교회력이나 시민의 삶 속에서 특별한 때와 연결될 때 최선으로 작용할 수 있다.

중세 시대에는 화해를 통해 경험한 것에 대한 교회의 이해가 발전되었다. 피터 롬바르드는 모두가 이 성례전을 자주 활용한 12세기쯤에는 위대한 발전이 있었음을 지적하면서 화해에 대해 많은 것을 언급했다(70페이지 분량). 그가 우리에게 한 가장 중요한 말은 "한 번만 하는 것이 아니라, 자주 하는 속죄에 의해 우리는 우리의 죄로부터 일어난다. … 진정한 속죄는 반복적으로 행해질 수도 있다"[3]이다. 롬바르드가 상세하게 논한 화해의 과정은 플로렌스 공의회에 의해서 성례전의 문제로 참회의 세 가지 행위-"주로 기도, 금식, 그리고 자선을 통해서 … 마음의 **뉘우침**(contrition) … 입으로 하는 **고백**(confession) … [그리고] 죄에 대한 **사죄**(satisfaction)"-를 포함하는 것으로 요약되었다. 그 형태는 "네 죄를 모두 용서하노라"라는 사제(이 성례전의 인도자)의 말이었다.[4]

비록 루터는 사적인 참회를 고무하기는 하였지만, 화해는 어떠한 개혁교회에서도 성례전으로 간주되지 않았고, 참회의 요소들은 주일예배에서 눈에 띄는 부분이 되었다. 이 모든 단점에도 불구하고 중세의 속죄 의식은 사람들로 하여금 자신들이 진정으로 죄를 뉘우치고, 사제에게 고백하고, 보속행위를 한다면 하나님께서는 그들을 용서하시기 위해서 진실로 역사하신다는 사실을 분명하게 확신하면서 살 수 있도록 했다. 종교개혁은 모든 그리스도인은 서로에게 죄를 고백하고 서로를 용서함에 있어서 서로에게 제사장직을 행할 수 있다는 의미를 제공하였다. 모든 개신교 전

---

[3] *Peter Lombard and the Sacramental System*, IV, 3; Roger, ed., p. 117.
[4] "Decree for the Armenians," Petry, *A History of Christianity* (Englewood Cliffs, N.J.: Prentice-Hall, 1962), p. 328.

통은 규율과 판단의 기준이 필요하다고 여겼지만 이에 대한 집행 수단은 다양했다. 칼빈은 성찬에 **제한을 가함**(fencing the tables[즉, 악명 높은 죄인들을 배제하는]. 고전 11:27)이라는 징계의 행위를 성찬과 연결했으며, 웨슬리는 자신의 속회회원들에게 성찬식 입장표를 요구하였다. 두 사람 다 성찬식에 가혹한 징계의 짐을 부과하였다.

화해에 있어서 현재의 개혁 이면에 있는 새로운 개념은 실제로는 아주 오래된 것이다. 그 개념들은 하나님께뿐이 아니라 이웃에 대한 범죄로서의 죄의 본질에 초점을 맞춘다. 다양한 의식에서 전체 공동체는 양심을 점검하며, 용서를 구하고, 용서하시는 하나님의 뜻이 선포되는 것을 들으면서 성경에 있는 하나님의 말씀을 경청한다. 인종차별, 민족주의, 성차별, 그리고 다른 사람들에 대해서 행하는 집단적인 부당함 같은 형태로 나타나는 죄의 집단적인 본질이 이런 많은 화해 예식에서 점검되고 고백하게 된다. 성경의 애도 관습을 회복하고 의식화하는 것은 때때로 불평, 불만, 고백을 하나님 앞에 드리는 화해 예식보다 앞서기도 한다. 이와 같이 화해의 예식은 기독교가 추구하는 정의를 깊이 상징한다.

2. 병자에 대한 사역

수세기에 걸쳐서 병자에 대한 교회의 사역은 다양한 의례적인 행위를 포함해왔는데, 단순한 병상기도에서부터 공적인 치유집회에 이르기까지 그 범위가 넓다. 1960년대부터 로마가톨릭의 사역에서 커다란 변화를 볼 수 있고, 개신교에서는 병자를 돌보는 새로운 방법을 찾는 것에 대한 관심이 증대되고 있다.

복음서에는 예수 그리스도의 치유 사역으로 가득하고, 사도행전은 사도들이 이 사역을 계속했음을 명확히 한다. 마가복음 6:13은 예수께서 아직 열두 사도와 함께 하셨을 때 그들이 " 많은 병자에게 기름을 발라 고치더라"고 말해준다. 사도들의 치유 사역도 연대순으로 풍부하게 기록되어 있지만, 차후의 발전에 대한 핵심 구절은 야고보서 5:14-16이다. 이 구절에서 몇 가지 사안이 두드러진다. 장로들(elders 또는 presbyters, 주교나 사제를 의미한다)은 치유라는 특별한 사역을 담당한다. 그들이 하는 일은 주의 이름으로 병자에게 기름을 바르고, 그들을 위해 "기도하는" 것이다. 그 목적은 분명히 몸의 치유이지만, 또한 죄의 용서도 수반된다. 그러므로 모든 그리스도인은 "병이 낫기를 위하여 … 죄를 서로 고백하라"고 권고받는다.

고대 세계에서는 치유의 목적으로 기름을 널리 사용했는데, 외적으로는 **도유**(anointing)를 위해서 사용되고, 입으로 섭취하기도 하였다. 그리스도인들에게는 "메시아"(Messiah), 또는 "그리스도"(Christ)가 "기름 부음 받은 자"를 의미했기 때문에 이러한 사용은 자연스러운 것이었다. 인간의 기도에 하나님의 행사가 더해진다. 즉, 구원을 위한 기도와 일으키시는 하나님께서 함께 역사한다. 마가복음 16:18("병든 사람에게 손을 얹은즉 나으리라")만큼은 아니지만 치유의 능력에 대한 야고보서 5장의 진술은 강력하다.

이 구절 중 가장 놀라운 부분은 물론 육체적인 치유와 죄 사함을 연결한 것이다. 우리는 이 둘을 명확하게 구분하고 싶지만, 야고보서의 기자는 육과 영 모두의 완전한 회복에 관심이 있다. 기름 부음과 기도의 목적이 육체적, 영적 모두의 치유임이 너무나도 분명하다.

『사도전승』(*Apostolic Tradition*)도 병자의 도유에 대한 또 다른 통찰력을 제공한다. 성찬 기도 후 어떤 사람이 기름을 봉헌할 수도 있다. 주교가 기름에 감사하고 하나님께 "기름을 맛보는 자 모두에게 강함을 주시고 그것을 사용하는 자 모두에게 건강을" 허락해 달라는 요청을 한다.[5] 기름은 분명히 마시기 위한 것이고, 또한 치유의 목적으로 몸에 바르기 위한 것이다. 이집트 트무이스 지방의 사라피온(Sarapion of Thmuis)은 성찬기도 후에 기름에 대한 기도를 포함함으로써 더 상세한 것을 알려준다.

---

5   Dix, ed., *Apostolic Tradition*, V, p. 10.

"모든 열, 모든 귀신, 모든 병은 기름을 마시고 바름으로써 치유될 수 있다."[6]

사라피온 모음집에 있는 그다음 기도는 기름의 의학적이며, 귀신을 쫓는 장점을 열거함에 있어 더욱 명시적이다. 이러한 세기들에는 누구나 고침을 받고자 하는 자(또는 그들의 친구)는 교회로 기름을 가져와서 기름에 대한 축복을 받고 난 후 그것을 마시거나 스스로 발랐다. 동방교회들은 사제들이 도유를 행하도록 더 강력하게 주장하였다. 서방교회에서는 궁극적으로 주교가 축복한 기름으로 사제가 도유하게 되었다.

중세 시대에 들어서 병자에게 도유하는 목적은 육체적이고, 영적인 건강을 회복하는 것으로 이해되었다. 피터 롬바르드는 도유에 "이중의 목적, 즉 죄 사함과 육체적 병약함으로부터의 해방"이 있다고 말한다. 어떤 사람의 육체와 영혼이 모두 자유롭게 되는 것이 그에게 편리하다는 전제하에 그가 도유를 제대로 받는다면 "그는 육체와 영혼 모두 자유롭게 된다."[7] 그리고 롬바르드는 병이 재발하는 경우 반복적으로 예식을 하라고 길게 옹호하고 있다. 그러나 12세기 후반에는 **종부 성사**(성례)(extreme unction)라는 이름이 함축하듯이 도유를 단지 죽어가는 영혼이 천국에 들어가는 준비로만 보았다. 이것은 도유를 몸과 영혼을 위한 치유와 관련이 있다고 이해했던 초기의 개념과 실제로부터의 급격한 변화였다. 제2차 바티칸 공의회 이전까지 교회는 스콜라 신학자들에게 종부 성사가 죽음을 위한 성별의 예전이라는 이해를 지지하라고 호소했다.

도유에 대한 최초의 방식이 고통이 있는 곳에는 어디나 있었던 것으로 보이는 데 반해, 중세 후반경에는 죄를 지을 가능성이 있는 모든 곳, 즉 눈, 귀, 콧구멍, 입, 손, 발, 그리고 허리에까지 이르렀다. 15세기쯤에는 죽음의 위험에 처해 있는 사람에게만 하도록 결정되었다. 형식은 "이 거룩

---

6   R. J. S. Barrett-Lennard, *The Sacramentary of Sarapion of Thmuis* (Bramcote, Notts, U.K.: Grove Books, 1993), p. 31. p. 48도 참고하라.

7   *Lombard*, IV, xxiii, 3, Rogers, p. 222.

한 도유를 통해서 그리고 주님의 가장 사랑 어린 연민으로 하나님은 그대가 봄으로써 범한 모든 죄를 사하시노라" 등이고, 도유의 재료는 주교가 축복한 감람유다.[8] 그 유익이 "마음의 치유이고, 적절하다면 몸의 치유이다"라는 것은 다소 모호한 재고(再考)다.

부가적 성례전과 준성례들 역시 병자와 죽어가는 사람들에 대한 교회 사역의 일환으로 발전되었다. 이것은 일련의 성시, 기도, 성구들, 그리고 병자를 방문할 때 사용하는 성수뿌림 등을 포함했고 (만약 그 성도가 듣고 말하는 것이 가능하다면) 고백을 하도록 했다. 이전에 한 적이 없다면 견진을 베풀고 마지막 영성체(임종시에 받는 성찬인 viaticum)를 주었다. 사도적 축복을 베풀고, 임종의 순간에 "떠나소서, 오 그리스도인의 영혼이여"라는 기도로 죽어가는 사람의 영혼을 하나님께 위탁한다. 이 모든 것에 있어서 세례후보자 교육의 과정이 개종 의식의 전(全) 과정을 만든 것처럼, 병자의 의식은 기독교인으로 죽는 의식의 전 과정을 만든 것이다.

이중 종교개혁에서 살아남은 것은 거의 없다. 칼빈은 도유를 "비합리적이며, 유익도 없는데 그들이 사도들을 닮으려고 연극하는 것"이라고 하면서 비난하였다.[9] 사도들의 치유은사는 "한시적인 은사"였고, 칼빈은 "이 사람들[가톨릭]이 그들의 기름으로 병자가 아니라, 반쯤 죽은 시체들을 문지르는" 당시의 방식 중 어느 것도 취하지 않았다. 크랜머는 상당히 축약시키기는 하였지만, 사룸의 "병자 방문법" 일부분을 유지하였다. 1549년판 『공동기도서』는 하나의 성시, 기도문, 권고, 질문 형식으로 된 신조(세례식에서처럼), 고백과 면죄, 시편찬송, 그리고 단지 이마 또는 가슴에만 하는 도유를 유지하였다. 도유는 1552년 개정판에서 사라졌다. 크랜머의 1549년 "병자를 위한 성찬" 예식에는 성찬식을 거행하는 날에 교회에 보존된 요소들 일부를 병실로 가져가 거행해야 한다고 규정했다(확장

---

8 "Decree for the Armenians," Petry, p. 329.
9 Calvin, *Institutes*, IV, xix, 18, p. 1466.

된 성찬식). 다른 날에는 "병자의 집"에서 간소한 성찬을 할 수 있게 되었다. 그러나 칼빈은 병자가 제정사와 약속을 들을 수 없기 때문에 남겨두는 것은 "무익하다"며 이에 동의하지 않았다. 만약 이런 것들이 병식에서 암송된다면 '진정한 성별'이 된다. 그러나 성별 이전에는 아무 효력이 없었다.[10] 순교자 피터는 칼빈에 동조하였으며, 1552년판 『공동기도서』에서는 환자를 위해 성찬을 보존(reservation)하는 것에 대한 어떠한 언급도 없어졌다.

모든 전통이 **병자의 방문**(visitation of the sick)을 위한 형태를 지속했다. 이들 중 대부분은 잘 죽기를 갈망하는 사람들을 위한 기도와 고백을 포함했다. 초기 감리교에는 빈번한 병실 성찬식이 있었다. 도유는 18세기 초 형제교회(The Church of the Brethren)에서 다시 나타났다. 19세기와 20세기에 등장한 오순절과 은사주의 교회들은 정기적으로 그들의 개인 및 공적인 사역에서 몸과 마음이 아픈 이들에게 도유, 안수, 그리고 즉석 기도를 사용했고, 그러한 대부분의 기록되지 않은 관행을 21세기까지 계속했다.

공적인 치유 예식은 개신교, 로마가톨릭, 그리고 은사주의/복음주의 교회에서 더 빈번해졌다. 이것들은 미국 외의 지역에서는 때때로 성지와 관련된다. 라디오와 텔레비전, 인터넷이나 온라인 사역이 이런 예배들의 대중성을 크게 확산시켰다. 크리스천 사이언스(Christian Science, 기독교 교파의 하나. 물질세계는 실재가 아니며 병도 기도만으로 치유할 수 있다고 믿음 : 역자주)는 치유 사역을 제공한다. 이 모든 노력들은 치유와 온전함에 대한 깊은 인간적 요구의 지속성을 반영한다.

제2차 바티칸 공의회는 성례전을 확장하도록 하였으며, 그것을 "병이나, 고령으로 죽음의 위험에 처해 있는" 모두를 위한 "병자의 도유"라고 개칭하였다(『거룩한 전례에 관한 헌장』, 제73절). 오늘날에는 12세기의 편협

---

10 Ibid., IV, xvii, 39, pp. 1416-17.

함을 명백하게 바꾸어서 이 예식이 고령자나, 또는 심한 병을 앓는 자 누구에게나 베풀어지고 반복될 수 있게 되었다. 새로운 의식은 "병자의 방문과 성찬", "병자 도유 의식", "영성체"(Viaticum), "죽음이 임박한 사람들을 위한 성례전의 의식 - 고백, 도유, 그리고 영성체(Viaticum)의 연속적인 의식", "죽음의 위험에 처한 사람의 견진"(Confirmation of a Person in Danger of Death), "죽어가는 자의 위탁을 위한 의식"(Rite for the Commendation of the Dying)과 각종 본문들을 포함한다. 의식들을 다양한 상황에 적용할 수 있도록 많은 대안이 제공된다. 임종세례를 받는 사람들을 위해서 3-4개의 성례전(화해, 견진, 도유, 그리고 성찬)이 치료 사역의 형태로 제공된다.

개신교 안에서는 공적인 치유예배와 병실 치유예배에서 모두 괄목할 만한 회복이 있었다. 미국성공회는 이를 "병자에 대한 목회"(Ministration to the Sick)라고 개칭하고 광범위하게 개정하였다. 현재 도유는 (선택 사항이기는 하지만) 의식의 필수적인 부분으로 규정된다. 병실의 성찬식이나, 보존 성물의 사용에 대한 규정이 있다. 전통적인 "떠나소서, 오 그리스도인의 영혼이여"라는 위탁을 수반하는 "임종 시의 목회"와 철야기도문 또한 있다. 루터교회는 "병자의 안수와 도유"를 제공하는 반면 연합감리교회에는 현재 공적, 사적인 "치유예배"가 있다. 두 예배 모두 도유와 안수가 가능하도록 하며 성찬도 포함할 수 있는데 이를 위한 적절한 성찬기도문도 있다. 미국 장로교회는 "치유와 온전함"이라는 광범위한 제목으로 개인과 교회 모두를 위한 의식을 포함하는 다섯 가지 예배를 제공한다.

치유 사역에는 많은 민감한 신학적 사안들이 있고, 교회가 그러한 사안들을 항상 기꺼이 다루고자 하는 것은 아니다. 중세 후반에 도유를 협소화시켜서 마침내 화해라는 잡동사니 성례전으로 만들어버린 것은 문제를 상당히 단순화시킨 것이기는 했지만, 아무것도 해결하지는 못했다. 그것은 교회가 성경이 그렇게도 직시하였던 영적이며 육체적인 고통에 관해서 일치라는 시각을 잃어버린 경향이 있었다는 사실을 의미했다. 그것은 편리하지만, 육체와 영 사이의 비현실적인 이원론을 의미했다. 비록 신약

성경은 병을 죄의 결과로 보는 것에 일반적으로 신중한 자세를 보이지만, 예수님께서 죄를 사하심으로써 치유하실 때(마 9:2-6)에 또는 야고보서 5:14-16에서 죄와 병의 밀접한 관계를 보여준다. 화해 또한 초기 교회에서 치유의 약으로서 묘사되었다(테르툴리아누스, 『참회에 관하여』). **예수님과 사도들의 사역의 많은 부분이 사람들의 몸은 물론 영혼까지 치유하는** 데 사용되었고, 야고보서 5장에서도 교회들에게 그렇게 할 것을 권고한다.

현대 사회에서는 한때 도유가 모든 사람에게 있어 치유와 개인위생과 연결되었던 과거 문화권에서처럼 상징적인 가치를 지니도록 하는 데에는 분명한 어려움이 따른다. 그러나 병자 사역의 일환으로서 가시적이고 확고한 어떤 것을 행하기 위해서 말로 하는 기도 외에 이런 객관적인 행위를 하는 것에 진정한 목회적 가치가 있는 것으로 보인다. 병자는 말로 하는 기도를 들을 수 없거나, 이해할 수 없지만, 도유와 같은 행위를 인지할 수 있는 경우는 꽤 된다. 성경적 뿌리와 오랜 역사를 감안하면 도유는 가장 적절한 행위가 될 것으로 보인다.

보존 성물(reserved sacrament)에 관련된 문제는 종교개혁 이래로 많은 변화가 있었다. 일찍이 순교자 저스틴 때에 참석하지 못한 (병자와 수감 중인) 사람들에게 성물이 보내졌다.[11] 성별된 성물을 경배하는 데에 대한 종교개혁 시대의 우려는 오늘날은 거의 문제가 되지 않는 것으로 보인다. 현재는 새로운 사역의 가능성들이 활짝 열려 있다. 적은 무리의 사람들과 함께 하는 병실 성찬은 참석자가 있기 때문에 보다 완전한 상징으로 보일지 모르지만, 그것이 항상 가능한 것은 아니다.

병자 사역의 주된 문제는 몸과 영혼에 대한, 즉 전인적인 인격체에 대한 교회의 사랑과 관심을 어떻게 적절하게 표현하는가이다. 야고보서 5:16은 모든 그리스도인은 죄를 서로 고백하며 "병이 낫기를 위하여" 서로 기도하는 데 참여할 것을 제안한다. 세례로 한 몸이 된 우리의 그리스

---

11 "First Apology," pp. 65-67, Richardson, *Early Christian Fathers*, pp. 286-87.

도인 이웃은 더불어 건강을 유지하도록 우리에게 요구하며, 우리 또한 그들에게 요구한다. 이런 의미에서 병자 사역은 신앙공동체 안에서 중요한 사랑의 관계이다. 치유는 신앙공동체 전체가 병든 구성원들을 위해서 자신들의 사랑을 가시적인 것으로 만드는 것이다. 사랑의 관계는 정직과 양심의 평온을 요구하는데, 이를 위한 상호간의 고백은 정신과 육체 모두를 치유하는 일환이 된다.

비록 단지 소수만이 도유나 성물을 운반하는 사역을 할지 모르지만 모두 병든 지체를 위한 중보기도를 하도록 부름받는다. 병자 사역은 전 기독교공동체가 하는 것이다. 그러나 그 대부분은 병실 밖에서 일어난다. 매 주일예배에 병자와 상처 받은 이들을 중보하는 공동기도에 포함시켜야 한다. 그리고 모든 구성원들은 개인적인 경건의 시간을 통해 이 사역에 참여해야만 한다. 하나님께서 신앙공동체를 통해서 역사하시기 때문에 병자 사역은 사랑을 가시적으로 만드는 중요한 부분이다.

몇 가지 목회적 차원이 분명하다. 병자 사역은 모든 회중의 참여를 포함한다. 그러나 많은 체계적인 방문은 목회자에게(혹은 전문사역자) 맡겨질 것이다. 도유와 성찬 같은 보다 객관적인 사역행위에 대한 욕구에 관해서 할 말이 많았다. 말보다 행동이 더욱 큰 영향을 미치는 곳들이 많으며, 병실이 그런 곳 중의 하나인 경우가 종종 있다. 우리는 종종 옳은 것을 말하는 것을 어려워하지만, 때로는 몸짓으로 표현하는 것이 보다 적절할 수 있다. 우리가 바로 거기에 있다는 사실 자체가 가장 큰 사랑의 표지인 경우가 자주 있다. 우리는 말하는 것은 물론, 행동하는 것에 대한 보편적인 감수성을 반드시 길러야 한다. 병자의 손을 잡고, 자신의 손을 그의 이마에 얹으며, 기도하면서 도유하고, 성찬을 베푸는 것은 이러한 사역의 중요한 형태이다. 성직자는 결코 혼자 사역하지 않고, 기독교공동체의 나머지 구성원들과 함께 한다. 병자에 대한 관심은 공적인 예배와 개인적인 예배로 공히 흘러넘쳐야 한다. 한 목회자가 정기적으로 많은 병자를 돌볼 수 없기 때문에 평신도들로 하여금 그들을 방문하고 성물을 가져다주도록 격려하기 위해서는 보다 많은 구조가 고안되어야 한다. 이것은 너무나 중요해서 등한시할 수 없는 평신도 사역의 중요한 부분이다.

교회들은 몸과 영혼의 **치유를 위한 공적 예배**(public services of healing)를 행할 필요가 있는데, 그것은 극적인 것이 아니고, 터무니없는 주장을 하지도 않고, 오직 하나님께서 공예배에서 자신을 주신다는 사실을 진지하게 받아들인다. 몸과 영혼의 치유의 선물은 하나님의 선물 중에서도 적지 않은 것이다. 성경봉독, 기도, 안수, 그리고 (아마도) 도유를 포함하는 공적 치유예배가 점점 더 자주 행해진다. 결국 그런 예배들은 건강에 대한 하나님의 의지와 사람들의 영혼뿐만 아니라 몸에 대한 교회의 관심을 증언한다.

이제 우리가 이 인생에서 통과하는 각양의 독특한 행사들이나 통과의례들로 시선을 돌려서 반복적인 사건이 아닌 단 한 번 효력을 갖는 사건들을 고찰해 볼 것이다.

3. 기독교 결혼

결혼보다 즐거운 행사는 거의 없다. 그럼에도 결혼에 대한 교회의 접근법은 느리고 조심스러웠으며, 항상 축제의 대부분을 교회 밖에서 하도록 내버려두려 했다. 심지어 오늘날에도 결혼 예식에는 기독교와 이교도의 요소들이 흥미롭게 결합되어 있다. 사용되는 용어들도 예배 언어와 법적 용어가 어울리지 않게 짝을 이루고 있다. 목사는 교회법과 시민사회법에 복종하면서 목회자와 공복으로서의 역할을 동시에 한다. 결혼 예식은 그리스도와 문화의 특이한 조합이다.

신약성경은 결혼의 이미지를 자주 사용하지만 기독교 결혼식에 관해서는 아무것도 말해주지 않는다. 우리는 예수님이 참석하셨던 "이 첫 표적을 행하셨으며 … 그리고 그의 영광을 나타내셨던" 가나의 유대인 결혼축제에 관한 이야기를 알고 있다(요 2:1-11). 그러나 우리가 알고 있는 모든 것은 그것이 침울하지 않고, 술 취하지 않은 행사가 아니었다는 사실이다. 초기 교부들도 거의 더 이상 말해주지 않는다. 초기 교회는 기꺼이 지역의 관습들이 유지되도록 한 것이 분명하다. 이러한 것들은 앞으로 다가올 결혼을 위한 약속을 하며 반지를 주는 로마식 정혼 예식을 포함하였다.

로마의 결혼 예식은 손의 결합, 가정 제단에서의 희생 제사, 결혼 케이크를 곁들인 피로연, 결혼초야의 동침 의식을 포함했다. 이러한 격식들은 신부의 집에서 시작하였고 결혼한 남녀의 새로운 집에서 끝을 맺었다. 정혼 서약, 손의 결합, 그리고 반지를 주는 것은 오늘날 기독교 결혼식에서도 지속된다. 수세기 동안 교회의 역할은 그리스도인들끼리 결혼해야만 하는 것에만 영향을 미치는 것으로 제한되었던 것으로 보인다. 안디옥의 이그나티우스(Ignatius)는 "결혼하려는 남녀가 주교의 승인으로 결합되는 것은 당연하다"고 말했다. 이교도 신들의 이름으로 하는 축복을 기독교적 축복이 대체하였으며, 이교도의 희생 제사 대신에 성찬이 베풀어졌을지도 모른다.[12]

교회가 북유럽을 개종시키면서 다른 이교도의 예식들이 축적되었다. 즉, 풍요의 상징으로 쌀, 신부를 신랑에게 인도함, 신부에게 마법을 걸지도 모르는 악령(분명히 악령은 조금도 지각[知覺]이 없다)을 혼란시키기 위한 옷을 입은 신부 들러리들, 유사한 보호를 위한 신부의 베일, 헌금 등이다. 수 세기 동안 가정이나 선술집에서 결혼식을 거행했으며 교회의 개입은 극히 최소한의 것이었다. 그러므로 오늘날 결혼식은 교회의 지혜를 필요로 한다!

결혼 예식에 교회가 의도적으로 개입한 것은 아니었다. 혼돈 상태로부터 법체계가 이루어지게 되자, 비밀 결혼을 막고, 자손의 합법성을 제공하며, 유산으로 다툼이 생기지 않도록 결혼을 문서로 기록할 필요성이 증

---

[12] "To Polycarp," 5, Richardson, *Early Christian Fathers*, p. 119.

대되었다. 부유한 사람들은 기록으로 초상화를 그릴 수도 있었다(예컨대 얀 반 에이크[Jan van Eyck]의 아르놀피니[Giovanni Arnolfini]와 신부의 초상화). 보통 사람들은 문서화된 증명서를 필요로 하였다. 대부분의 마을에서 글을 아는 단 한 사람은 사제("성직자"는 박식한 것을 의미했다)였으며, 단순히 결혼식의 증거와 기록을 위해서 사제의 참석이 점차로 필수적이 되었다. 결혼식 후에 교구 교회에서 결혼미사(결혼식 자체와는 구별되는)를 거행하는 경우가 잦았으며, 막 결혼한 부부는 성체분할 직전에 축복을 받았다.

결혼 예식의 법적인 특성은 가장 독특한 요소이다. 결혼식은 본질적으로 증인들 앞에서 상호간에 자유롭게 동의된 공적 **계약**(contract)으로 이루어진다. "법적으로 소유하는"(to have and to hold)이라는 전통적인 언어는 자산을 양도할 때 여전히 사용되는 언어이다. "오늘 이후"는 계약이 성립된 날짜를 말한다. 그런 후에 "좋을 때나, 나쁠 때나"라는 무조건적 본질을 가진 구두계약이 따른다." "죽음이 우리를 갈라놓을 때까지"는 계약의 종료일을 나타내며, 당신에게 나의 진실을 바칩니다"는 계약에 대한 충성됨의 서약이다. 이 모든 것은 '변호사가 해야 할 말이지, 예배인도자가 할 말은 아니다'. 다른 예배문서들이 자국어로 번역되기 훨씬 이전인 14세기의 영어로 된 원고에 오늘날의 맹세와 거의 동일한 말들이 나타난다. 이 가장 즐거운 의식의 핵심은 법적 거래이며 결혼식을 인도하는 목회자들은 그들 자신이 협력자가 된다.

12세기쯤에는 결혼식은 교회의 문이나 현관으로 옮겨갔다. 그 곳은 하나님 앞에서 마을의 법적 거래 대부분이 일어나는 장소였다. 이제 사제는 결혼식 자체의 필요조건이 되었다. 종종 결혼식에 뒤이어 교회 안에서의 결혼미사와 축복이 따랐다. 대림절과 사순절에는 결혼미사가 금지되었다. 초오서(Geoffrey Chaucer)는 『바쓰의 여장부 이야기』(*Wife of Bath*)이라는 작품에서 "교회의 문에서 그녀는 다섯 남편을 가졌으며", 더 많은 남편을 가질 준비가 되어 있었다라고 이야기한다. 루터의 결혼 예식(1529)도 여전히 교회 문에서 거행되었으며, 그런 후에 성경봉독과 축복을 위해서 건물 안으로 옮겨졌다. 영국의 종교개혁에서 완전한 결혼예배는 마침내 (1500년 후에) 교회 건물 안에서 거행되었다.

동방정교회 교회들은 현관(세상)에서 반지와 맹세를 교환하고, 교회(천국) 안으로 행진하며, 하나님 나라의 상징(그들의 미래의 가족)으로서 신랑과 신부에게 왕관을 씌워주고, 두 사람이 한 나의 잔으로 마시며, 회중석에 있는 탁자 주위를 세 번 행진하는 것과 같은 독특하고 상징적인 격식을 유지하였다. 신학적으로 사제는 성례전의 실질적인 수행자이다. 그는 그리스도를 대표하는데, 그리스도는 자신의 몸인 교회 안에서 이 성례전 가운데서 일하신다.

대체로 종교개혁은 전체 예배를 자국어로 대체하며, 어느 정도 단순화시키는 것 이상으로 변화시킬 필요성을 거의 발견하지 못했다. 결혼 예식을 적절하게 행하는 것에 사회가 이렇게 많은 관련이 있기 때문에 결혼 예식은 항상 보수적인 경향이 있었다. 성공회는 (앞으로 다가올 결혼식의 공적 발표인) **결혼 예고**(banns)를 미리 세 번 읽도록 계속해서 요구함으로써 사회의 개입을 강조하였다. 『사룸 지침서』(*Sarum Manuale*, 영국 사룸 지방에서 발간된 예배서- 역자주)에 있는 여자의 약속, 즉 "침대와 가사에서 착하고 순종적이 되겠습니다"(to be bonere and buxum in bedde and at te borde)는 없어졌지만, 중세 미사의 대부분은 유지되었다. "네 자식의 자식을 볼지어다"라고 요구하는 시편 128편과 결혼의 풍성함을 위한 기도는 유지되었으나, 교회는 기적을 강요하지 않았다. 다시 말하면 "출산할 나이가 지난 신부에게"는 이러한 항목들이 생략되었다. **예식규정**은 결혼하는 남녀에게 "결혼식 당일에" 성찬을 받으라고 요구했다.

청교도는 반지 교환과 같은 일부 격식을 제거했으나 대부분의 예식은 이후 몇 년 만에 조용히 부활되었다. 지난 백년간 개신교가 보인 경향은 종교개혁 이전의 예배 형태를 유지하거나, 많은 것을 회복하는 것이었다. 개신교는 종교개혁에서 나타난 것과 같은 의식의 노골적인 성적 본질을 받아들이는 것을 주저하였다. 적어도 중세-종교개혁 의식은 결혼이 성을 포함하고 보통 자녀를 생산한다는 사실을 인정하였다. 성공회는 여전히 서약할 때 저 멋진 시구인 "이 반지로 나는 당신과 결혼하며 나의 몸으로 당신을 섬깁니다"를 사용할 수 있다. 그러나 그것은 18세기 미국 성공회 교인들에게는 너무 지나친 것이었다.

루터의 "결혼 규칙"(Order of Marriage)은 마태복음 19:6의 "하나님이 짝지어 주신 것을 사람이 나누지 못할지니라"와 "나는 그대들이 결혼으로 한 몸이 되었음을 선포하노라"라는 선언을 사용한다.[13] 크랜머와 대부분의 개신교 예배는 이러한 것이나 비슷한 것을 행한다. 영어 사용권의 개신교는 일반적으로 **정혼서약**(betrothal vows, 미래시제: "당신은 …을 가지게 될 것입니다")과 **약혼서약**(espousal vow, 현재시제: "나 000, 당신을 취하나니 …")과 반지 교환("이 반지로써 …")을 포함하는 중세의 성공회 서약 방식을 따른다. 웨슬리는 신부를 신랑에게 인도하는 것과 반지 교환을 제거하였으나 그의 후예들은 둘 다를 부활시켰다.

최근에 개정된 결혼 예식들은 많은 부분에서 유사하다. 대부분의 경우에 회중이 "이 두 사람의 결혼을 유지시키는" 서약을 하는 것과 같은 공동체의 의무를 강조한다. 많은 새 개정판은 찬송가, 성경 구절, 그리고 전형적인 기독교의 주일예배를 닮도록 제공된 다른 예배 행위들을 포함시킴으로써 결혼 예식이 완전한 예배가 되도록 노력한다.

개신교도들 사이에서는 기독교 남녀를 위한 예식의 일환으로 성찬을 제시하는 놀라운 변화가 일어났다. 로마가톨릭은 가톨릭 신자를 위해서 성찬을 권장한다. 몇몇 교회에서는 결혼식 성찬을 위한 고유기도문이 제공되고 있다. 대부분의 경우에 수많은 선택 사항과 이전에 있었던 것보다 훨씬 많은 융통성의 가능성이 있다. 몇몇 교회는 이전에 행해진 공공기관에서의 예배를 축복하는 내용을 만들었다. 몇 개의 예배서는 결혼기념일과 결혼서약 갱신을 위한 자료들을 포함하고 있다.

---

13 *Luther's Works* (Philadelphia: Fortress Press, 1965), 53, pp. 110-15.

또 다른 공통적인 특성은 평등에 대한 강조이다. 여자는 더 이상 "그에게 복종하고 그를 섬긴다"와 같은 약속을 하지 않고, 신부를 신랑에게 양도하는 것은 다른 곳에서는 아직 선택 사항이기는 하지만, 일부 예식에서는 사라졌다. 우리를 남자와 여자로 창조하신 하나님의 선하심에 대한 긍정적인 진술이 많은 예식에서 나타난다. 그러나 로마가톨릭을 제외한 대부분은 가족의 가능성(또는 현재 존재)을 언급하는 것에 관해서는 여전히 침묵한다.

가장 눈에 띄는 공통적 요소는 ("우리 두 사람이 살아있는 한"과 같은) 평생의 의지를 진술하기 위한 결혼서약 그 자체임이 분명하다. 이것은 최근의 공식적인 예식서들에서 구체적으로 진술되고 있는데, 그것은 현대문화의 많은 부분과 기독교의 이상 사이를 나누는 명백한 신호이다. 최근 예식에서 공통적인 요소는 성직자의 "내가 선포하노라"(I pronounce)를 피하고 대신에 "아무개와 아무개는 하나님과 우리 모두 앞에서 결혼을 서약하였다. … 그러므로 나는 그들이 부부가 되었음을 공표한다(declare)"라는 캐나다 연합교회의 진술 같은 것을 사용한다.[14]

결혼 예식에 대한 교회의 의견은 그렇게 많은 교회법이 결혼문제에 초점을 맞추고 있다는 사실에 큰 영향을 받았다. 그래서 결혼에 대한 고찰들은 예전적인 논쟁보다는 법적인 논쟁 주위를 맴돌게 되는 경향이 되었다. 결혼이 성례전인가, 아닌가에 대한 종교개혁의 논쟁을 제외하고는 예식 그 자체에 대한 논쟁은 사실상 거의 없었다.

결혼에 대한 교회의 의견에 있어서 두 개의 신약성경 구절, 즉 결혼의 영구성에 대한 예수님의 말씀(마 19:9과 5:32)과 에베소서 5:22-23이 두드러진다. 서방교회 예식은 그리스도께서 자신을 신랑으로, 자신의 제자들을 결혼식 연회에 참석하는 것(마 9:15; 25:1-13)으로 비유하신, 다가오는 하나님 나라를 암시하는 종말론적인 언급을 무시해왔다. 에베소서의 구

---

14 *The Celebration of Marriage* (Toronto: United Church of Canada, 1985), p. 11.

절은 결혼을 "… 그리스도와 교회에 관한 큰 신비(*mystérion*)(5:32의 문자적 번역)"라고 부른다. 교회는 남편과 아내 사이에 있는 결합의 완전성을 적시하는 것으로 이 구절을 이해하지만, 그것은 그리스도와 교회 사이의 결합에 관해서 훨씬 더 많이 말해준다. 신비(*Mystérion*)는 라틴어에서 성례(sacramentum)가 됨으로써 궁극적으로 결혼이 7성례전 중에 포함되도록 하였다.[15] 초기 교회는 일부일처제 사회였기에 결혼을 해석하는 데 있어 거의 문제가 없었다. 심지어 테르툴리아누스도 기독교의 축복과 희생 제사가 이교도의 것을 대체하는 한, 이교도의 결혼 예식에 대해서는 거의 불평하지 않았다.

피터 롬바르드는 그의 저서에서 결혼을 성례전의 맨 마지막에 배치하였으며, 그는 아우구스티누스의 견해를 따라서 결혼이 타락 이전에 제정된 단 하나의 성례전이었다는 사실을 지적하면서, 원래는 의무로서 시작되었으며 타락 이후에는 욕정에 대한 해결책이 되었다고 말한다.[16] 아우구스티누스는 자신이 말하고 있는 악을 아주 잘 이해하였으나 결혼을 "병자에 대한 처방"으로 권하는 것에는 거의 긍정적이지 못했다. 그러나 롬바르드는 "결혼은 선한 것이며, 만약 그렇지 않다면 성례전이 되지 않았을 것이다. 왜냐하면, 성례전은 거룩한 표징이기 때문이다"라는 사실을 보여주기 위해서 창조기사, 가나의 혼인잔치, 그리고 에베소서 5장을 언급한다.[17] 롬바르드는 그리스도와 교회 사이에 있는 연합의 완전성을 반영하기 위해서 성적 결합이 필요하다고 설명한다.

---

15 역사적 발전은 단어를 헬라어에서 라틴어로 번역하는 것보다 훨씬 더 어려웠다. 이 역사의 전체 기록을 보려면 Philip Lyndon Reynolds, *How Marriage Became One of the Sacraments: The Sacramental Theology of Marriage from Its Medieval Origins to the Council of Trent* (Cambridge, U.K.: Cambridge University Press, University Printing House, 2016)를 보라.
16 *Lombard*, IV, xxvi, 2, Rogers, p. 243.
17 Ibid., IV, xxvi, 5, Rogers, p. 245.

사실상, 일부 중세 신학자들은 실질적인 성적 결합이 이 성례전의 진정한 사안이고, 교회가 수행하기에는 상당히 어려운 행위라는 사실을 믿게 되었다. 그러나 "그 자리에서 큰 소리로 상호간에 동의함으로써" 실질적으로 계약하는 것이 성례전의 진정한 형식과 행위로 여겨지게 되었다. 그리스도께서 어떠한 형식도 남기시지 않았기 때문에 교회는 사용되는 실질적인 단어들을 자유롭게 바꿨지만, 상호간의 자유로운 동의의 필요성은 그렇지 않았다. 교회는 비밀결혼, 강제결혼, 또는 가장된 동의와 같은 다양한 **장애물**(impediments) 때문에 결혼을 금지할 수도 있었다. 결혼을 다루는 가톨릭교회의 많은 교회법은 복잡하다.

결과적으로 (서방교회에서) 합의된 것은 부부 자신만이 이 성례전의 유일하게 합당한 보좌역(ministrants)이며, 로마가톨릭 사제나 주교가 혼인 미사를 진행하고 그 결합을 축복할 수는 있지만 집전할 수 없는 유일한 성례전이라는 것이다.

아르메니아인을 위한 칙령(*Decree for the Armenians*)에 따르면, 결혼의 목적은 다음과 같이 삼중적이다.

> 첫째, 자녀를 낳아 하나님을 경배하도록 그들을 양육하는 것,
> 둘째, 남편과 아내 각자가 상대방에 대해 지켜야만 하는 정절,
> 셋째, 결혼의 영속성이다.
> 왜냐하면, 이것이 그리스도와 교회의 불가분의 연합을 전형적으로 보여주기 때문이다.[18]

종교개혁이 만든 주요한 변화는 결혼이 성례전이라는 사실을 거부하는 것이었다. 칼빈은 다음과 같이 모든 종교개혁자들을 대변한다.

---

18 "Decree for the Armenians," Petry, p. 329.

그레고리우스 [7세] 시기까지 결혼이 성례전으로 수행된 것을 본 사람은 아무도 없었다. 그리고 정신이 멀쩡한 사람이라면 어찌 결혼을 그렇게 생각하겠는가? 결혼은 선한 것이며 하나님께서 정하신 거룩한 의식이다. 그리고 농사짓고, 집을 지으며, 구두수선과 이발을 하는 것도 합법적인 하나님의 명령들이지만 그럼에도 성례전이 아니다. 왜냐하면, 성례전은 하나님의 역사일 뿐만 아니라, 약속을 확인하시기 위해서 하나님께서 지정한 외적 의식이라는 사실이 요구되기 때문이다. 어린애들조차도 결혼에 이러한 일들이 없다는 것을 구별할 수 있다.[19]

그러나 종교개혁은 그 경험을 이해하는 데 있어서 결혼 예식 자체에 관해서와 마찬가지로 매우 보수적이었다. 최초의 『공동기도서』에서는 결혼의 목적이 우선 "자녀를 출산하여 하나님을 경외하는 교육을 시키며 하나님을 찬양하도록 양육하는 것이다. 둘째로, 결혼은 죄를 짓지 않고, 간음을 방지하기 위한 처방이다. … 셋째로, 부할 때나, 가난할 때나 한 편이 상대방과 함께 해야 하는 상호간의 교제, 도움, 그리고 위안을 위해서이다"라고 말한다. 이것은 결혼에 관한 낭만적인 견해라고는 거의 말할 수 없다. 이런 순서를 뒤집어 상호간의 "도움과 위안"을 첫 번째에 둔 것은 사실상 영국 청교도들이었다.

마지막으로 고린도전서 13장이 고린도전서 7장보다 우선했다. 비록 대중문화는 낭만적인 사랑의 열병을 강조하려는 경향이 있지만, 현대적 사고는 청교도가 결혼의 목적에서 우선순위를 재배치한 것을 인정하였다. 만약 우리가 상호간의 의무보다는 오히려 상호간의 매력에만 근거한 순전히 낭만적인 사랑의 개념 사이에서 선택해야만 했다면 중세 시대 종교개혁의 목적이 그렇게 나쁘게만 들리지는 않는다. 그러나 생존을 보장하기 위해 출산에 대한 사회의 요구는 오늘날에는 훨씬 덜 긴급하다.

---

19 Calvin, *Institutes*, IV, xix, 34, p. 1481.

최근 수년 동안에 나타난 가장 중요한 변화는 계약이라기보다는 **언약**(covenant)으로서의 결혼을 새롭게 강조한 것이다. 이것은 성경적이고, 초기 기독교적인(그리고 이교도 로마적인) 관점, 즉 하나님께서 언약이 신실하게 수행되도록 증거하고 보증하기 위해서 언약 가운데서 행동하시는 것으로 이해되는 관점으로 회귀하는 것을 나타낸다. 스콜라 신학자들이 추구했던, 결혼을 언약 대신에 계약으로 생각하는 중세의 경향은 종교개혁자들로 하여금 결혼이 성례전이라는 사실을 거부하기 쉽도록 만들었다. 대부분의 계약은 하나님의 행동이 결코 드러나지 않는 비인격적인 문제들을 다룬다. 계약이 사랑을 포함하는 경우는 거의 없다. 반면에 언약적인 관계는 법적 계약의 신중함이 아니라, 상호간의 사랑이라는 평생 지속되는 이상에 근거한다. 제2차 바티칸 공의회가 결혼에 대해서 항상 계약이라기보다는 언약의 측면으로 언급한다는 점은 중요한 의미가 있다.

결혼 예식에 대한 최근의 사고에는 몇몇 관심사가 두드러진다. 제2차 바티칸 공의회는 다양한 지역적인 "칭찬할 만한 관습과 의식들"을 유지할 뿐만 아니라 권장해야 한다고 지시하였다(『거룩한 전례에 관한 헌장』, 제77절). 양측 모두 각자의 맹세로 평생 동안의 동의를 분명하게 선포한다는 전제하에, 토착화(inculturation)는 명백히 선호된다. 과거 결혼 축복에 있었던 총체적인 불평등(단지 여자만 "신실하고 정결하며", "자신이 약해지지 않도록 몸을 튼튼히 하도록" 기도 했던)은 "서로가 정절을 지켜야만 하는 동일한 의무"로 바뀌었다(『거룩한 전례를 관한 헌장』, 제78절). 모든 교회는 특히 음악에 있어서 감수성을 더함으로써 결혼 예식을 세속화하려는 압력에 처하게 되었다. 이것은 교회가 결혼식을 거행해야 하는지에 대한 의문을 제기하게 한다.

이 주장을 지지하는 가장 좋은 논거는 교회가 신앙공동체로서 그리스도인 부부를 사랑으로 감싸고 그들을 섬기는 데 깊은 관심을 가지고 있다는 것이다. 우리가 입회 의식을 통해서 교회의 언약 안으로 들어갈 때와 마찬가지로, 결혼 언약으로 들어갈 때 사랑이라는 새로운 관계가 성립된다. 결혼 예식은 사랑이라는 이 새로운 관계의 가시적인 표징이고, 교회가 새로 세례를 받은 유아나 성인의 신앙이 자라도록 사랑으로 돌보는 것과 같은 방식으로 이 사랑을 양육하도록(키워가도록) 다른 사람들을 초청한다. 두 경우 공히 사랑의 관계는 영원한 것이다.

결혼하는 남녀는 서로 간에 계약할 뿐만 아니라, 공동체 자체도 그들을 지지하기 위해서 언약을 맺는 것이다. 결혼 예식 전에 미리 결혼 예고를 읽으며, 결혼 예식을 시작하는 데 어떤 장애물이 있는지 묻는 것은 결혼의 사회적 본질을 강조하는 데 도움이 된다. 결혼으로 시작된 가정은 본질적으로 그리스도의 지체 안에서 상호간의 사랑으로 만들어진 작은 교회이다. 가정에 대한 동방교회의 종말론적인 이미지는 하나님 나라의 작은 모형이며 그것을 미리 맛보는 것으로서 교훈적이다.

일부 교회에서 새롭게 등장하고 포용적인 예식은 동성 커플과 남자와 여자라는 이분법적 범주로 식별되지 않는 사람들의 결합을 축하하고 있다. 2023년 현재 동성 결혼은 전 세계 34개 주에서 합법화되었으며, 특히 북미와 남미, 유럽, 남아프리카공화국, 호주가 대표적이다. 미국의 몇몇 교회들은 모두 동성 결혼을 공식적으로 인정했지만, 이 교회들은 또한 목사들이 개인적인 신학적 의견 차이를 이유로 동성 결혼을 주례하지 않도록 허용하고 있다. 몇몇 교단의 경우, 예를 들면 그리스도연합교회와 미국성공회는 동성 결혼에 적합한 포용적인 언어와 대명사를 사용하여 예식을 만들어 출판했다.[20]

그렇다 하더라도, 동성애는 아프리카 대부분과 아시아 전역에서 여전히 불법이며, 이 지역의 교회들은 동성 결혼과 논바이너리(Non-binary, 남성과 여성을 이분법으로 뚜렷하게 구분하는 기준에서 벗어난 사람) 결혼에 대해 서로 다른 신학적, 문화적 압력에 직면해 있다. 그러나 관련된 모든 문제가

---

[20] 성공회는 LGBTQ의 성적 다양성을 고려하여 잠정적으로 승인된 개정 의례를 발표했다. 이는 https://extranet.generalconvention.org/staff/files/download/21226에서 볼 수 있다(accessed July 17, 2023).

신학적, 문화적인 것은 아니다. 미국에서는 결혼식을 주례하는 성직자가 국가의 대리인 역할을 하며, 이는 법적인 숙고를 수반한다.

구체적으로 말하자면, 동성 결혼이나 결혼의 축복을 금지하는 교회의 목사가 국가가 복음 사역자를 요구하고 **공인하는** 경우에도 합법적으로 국가의 대리인으로 섬길 수 있는가?[21]

교회들은 결혼에 관한 이러한 문제들과 다른 떠오르는 문제들을 다루어야 할 것이다.

결혼과 관련된 모든 문화적 문제가 기독교 교회 신자들과 관련된 것은 아니다.

예를 들어, 교회는 기독교 결혼식을 요청하거나 결혼식 장소로 교회 건물에서 비종교적인 결혼식을 원하는 비신자들을 섬겨야 할 의무가 있는가?

우리는 이것이 필수적인 사회적 섬김인지, 또는 단순히 세속 사회에 대한 항복인지를 질문해보아야 한다. 최근의 새로운 결혼 예식들은 기독교 신앙을 가진 사람들을 위해 특별히 고안되었다. 부부 중 한 사람 또는 두 사람 모두 기독교인이 아닌 경우, 믿지 않는 진술을 하지 않기 위해 진실성의 문제로 이러한 의식을 조정해야 한다. 오늘날, 많은 의식은 이혼 후에 새로운 결혼을 하는 사람들, 그리고 가족 간에 결합하는 사람들도 고려한다. 이것은 서구 교회가 역사적으로 이혼 후 재혼에 대한 구체적인 의식을 제공하지 않았기 때문에 새로운 발전이다, 반면, 여러 세기 동안 동방교회들은 성실하게 재혼을 위한 예식을 준비해왔다.

이러한 새로운 예식들을 통해 명백히 알 수 있는 한 가지 추세가 있다. 기독교 결혼 예식은 두 사람이 자신들의 자유로운 상호간의 동의에 의해, 하나님의 도움으로 서로 간에 평생 지속되는 신의를 증인들 앞에서 무조

---

21 일부 부부들이 사용하는 이 문제에 대한 한 가지 해결책은 공적인 의식을 통해 합법적으로 결혼한 다음 신앙공동체와 함께 기독교 결혼을 별도로 축하하는 것이다. 이렇게 함으로써 합법성의 문제를 해결한다.

건적으로 약속하는 언약으로 여겨진다. 그것은 신약성경 이래로 쭉 이어져 내려온 이해를 나타내는 것으로 새로운 것이나 신기한 것은 없다. 루터(그리고 루터 이전에 있었던 일부 갈리아 예식)는 결혼 예식 자체에 새 예식의 대부분이 포함하고 있는 "그러므로 하나님이 짝지어 주신 것을 사람이 나누지 못할지니라"라는 마태복음 19:6을 추첨가함으로 이런 견해를 강화시켰을 뿐이다. 루터는 이런 것을 반박하였지만 이러한 구절은 명백히 결혼의 성례전적인 견해를 함축하고 있다. 그 단어들은 사랑이라는 새롭고 영원한 관계를 만들어내는 교회의 활동을 통해서 하나님께서 역사하신다는 사실을 알려준다.

기독교 결혼과 결혼 예식 자체의 독특한 본질을 보여주기 위한 필요에서 수많은 목회적 관심사가 생겼다. 결혼 예식을 주재하는 것은 분명히 목사나 사제들이 하는 가장 즐거운 목회 사역 중의 하나일 뿐 아니라, 복합성 때문에 가장 힘든 역할 중의 하나이기도 하다.

우선 이 사역은 결혼하기를 갈망하는 사람들의 **상담**(counselling)에 상당한 시간과 기술을 요하다. 국가에는 결혼할 사람들에 관한 법률이 있으며, 대부분 교회는 부가적인 표준을 가지고 있다. 사제나 목사의 역할은 자신의 교회가 가지고 있는 표준에 충실해야 하며, 이것은 "아닙니다"(no)라고 말할 수 있는 능력을 내포한다. 상담을 원하지 않거나, 상담할 시간이 없는 사람에게는 분명히 그렇게 말해야 한다. 예약 없는 결혼 예식의 인도를 거부하는 행위 역시 사실상 사람들을 섬기는 행위이지만, 그렇게 이해될 것 같지는 않다.

결혼 전과 결혼생활이 시작된 후 이루어지는 상담의 긍정적 측면은 우리 사회에서 사소하게 여겨지는 책임 있는 사랑의 의미에 대한 교회의 증언을 제시할 수 있는 능력에 있다. 물론 목회자의 역할은 기독교적 결혼에 대한 부부의 뜻을 지지하는 회중에게 달려있기도 하다. 우리는 교회의 교리뿐만 아니라 살아 있는 공동체로서의 교회도 제시해야 한다.

성직자가 결혼 예식을 거행할 때 그들은 또한 나라의 무보수 공무원으로서 행하는 것이다. 그것은 그들이 결혼 예식이 거행되는 **나라, 주, 또는 지방법**(laws of the state, province, or country)을 지켜야 한다는 것을 의미한다. 알고도, 또는 몰라서 이러한 법을 어기는 것은 벌금과 벌을 받아야 하는 범죄행위이다. 그러므로 그 **결혼식이 거행되는 관할구역의 민법에 익숙해지는 것**(civil jurisdiction in which the wedding is to be performed) 외에는 다른 방도가 없다. 미합중국에서는 결혼 면허가 언제 어느 곳에서 유효한지와, 필요한 증인의 수, 그리고 혼인 증명서 양식의 작성 방식에 관해서 각 주들 간에 어떠한 일치도 없다. 확실하게 하는 단 한 가지는 결혼 예식이 거행될 곳의 군서기(county clerk, 카운티는 미국, 영국, 아일랜드에서 사용되는 행정구역 단위로 미국에서는 주를 구성하는 하위 행정구역을 의미한다-역자주)와 상의하는 방법뿐이다. 예를 들어, 어떤 주에서는 허가서를 발부해 주는 군에서만, 때로는 정해진 날 수 안에만 결혼식이 거행될 수 있다.

결혼 예식을 다른 목사의 교구에서 거행하는 경우에 목회 예법에 대한 적절한 예우가 준수되어야 한다. 이것은 목사의 초청에 의해서만 거행될 수 있기 때문에 방문 목사는 초청해 준 목사에게 당연히 감사를 표해야 할 것이다.

결혼식 계획(plan a wedding)을 돕는 데는 모든 외교적 수완이 필요하다. 탁월함과 적절함에 대한 기준이 없다면 음악과 같은 다양한 문제를 감당할 수 없게 되기 쉽다. 일반적인 법칙은 결혼식 계획을 세우는 바로 시작 단계에서부터 목사가 상담해야만 한다는 사실이다. 종종 우호적인 설득이 결혼예배의 종교적 의미가 왜곡되는 것과 예배 맥락에 적합하지 않게 되는 것을 막을 수 있다. 인쇄된 자료들은 의문을 가진 사람들에게 확신을 주는 힘이 있다. 보통 교단은 권장하는 결혼식 음악의 목록을 제공할 수 있디. 각 교회는 누가 오르간을 사용할 것인지와 교회 건물의 사용과 관리인을 위한 비용 지불 계획, 교회 가구의 훼손이나 예배 중심을 가리지 않도록 언제, 어디에 꽃이나 양초를 사용할 수 있는지, 그리고 사진사에 대한 규칙과 같은 항목들을 포함하는, 결혼식에 사용하는 자기 교회의 자산 사용에 대한 규칙을 발행해야만 한다. 목사나 사제는 자신의 권위보다는 오히려 지역교구협의회, 교구위원회, 장로들, 또는 공식 이사회에 의해서 작성된 규칙들을 강화시키는 데 훨씬 좋은 위치에 있다.

대부분의 그리스도인 남녀는 어떻게 하면 자신들의 결혼식을 기독교 예배의 가장 훌륭한 행위로 만들 수 있을지에 대한 제안을 할 수 있다. 사제나 목사들은 가능한 선택 사항들에 익숙해 있어야만 한다. 대부분의 새 결혼 예식은 많은 가능성을 제공하며 많은 것을 목회자의 분별력에 맡긴다. 이것은 목회 리더십에 더 많은 것을 요구하지만, 또한 목회하는 데 더 좋은 기회를 제공하기도 한다. 우리는 결혼식 회중들과 성찬을 할 가능성(그리고 문제들)에 익숙할 필요가 있다. 왜냐하면, 이들 중 일부는 그리스도인이 아닐 수 있기 때문이다. 서방 기독교는 두 사람이 서로 결혼하며, 성직자만 주재한다는 사실을 가르치기 때문에 예식은 전체적인 예배의 형태가 되어야만 한다. 두 사람은 자신들이 서약하며 반지를 교환할 때 분명히 서로 얼굴을 마주해야 한다.

예행연습(rehearsal) 없이 결혼 예식을 거행하는 것이 무모하다고는 말할 수 없지만, 매우 용감하지 않고서는 할 수 없는 일이다. 예행연습은 최소한 실제 결혼 예식 동안 불안해하는 남녀에게 종종 확신을 세워주기도 한다. 목사나 사제는 불안한 사람들이 실수할 수 있는 입장이나 손을 잡는 것, 서약 교환, 반지 교환, 그리고 퇴장 등의 모든 문제의 소지가 있는 영역을 연습시켜야 한다.

일단 결혼 예식이 끝나고, 법적 세부 사항을 살펴본 후에는 결혼생활의 상담과 부부가 새로운 방식으로 회중의 삶에 연합되도록 하는 동일하게 중요한 목회적인 책임이 있다. 이러한 일들의 대부분은 우리가 사랑이 성숙해지는 것을 관찰할 수 있는 행복한 책임감들이다. 결혼은 진실로 하나님께서 역사하시며, 목회자가 일부분을 차지하는 특전을 누리는 "큰 비밀"(great mystery)이다.

4. 안수식

대다수 그리스도인은 안수식을 본 적이 없을 것이다. 그렇지만 대부분의 그리스도인은 안수 받은 사람들에 의해서 섬김을 받고 있다. 일부 교회에서는 주교만이 안수식을 행할 수 있으며, 목사와 사제들은 자신들이 성직을 수임하는 경우 외에 다른 안수식에는 거의 참석하지 않는다. 그러나 교회의 목적과 사역에 대한 이해를 그렇게 명확하게 보여주는 예식은 안수식밖에 없다. 비록 안수식은 사역자로 임명받는 극히 소수의 그리스도인만을 위한 통과의례이지만, 모든 그리스도인이 이것을 더 잘 이해해야만 한다.

안수식에 대한 신약성경의 증거는 극히 적은데 사도들에 의해 선출되거나 지명을 받은 후에 기도와 함께 안수하는 것으로 구성되어 있다(행 6:1-6; 13:3; 14:23; 딤전 4:14; 5:22; 딤후 1:6). 또한 금식을 동반하며, 성직을 수임한 자들에게 어떤 권면의 말씀이 함께 주어지기도 했다(행 20:28). 입교의식에서 볼 수 있는 것처럼, 안수(laying of hands)하는 행위는 능력을 넘겨주는 것과 축복의 상징이거나, 또는 그렇게 행할 권위를 가진 사람이 다른 사람을 구별시키는 것이다.

신약성경은 다양한 사역에 대해서 말해준다(고전 12:28). 그 몇 페이지의 짧고 결정적이라고는 말할 수 없는 목록을 통해 변화가 감지되는데, 그것은 평신도와 안수받은 성직자의 사역을 크게 구분하지 않는다는 것이다. 『디다케』는 예언자에 대해서 이야기하는데 그들은 분명히 특별한 은사를 받은 사람들이다. 그리고 『사도전승』으로부터 자신들의 신앙 문제로 괴로워하던 고백을 들어주는 사제에 대해서 배우는데, 여기서는 어떤 사람이 주교가 되지 않는 한 안수 없이도 충분히 성별된 것으로 여겨졌다. 『사도전승』에서 안수를 받는 세 부류는 주교, 사제(presbyter), 부제이다.

초기의 성례서들은 이 세 성직의 안수식에 대한 고유기도문을 가지고 있다. 보통 청원기도, 본기도, 그리고 안수식 자체 기도이다. 보통 안수식 자체 기도는 연속된 성경 구절인데, 모세로부터 시작하여 해당되는 성직의 사역을 위하여 성령을 간구하는 것에서 절정을 이룬다.

중세 시대 초기에는 **관리인**(porter), **성경낭독자**(lector), **축귀자**(exorcist), **복사**(acolyte)라는 네 가지 **소성직제**(minor orders)로 세분화되었다. 처음에 이들은 단순히 그들의 직업에서 사용하는 기구를 제공받는 것으로 임명을 받았는데, 그것은 용구(用具)의 수여(porrectio instumentorum) 또는 **기구의 전승**(tradition of instruments[열쇠, 성구서, 축귀에 관한 책, 그리고 양초, 촛대, 그리고 주수병(酒水瓶)]이다. (머리를 깎는) **삭발**(tonsure) 의식은 독신 서약과 **차부제**(subdeacon), **부제**(deacon), 그리고 **사제**(priest)가 될 것으로 예상되는 **대성직제**(major orders)로 들어가는 것을 나타냈다.

각 소성직에 대한 의식들에는 각자의 직무를 상징하는 도구를 제공 받을 때의 문구인 연설과 축복하는 두 가지 기도문을 곁들이는 발전이 있었다. 차부제는 성찬대의 사역에 참여하였으므로 이 단계에서 독신 서약을 해야만 했다. 원래 이런 직제들은 영구적이었고, "더 높은" 성직으로 가기 위한 디딤돌이 아니었다. 수 세기 동안 로마의 주교들은 로마의 부제들 사이에서 선출되었다.

최근의 『로마 주교전례서』(*Roman Pontifical* 영어판은 1978년에 출판됨)[22]는 삭발식과 소성직 중 관리인, 축귀사를 없앴으며, 그리고 대성직에서는 차부제를 폐지하였다. 그것은 낭독자와 복사의 "제정"(Institution) 의식과 "부제와 사제로서의 성직수임을 위한 후보자에 대한 허가"(Admission to Candidacy for Ordination as Deacons and Priests) 의식을 새로 만들었다. 주교와 사제, 부제 세 성직에 대한 임직 예식이 뒤에 나온다.

새 『로마 주교전례서』(*Roman Pontifical*)에서 급진적으로 단순화시킨 것은 단지 몇몇 성직을 폐지한 것만은 아니다. 중세 시대에는 주로 9세기와

---

[22] *Roman Pontifical* (Washington: International Commission on English in the Liturgy, 1978).

10세기 갈리아 의식의 실제를 보다 제한된 로마 의식에 융합시킨 결과로 수많은 부수적 의식이 첨가되었다. 이런 보다 새로운 의식들은 사제의 손에 도유하는 것, 성직 후보자에게 고유한 예복을 입히는 것, 그리고 기구의 전승을 포함시켰다. 이러한 것은 10세기의 『로마 게르만 주교전례서』 (*Romano-Germanic Pontifical*)를 거쳐서 11세기에는 로마로 돌아오게 되었다. 그 의식들은 13세기 후반에 프랑스 멘데(Mende)의 주교였던 위대한 예배학자인 **윌리엄 뒤랑두스**(William Durandus)와 15세기 후기의 로마 교황청에 의해서 보다 정교해졌다. 그리고 1596년에 개정됨으로써 『로마 주교전례서』의 일부가 되었다. 최근까지 안수식 기도와 안수는 부수 의식들의 그늘에 가려졌다. 일련의 짧은 기도와 명령적인 문구가 초기의 위대한 성직수임식기도의 자리를 차지하였다. 그런 기도는 이제 중요성을 회복하였다. 고대에 후보자를 선출하고 "자격 있음"이라고 환호했던 청중의 역할은 사라졌으나, 이제 적어도 상징적으로는 회복되었다.

    종교개혁자들이 물려받은 의식들은 우선순위가 뒤죽박죽이 된 것이었다. 그들이 안수식의 역사적인 복잡성을 해결하는 데 있어서 어느 정도의 성공만 한 것이 놀라운 일은 아니다. 많은 의례적인 부분들이 제거되었다. 안수는 일반적으로 유지된 것으로 보인다. 그러나 심지어 이것조차 미신에 대한 두려움 때문에 제네바와 스코틀랜드에서는 한 때 거부되었다. 소성직과 차부제직은 모든 곳에서 폐지되었다. 루터는 1525년에 최초의 개신교 안수식 중 하나를 수행하였다. 그리고 비록 출간은 하지 않았지만, 그가 궁극적으로 고안한 그 의식은 대부분의 루터교회 안수식의 원천이 되었다. 1539년에 발간된 그의 책 『말씀 사역자들의 안수식』(*Ordination of Ministers of the Word*)은 주로 성경, 훈계, 기도, 그리고 주기도문을 낭송하는 동안 안수하는 것으로 구성되어 있다.[23] 1550년에 발간된 최초의 영국성공회 안수식 모음집(the ordinal)은 1552년에 개정되었다. 안수식 문구는 기

---

23 *Luther's Works*, 53, pp. 124-26.

도라기보다는 오히려 명령조("너는 취하라", 또는 "받으라")이고, 안수하는 동안 각 후보자들에게 이 문구를 말한다.

많은 개신교인에게 가장 큰 변화는 안수식이 지역 회중의 일이 되어 선출을 실제로 한다는 사실이다. 회중의 구성원들이나 이웃하는 교회의 목사들에 의해서 안수식이 행해지는 일이 흔히 있었다. 물론, 대부분의 퀘이커교도는 안수 받은 목사직을 완전히 없애버렸다.

개신교와 로마가톨릭의 최근 개정안들은 『사도전승』에서 증언된 것과 같은 초기 교회의 우선순위로 돌아간 것을 보여준다. 『로마주교 전례서』와 미국성공회, 연합감리교회, 루터교, 그리고 장로교 예배는 모두 안수식의 위대한 기도를 예식의 중심에 두며 이와 동시에 안수를 하는 것에 동의한다. 이러한 핵심 기도들은 『사도전승』의 기도를 본떠서 만든 것이며 명령체 문구를 간구로 대체하였다. 이런 예식 대부분은 안수식은 성찬식이라는 배경에서 일어나야만 하며, 성직을 수임하려는 사람들이 성찬에서 자신들의 고유한 역할을 행해야만 한다는 사실을 보여준다. 회중의 역할은 후보자를 환호하는 기회, 또는 수임되는 자에 대한 지지를 약속하는 기회로 확대되었다. 부수적인 의식들은 대부분의 경우에 유지되었지만, 안수식 기도와 안수에 비해 부차적이라는 사실이 분명하게 되었다. 일부 교회들은 목사 취임에 관련되는 예배를 제공한다. 이러한 의식들은 그 다양성보다는 오히려 단순성 때문에 더욱 주목할 만하다.

그리스도인들은 교회 생활 안에서 안수식의 기능을 어떻게 이해해 왔는가?

우리는 물론 예식 자체로부터 종말론을 발전시킬 수 있다. 그러나 우리의 관심사는 예식이 어떻게 기능하는가이다.

신약성경 이래로 계속해서 안수식은 기도와 안수를 통해서 이루어진다는 사실이 분명하다. 『사도전승』에 있는 핵심기도의 초기 예들은 하나님께서 과거에 이미 행하신 것에 대해서 하나님께 감사드림과 새로 성직을 수임하려는 사람들에게 필요한 은사를 주시라는 추가적 역사를 간구하는 익숙한 유형으로 나뉜다. 감사와 탄원은 성찬식 기도를 할 때 이 기도의 많은 부분을 형성한다. 서방교회는 성찬의 경우보다는 안수식에서 성령의 역사를 증언하는 것에서 보다 일관적이다.

다른 성경적인 행위인 안수는 성직을 수임한 자가 받는 능력과 권위를 나타내는데, 이들은 이것을 교회 안에서 행사할 것이다. 다양한 의견이 사람을 통해서건 또는 가르침을 통해서건 어떻게 이 능력과 권위가 계속되고 승계되는 것에 관련되는지를 설명한다. 바울이 고린도전서 12장에서 언급한 다양한 은사는 모두 교회를 세우는 데 사용될 한 가지 목적으로 성령님께서 주시는 것이다. 『사도전승』은 "거룩한 교회의 성령"을 반복해서 말하며, 기도들은 거룩한 교회 안의 사역에서 사용될 성령의 은사를 위한 것이다.

안수식에 대한 초기의 이해는 역사의 흐름에 따라 혼란스러워졌다. 안수식을 다른 성례전들과 같은 유형으로 하도록 한 스콜라 철학자들의 주장은 결국 "사제직을 위한 물질은 술이 든 잔과 빵을 담은 성반(paten)이며, 부제에게는 복음서를, 차부제에게는 빈 쟁반 위에 둔 빈 잔"이라는 플로렌스 공의회의 칙령을 낳게 되었다.[24] 그 칙령이 선포했던 사제를 위한 형식은 "성부와 성자와 성령의 이름으로 교회에서 산자와 죽은 자를 위한 희생 제사를 드리는 능력을 받으라" 였다. 그리스도가 성직수임식의 형식이나 물건에 대해서 명시하지 않았기 때문에 교회는 의식의 실제를 개정할 수 있었다. 1947년 교황 비오 12세(Pius XII)는 『거룩한 성직에 관한 사도헌장』(*The Apostolic Constitution on Holy Orders*)에서 중요한 것은 안수라는 사실을 재차 확인하였다. 그가 규정한 형식은 현재 『로마교황 전례서』의 안수식 기도 안에 나타난다.

종교개혁자들은 안수식이 어떤 지울 수 없는 특성을 전달한다는 개념을 받아들이기가 어려웠다. 가장 급진적인 견해로 루터는 안수를 모든 사

---

24 "Decree for the Armenians," Petry, p. 329.

람이 할 수 있는 권위를 가진 일, 그리고 실제로 누구나 할 수 있는 일을 하도록 한 명의 그리스도인을 지정하는 기능적인 것으로 보았다. 사실상 목회자의 도움이 없는 무인도에 버려진다면 누구나 할 수 있다.

> 우리는 모두 동일하게 제사장이다, 다시 말하면 우리는 말씀과 성례전에 관해서 동등한 능력을 가지고 있다.[25]

루터에게 있어서 안수식은 여전히 "말씀 사역"에 대한 공적인 부르심이었다. 일부 교회들은 심지어 이것을 지역 교회에서 목회직무로의 취임과 동일화시키는 것으로까지 더 넓게 해석하였다. 그러나 성직을 재임직하는 의식(reordination)은 어떤 성직자가 다른 회중을 섬기러 이동하거나 또는 교파를 바꿀 경우에 드물게 행해진다. 그러나 이것은 교회 일치와 교회 간의 온전한 친교를 향한 에큐메니컬 사역의 문제이다.

일반적으로 개신교인들은 안수식이 특별한 은혜를 가져온다는 믿음을 거부했으며, 주로 특정 직능에 사람을 지명하는 것으로 보았다. 우리는 사도들의 안수 행위가 신학자들이 수긍하는 언어보다 한층 높은 권위의 개념을 암시한다는 사실을 주장할 수 있다. 반면에 회중들에 의한 선출과 환호는 어떤 능력과 권위를 수여받더라도, 그것은 교회를 위한 사역에서 사용될 때만 의미를 가질 뿐이라는 사실을 분명히 보여준다.

안수식은 단순히 개인들에게 행해지는 것이 아니라, 교회를 위해 행해지는 어떤 것이라는 사실을 인정하는 것이 극히 중요하다. 최근에 와서야 개인이 받는 것에 몰두하는 것은 요점을 놓치는 것이며, 공동체 자체가 받는 것이 이 성례전의 진정한 핵심이라는 사실을 놓친다는 사실을 깨닫게 되었다. 모든 그리스도인은 사역에 참여한다. 성직을 수임한 자는 보편교회에 지역 교회를 대표하고, 그 반대도 마찬가지다. 그러므로 안수

---

25 "Babylonian Captivity," *Luther's Works*, 36, p. 116.

받은 사람들은 남성들만 안수받는 교회를 제외하고는 공동체를 "대표하는" 목사들이라고 부를 수 있다.

안수식은 신앙공동체 안에서 사랑이라는 새로운 관계를 가시적으로 만드는 방식으로 작용한다. 회중은 임직된 사역을 통해서 회중을 섬기도록 하나님에 의해 부르심을 받은 어떤 사람들과 그/그녀가 제공할 리더십이라는 은사를 기뻐한다. 안수식은 어떤 사람을 임직된 사역으로 부르시는 하나님의 섭리적 부르심(providential call)을 인정하고, 하나님께 감사하며, 그 개인에게 하나님의 더 많은 축복을 간구하는 감사의 예배이다. 안수식은 또한 공식적인 교회의 부름(ecclesiastical call)인데 이를 통해 교회는 한 개인이 하나님의 부르심을 받은 것을 인정하며, 이제 그를 그에 적절한 은사와 기독교공동체를 대표하는 은혜를 받은 사람으로 구별한다.

최근 몇 년 동안 새로운 안수 예식이 수렴되도록 많은 일이 일어났다. 만약 다양한 교회들이 성직과 사역을 이해하는 데 있어서 안수식의 실제에서 그런 것처럼 가까워졌다면, 그리스도인들은 사실상 기독교의 재통합이라는 행복한 단계에 도달했을 것이다. 그러나 때로 행함이 생각보다 앞서며, 새로운 의식의 사용은 통합을 향한 중요한 발걸음임이 분명하다. 비록 직제가 세 주제 중 가장 논란으로 남아있지만, 『세례, 성찬, 직제』(*Baptism, Eucharist, and Ministry*)에서 교회 일치 운동의 진전을 이루는 중요한 진술을 볼 수 있다.[26]

상당수의 사람에게는 평생 또는 짧은 기간 동안 성직을 수행하는 종교적 의식이 있으며, 여기에는 안수를 포함할 수도 있고 포함하지 않을 수도 있다. 음악가, 교회학교 교사, 선출된 임원이나 지도자 등 지역 사회에 한정된 봉사를 하거나 선교사, 전도사, 교리 교사 등 보다 광범위한 사역을 위해 준비된 사람을 세우는 의식을 의미한다. 앞으로는 평신도 사역이 크게 증가하여 위임 혹은 취임 예식이 지금보다 훨씬 더 중요해질 것

---

26   *Baptism, Eucharist, and Ministry* (Geneva: World Council of Churches, 1987), pp. 20-33.

이다. 세례를 받은 모든 사람은 하나님과 이웃을 섬기도록 부르심을 받았으므로 교회 안에서만이 아니라 직장과 학교 등 밖에서도 사역에 참여하게 된다.

5. 통과 의례와 전환 의례들

역사를 따라 교회는 신앙공동체에 속한 사람들의 삶에서 위기, 변화, 상실에 대응하는 예식을 만들어왔다. 코로나19 팬데믹과 관련하여 나타난 예식과 같이 새로운 상황과 관심사에 비추어 계속 그렇게 하고 있다. 평범하거나 특별한 평범한 사건을 거룩하게 만드는 것은 기독교 신앙의 맥락에서 경험을 찾고 중대한 상실에 대하여 새로운 방향이나 이해로 전환하도록 돕는다. 삶의 순환과 변화는 복음을 선포하고, 어려움이나 도전 속에서 하나님의 임재에 대한 확신을 표현하며, 개인적 및 공동체적 신앙을 확인하는 계기를 제공한다. 일부 기독교공동체는 이러한 예식이 상징과 상징적 행동을 통해 하나님의 사랑의 은혜와 행동, 임재를 증거하기 때문에 이러한 의식 중 일부를 "성례적(혹은 성사적)"이라고 간주하기도 한다.

어떤 상황에서는 위기에서 새로운 방향으로의 전환이 *Les Rites de Passage* (1909)로 출판된 아놀드 판 게넵(Arnold van Gennep)의 이론 및 민족지학 작업에서 원래 개발된 언어를 사용하여 통로(passage)로 설명되었고 나중에 다른 학자들에 의해 개선되거나 발전되었다(예를 들면, 빅터 터너나 브루스 링컨). 여러 다른 문화권의 과도기적 의식에서 구조적 유사성을 관찰한 후, 판 게넵(van Gennep)은 이러한 "통과 의례"가 세 단계를 거친다고 제안했다.

예비 단계(라틴어로 '문턱'을 뜻하는 'limen'에서 유래)에서 개인이나 집단은 사회공동체 내에서 이전의 역할이나 지위에서 물러나거나 분리된다. 한계 또는 과도기 단계는 개인이나 그룹이 지역 사회 또는 사회 내에서 새로운 역할과 삶의 방식으로 문턱을 넘을 준비가 된 "사이와 사이" 기간을 뜻한다.

사후 또는 재통합 단계는 전환 및 재진입의 완료를 의미하는 데 새로운 상태 또는 방향을 나타낸다. 그리스도인의 화해, 질병, 결혼, 안수와 위임, 임종과 죽음은 모두 이 삼원적 패턴에 의해 해석될 수 있다. 그러나 다른 삶의 사건들도 마찬가지일 수 있다. 60년 동안 살았던 집을 떠나야 하는 노부부는 문을 닫고, 마을을 가로질러 여행하고, 축소된 아파트나 요양 시설에 정착할 때 목회와 예식의 지원을 받을 수 있다. 위기나 변화의 시기에 필요한 모든 전환에 대해 삼중의 계획을 사용할 필요는 없지만, 상황의 복잡성을 염두에 두는 것은 개인(들)과 그들이 사랑하는 사람들, 그리고 그들의 신앙공동체를 위한 과정에 도움이 될 수 있다. 그러한 예식이 교회와 관련되어 있는 한, 공동체 내에서 사건이나 상황을 지속적으로 해석하는 데에도 도움이 된다. 더욱이 공동체적 실천으로, 위기나 변화의 시기에 의례를 통해 젊은 세대는 공동체가 이해하는 삶의 의미와 목적을 배우고 전유할 수 있으며, 이를 통해 미래의 위기나 변화에 대처할 수 있는 기제를 제공한다.

어떤 경우에는 여러 통과의 과정이 동시에 발생할 수 있으며, 어떤 통로는 의례적으로 지켜지고 다른 구절은 그렇지 않을 수 있다. 예를 들어, 아기의 탄생에 대한 판 게넵의 계획을 사용해보자.

태아는 자궁에서 임신이 되고, 산도의 "문턱"을 통과한 다음 기다리고 있는 품으로 나온다. 임신한 엄마 역시 임신 발견(및 출산 가능성)부터 진통과 분만을 거쳐 아기가 태어난 후 '새로운 어머니'의 지위를 갖게 되는 과정을 경험한다. 그녀의 통로는 또한 임신하지 않은 것, 임신한 것, 산후인 것으로 여겨질 수도 있다. 출산을 위한 추가적인 통로들은 남편과 조부모가 될 사람, 아이를 돌볼 양부모나 부모, 그리고 대가족을 위해 확인될 수 있다. 그러므로, 예식의 본문을 읽을 때, 누구의 통로를 주로 다루는지, 그리고 다른 통로들이 직간접적으로 포함되는지를 묻는 것이 중요하다. 이러한 동시적인 삶의 통로를 인정하는 기도문과 다른 진술은 예식문에 없을 경우 제공될 수 있다.

세례는 출생과 관련된 기독교 예식으로 가장 자주 확인되지만, 신학적으로나 예전적으로 이 예식의 의도는 육체적 출생이 아닌 "새로운" 탄생을 위한 것이다. 그러나, 한 여성의 임신은 때때로 미사 동안 드리는 중보기도의 형태로 예전적으로 표현되었다. 프랑스 프로방스의 14세기 탄원서는 신도들에게 "모든 임신한 여성들을 위해 기도하십시오. 하나님께서 그들에게 거룩한 세례반에서 그들의 태의 열매를 볼 수 있는 은혜를 주시기를 바랍니다"라고 요청했다.[27]

임신과 출산을 위한 기도문은 1582년 편집자 토마스 벤틀리가 출판한 1,500페이지가 넘는 여성과 남성의 글이 수록된 모음집인 『부인들의 업적』(*The Monument of Matrones*)에 실려 있다. 이 선집은 7개의 섹션 또는 "램프"로 구성되어 있는데, 램프 5의 약 1/3이 출산과 관련된 기도문으로 구성되어 있으며, 그중 10개의 기도문은 분만 중인 여성이 기도하는 방식이고, 7개의 기도문은 분만 중인 여성을 위해 바치는 기도문으로 구성되어 있다. 최근에는 로마가톨릭 『축복서』(1989)에 부모와 출산 전 여성을 위한 축복의 순서가 포함되어 있다. 이러한 의식은 일반적으로 미사 밖에서 진행된다. 미국성공회는 2018년 『비정기 예배서』에서 "임산부를 위한 축복"을 제공한다. 많은 교회에서 출산을 앞둔 임산부를 위한 즉석 기도는 주중 전례의 중보기도 시간뿐만 아니라 가정에서도 드려진다.

여성의 정화 또는 여성의 "교회화"를 위한 기도(레위기 12장의 요구 사항에 기초한 누가복음 2:22-24에 나오는 마리아의 정결함을 따라)나 안전한 출산에 대한 감사를 드리는 기도 등 산후 의례의 증거는 더 많다. 4세기 이집

---

[27] J. B. Molin, "L'Oratio communis fidelium au moyen âge en occident du Xe au XVe siècle," *Miscellanea liturgica*, vol 2 (Rome: Desclée, 1967), p. 360. 임산부를 위한 다른 청원들도 이 글에서 찾아볼 수 있다.

트의 『히폴리투스 규범』(Canons of Hippolytus)은 산모와 산파가 지정된 정결 기간이 경과할 때까지 교부들과 함께 앉아 있어야 한다고 규정했는데, 이는 남자아이와 여자아이를 출산할 때 다르게 적용되었다. 오늘날 동방정교회는 출산 후 첫날 기도, 아이의 이름을 짓는 의식, 40일째 되는 날 엄마와 아이의 정화와 교회 입당 등 산후에 행하는 여러 가지 관습을 여전히 활용하고 있으며, 두 사람을 위한 기도와 행동도 함께 행한다.[28]

중세 후기에는 서양의 구체적인 관습이 더 다양해졌지만 일반적으로 정화와 감사 의식이 포함되었다. 1549년판 『공동기도서』에는 시편 121편인 '키리에'와 '우리 아버지'가 간략한 "여성 정결 예식"의 중심 요소로 포함되었으며, 이 의식의 이름과 명백한 목적이 "산후 여성 감사"로 바뀌었음에도 불구하고 지속되었다. 이 "감사 예식"과 유사한 예식이 1789년 미국성공회의 『공동기도서』에서 이어졌는데 시편 116편의 일부가 시편 121편을 대체했다. 1979년판 『공동기도서』는 "탄생 또는 입양에 대한 감사"로 정화 의식에서 감사 의식으로의 전환을 완료했다. 현재 로마가톨릭 『축복서』에는 산후 축복과 부모와 입양아를 축복하는 순서가 포함되어 있지만, 개신교 예배 자료에서는 이러한 경우에 대해 단 한 번의 기도만 제공한다. 일부 한인공동체에서는 아기가 태어난 지 100일을 기념하고 아이(세례를 받지 않은 상태)를 공동체에서 환영하는 한국 전통의 백일 잔치를 기독교화하는 사례를 실험 중이다.

역사적으로 원하는 임신을 이루지 못했거나 임신이 완전하게 이루어지지 않았을 때 사용할 수 있는 기독교 예전 자료가 일부 있었다. 『젤라시우스 성례집』(8세기경)에는 임신하지 못한 이들을 위한 미사 전례(*Orationes ad missas pro sterilitate mulierum*, 불임 여성을 위한 기도와 미사)가 포함되어 있으며, 그중 일부는 불임이라는 '수치'가 하나님의 개입으로 결실로 바뀐 성경의

---

28 이 예식들에 대한 설명과 해설은 다음 저서의 5장을 참고하라. Alexander Schmemann, *Of Water and the Spirit: A Liturgical Study of Baptism* (Crestwood, NY: St. Vladimir's Seminary Press, 1974).

여성들을 하나님 앞에서 기억한다. 일부 중세 성례에는 사라의 다산에 초점을 맞춘 기도가 포함되어 있으며, 요청에 따라 미사에 포함될 수 있으며, 불임의 경우를 다루는 짧은 예식이 추가된 『로마 예식서』(1585)에도 이러한 기도가 있다. 이러한 기도문과 예식은 종교개혁의 공식 텍스트에는 포함되지 않았지만, 기도 자료의 필요성은 비공식적인 수집을 통해 공급되었으며, 이는 오늘날에도 여전히 대부분 마찬가지다.[29]

최근 몇 년 동안 유산이나 사산으로 임신 상실을 경험한 사람들을 지원하는 의식에 더 많은 관심이 집중되고 있다. 연합감리교회에는 "유산 후 희망의 예배"가 있으며, 미국장로교회는 "임종 시 기도"에 유산과 신생아 사망에 관한 청원을 포함하고 있다. 일부 교회의 장례 예식에는 삶과 죽음이 동시에 일어날 때 마음을 울리는 기도문, 특정 성구 낭독, 그리고 문구들이 포함되어 있다.

세례와 마찬가지로 "견진"은 신학적, 예전적 의도에서 볼 때 연령에 따른 의례가 아닙니다. 그럼에도 불구하고 이를 시행하는 많은 교회에서 견진 예식은 대부분 12세 또는 13세 전후로 간주되는 "책임 혹은 성숙의 나이"에 이루어진다. 따라서 견진 예식은 어린 시절에서 책임있는 성인으로 넘어가는 과정에서 기대할 수 있는 "성인 만들기" 의 기능이 문서적으로나 예식적으로 부족함에도 불구하고 사실상의(de facto) 청소년 의례로 여겨져 왔다. 제7장에서는 견진의 주제를 살펴보았다.

다양한 사회적, 문화적 요인들은 아동기에서 성인기로의 전환이 언제 이루어져야 하는지, 또는 이루어질 수 있는지 또는 실제로 이루어지고 있는지에 대해 서로 다른 메시지를 전달한다. 예를 들어, 10대 후반이나 20대 초반의 청소년이 차량을 운전할 수 있지만 아직 투표할 수 없는 경우나 대학 기숙사에서 '성인'의 감독 하에 생활하는 경우처럼, 시간적 나이

---

[29] Karen B. Westfield Tucker, "When the Cadle Is Empty: Rites Acknowledging Still-birth, Miscarriage, and Iinfertility," *Worship* 76 (2002): 491-97.

와 성적 성숙도가 지표가 될 수 있지만 항상 결정적인 것은 아니다(여기서 '성인'은 고학년 학생이나 심지어 노인이 될 수도 있다).

성인이 된다는 것은 첫 번째 취업으로 표시되는가?
첫 번째 주요 구매(자동차, 주택)를 할 때인가?
아니면 아이를 낳을 때인가?

대부분의 경우 사회적 명확성이 부족하기 때문에 청소년에서 성인으로 넘어가는 의례는 참으로 복잡하며, 그 의례가 그 의도를 달성할 수 있는지 의문을 제기해야 한다. 문화적으로 파생된 **라틴계 성인식**(Quinceañera)은 15세가 되는 젊은 여성을 위한 통과 의례로 설계되었지만, 이 통과 의례가 실제로 성인이 아닌 청소년기를 의미하는지 여부에 대해서는 논란이 있다. 로마가톨릭교회는 미사 안팎에서 성인식을 축복하는 순서를 만들면서 성인식을 어린 시절에서 청소년기로 넘어가는 과정으로 규정하고 있지만, 문화적으로는 젊은 여성을 결혼할 자격이 있음을 알리는 원래의 목적과 달리 성인 의식으로 간주하는 경우가 많다. 교회는 성인이 되는 과정을 다루기 위해 종종 견진 예식의 준비와 관련된 다른 지역 프로그램과 교단의 커리큘럼을 개발해 왔다. 이러한 프로그램에 대한 평가는 엇갈리지만 포스트모던 사회에서 청소년이 성인이 되는 과정을 진지하게 받아들여야 할 필요성에 의문을 제기하는 사람은 거의 없다.[30]

사람이 성숙해짐에 따라 고등 교육 기관에 지원 및 입학, 새로운 이름의 선택, 취업, 이직, 실업, 은퇴, 집을 구하고 떠날 때, 이혼과 재혼, 수감

---

30 예식 절차에 대한 이러한 필요성은 노스캐롤라이나주 소재 더럼의 한 성공회 교회가 처음 개발한 프로그램에서 다루어졌는데, 이 프로그램은 그들의 교단의 지원 아래 확장되어 현재 에큐메니컬하게 퍼져나가고 있다. 성인이 되는 것(passage)이 하나의 과정이라는 신념 아래 운영되는 "성인을 향한 여정"은 6학년부터 12학년까지의 청소년을 대상으로 한다. 그것은 "자아, 사회, 영성"을 탐구하는 2년 과정의 세 부분으로 구성되며, 각 단계마다 통과 의례가 포함되어 있다.

및 출소, 폭력 피해자가 되어 고통에 직면할 때, 사랑하는 반려동물을 잃었을 때, 병원이나 호스피스 치료를 받을 때 등 인생의 여러 과정에서 어려움을 겪을 수 있으며 그 목록은 끝이 없다. 일부 교회에서는 공식 및 비공식 자료집을 통해 이러한 상황에 대한 예식 자료(기도문 및/또는 예식)를 제공하고 있다. 예를 들어, 로마가톨릭 『축복서』에는 다양한 개인적인 필요와 상황에 대한 수많은 순서가 포함되어 있다. 모든 인간의 상황 속에 하나님이 계신다는 진리를 말하기 위해 이 분야에서 더 창의적인 작업이 필요한 것은 분명하다.

6. 죽은 자의 돌봄

인생의 통과 의례 중 최종적인 사역 형태는 죽은 자를 돌보는 것이다. 이것을 단순히 기독교 장례 예식이라고 생각하지만, 그것은 전 과정의 일부일 뿐이다. 기독교 장례 예식은 유족을 위로하고 죽은 자를 하나님께 위탁하는 것으로 가르침과 목회 돌봄, 그리고 추억이라는 긴 과정의 핵심적 부분이다. 본서의 기독교 예배에 대한 공부를 마무리하는 주제로 이것이 즐겁지 않을지 모르지만, 그리스도인의 일생은 세례로부터 매장까지 하나님을 찬양하는 것을 포함한다는 사실을 보여준다. 그리고 기독교인의 죽음에 대한 관찰은 기독교인의 삶 자체에 대해 우리에게 많은 것을 알려준다.

죽은 자에 대한 기독교적 돌봄의 자세는 역사적으로 소망, 두려움, 그리고 죽음을 생각하는 것을 거부함이라는 세 개의 매우 다른 단계를 통해 진화되어왔다. 이것은 의식들 자체에서 일부는 은근하며(subtle), 나머지는 좀 덜 은근하게 다양한 방식으로 반영된다. 장례 예식 자체는 종종 죽음 자체에 대한 결정된 태도로 기독교적 관점과 지역 문화의 관점을 모두 반영한다.

신약성경에서는 죽은 자를 돌보는 데 관한 어떠한 정보도 없고, 주후 3세기부터는 극히 적은 정보를 얻을 수 있다. 심지어 『사도전승』도 기독교 공동묘지가 있었다는 사실과 장례식 비용이 합리적으로 결정되었다는 사실을 지적하고 있는 것 외에는 아무것도 말해주지 않는다. 테르툴리아누스는 장례식에서의 성찬과 죽은 자의 추모일에 매년 성찬을 행하는 것("Of the Crowns," 3)을 보여준다. 사라피온은 매장 전에 죽은 자를 위해서 하는 기도문을 제공한다. 기도문의 대부분은 하나님의 행위에 대해 말하고 있지만, 죽은 자의 안식과, 그/그녀의 마지막 날의 부활, 죄 사함, 그리고 유족의 위로를 위한 탄원으로 방향을 바꾸어 "우리 모두에게 아름다운 마지막을 주실 것"을 청원하는 것으로 끝을 맺는다.[31] 아우구스티누스는 자신의 어머니인 모니카의 장례식에 대해서 이야기하는데, 자신이 눈물을 참은 것과 장례식 성찬의 기도문을 제외하고는 거의 세부사항을 언급하지 않는다.[32]

초기 기독교가 죽은 자를 돌보는 것에 관한 몇 개의 일반적인 경우를 관찰할 수 있다. 기독교 장례식의 일반적인 분위기는 부활에 대한 소망이었다. 아우구스티누스의 냉정한 진술은 예외적일지는 모르지만, 그렇게 지나친 것은 아니다. 신앙을 지켰던 죽은 그리스도인은 승리자로 취급되었고, 장례 행렬은 승리를 거둔 장군의 귀향에 부합되는 환희의 특성을 지니고 있었다. 고대 지중해 세계에서 공동묘지는 도시의 외곽에 있었기 때문에 시신을 운반하는 것은 의식의 중요한 요소였다. 소망과 찬양의 시편들과 "할렐루야"의 함성이 의식에 수반되었다. (이교도들의 야간 장례식과는 달리) 대낮에 공동체가 공동묘지로 행진할 때 흰옷을 입고, 종려나무 잎사귀와 등불을 들고, 향을 피웠다. 장례식에 앞서서 고인의 집에서는 기도가 진행되는 동안 시신을 씻고, 도유하여 마로 된 천으로 감쌌다.

31　*The Sacramentary of Sarapion of Thmuis, Barrett-Lennard*, p. 51.
32　"Confessions" 9, in Geoffrey Rowell, *The Liturgy of Christian Burial* (London: S.P.C.K., 1977), p. 24 재인용.

무덤에서는 기도와 성찬식이 거행되었다. 아우구스티누스는 "시신을 묘지 옆에 내려놓고, 그녀(모니카)를 위해 우리의 대속물을 드렸다"라고 기록한다. 시신에 마지막 평화의 입맞춤을 한 후에, 떠오르는 태양 쪽으로 시신의 발이 향하도록 묻었다. 뒤이어 애찬(아가페)이 따를 수도 있으며, 사망 후의 다양한 날과 추모일에 예배가 있었다. 이러한 추모예배는 순교자와 같은 신앙의 영웅들을 위해서 중요한 행사일 수 있었다. 2세기 폴리캅(Polycap)의 죽음에 관한 이야기인 "폴리캅의 순교"는 "즐겁고도 기쁘게 함께 모여 이전에 죽은 저 믿음의 싸움을 싸운 선수들을 추모하면서 그의 순교일을 생일로서 경축하며, 그리고 장차 올 사람들을 훈련하여 그들이 준비되도록 하려는" 공동체의 의도에 관해서 말해준다.[33]

그리스도인들에게 죽음은 "천국에서의 생일"이었으며, 성인들은 유한한 시간으로 태어나는 현세의 생일보다는 영원으로의 **탄생일**(*natalis*)에 기념되었다. 그들의 삶과 죽음에 대한 연대기들은 순교록(martyrologies)에 수집되었으며, 그중 일부는 천국생일(사망일)마다 읽혔다.

결혼식과 마찬가지로 교회는 로마의 장례식 관습에서 많은 영향을 받기는 했지만 (화장과 같은) 많은 것을 거부하였다. **무덤가**(*refrigerium*)에서 식사를 하면서 죽은 자를 기념하는 이교도의 행위는 성찬으로 대체되었고, 그리스도인 조문객은 가난한 자에게 음식을 나누어 주었다. 로마에서는 가족 묘지를 중심으로 세대를 이은 가족의 연속성이라는 개념이 여전히 강하다.

죽은 자를 돌보는 중세 기독교의 에토스(ethos)는 **두려움**(*fear*)이라는 다른 방향으로 바뀌었다. 장례식에 지옥과 연옥, 그리고 준비 없는 죽음에 대한 공포라는 중세적 상상력을 씌우게 되었다. 죽음은 산 자를 훈육하기 위한 위협이 되었다.

---

33 "The Martyrdom of Polycarp," Ⅴ, 18, Richardson, *Early Christian Fathers*, p. 156.

누가 요크(York) 지방에서 사용되었던, "끓는 구덩이의 잔인한 불로부터 그들을 건져주소서"와 같은 기도를 무시할 수 있겠는가?

대부분의 중세 교구 교회는 성단소의 아치 위에 지옥에 떨어진 사람들의 고통과 함께 최후의 심판(doom)에 대한 생생한 벽화를 즐겨 두었다. 중세 후반의 연극들은 종종 회개하지 않은 죄인들이 끌려 들어가는 지옥의 입을 포함시켰다. 단테(Dante)는 가장 세련된 수준으로 전체적인 모습을 보여주는데, 다른 사람들에게는 이것도 마찬가지로 생생하고 실제적이었다.

장례식에 영혼의 운명에 대한 경외감과 두려움이 스며들게 되었다. 원래 장례식에서 불렀던 시편으로부터 발전된 **"죽은 자를 위한 성무일과**(office of the dead)는 궁극적으로 만과(vespers), 조과(matins), 그리고 찬과(laud)를 하는 형태가 되었다. 중세의 장례식은 보통 교회마당에서 행해졌다. 시신은 교회마당에 있는 **시신문**(lych-gate)을 지나 성시를 부르는 가운데 교회로 운반되었고, 성찬을 하였으며, 죽은 자에게 면죄가 선포되고, 향이 피워지며, 성수가 뿌려졌다. 교회 마당이나 교회 밑에서 매장이 뒤따랐다. 면죄는 초기 교회가 가졌던 전승적인 승리의 개념이 변화된 것을 보여준다.

12세기 또는 13세기에 시작된 **진노의 날**(Dies irae) 성가는 중세 후기가 심판과 지옥으로 떨어질 가능성에 초점을 맞춘 것을 반영하는데, 이것은 초기 그리스도인들의 명확한 확신과는 너무나 다른 것이다. 비록 연옥에 대한 두려움은 더 이상 인정되지 않았지만, 종교개혁도 이러한 자세를 털어내는 것은 쉽지 않다는 것을 알았다.

루터는 슬픔에 잠긴 장례식의 특성을 비난하였으며, 좀 더 강력한 소망의 표현을 만들기를 원했다. 그는 "철야, 죽은 자를 위한 미사, 행렬, 연옥, 그리고 죽은 자를 대신한 모든 다른 주문(呪文)과 같은 가톨릭교회의 혐오스러움"을 규탄하였으며, 그 대신에 "죄 사함, 안식, 영면, 생명, 그리고 죽은 그리스도인의 부활에 대한 위로하는 찬송가"로써 죽은 자의 부활을 강조하는 예배를 지지하였다.[34] 루터는 장례 예식에 대한 기록은 전혀 남기지 않았지만, 찬송가, 성시, 설교, 그리고 단순한 격식을 활용했던 것으로 보인다.

1645년의 『웨스트민스터 예배 모범』(Westminster Directory)에서 최소화가 이루어졌는데, 시신은 묘지까지 "정중하게" 모셔야 하지만, "어떠한 의식도 없이" 즉각적으로 매장되어야 한다고 명령하였다. 종종 설교는 실제적인 미덕과 가상적인 미덕을 찬사하는 것으로 타락하는 경우가 종종 있었기 때문에, 스코틀랜드와 영국성공회에서는 모두 장례식 설교조차 논쟁이 되었다. 일부 청교도들은 장례식을 전적으로 세속적인 일로 간주하였으며, 어떤 예배도 행하지 않았다. 칼빈은 장례 설교를 승인했지만 기독교 장례식에 대한 예전은 결코 제공한 적이 없다. 보통 개혁주의 전통은 시편찬송, 성경봉독, 설교, 그리고 매장 후의 기도들로 이루어진 예배를 용납하였다.

비록 1552년에 보다 급진적인 쪽으로 요동이 있기도 했지만, 장례 예식에 대한 성공회의 개정들은 보다 보수적이었다. 크랜머는 1549년에 죽은 자에 대한 의식을 압축시켰으며, 교회 뜰에서의 행진, 매장, 선택 사항인 성찬식(고유기도문도 제공함)을 받아들였다. 예배는 전적으로 장지에서 드리거나, 또는 교회에서도 부분적으로 드렸다. 그리스도와 부활을 통한 소망을 강조하는 의도적인 노력이 이루어졌다. 1552년에는 성찬에 대한 언급이 사라졌고, 매장지에서만 예배를 드렸다. 1549년에 있었던 죽은 자에 대한 신중한 기도 역시 없어졌다. 남아있던 간단한 의식은 시신 위에 흙을 덮는 동안 부르심의 말씀(sentences, 짧은 성경봉독의 말씀 - 역자주), 기도, 요한계시록 14:13, 고린도전서 15:20-58, 그리고 매장에 대한 말씀으로 구성되었다. 이후 역사에는 시편찬송의 확대와 더 많은 기도문을 하게 되었다. 웨슬리는 기본적으로 1662년판 『공동기도서』 의식을 유지하였으나

---

[34] "Preface to the Burial Hymns," *Luther's Works*, 53, p. 326.

시편 39편, 기도, 그리고 매장 의식을 제거하였다. 감리교회가 가져온 큰 변화는 열정적인 소망의 찬송을 추가한 것이었다.

근대 기독교는 너무나도 자주 소망과 두려움을 모두 잊어버렸고, 기독교적 메시지의 일환으로서 **죽음에 관해서 생각하는 것을 거부하였다**(*refused to think about death*). 이제 공동묘지는 도시와 의식의 교외에 위치해 있다. 장례의 관습은 아주 상업적이 되었다. 17세기에는 묘비와 보통 사람들을 위한 개인매장지가 도입되었다. 이전에는 햄릿(Hamlet)에 나오는 요릭(Yorick)처럼 사람들은 30년 동안 한 조각의 땅을 차지할 수 있었고, 그 후에는 그것은 다른 사람에게 넘어갔다. 19세기에는 관이, 그리고 남북전쟁 시기에는 시체의 방부 처리가 보통사람들에게도 일반적인 것이 되었다. 그 결과 현대인들은 죽음에 대해서 우리들의 중세 선조들보다 훨씬 덜 다채롭고, 상상력도 적었지만, 더 미신적이 되었다. 우리 몸은 말할 것도 없고 이름도 보존할 수 있는 척하는 것은 의심할 여지 없이 중세 사람들을 즐겁게 해주었을 것이다. 그럼에도 현대의 장례 의식은 죽음의 실재를 감추어 결국 그 이전의 어떤 시기보다 더 많은 허구를 만들어내게 되었다.

이것은 너무나 자주 교회의 잘못으로부터 기인한 것이었다. 교회는 복음의 증거 대신에 꽃과 시로 된 감상적인 장례 예식이 만연하도록 내버려 두었다. 그리고 교회는 매주, 심지어 부활에 초점을 둔 기간인 부활절 절기 등안에도 죽음에 대한 언급을 점잖게 피하는 경우가 자주 있었다. 교육 사역 또한 죽음처럼 불쾌한 일을 다루는 것을 경시해왔다.

최근의 예배는 죽음에 대한 초기 교회의 자세에서 보다 많은 긍정적인 요소를 되찾았다. 제2차 바티칸 공의회는 "죽은 자의 장례식은 그리스도인의 죽음에 있는 부활의 특성을 보다 명백하게 표현해야만 한다"라는 사실을 지시하였다(『거룩한 전례에 관한 헌장』, 제81절). 부활에 대한 이러한 강조는 대체로 성취되었다. 검은색 제의로부터 흰색(그리스도와 부활을 상징), 또는 초록색(성장을 상징)으로 바뀐 것은 이러한 강조의 변화를 드러낸다.

지역의 관습을 따르도록 하는 제2차 바티칸 공의회-후의 의식은 죽은 자의 집, 교구 교회, 묘지의 예배당, 매장지, 또는 이것들이 연합된 장소 등에서 행하는 전체 예배, 또는 일부 예배를 제공한다. 또한 철야예배도 있으며 어린이의 장례식 규정도 있다. 장례미사, 추모미사, 각양 기념식 그리고 죽은 자를 위한 기도를 포함하는 많은 선택 사항이 제공된다.

다른 교회들도 동일하게 죽음에 대한 기독교적 이해인 부활의 특성을 강조한다. 장로교의 장례 예식은 "장례식: 부활에 대한 증언 예배"라는 제목으로 되어 있으며 연합감리교회의 의식은 "죽음과 부활의 예배"이다. 『공동기도서』에는 "죽은 자의 장례식"을 위한 두 가지 의식과 개요만 있는 세 번째 예식이 있다. 미국성공회의 세 가지 예식은 연합감리교회, 장로교, 그리고 루터교회 예배가 하는 것과 같은 성찬의 가능성을 포함한다.[35] 『공동기도서』에서 죽은 자를 위한 기도는 선택 사항이다. 이러한 예배의 상당 부분은 시편찬송가와 성경의 약속 낭독하는 것으로 이루어져있다.

루터교회, 연합감리교회, 그리고 장로교 예식은 그리스도의 죽음과 부활에 연합되는 그리스도인의 세례에 대한 언급으로 시작하며, 세례와 장례식을 연관시킨다. 연합감리교회 예식은 이름을 부르고, 고인을 가장 잘 아는 사람들이 그/그녀의 삶을 추모하는 증언을 함으로써 그 행사가 그 고인을 위한 것임을 나타낸다.

기독교 신앙은 장례식을 어떻게 이해하는가?

과거의 이해는 변화하는 것이었다. 1179년의 제3차 라테란 공의회까지, 즉 교회 역사의 절반이 넘는 기간에 죽은 자의 장례식을 성례전이라고 말할 수 있었다. 그러나 기독교 장례 예식은 스콜라 철학자들이 일곱 성례전에 두었던 것과 같은 관심은 결코 받지 못했다. 그리고 장례 예식을 고안하

---

[35] 결혼 예식과 마찬가지로 여기에서도 참석하는 모든 사람이 성찬을 원하거나 다른 교회의 기독교인들도 특정 교회의 회원 요건에 따라 자유롭게 성찬을 받을 수 있다고 가정하지 않도록 주의해야 한다.

는 데 있어 루터와 칼빈 모두가 실패한 것은 그들에게 처리해야 할 더 긴급한 일들이 있었다는 사실을 보여준다. 따라서 비록 심리학자들, 사회학자들, 대중작가들이 필요를 채우기 위해 이 일에 뛰어들기는 했지만, 장례식은 응당 받아야 할 신학적 고려를 결코 받지 못했다. 죽음에 대한 기독교적 이해는 어느 정도는 좀 더 신중한 신학적 검토를 받아왔다.[36]

시신을 치운다는 실용적인 문제를 떠나서 기독교적인 매장 기능을 이해하기 위한 가능성은 무엇인가?

여기에는 두 가지 관심사가 두드러지는데, 하나는 유족들을 위로하는 데 있어서 하나님의 사랑과 공동체의 지지를 보여주는 것이며, 또 하나는 죽은 자를 하나님의 은혜로우신 돌봄에 위탁하는 것이다.

교회는 정직하게 **유족을 위로**(consoles the bereaved)함으로써 최선을 다한다. 죽음에 관해서 너무 많이 아는 것을 조심해야만 한다. 죽음은 여전히 신비이다. 죽음의 어두운 베일을 넘어 현대의 과학적인 용어, 또는 막연히 성경에 근거한 추측하는 그림으로 된 형상화로 탐색하려는 노력은 모두 비생산적인 일이다. 그러나 유족의 유익을 위해서 기독교 신앙이 할 수 있는 두 가지 확인된 사실이 있다.

첫 번째는 바로 죽음 자체의 실재로서 거의 위로가 되지 않는 것처럼 보이지만, 비탄의 과정에 극히 중요하다. 그리고 만약 이것이 경시된다면 단지 고통의 기간만 연장할 뿐이다. 성경은 "우리는 필경 죽으리니 땅에 쏟아진 물을 다시 담지 못함 같을 것이오나"(삼하 14:14)라고 분명히 말한다. 이것은 어떠한 돌로 된 기념비보다 더 기독교적인 진술이다. 이러한 이유로 추도식보다는 가능하다면 시신을 옆에 두고 장례식을 치르는 것이 일반적으로 더 낫다. 십자가 사건이 핵심인 종교는 죽음의 실재를 부정하지 않는다.

---

36 예로는 John Hicks, *Death and Eternal Life* (New York: Harper, 1976).

그러나 **두 번째** 진술은 하나님의 신실하심이다. 이것은 죽음에 대한 교리가 아니라(우리는 그것에 아는 바가 거의 없다) 하나님의 신실하심에 대한 교리(그것에 대해 우리는 아주 많이 안다)이다. 다른 모든 것을 실패한 때, 죽음은 인간으로 하여금 자신들이 얼마나 하나님께 완전히 의존하고 있는지를 깨닫게 한다. 죽음 후에 놓여있는 것은 또한 무엇이나 하나님께서 창조하신 것이며, 우리 이전에 그리스도 예수께서 경험하신 것이기도 하다. 그리스도인들은 죽음에 직면해서도 소망을 상실하지 않는다. 그들은 세상에 있는 단 하나의 진정한 소망의 근원이 하나님의 은혜로우신 사랑에 의해서 위로받기 때문이다.

그러므로 기독교 장례식은 죽음과 부활의 실재를 증언한다. 성경의 강력한 진술은 영면, 여로, 죽음에 대한 어떤 시보다 훨씬 더 강하다. 이 시기에 필요한 강력한 약은 시, 꽃, 또는 감상적인 말들이 아니라, 성경에 있는 하나님의 말씀과 성례전에서의 행위들이다. 장례식이 사랑하는 공동체, 특히 평생 매주의 첫째 날에 경험했던 소망의 말씀과 행위들을 경험했던 익숙한 교회 건물에서 일어난다는 사실이 중요하다.

공동체의 참석 자체가 이곳에 있는 하나님의 사랑의 행위에 대한 강력한 증거이다. 거기 참석한 다른 그리스도인들은 사랑의 가시적 표지이다. 죽은 자가 이 땅 여기의 전투하는 교회 너머로 승리하는 교회로 이동할 때, 함께 모인 공동체는 죽은 자가 교회 내에서 새로운 관계로 전이하는 것을 드러낸다. 장례식에서 다른 그리스도인들이 하는 역할은 자신들의 참석으로 유족을 둘러싸고 있는 사랑의 환경을 가시적으로 만드는 것이다.

장례 예식의 또 다른 기능은 **죽은 자를 하나님께 위탁**(commend the deceased to God)하는 것이다. 잠재적으로, 세례를 받은 각 사람은 세례를 받을 때 이미 그리스도와 함께 죽었으며, 그리스도와 함께 부활하였다(롬 6:3-4). 지금이야말로 하나님께서 우리를 용납하셨음을, 즉 우리가 세례를 받을 때 처음으로 가시적으로 되었던 그 용납하심을 하나님께서 이미 보여주셨다는 사실을 기억해야 할 때이다. 사랑하는 사람을 하나님의 보호에 맡기기를 바라는 것은 너무나 당연하다. 연옥의 개념은 현대의 개신교인들에게는(그리고 아마도 오늘날의 로마가톨릭에게도 역시) 매우 믿기 어려운 것이다. 그러나 그리스도 안에서의 부활이라는 소망은 기독교 신앙에서 너무나 핵심적이기 때문에 우리는 하나님께서 죽은 자를 위한 하나님의 의도를 성취하시기를 기도하지 않을 수가 없다. 죽음의 순간까지 어떤 사람을 위해 기도하다가 죽음 이후에 기도를 멈추는 것은 아주 이상한 일이다. 하나님의 사랑은 죽음 전은 물론이며, 죽음 이후에도 계속된다. 그리고 신중한 단어를 사용한 기도는 연옥에 대한 믿음을 암시하지 않고서도 죽은 자를 하나님의 보호하심에 위탁할 수 있다.

그러므로 기독교 장례 예식에는 산 자와 죽은 자를 위한 사역이라는 두 가지 기능이 있는데, 이 둘을 분리하는 것은 불가능하다. 하나님께서 성례전에서와 마찬가지로 그리스도인의 장례식에서 심지어 삶이 끝나는 시점에 새롭게 자신을 내어 주시는 역사를 하신다는 사실을 이해함으로써 두 사역 모두가 가능해진다. 세례의 물을 통하여 가입했던 신앙공동체는 이제 마지막으로 또 다시 우리 주위에 연합하여서 공동체의 돌보는 행위를 통하여 가시적인 하나님의 사랑을 나타낸다.

목회적으로 중요한 몇 가지를 간단히 지적하고자 한다. 죽음은 관계를 유지하고 계속하는 시기이며, 이 일은 목사가 주된 책임을 질 가능성이 있다. 장례식 전과 그 이후 오랜 기간 가족을 상담하는 것은 필수적인 사역이다. **비탄의 과정**(course of grief)은 서둘러서는 안 된다. 가장 큰 위험은 사람들이 자신들도 모르게 슬픔을 거부할 때이다. "겉치레로 하는 것"은 재앙을 부른다. 유족을 상담하는 것보다 목회자의 세심함을 더 크게 요구하는 영역은 거의 없다.

이 사역의 많은 부분은 죽음 훨씬 이전의 **교육 사역**(teaching ministry)에서 시작된다. 이것은 교회의 구성원들이 죽음을 기독교적 관점으로 이해하도록 한다. 회중은 다양한 매체를 통하여 가장 바람직한 장례식 형태를 충분히 생각하도록 도움을 받을 수 있다. 우리 중 누구도 자신이 궁극적으로 죽는다는 사실을 확실히 알기 이전에는 완전히 성숙하지는 않다. 자신의 장례식을 위한 계획을 세우는 것은 반드시 병적인 집착은 아니다. 그것은 자신의 신앙에 대한 증언일 수 있으며, 인생을 이해하는 방향으로 진전하는 멋진 방식일 수 있기 때문이다. 한 은퇴자 전용아파트의 입주자들은 자신들의 장례식에 사용될 관보의 천을 짜는데 이것은 참으로 아름다운 마지막 진술이다.

목회적 돌봄은 혼자서는 할 수 없다. 그것은 공동체를 전제로 한다. 이 사역에서는 유족들에게 공동체의 관심과 지지를 나타내기 위해서 다른 사람들이 목사와 함께 해야 한다. 유족이 된 구성원들에 대한 사역을 위해서 회중들에게 요청하고 그들을 훈련하기 위해서는 많은 일을 해야 한다. 유족을 공동체에 다시 통합하기 위해서 공동체의 구성원들이 해야 할 일이 많이 있을 것이다. 이것은 유족들이 가장 외로움을 느낄 때인 연중 대축일에 특히 중요하다. 많은 교회에서 만성절은 최근에 죽은 자들과, 또한 역사를 관통하여 신앙을 지켰던 모든 사람을 기념하는 중요한 행사가 되었다.

기독교 장례 예식은 슬픔에 대한 치료가 주가 되어서는 안 되며, 다른 무엇보다 예배임을 기억해야 한다. 하나님의 신실하심에 대한 성경의 강력한 약속을 강조해야 하며, 그보다 부수적인 다른 것에 의존하지 말아야만 한다. 말씀은 하나님의 선하심을 선포하고 그것에 감사하는 데 필수적인 것으로 보인다. 시편찬송과 성경이 기본이며, 설교, 찬송가, 기도, 그리고 신조가 뒷받침해준다. 성찬은 그리스도의 지체 안에서 산 자와 죽은 자 사이의 계속적인 관계를 선포할 수 있다.

장례 예식에 시신을 두는 것과 사람들이 위탁 의식에 참석하는 것은 죽음의 실재에 대한 증언방식으로 권장되어야 한다. 시신을 사람들에게 보이는 일은 좀처럼 하면 안 된다. 대형십자가를 수놓거나 덧댄 3×1.8미터 가량 크기의 천으로 된 **관보**(pall)로 관을 덮는 것이 훨씬 낫다. 그것은 꼭

어온 꽃을 놓는 것보다 우리가 그리스도 안에서 품는 소망의 근원에 대한 훨씬 좋은 증언이 된다. 관보는 또한 관의 호사스러운 전시를 경감시킨다. 의학 연구를 위해서 제공될 때나, 화장될 때조차도, 장례 예식에 시신을 두는 것이 일반적이다.

    장례 예식은 매우 개인적인 행사이다. 그리고 죽은 사람이 이 특별한 사람이라는 사실을 강조하기 위해서 어떠한 방편을 반드시 찾아야 한다. 이것은 화려한 칭찬 없이도 할 수 있다. 그러나 고인을 잘 알았던 사람들이 개인적으로 확인하는 형식은 유용할 수 있다. 때때로 고인의 생애에서 중심이 되었던 일이나 사람들의 기념품이나 사진이 전시될 수 있다. 그리스도인들은 세례에서 이름으로 식별되며 이와 마찬가지로 그리스도인들은 그들의 장례 예식에서도 이름이 불려야 할 것이다.

제10장 용어들

acolyte: 복사
anointing: 도유, 기름 부음
banns: 결혼예고, 결혼공고
betrothal vows: 정혼서약
churching of women: 여성의 교회화 (아이의 탄생이나 입양을 기독교적으로 축하하는 예식)
confession: (죄의) 고백
confirmation: 견진
coprate services of reconciliation: (공동 화해 예식--"화해"를 보라)
deacon: 부제
espousal vows: 약혼서약
exorcist: 축귀자
extreme unction: 종부 성사
fencing the table: 성찬에 제한을 가함
laying on of hands: 안수
lector: 성경낭독자
major orders: 대성직제
martyrologies: 순교록

minor orders: 소성직제
occasional services: 특별한 때를 위한 예식들
office of the dead: 죽은 자를 위한 성무일과
ordination: 안수
pall: 관보
penance: 참회, 회개 ("화해"를 보라)
penitentials: 참회
porter: 관리인
priest: 사제
Quinceañera: 라틴계 성인식
reconciliation 화해(예식)
religious profession: 종교적 서원
reservation of the eucharist: 성찬의 보존
sacramentals: 준성례
subdeacon: 차부제
tradition of instruments: 기구의 전승
viaticum 임종시에 받는 성찬
visitation of the sick 병자 방문(심방)

제11장

글로벌 상황에서의 기독교 예배:
제임스 F. 화이트의 통찰을 바탕으로

안 덕 원 박사 | 횃불트리니티신학대학원대학교 실천신학 교수

20세기 들어 기독교 예배는 16세기 유럽의 종교개혁 당시와 비견될 만큼 큰 변화를 겪었다. 무엇보다도 예전 회복 운동(Liturgical Movement)으로 인해 초기 기독교 예배의 재발견이 이루어졌고, 그 시대의 방대한 예배자료에 대한 접근과 공유가 가능하게 되었다. 이 운동의 노력은 가톨릭교회의 제2차 바티칸 공의회와 세계교회협의회(World Council of Churches, WCC)의 '신앙과직제위원회'(Faith and Order Commission)에서 발표한 리마 문서(Lima Document, 1982)에서 결실을 맺었다. 기독교공동체 간의 소통은 전례 없는 깊이와 규모로 이루어졌고, 예배에 관한 관심이 널리 확산되고 증가하면서 비서구 교회도 서구 교회 선교의 수혜자에서 기여자로 변화하고 있다. 이에 따라 초기의 역사에서 정의한 기독교 예전의 본질적 요소에 대한 논의와 더불어 기독교인들은 비서구 교회가 직면한 복음과 문화의 관계에 보다 미묘한 시각을 갖게 되었다.

제임스 화이트의 『기독교 예배학 개론』 초판은 1980년에 출판되었고, 10년 후에 개정판이 나왔으며, 21세기 초에 세 번째 개정판이 나왔다. 개정판들은 예배와 성례전을 가르치고 평가하는 역사적 규범에 관한 예전 운동의 많은 가정에 대한 화이트의 불만이 커지고 있었음을 보여준다. 화이트는 특히 유서 깊은 서구 교회들에서 발견되는 예배의 다양성의 가치에 대해 더욱 개방적인 모습을 보였고, 전 세계의 신흥 교회들에서 생겨

나는 풍부한 예배의 실례들에 대해서도 더 수용적인 태도를 보였다. 예배의 다양성에 대한 화이트의 환대 정신에 따라, 이 장에서는 인종적으로 다양한 젊은 교회들의 상황을 고려하여 기독교 예배를 가르치기 위한 일곱 가지 제안을 제시할 것이다. 이 글의 목표는 기독교 예배의 단일 규범적 표준을 제시하는 것이 아니라, 기독교 예배의 의미와 실천에 대한 서구 기독교의 지배를 분산시키는, 보다 세계화되고 문화적으로 민감한 접근 방식을 제안하는 것이다.

1. 서술적 연구(Descriptive Approach)로의 전환

기독교 예배의 절대적인 규범을 찾으려는 노력은 이제 전반적으로 중대한 실수로 여겨지고 있는데 이러한 경향은 초기 교회에 대한 낭만적인 시각과 함께 16세기 유럽 종교개혁의 유산을 절대화했기 때문일 수 있다. 오늘날의 예배에 대한 논의는 "만약 초기 교회의 예전을 회복하고자 한다면 과연 어떤 문서가 기준이 되어야 하는가?"라는 질문 아래에 놓인 가정에 직면해야 한다. 예를 들어, 20세기 중반에 예배학자들은 소위 히폴리투스(Hippolytus)의 『사도전승』(*Apostolic Tradition*)이 주후 215년경(혹은 217년) 로마의 예전을 대표한다고 받아들였지만, 최근 초기 교회 예배 문헌에 관한 학자들의 연구에 의해 그 문서에 대한 거의 모든 설명이 도전 받고 있다.

『사도전승』의 전통이 3세기 초 로마로부터 전해졌다 해도 언어적, 문화적 맥락이 아주 다른 한국의 21세기 개신교회가 왜 그 문서에 규범적 가치를 부여해야 할까?[1]

---

1 사도전승의 공헌과 한계에 관한 다음 논문을 참조하라. Deok-Weon Ahn, "The Significance of Apostolic Tradition for Protestant Churches in the 21st Century: From the Perspective of the Majority World," *Torch Trinity Journal* v.20, no.2 (Nov. 2017): pp. 225-38.

히폴리투스의 『사도전승』은 교회의 역사를 이해하는 데 도움이 되지만, 현대 개신교 예배의 모범으로 자리 잡기에는 몇 가지 주의할 점들이 있다.

개신교 예배가 루터나 칼빈과 같은 종교개혁가들의 실천신학에 기반을 두어야 한다는 관점도 주의를 요한다. 초기 교회에 대한 종교개혁자들의 제한된 지식과 그들 스스로가 고백한 '다른 영들'의 영향을 받은 다양한 예배 형태를 염두에 두어야 한다. 예를 들어, 루터와 츠빙글리는 성례전에 대해 서로 공존할 수 없는 견해를 보였다. 종교개혁자들의 이념적 다양성을 고려할 때, 그들을 통해 예배의 일관적인 금언을 찾는 것은 제한적일 수밖에 없다.

화이트의 서술적 연구 방식은 이러한 관점들이 유발하는 문제들을 해결하거나 방지할 수 있다. 화이트는 자신이 목사로 안수받은 미연합감리교회(United Methodist Church)에서 예배개혁을 추진하면서 감리교회의 창시자인 존 웨슬리의 이상을 구현하고자 노력했다. 예전의 개정 과정에서 화이트는 소규모 교회공동체의 생생한 현실과 많은 전통 예배서의 규범적 성격 사이의 긴장감을 인식하게 되었고, 이러한 실질적 지역공동체의 경험과 문제들을 인정하는 것이 중요함을 새롭게 깨닫게 되었다. 이러한 경험을 바탕으로 화이트는 가능한 한 중립적인 입장에서 다양한 전통을 검토하는 방법론으로 서술적 연구를 발전시켰다.[2]

예배 현상에 대한 객관적 분석을 강조하는 서술적 연구가 갖는 분명한 유익은 특정 전통을 절대시하거나 모범적인 사례로 제시하기보다 여러 가지 전통들에 대해 균형 잡힌 시각을 갖게 해주는 것이다. 각 전통이 가지고 있는 개성들을 드러내는 서술적 방식은 그 전통들이 지닌 독특함을 아무런 편

---

[2] James F. White, "Forum: Some Lessons in Liturgical Pedagogy" in *Worship* 68:5 (Sept. 1994): p. 446. 화이트는 서술적 연구로의 전환을 자신의 교육 경력에서 가장 큰 전환적 경험으로 설명한다. 화이트 교수의 방법론과 공헌에 관한 다음 논문을 참조하라. 안덕원, "예배학자 제임스 화이트(James F. White, 1932-2004)의 학문적 방법론과 공헌에 대한 소고,"「한국기독교신학논총」102 (2016): pp. 247-74.

견 없이 볼 수 있게 해준다. 각 기독교공동체는 특정한 사회적, 문화적, 신학적 배경에서 비롯된 다양한 요소와 예배의 형태를 통합하여 각자의 전통을 만들어낸다. 예배 전통에 감사하고 공감하는 설명은 기독교공동체 사이에서 더 폭넓고 의미 있는 대화가 이루어지도록 초대하는 역할을 할 수 있다. 이러한 접근 방식은 그들의 문화적 정체성의 가치를 확인시켜 줄 뿐만 아니라 다른 커뮤니티와의 관계를 더욱 풍요롭게 만들어 준다.

2. 전통을 다차원적으로 해석하기

화이트에 따르면 예배의 구체적인 실천은 문화적 상황에 따라 크게 달라질 수 있다. 그렇지만 예배의 일부 요소나 구조는 시간과 지역에 걸쳐 놀라운 일관성을 가지고 있다. 단지 서술적인 접근 방법만으로는 충분하지 않다. 기독교 예배에 대한 교육은 보편적인 요소에 대한 명확한 이해가 수반된다. 이러한 이유로 화이트는 폭넓은 공교회 전통의 중요성을 인정하면서, 그것을 유연성과 함께 우선하여 고려했다.[3]

기독교 예배의 갱신은 과거의 전통을 무조건 회복하는 것을 의미하지 않는다. 그의 후기 저술에서 화이트는 기독교 예전의 원형인 초기 교회의 예배를 회복하려는 노력을 통해 20세기의 예전 회복 운동을 넘어서고자 했다. 역사적 관행을 편협하게 평가하는 접근 방식은 전통을 평면화하는 오류를 범할 수 있을 뿐만 아니라 역사적으로 복잡한 본문에 대한 낭만적 해석으로 이어질 수도 있다. 화이트가 그의 강의에서 자주 언급했듯이 문서화된 예전은 결코 실제 예배에서 일어나는 사건을 묘사하지 않으며, 이

---

[3] R. Matthew Sigler, "Mediating Tradition, Navigating Culture: Toward a Methodist Paradigm for Liturgical Engagement" (Ph.D. Dissertation, Boston University, 2015), p. 239. 자세한 정보를 위해 다음 글을 참조하라. James F. White, "What is the Liturgical Movement?" *Perkins Journal* 17 (Winter-Spring 1964): pp. 20-22.

는 현대 예배에서도 마찬가지다. 의도적이든 아니든, 역사적으로 문서화된 원형을 따라야 한다는 압박감은 공동체가 그 자체의 전통을 발달시키는 과정에 방해가 될 수 있다.[4]

기독교 역사 전반에 걸쳐 문서화된 원형을 강요함으로써 지역의 발전을 억압한 사례가 많다는 것은 놀라운 일이 아니다. 기독교 선교사들은 새로운 지역에 특정 예배의 관행을 도입하면서 선교사들이 전하는 예배 유형이 그 지역에서 절대적인 영향력을 행사할 수 있도록 수동적인 수용의 역학 관계를 조성했다. 그리고 당시의 선한 의도와는 무관하게 이렇게 권력이 집중된 역학 관계는 표면 아래에서 작용하여 독립적으로 정의되어 제정된 예배로 가는 길에 걸림돌이 될 수 있다. 그러므로, 이러한 점을 염두에 두고 20세기 예전 회복 운동에 의해 추진된 초기 교회 예배에 대한 재구성된 그림에도 신중하게 접근해야 한다.

이러한 신중한 접근의 한 예로 탈식민주의 학자인 마이클 N. 자게사르(Michael N. Jagessar)와 스티븐 번스(Stephen Burns)의 연구가 있다. 자게사르와 번스는 예배의 실천을 둘러싼 정치적, 사회적 역학 관계를 고려하면서 교회와 제국의 복잡한 관계 또한 염두에 두어 기독교 신앙을 이해해야 한다고 주장한다.[5] 예를 들어, 이러한 관점들을 고려하여 기독교 세례를 고찰하면 어떻게 세례가 제국에 대한 저항의 표현인지 알 수 있다.[6] 그리스

---

4   Dwight Conquergood, "Performance Studies: Intervention and Radical Research," in *The Performance Studies Reader, 2nd Edition*, ed. by Henry Bial (New York: Routledge, 2007), p. 371. Deok-Weon Ahn, *Ecumenism, Inculturation and Postcolonialism in Liturgy: Based on the Responses of the Younger Churches to Baptism, Eucharist, and Ministry* (BEM), pp. 144-157를 보라.

5   Michael N. Jagessar & Stephen Burns, *Christian Worship: Postcolonial Perspectives* (Sheffield, Equinox: 2011), p. 23. 다음 저서를 참고하라. Cláudio Carvalhaes, ed., *Liturgy in Postcolonial Perspectives: Only One Is Holy* (London: Palgrave Macmillan, 2015).

6   이 주제를 다루기 위해 호미 바바(Homi Bhabha)의 이론을 참고하였다. Homi Bhabha, "Signs Taken for Wonders," *The Location of Culture*, pp. 112-119. 다음 글을 참고하라. 안덕원, "탈식민주의 이론으로 바라보는 기독교 세례 예식": 저항과 어파퍼시스(Apophasis) 그리고 제 3의 공간을 중심으로,"「신학논단」79 (2015.3): pp. 257-82.

도 안에서, 한 성령 안에서, 한 세례 안에서의 평등은 지배적인 문화에 대한 저항의 수단이자 일종의 신앙고백이라는 아이러니를 보여준다. 총체적이고 포괄적인 의식인 세례는 구원이 평등하게 열려 있는 시간과 공간을 구성하며 국가, 성별, 정체성의 장벽이 사라진 환대의 세상을 제시한다(갈 3:28; 고전 12:13). 마찬가지로 성찬은 세례 받은 이들이 평등하게 참여하는 현장으로서 하나님의 자기희생을 실현하고 구현하며, 예수님의 몸과 피를 먹고 마심으로써 천국을 엿볼 수 있을 뿐만 아니라 "새 하늘과 새 땅"을 상징적으로 여는 자리다. 성찬은 영원과 현세, 종말과 기대가 제국에 대한 저항 속에서 일관성과 일치를 이루는 혼종의 공간이 된다.[7] 이러한 사회문화적 분석은 역사적으로 전해 내려오는 문서에 담겨있는 세례, 성찬, 사역의 핵심 요소를 발견할 수 있는 다차원적 접근법의 한 사례다.

3. 토착화의 수용

교회는 역사를 통틀어 다양한 시대의 문화적 요구에 부응하여 어떻게 복음을 전할 것인가에 관심을 가져왔다. 제1장(19쪽)에 소개된 용어인 토착화의 과정에서 기독교 신앙과 실천의 역사적 규범과 지역 교회의 구체적인 문화적 실천 사이의 창조적 상호작용이 이루어졌다. 토착화는 교회가 한 지역에 뿌리를 내리기 위해서는 어느 정도는 현지 언어, 사회 제도, 기술 등과 교류하고 이를 수용해야 한다는 명백한 사실을 설명하는 용어다. 그러나 보다 적극적으로 토착화는 복음과 문화 간의 상호 대화이며,[8]

---

[7] 안덕원, "탈식민주의 이론으로 바라보는 기독교 성찬": 혼종성(Hybridity)과 제 3의 공간(The Third Space)으로 구현하는 프롤렙시스(Prolepsis)," 「복음과 실천신학」 38 (2016): pp. 146-78.

[8] Ahn, *Ecumenism, Inculturation and Postcolonialism in Liturgy: Based on the Responses of the Younger Churches to Baptism, Eucharist, and Ministry* (*BEM*), p. 30.

"존중의 정신"이 필요하고 "상호 풍요로움을 이끌어 내는" 대화다.[9] 이처럼 토착화는 교회공동체와 문화와의 상호 대화를 목표로 한다.

기독교 예배에서 문화적으로 무감각한 동질성은 종종 다양한 예배 공동체가 수용하는 관습에 대한 호의적인 이해가 부족한 관점과 일반적인 문화 교류에 대한 제한적인 태도에서 기인할 수 있다. 문화에 대한 태도의 경직성은 교회와 세상 사이의 비생산적인 분열에서 비롯된다. 지난 반세기 동안 상당수의 교회는 지역사회의 요구와 대화를 통해 그들의 예배가 그 지역사회의 가치관을 더 잘 표현할 수 있도록 발전시켜 왔다. 그러나 이는 토착화의 중요성의 한 측면에 불과하다.

서구 기독교에서 지배적으로 나타났던, 일부 교회가 신앙의 내용을 '주고' 다른 교회는 '받는' 전통적 기독교 확장 이야기는 진정으로 긍정적인 상호 참여로 바뀌어야 한다. 이러한 참여는 단순히 전 세계의 다양한 관행을 열정적으로 수용하도록 허용하는 것에서 더 나아갈 것이며, 예배신학자 돈 샐리어스(Don E. Saliers)가 주장한 것처럼 교회는 예수 그리스도의 구원에 비추어 예배공동체의 사회문화적 환경을 비판적으로 수용하고 활용해야 한다.[10] 이러한 방식으로 예배는 복음의 가치를 품고 주류 문화(예술, 건축, 음악, 언어)에 도전하면서도 주류 문화의 중요한 부분이 될 수 있다.

4. 개인적 헌신의 유지와 선용

화이트에 따르면, "개인적 헌신과 공동예배는 둘 다 모두 그리스도의 몸이라는 보편적 공동체의 예배를 공유하기 때문에 완전히 공동체적이

---

9 Anscar Chupungco, *Liturgical Inculturation: Sacramentals, Religiosity, and Catechesis* (Collegeville, Minn.: The Liturgical Press, 1992), p. 56.

10 Don E. Saliers, "Liturgical Aesthetics: The Travail of Christian Worship," *Arts, Theology, and the Church*, ed. Kimberly Vrudny and & Wilson Yates (Cleveland: The Pilgrim Press, 2005), p. 187.

다."¹¹ 그러므로, 그리스도인은 공동예배의 가치를 무시하지 않으면서도 개인적인 경건 활동을 장려해야 하며, 이 두 요소를 상호 보완적인 것으로 취급해야 한다. 공동예배는 개인적인 헌신이 실행되고 검증되는 장소다. 그러나 헌신은 본질적으로 공동예배보다 규제가 덜해야 한다. 결과적으로 개인적인 헌신은 종종 기독교적인 관습의 배양을 위한 최첨단의 역할을 하며, 개인적인 기도의 토착 문화적인 습관은 공동, 공적 예배의 일부가 되는 관문으로서 역할을 한다.

한국 교회에서는 성도 개개인이 예배 시간에 동시에 큰 소리로 기도하는 공동기도인 **통성기도**를 통해 그 예가 잘 드러난다. 공동예배를 드리는 동안 각자의 개인적인 고민을 하나님께 큰 소리로 말함으로써 회중은 "한 성령"으로 하나가 된다. 통성기도를 통한 이 강력한 영적 체험은 많은 한국 교회에서 발견되는 경제적, 정치적 박탈감에 맞서고, 결과적으로 다양한 형태의 사회적 환멸을 해결할 수 있게 한다. 기도를 통해 이러한 감정의 강렬함을 표현함으로써 예배자들은 치유와 화해를 찾을 수 있을 뿐 아니라 사회적 연대의 표현으로 나타난 기도를 통해서 개인과 공동체가 서로 유기적으로 연결된다. 이 예에서 알 수 있듯이, 문화적으로 진정성 있는 경건의 실천은 기독교 예배 전통의 진정한 공적, 공동체적 성격을 강화할 수 있다.

5. 실천적 예배신학에의 참여

실천신학은 현실 세계의 문제를 검토하고 이에 대처할 수 있는 적절한 방법을 개발하는 도구다. 실천신학은 적용하고자 하는 신학의 약화를 의

---

11 White, *Introduction to Christian Worship*, 4th ed., p. 16.

미하지 않으며, 오히려 구체적인 경험을 통해 신학을 검증한다.[12] 화이트는 예배가 어떻게 이 땅에서 하나님 나라를 확장할 수 있는지에 대해 항상 관심을 가졌던 실천신학자였다. 스스로 예배자였던 화이트는 예배학에 대한 실천적인 목표를 장려했다.

> 기독교 예배는 책을 통해서가 아니라 예배공동체에서 경험해야 한다.[13]

신학 교육과 관련해서, 실천신학은 목회 현장에 대한 양육적이고 세부적인 것에 민감한 자세를 견지하면서, 객관적인 설명을 넘어 신학적으로 건전한 실제적인 적용을 지향해야 한다. 이러한 고려사항에 따라, 예배는 역사적 경험과 세계 각 지역공동체에 뿌리내린 관습의 영향을 당연히 받는다.

기도, 예배, 설교의 형식과 내용을 발전시키려면 종교적 고백이 신학적 지식의 총체적이고 능동적인 적용과 함께 작동해야 한다. 이를 위해서는 사실과 원리를 전수하는 의례적인 교육을 넘어 예배인도자의 구체적인 상황을 포함한 맥락을 진지하게 고려하는 교육이 필요하다. 예를 들어, 신학생들은 성례전의 역사와 성례전을 둘러싼 신학적 논쟁의 내용을 배우는 것뿐만 아니라 자신이 속한 공동체에서 성례전이 어떻게 신학화되는지 이해할 수 있어야 한다. 나아가 신학 교육은 예배인도자들이 교단의 예배기도문을 이해하고 자신만의 기도문을 개발할 수 있는 지식과 기술을 습득하도록 준비시켜야 한다.

예배에 관한 연구는 예배의 실천을 촉진하고 유익을 주기 위한 본래의 목적을 유지해야 한다. 공동체의 목소리에 겸손히 귀를 열고, 그들의 긴

---

12 John D. Witvliet, *Worship Seeking Understanding: Windows into Christian Practice* (Ada, MI: Baker Academic, 2003).
13 James F. White, "Forum: Some Lessons in Liturgical Pedagogy" in *Worship* 68:5 (Sept. 1994): p. 442.

급함을 듣고, 필요에 따라 개혁이나 보존으로 변화시키는 데 도움을 주는 것이 바로 실천적 예배신학의 자리이며, 상당한 노력과 성찰 없이는 이 의무를 다할 수 없다. 그리고 이러한 신학은 세계 교회의 실제 현실과 밀접하게 연결되어 있을 것이다.

6. 기술의 발전을 수용하기

기독교 예배의 풍부한 전통을 연구하는 것은 중요하다. 그러나 바이런 앤더슨(Byron Anderson)이 주장하듯이, 전통이라는 이유만으로 의심 없이 이를 받아들이는 것은 '전통주의'에 빠지는 것이다. 그의 견해에 따르면 전통을 계승하는 더 올바른 방법은 그 전통의 역사적 상황과 한계를 인식하고 의문을 제기하는 것이다.[14] 전통에 얽매이지 않고 전통을 존중하려는 화이트의 노력은 시사하는 바가 크다. 예배학에 대한 그의 폭넓은 관심과 다양한 시대와 상황에 대응하는 유연성은 이 분야에 심오한 통찰력을 제공했으며 미래 학자들에게 모범이 되고 있다.

우리는 기독교의 글로벌 미디어 환경에서 진정한 정보를 탐색하고 선택할 수 있는 능력을 배양해야 하는 디지털 시대의 우려를 해결해야 한다. 디지털 커뮤니케이션에 대한 과도한 의존의 위험과 정보에 대한 불평등한 접근으로 인해 발생하는 새로운 형태의 소외는 현재 특정 상황에서 디지털 미디어를 보조적인 도구로 제한하는 것이 바람직할 수 있다고 보이며, 특히 경제적으로 소외된 지역의 경우 더욱 그러하다. 그러나 디지털 미디어 사용에 대한 다양한 관점은 향후 예배의 실천 방법에 대한 새로운 형태의 합의를 이끌어낼 수 있을 것으로 보인다. 교회 역사에서 위기는

---

[14] E. Byron Anderson, *Common Worship: Tradition, Formation, Mission* (Nashville: Foundry Books, 2017), p. 11.

항상 그리스도인의 삶에 획기적인 변화를 가져왔으며, 예상치 못한 기회와 축복을 가져다주었다. 그리스도인들은 점점 더 디지털화되는 세상의 미래를 불안하게 바라보기보다는 이러한 변화를 신앙과 예배에 유익하게 통합하는 방법을 적극적으로 모색하는 것이 바람직하다.

7. 글로벌 예배: 열린 접근 방식

우리는 제임스 화이트의 사상과 참고 문헌들을 깊이 고찰하면서 21세기 예배와 예배 교육에 대한 여러 제안을 전 세계의 신흥 교회들의 맥락에서 살펴보았다. 21세기 예배 교육과 관련한 핵심적인 주장을 반복하자면, 예배학은 예배의 본질적이고 정의적이며 전통적인 실천 요소들을 고려하는 규범적 접근을 소홀히 하지 않으면서 객관적이고 서술적인 접근법을 채택해야 한다는 것이다. 그리고 이를 위해서 현지 문화를 수용하면서 창의적이고 능동적으로 접근해야 한다. 핵심은 한 가지 접근 방식을 다른 접근 방식들보다 우선시하는 것이 아니라 적극적인 대화 속에서 다양한 접근 방식을 유지하는 것이다. 나아가 실천적인 예배와 교육은 각 교회공동체의 상황을 충분히 고려해야 한다.

다양한 전통이 편견을 버리고 서로를 존중하며, 전통적 예배와 비전통적 예배가 공존할 뿐 아니라 서로에게 정보를 제공하는, 기독교인 전체가 새롭게 나타나는 전통을 향한 목양적인 환대를 추구하는 교회와 예배의 미래를 기대해 보자. 위에서 언급했듯이 최근 수십 년 동안 교회공동체들 사이 대화의 폭과 깊이가 늘어나고 있는 것은 고무적인 일이다. 제임스 화이트는 미래의 기독교 예배학자와 실천가들에게 중요한 유산을 남겼다. 이 유산은 포용적인 예배와 예배 교육을 장려하고, 견고한 기독교 신학적 토대 위에 더 큰 문화적 환대를 위해 노력하는 것이다.

제11장 용어들

inculturation: 토착화
Lima Document: 리마 문서

tongsung kido: 통성기도

참고 문헌

◆ 제1장 "기독교 예배"의 의미는 무엇인가?

Adam, Adolf. *Foundations of Liturgy*. Collegeville: Liturgical Press, 1992.*Alternative Futures for Worship*, 7 Vols. Collegeville: Liturgical Press, 1987.

Bouyer, Louis. *Liturgical Piety*. Notre Dame: University of Notre DamePress, 1955.

Chupungco, Anscar, ed. *Handbook of the liturgy*, 5 vols. Collegeville: Liturgical Press, 1997-2000.

Davies, J. G., ed. *The New Westminster Dictionary of Liturgy and Worship*. Philadelphia: Westminster Press, 1986.

Driver, Tom. *The magic of Ritual*. San Francisco: Harper, 1991.

Duffy, Regis A. *Real Presence: Worship, Sacraments, and Commitment*. San Francisco: Harper and Row, 1982.

Forrester, Duncan, Fames I. H. Mcdonald, and Gian Tellini. *Encounter with God*. Edinburgh: T & T Clark, 1983.

Guardini, Romano. *The Church and the Catholic and the Spirit of the Liturgy*. New York: Sheed and Ward, 1935.

Hatchett, Marion J. *Sanctifying Life, Time, and Space*. New York: Seabury Press, 1976.

Jones, Cheslyn, Geoffrey Wainwright, Edward Yarnold, and Paul Bradshaw, eds. *The study of Liturgy*, revised ed. New York: Oxford University Press, 1992.

Martimort, A. G., ed. *The Church at Prayer*, new edition, 4 vols. Collegeville: Liturgical Press, 1986-1988.

Procter-Smith, Marjorie. *Praying with Our Eyes Open*. Nashville: Abingdon Press, 1955.

Saliers, Don E. *Worship as Theology*. Nashville: Abingdon Press, 1994.

_____. 김운용 역. 『거룩한 예배(임재와 영광에로 나아감)』. 서울: 예배와 설교아카데미, 2010.

Segler, Franklin M., and Randall Bradley. *Understanding, Preparing for, & Practicing Christian Worship*, 2nd ed. Nashville: Broadman, 1996.

Senn, Frank. *Christian Liturgy: Catholic and Evangelical*. Minneapolis: Fortress Press, 1997.

Taft, Robert F. *Beyond East and West: Problems in Liturgical Understanding*. Washingyon, D.C: Pastoral Press, 1984.

Wainwright, Geoffrey. *Doxology*. New York Oxford University Press, 1980.

Webber, Robert E., ed. *The complete Library of Christian Worship*, 7 vols. Nashville: Abbott Martin Press, 1993-94.

_____. *Worship Old and New*. Grand Rapids: Zondervan Corp, 1982.

_____. 김지찬 역. 『예배학』. 서울: 생명의말씀사, 1988.

_____. 정장복 역. 『예배의 역사와 신학』. 서울: 대한예수교장로회 총회 출판국, 1988.

Wegman, Herman A. J. *Christian Worship in East and West*. New York: Pueblo Publishing Co., 1985.

White, James F. *Documents of Christian Worship*. Louisville: Westminster John Knox, 1992.

◈ 제2장 시간의 언어

Adam, Adolf. *The Liturgical Year: Its History & Its Meaning after the Reform of the Liturgy*. New York: Pueblo Publishing Co., 1981.

Bacchiocchi, Samuele. *From Sabbath to Sunday*. Rome: Pontifical Gregorian University Press, 1977.

Brown, Peter. *The Cult of the Saints: Its Rise & Function in Latin Christianity*. Chicago: University of Chicago Press, 1982.

_____. 정기문 역. 『성인숭배』. 서울: 새물결플러스, 2002.

Hickman, Hoyt L., Din E. Saliers, Laurence Hull Stookey, and James F White, *The New Handbook of the Christian Year*. Nashville: Abingdon Press, 1992.

Johnson, Maxwell, ed. *Beyond Memory and Hope*. Collegeville, Minn.: Liturgical Press, 2000.

McArthur, A. Allan. *The Evolution of the Christian Year*. London: SCM Press, 1953.

Nocent, Adrian. *The Liturgical Year*, 4 vols. Collegeville, Minn.: Liturgical Press, 1977.

Perham, Michael, et. al., *Enriching the Christian Year*. London: S.P.C.K., 1993.

Pfatteicher, Philip. H. *Festivals and Commemorations*. Minneapolis: Augsburg Publishing House, 1980.

Porther, Boone. *Keeping the Church Year*. New York: Seabury Press, 1978.

Rordorf, Willy. *Sunday*. Philadelphia: Westminster Press, 1968.

Schmidt, Leigh Eric. *Consumer Rites*. Princeton: Princeton University Press, 1995.

Stookey, Laurence Hull. *Calendar: Christ's Time for the Church*. Nashville: Abingdon Press, 1996.

Talley, Thomas J. *The Origins of the Liturgical Year*, 2nd, emended ed. New York: Pueblo Publishing Co., 1990.

Wilde. James A., ed. *At That Time*. Chicago: Litgurgy Training Publications, 1989.

◆ 제3장 공간의 언어

Adams, William Seth. *Moving the Furniture*. New York: Church Publishing, 1999.

Bishops' Committee on the Liturgy. *Environment and Art in Catholic Worship*. Washington: National Conference of Catholic Bishops, 1978.

Bruggink, Donald J., and Carl H. Droppers. *Christ and Architecture*. Grand Rapids: Wm. B. Eerdmans Publishing Co., 1965.

_____. *When Faith Takes Form*. Grand Rapids: Wm B. Eerdmans Publishing, 1971.

Debuyst, Frederic. *Modern Architecture and Christian Celebration*. Richmond, Va John Knox Press, 1968.

Hammond, Peter. *Liturgy and Architecture*. New York: Columbia University Press, 1961.

_____. ed. *Towards a Church Architecture*. London: Architectural Press, 1962.

Huffman, Walter C., and S. Anita Stauffer. *Where We Worship*. Minneapolis: Augsburg Publishing House, 1987.

Maguire, Robert, and Keith Murray. *Modern Churches of the World*. New York: Dutton, 1965.

Mauck, Marchita. *Shaping a House for the Church*. Chicago: Liturgy Training Publication, 1990.

Meeting House Essays, 10 vols. Chicago: Liturgy Training Publications, 1991-99.

Riedel, Scott R. *Acoustics in the Worship space*. St Louis: Concordia, 1986.

Sovik, Edward A. *Architecture for Worship*. Minneapolis: Augsburg Publishing House, 1973.

White, James F. *The Cambridge Movement*. Cambridge: Cambridge University Press, 1962 and 1979.

_____. *Protestant Worship and Church Architecture*. New York: Oxford University Press, 1964.

_____. and Susan J. White. *Church Architecture: Building and Renovating for Christian Worship*. Akron: OSL Publications, 1998.

_____. 정시춘 . 안덕원 역. 『교회 건축과 예배 공간 : 신학과 건축의 만남』. 서울: HWP, 2014.

Williams, W. Peter. *Houses of God*. Urbana and Chicago: University of Illinois Press, 1997.

◆ 제4장 교회음악의 소리

Bishops' Committee on the Liturgy. *Music in Catholic Worship*. Washington: National Conference of Catholic Bishop, 1972.

Blume, Friedrich. *Protestant Church Music*. London: Victor Gollancz, 1975.

Cone, James H. *The Spirituals and the Blues*. New York: Seabury Press, 1972.

_____. 현영학 역. 『흑인영가와 블루스』. 서울: 한국신학연구소, 1987.

Day, Thomas. *Why Catholics Can't Sing*. New York: Crossroads, 1991.

Gelineau, Joseph. *Voices and Instruments in Christian Worship*. Collegeville, Minn: Liturgical Press, 1964.

Hustad, Donald P. *Jubilate: Church Music in the Evangelical Tradition*. Carol Stream, Ill: Hope Publishing Co., 1981.

Lawrence, Joy E., and John A. Ferguson. *A Musician's Guide to Church Music*. New York: Pilgrim Press, 1981.

Liturgical Conference. *Crisis in Church Music*. Washington: Liturgical Conference, 1967.

Lovelace, Austin, C., and William C. Rice. *Music and Worship in the Church*. Nashville: Abingdon Press, 1976.

Nelson, Gertrud Mueller. *To Dance with God*. New York: Paulist Press, 1986.

Nicholson, Sydney, H. *Quires and Places Where They Sing*. London: S.P.C.K., 1954.

Routley, Erik. *The Church and Music*. London: Duckworth, 1950.

Sizer, Sandra S. *Gospel Hymns and Social Religion*. Philadelphia: Temple University Press, 1978.

Stiller, Gunther. *Johann Sebastian Bach and Liturgical Life in Leipzig*. St. Louis: Concordia, 1984.

Young, Carlton R. *My Great Redeemer's Praise*. Akron: OSL Publications, 1995.

◆ 제5장 매일공중기도

Bradshaw, Paul F. *Two Ways of Praying*. Nashville: Abingdon Press, 1995.

Campbell, Stanislaus. *From Breviary to Liturgy of the Hours*. Collegeville, Minn.: Liturgical Press, 1995.

Guiver, George. *Company of Voices*. New York: Pueblo Publishing Co., 1988.

Mateos, Juan. "The origins of the Divine Office." *Worship* 41 (October 1967): 477-85.

_____. "The Morning and Evening Office." *Worship* 42 (January 1968): 31-47.

Old, Hughes Oliphant. "Matthew Henry and the Puritan Discipline of Family Prayer." Privately printed, 1978.

_____. "Daily Prayer in the Reformed Church of Strasbourg." *Worship* 52 (1978): 121-38.

Salmon, Pierre. *The Breviary Through the Centuries*. Collegeville, Minn.: Liturgical Press, 1962.

Scotto, Dominic F. *The Liturgy of the Hours*. Petersham, Mass.: St. Bede's Publications, 1987.

Storey, William G. "The Liturgy of the Hours: Cathedral vs. Monastery." *Worship* 50 (1976): 50-70.

Taft, Robert. *The Liturgy of the Hours in East and West*. Collegeville, Minn.: Liturgical Press, 1986.

◆ 제6장 말씀 예배

Brightman, F. E. *The English Rite*, 2 Vols. London: Rivingtons, 1921.

Cabie, Robert. *The Church at Prayer*, Vol. 2, The Eucharist. Collegeville: Liturgical Press, 1986.

Cuming, G. J. *A History of Anglican Liturgy*, 2nd ed. London: Macmillan, 1982.

Davies, Horton. *The Worship of the English Puritans*. Westminster: Dacre Press, 1948.

_____. 김상구 역.『미국 청교도 예배』. 서울: CLC, 2014.

Dix, Gregory. *The Shape of the Liturgy*. Westminster: Dacre, 1945.

Hageman, Howard G. *Pulpit and Table*. Richmond, Va.: John Knox Press, 1962.

Jungmann, Joseph A. *The Mass of the Roman Rite*, 2 vols. New York: Benziger Brothers, 1951-1955.

_____. *The Liturgy of the Word*. Collegeville, Minn.: Liturgical Press, 1966.

_____. *Pastoral Liturgy*. London: Challoner, 1962.

Old, Hughes Oliphant. *The Reading and Preaching of the Scriptures*, 7 vols. Grand Rapids: Wm. B. Eerdmans Publishing Co., 1998.

_____. *Worship That is Reformed According to Scripture*. Atlanta: John Knox, 1984.

_____. 김상구, 배영민 역.『성경에 따라 개혁된 예배』. 서울: CLC, 2020.

Reed, Luther D. *The Lutheran Liturgy*. Philadelphia: Fortress Press, 1960.

Van Dijk, S. J. P., and J. H. Walker. *The Origins of the Modern Roman Liturgy*. London: Darton, Longman, and Todd, 1960.

White, James F. *Protestant Worship*. Louisville: Westminster John Knox, 1989.

_____. 김석한 역.『개신교 예배』. 서울: CLC, 1997.

◆ 제7장 하나님의 가시적인 사랑

Baillie, Donald. *Theology of the Sacraments*. New York: Charles Scribner's Sons, 1957.

Browning, Robert L., and Roy A. Reed. *The Sacraments in Religious Education and Litur-*

gy: An Ecumenical Model. Birmingham: Religious Education Press, 1985.
Cooke, Bernard J. Sacraments and Sacramentality. Mystic, Conn.: Twenty-Third Publications, 1983.
_____. 이순성 역. 『성사 신학』. 광주: 광주가톨릭대학교, 2017.
Fink, Peter, ed. The New Dictionary of Sacramental Worship. Collegeville, Minn.: Liturgical Press, 1990.
Hellwig, Monika. The Meaning of the Sacraments. Dayton: Pflaum/Standard, 1972.
Jenson, Robert. Visible Words. Philadelphia: Fortress Press, 1978.
Leeming, Bernard. Principles of Sacramental Theology. London: Longmans, 1960.
Macquarrie, John. A Guide to the Sacraments. New York: Continuum, 1998.
Martos, Joseph. Doors to the Sacred. New York: Doubleday, 1981.
Osborne, Kenan B. Sacramental Theology: A General Introduction. New York: Paulist Press, 1989.
_____. 김광식 역. 『성사 신학』. 칠곡: 분도출판사, 1993.
Powers, Joseph. Spirit and Sacrament. New York: Seabury Press, 1973.
Rahner, Karl. The Church and the Sacraments. London: Burns & Oates, 1963.
Schmemann, Alexander. Of Water and the Spirit. London: S.P.C.K., 1976.
Segundo, Juan Luis. The Sacraments Today. Maryknoll, N.Y.: Orbis Books, 1974.
Senn, Frank C. A Stewardship of the Mysteries. New York: Paulist Press, 1999.
Staples, Rob. Outward Sign and Inward Grace. Kansas City: Beacon Hill Press, 1991.
Vorgrimler, Herbert. Sacramental Theology. Collegevill, Minn,: Lityrgical Press, 1992.
White, James F. Sacraments as God's Self Giving. Nashville: Abingdon Press, 1983.
_____. 김운용 역. 『성례전(하나님의 자기 주심의 선물)』. 서울: 예배와 설교아카데미, 2006.
_____. The Sacraments in Protestant Practice and Faith. Nashville: Abingdon Press, 1999.
Worden, T., ed. Sacraments in Scripture. London: Geoffrey Chapman, 1966.

◆ 제8장 기독교 세례 예식

Austin, Gerard. Anointing with the Spirit: The Rite of Confirmation: The Lise of Oil & Chrism. Collegeville, Minn,: Liturgical Press, 1992.
_____. Baptism in the New Testament. Baltimore: Helicon Press, 1964.
Beasley-Murray, G. R. Baptism in the New Testament. London: Macmillan, 1962.
_____. 임원주 역. 『성서적 침례론』. 서울: 검과흙손, 2006.
Burnish, Raymond. The Meaning of Baptism. London: Alcuin Club/ S.P.C.K., 1985.
Cully, Kending Brubaker, ed. Confirmation: History, Doctrine, and Practice. Greenwich,

Conn.: Seabury, 1962.

Duffy, Regis A. *On Becoming a Catholic*. San Francisco: Harper & Row, 1984.

Fisher, J. D. C. *Confirmation Then and Now*. London: S.P.C.K., 1978.

Gilmore, Alec, ed. *Christian Baptism*. London: Lutterworth, 1959.

Johnson, Maxwell, ed. *Living Water, Sealing Spirit*. Collegeville, Minn: Liturgical Press, 1995.

_____. *The Rites of Christian Initiation*. Collegeville, Minn.: Liturgical Press, 1999.

Kavanagh, Aidan. *The Shape of Baptism: The Rite of Christian Initiation*. New York: Pueblo Publishing Co., 1978.

_____. *Made, Not Born*. Notre Dame: University of Notre Dame Press, 1976.

Marsh, Thomas A. *Gift of Community: Baptism and Confirmation*. Wilmington: Michael Glazier, In., 1984.

Neunheuser, Burkhard. *Baptism and Confirmation*. New York: Herder & Herder, 1964.

Riley, Hugh. *Christian Initiation*. Washington: Catholic University Press, 1974.

Schnackenburg, Rudolf. *Baptism in the Thought of St. Paul*. Oxford: Blackwell, 1964.

Searle, Mark. *Christening: The Making of Christian*. New York: Church Publishing, 1987.

Stookey, Laurence H. *Baptism: Christ's Act in the Church*. Nashville: Abingdon Press, 1982.

_____. 김운용 역. 『하늘이 주신 선물, 세례』. 서울: 예배와설교아카데미, 2013.

Turner, Paul. *Confirmation: The Baby in Solomon's Court*. New York: Paulist Press, 1993.

_____. *Sources of Confirmation*. Collegeville, Minn.: Liturgical Press, 1993.

Yarnold, Edward, *The Awe-Inspiring Rites of Initiation*, 2nd ed. Collegeville, Minn.,: Liturgical Press, 1994.

◆ 제9장 성찬 예식

Bouyer, Louis. *Eucharist*. Notre Dame: University of Nortre Dame Press, 1968.

Bradshaw, Paul. F. *The Search for the Origins of Christian Worship*. Nwe York: Oxford University Press, 1992.

Cabie, Robert. *The Church at Prayer*, Vol. 2, *The Eucharist*. Collegeville: Liturgical Press, 1986.

Foley, Edward. *From Age to Age*. Chicago: Liturgy Training Publication, 1991.

_____. 최승근 역. 『예배와 성찬식의 역사』. 서울: CLC, 2017.

Jasper, R. C. D., and Geoffrey Cuming. *Prayers of the Eucharist,* 3rd ed. New York: Pueblo Publishing Co., 1987.

Jungmann, Joseph. *Mass of the Roman Rite,* 2 vols. New York: Benziger, 1951-1955.

Klauser, Theodor. *A. Short History of the Western Liturgy.* London: Oxford University press, 1969.

Macy, Gray. *The Banquet's Wisdom.* New York: Paulist Press, 1992.

Mazza, Enrico. *The Celebration of the Eucharist.* Collegeville, Minn: Liturgical Press, 1999.

Ratcliff, E. C. *Liturgical Studies.* London: S.P.C.K.,1976.

Rordorf, Willy, et al. *The Eucharist of the Early Christians.* New York: Pueblo Publishing Co., 1978.

Schmemann, Alexander. *The Eucharist: Sacrament of the Kingdom.* Crestwood, N.Y.: St. Vladimirs, 1988.

_____. 김아윤. 주종훈 역. 『하나님 나라의 성찬』. 성남: 새세대, 2012.

Senn, Frank, ed. *New Eucharistic Prayers.* New York: Paulist Press, 1987.

Stookey, Laurence H. *Eucharist: Christ's Feast with the Church.* Nashville: Abingdon Press, 1993.

_____. 김순환 역. 『성찬, 어떻게 알고 실행할 것인가』. 서울: 대한기독교서회, 2002.

Vagaggini, C. *The Canon of the Mass and Liturgical Reform.* London: Geoffrey Chapman, 1967.

Watkins, Keith. *The Feast of Joy.* St. Louis: Bethany Press, 1977.

Welker, Michael. *What Happens in Holy Communion?* Grand Rapido: Eerdmans, 2000.

◆ 제10장 특별 예배들

Bradshaw, Paul F. *The Anglican Ordinal.* London:S.P.C.K., 1971.

Cooke, Bernard. *Ministry to Word and Sacraments: History and Theology.* Philadelphia: Fortress Press, 1980.

_____. *Reconciled Sinners: Healing Human Brokenness.* Mystic, Conn.: Twenty-Third Publications, 1986.

Cope, Gilbert, ed. *Dying, Death, and Disposal.* London: S.P.C.K., 1970.

Dallen, James. *The Reconciling Community: The Rite of Penance.* New York: Pueblo Publishing Co., 1986.

Empereur, James L. *Prophetic Anointing.* Wilmington: Michael Glazier, Inc., 1982.

Gusmer, Charles W. *And You Visited Me: Sacramental Ministry you the Sick and Dying.* New York: Pueblo Publishing Co., 1984.

Irion, Paul E. *The Funeral: Vestige or Value?* Nashville: Abingdon Press, 1966.

Jennings, Theodore W., Jr. *The Liturgy of Liberation: The Confession and Forgiveness of Sin.* Nashville: Abingdon Press, 1988.

Kelsey, Morton. *Healing and Christianity.* New York: Harper & Row, 1973.

_____. 배상길 역. 『치료와 기독교』. 서울: 대한기독교출판부, 1986.

Knauber, Adolf. *Pastoral Theology of the Anointing of the Sick*. Collegeville, Minn: Liturgical Press, 1975.

Mackin, Theodore. *The Martial Sacrament*. New York: Paulist Press, 1989.

McNeill, John T. *A History of the Cure of Souls*. New York: Harper & Row, 1977.

Palmer, Paul F. "Christian Marriage: Contract of Convenant?" *Theological Studies* 33 (December 1972): 617-65.

Power David N. *Gifts That Differ: Lay Ministries Established and Unestablished*. New York: Pueblo Publishing Co., 1980.

Power David, and Luis Maldonado, eds. *Liturgy and Human Passage*. New York: Seabury Press, 1979.

Rowell, Geeoffrey. *The Liturgy of Chrisian Burial*. London: Alcuin/S.P.C.K., 1977.

Rutherford, Richard, and Tony Barr. *The Death of a Christian: The Rite of Funerals*, Revised ed. Collegeville, Minn.: Liturgical Press, 1990.

Scott, Kieran, and Michael Warren. *Perspectives on Marriage*. New York: Oxford University Press, 1993.

Searle, Mark, and Kenneth W. Stevenson. *Documents of the Marriage Liturgy*. Collegeville, Minn.: Liturgical Press, 1992.

Stevenson, Kenneth. *Nuptial Blessing*. London: Alcuin/S.P.C.K., 1982.

Vos, Wiebe, and Geoffrey Wainwright, eds. *Ordination Rites*. Rotterdam, Netherlands: Liturgical Ecumenical Trust, 1980.

Willimon, William. *Worship as Pastoral Care*. Nashville: Abingdon Press, 1979.

_____. 최승근, 박성환 역. 『예배가 목회다』. 서울: 도서출판 새세대, 2016.

◆ 제11장 글로벌 상황에서의 기독교 예배

Ahn, Deok-Weon. Ecumenism, Inculturation and Postcolonialism in Liturgy: Based on the Responses of the Younger Churches to Baptism, Eucharist, and Ministry (BEM). Madison, NJ: Ph.D. Diss. Drew University, 2004.

_____. "Chudo Yebae as a Model of Liturgical Inculturation." Theological Forum 72(2013), 297-319.

_____. "Christian Initiation from the Perspective of Postcolonialism: Resistance, Apophasis, and the Third Space". Theological Forum. 79(2015.3): 257-282.

_____. "Holy Communion from the Perspective of Post-Colonialism: Prolepsis through Hybridity and the Third Space". The Gospel and Praxis 38 (2016): 146-178.

_____. "Christian Ministry and Order from the Perspective of Post-colonialism —Resistance, Mimicry, and Critical Analysis on the Apostolic Succession". Theology and Mission 51 (2017): 53-89.

_____. "The worship and preaching for digital culture". Ministry and Theology 335 (May 2017): 48-53.

Anderson, E. Byron. Common Worship: Tradition, Formation, Mission. Nashville: Foundry Books, 2017.

Barnard, Marcel. "Liturgical Culture in the Network Culture," Studia Liturgica 46(2016), 180-194.

Berger, Teresa. @ Worship: Liturgical Practices in Digital Worlds. NY: Routledge, 2018.

Black, Kathy. Worship Across Cultures: A Handbook. Nashville: Abingdon Press, 1998.

Carvalhaes, Claudio ed. Liturgy in Postcolonial Perspectives: Only One Is Holy. London: Palgrave Macmillan, 2015.

Chupungo, Anscar J. O.S.B. Liturgical Inculturation—Sacramentals, Religiosity, and Cathechesis. Collegeville, Minnesota: The Liturgical Press, 1992.

Kim, Jonghyun. "The Relationship between the Korean Dawn Prayer Meeting and Spirituality." Studia Liturgica 49(2)(2019), 206-219.

Lee, Sungmu. "The Eucharist and The Confucian Chesa (Ancestor Rite)." Worship 82-4(2008), 323-338.

Saliers, Don E. "Liturgical Aesthetics: The Travail of Christian Worship," Kimberly Vrudny & Wilson Yates Eds. Arts, Theology, and the Church. Cleveland: The Pilgrim Press, 2005.

Shorter, Aylward. Toward a Theology of Inculturation. Maryknoll: Orbis Books, 1999.

Sigler, R. Matthew. Mediating Tradition, Navigating Culture: Toward a Methodist Paradigm for Liturgical Engagement. Ph.D. Dissertation, Boston University, 2015.

Tapscott, Don. Growing Up Digital: The Rise of the Net Generation Growing Up Digital: The Rise of the Net Generation. McGraw-Hill, 1998.

White, James. F. Introduction to Christian Worship-Third Edition Revised and Expanded. Nashville: Abingdon Press. 2000.

Witvliet, John D. Worship Seeking Understanding: Windows into Christian Practice. Ada, MI: Baker Academic, 2003.

안덕원. "디지털 시대 문화의 예배와 설교"「목회와 신학」335(2017.5): 48-53.

_____. "예배학자 제임스 화이트(James F. White, 1932-2004)의 학문적 방법론과 공헌에 대한 소고".「한국기독교신학논총」102 (2016): pp. 247-74.

_____. "탈식민주의 이론으로 바라보는 기독교 세례예식": 저항과 어파퍼시스(Apophasis) 그리고 제 3의 공간을 중심으로".「신학논단」79(2015.3): 257-82.

_____. "탈식민주의 이론으로 바라보는 기독교 성찬": 혼종성(Hybridity)과 제 3의 공간(The Third Space)으로 구현하는 프롤렙시스(Prolepsis)".「복음과 실천신학」38(2016): 146-178.

부록: 사진

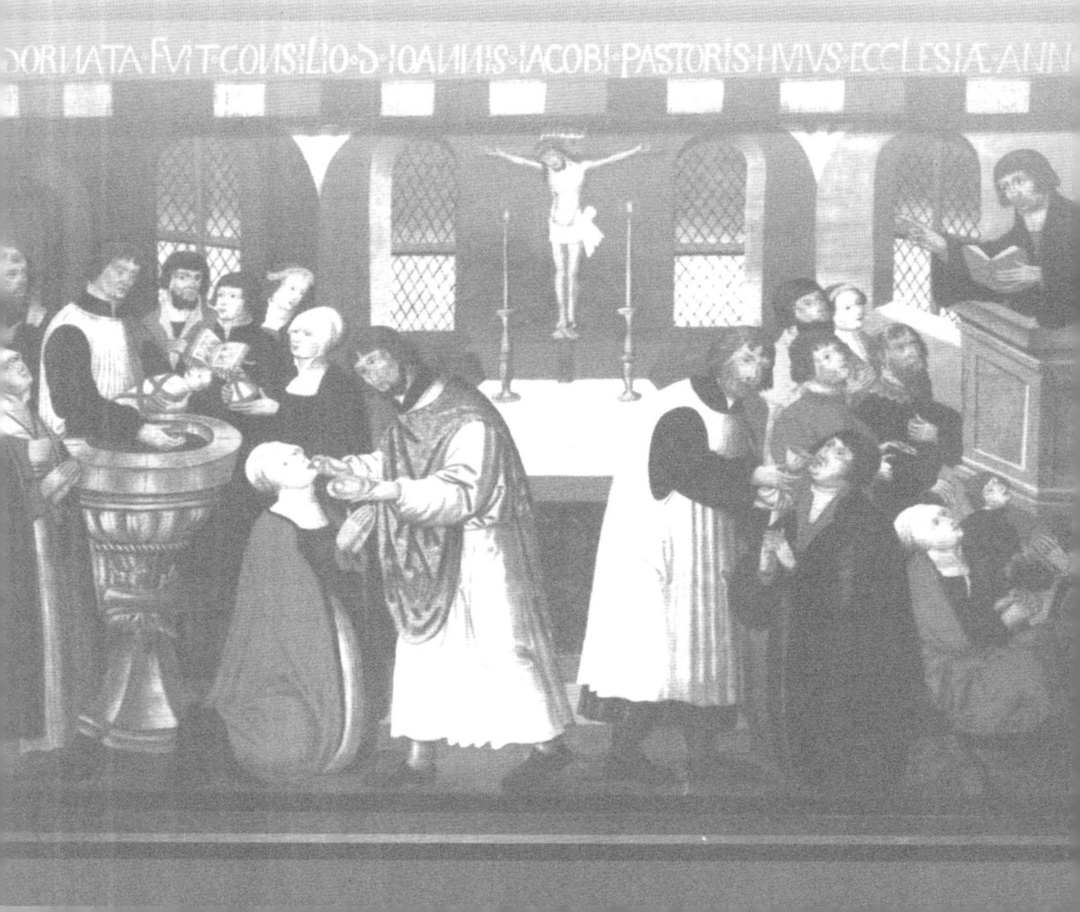
DORNATA·FVIT·CONSILIO·D·IOANNIS·IACOBI·PASTORIS·HVIVS·ECCLESIÆ·ANN

부록: 사진   449

[사진 1] Sant' Appollinarein Classe (Ravenna, Italy, 549 AD) 성 아폴리나레 인 클라세 성당. 이탈리아 라벤나에 있는 중세 초기 성당(사진 제공: 안덕원)

[사진 2] Notre-Dame du Haut, Ronchamp (1950-1954, Le Corbusier) 롱샹성당. 현대 건축의 아버지라고 불리는 르 꼬르뷔제가 설계한 순례 성당(사진 제공: 안덕원)

[사진 3] San Luigi dei Francesi (Rome, Italy, 1518-1589)
이탈리아 로마에 있는 산 루이지 데이 프란세시 성당(사진 제공: 안덕원)

부록: 사진   451

[사진 4] Torgau Castle Chapel (1544) 토르가우 성채교회.
루터에 의해 성 안에 만들어진 최초의 개신교회(사진 제공: James White)

[사진 5-7] Basilica of San Clemente (Rome, Italy) 이탈리아 로마에 있는 클레멘트 성당, 지하 2층에는 주후 1세기 가정교회, 지하 1층에는 4세기 바실리카 양식의 건물이 보존되어 있고, 1층에는 12세기에 지어진 바실리카 건물의 후진에 비잔틴 양식의 모자이크가 설치된 성당이다. 교회 건축 양식의 발전을 한눈에 볼 수 있다(사진 제공: 안덕원).

[사진 5-7] 지하 2층 (주후 1세기 가정교회)

[사진 6] 클레멘트 성당의 지하 1층의 제대 (주후 4세기 바실리카)

[사진 7] 클레멘트 성당의 지상 1층
바실리카 양식의 성당과 비잔틴 모자이크(12세기).

[사진 8] 유니티템플(Unity Temple), 오크팍(Oak Park), 일리노이주(Photograph by Unity Temple)

부록: 사진   455

[사진 9] 포트 헤르키머 개혁교회(Fort Herkimer Reformed Church), 뉴욕(New York), (photograph by James F. White)

[사진 10] 최후의 만찬(The Last Supper), Eucharist, agape, or refrigerium; Catacomb of St. Callisto, Rome, Italy (Scala / Art Resource, NY)

[사진 11] 이탈리아 피렌체에 있는 산조반니 세례당
(Baptistery San Giovanni, Florence, Italy). 팔각형 세례당(사진 제공: 안덕원)

[사진 12] 한국 정교회 성 니콜라스 대성당(1968)
서울시 마포구에 위치한 비잔틴 양식의 정교회 성당(사진 제공: 박종현)

[사진 13] Pfarrzentrum, Podersdorf, Austria (2000-2002), 오스트리아 포데르스도르프에 있는 파르젠트룸 성당, 단순함과 예술성이 돋보이는 현대적 건물(사진 제공: 정시춘)

[사진 14] 성만찬 예복(Eucharistic vestments):
왼쪽 – 미트라(mitre) 모자, 장갑, 지팡이(crozier), 외투(pallium), 제의복(chasuble), 아마포(amice), 수대(maniple), 스톨(stole), 달마티카(2 dalmatics), 장백의(alb)를 입은 주교;
오른쪽 – 제의복(chasuble), 아마포(amice), 수대(maniple), 스톨(stole), 장백의(alb)를 입은 사제.

부록: 사진   459

[사진 15] 성찬 용기(Eucharistic vessels): 성배(chalice), 성반(paten), and 빨대(straw), 1235
(photograph ⓒ The Metropolitan Museum of Art, The Cloisters Collection, 1947. [47.101.26-.29])

[사진 16] 비텐베르크 제단(The Wittenberg Altar): 최후의 만찬(the Last Supper)와
루터의 생애(the life of Martin Luther), 루카스(Lucas) 작,
비텐베르그(Wittenberg), 독일(사진 제공: 안덕원)

[사진 17] 성디오니시스 대성당(The Mass of St. Giles in the Cathedral of St. Denis)의 성자일스 미사(The Master of St. Giles); 런던(London), 영국(Erich Lessing / Art Resource, NY)

[사진 18] 경동교회(1980), 서울시 장충동에 위치한 김수근이 설계한 교회(사진 제공: 박종현)

[사진 19] 온수리 성당 (1906) 인천광역시 강화군 길상면에 위치한 성공회 성당으로 성도들에 의해 지어진, 교회 건축 토착화의 좋은 사례 (사진 제공: 안덕원)

부록: 사진 463

[사진 20] 모새골 채플(2004, 최동규),
경기도 양평에 위치한 영성공동체의 작은 채플(사진 제공: 안덕원)

[사진 21] 서산좋은교회(2016, 정시춘),
충청남도 서산시에 소재한 ㄷ자 평면의 교회(사진 제공: 정시춘)

[사진 22] 정동제일감리교회 벧엘예배당(1897),
한국개신교 최초의 서양식 예배당으로 사적 제256호(사진 제공: 박종현)